Die Mängelgewährleistung beim Unternehmenskauf im Wege des *asset deal* nach der Schuldrechtsreform

Europäische Hochschulschriften
Publications Universitaires Européennes
European University Studies

Reihe II
Rechtswissenschaft

Série II   Series II
Droit
Law

Bd./Vol. 4751

PETER LANG
Frankfurt am Main · Berlin · Bern · Bruxelles · New York · Oxford · Wien

Philipp Glagowski

Die Mängelgewährleistung beim Unternehmenskauf im Wege des *asset deal* nach der Schuldrechtsreform

Unter besonderer Berücksichtigung von fehlerhaften Jahresabschlussangaben

PETER LANG
Internationaler Verlag der Wissenschaften

Bibliografische Information der Deutschen Nationalbibliothek
Die Deutsche Nationalbibliothek verzeichnet diese Publikation
in der Deutschen Nationalbibliografie; detaillierte bibliografische
Daten sind im Internet über <http://www.d-nb.de> abrufbar.

Zugl.: Bonn, Univ., Diss., 2008

Gedruckt auf alterungsbeständigem,
säurefreiem Papier.

D 5
ISSN 0531-7312
ISBN 978-3-631-58116-2

© Peter Lang GmbH
Internationaler Verlag der Wissenschaften
Frankfurt am Main 2008
Alle Rechte vorbehalten.

Printed in Germany 1 2 3 4 5   7

www.peterlang.de

Meinem Großvater

Vorwort

Die vorliegende Arbeit wurde im Wintersemester 2007/2008 von der Rechts- und Staatswissenschaftlichen Fakultät der Rheinischen Friedrich-Wilhelms-Universität Bonn als Dissertation angenommen.

Allen, die zum Gelingen der vorliegenden Arbeit durch ihren Rat und ihre Unterstützung beigetragen haben, danke ich sehr herzlich.

Mein besonderer Dank gilt meinem Doktorvater, Herrn Professor Dr. Daniel Zimmer, LL.M., für die Hilfe bei der Auswahl des Themas und für die intensive fachliche und persönliche Betreuung bei der Arbeit sowie für die Erstattung des Erstgutachtens. Für die zeitnahe Erstattung des Zweitgutachtens danke ich Herrn Professor Dr. Ulrich Huber.

Zu Dank verpflichtet bin ich auch der Deutschen Graduiertenförderung der Konrad-Adenauer-Stiftung, die diese Arbeit durch finanzielle Zuwendungen gefördert hat. Die finanzielle und ideelle Förderung der Konrad-Adenauer-Stiftung ermöglichte, dass ich abseits finanzieller Sorgen die notwendige Freiheit vorfand, um meine wissenschaftliche Kreativität entfalten zu können. Die vielen fruchtbaren Diskussionen im Kreise der Stipendiaten werden mir stets in Erinnerung bleiben.

Ich danke ferner meiner Mutter Elke Glagowski und meinem während des Verfassens dieser Arbeit leider verstorbenen Großvater Helmut Glagowski. Beide ermöglichten mir eine sorgenfreie Studienzeit. Mein Großvater erzeugte schon während des Studiums den Antrieb zum Verfassen dieser Arbeit. Ich bedauere zutiefst, dass er den Abschluss nicht mehr erleben konnte.

Mein weiterer Dank gebührt Herrn Rechtsanwalt Dr. Alexander Csaki, Frau Rechtsanwältin Dany Dudzinski, Frau Rechtsanwältin Carolin Grimminger, Frau Rechtsanwältin Stefanie Volz und Frau Daniela Siemerkus, die auf unterschiedlichste Weise zum Gelingen der Arbeit beigetragen haben.

Bonn, im März 2008

Inhaltsverzeichnis

1. Kapitel: Einführung in die Thematik

Es gibt nicht viele Themen in der Jurisprudenz, die Gegenstand einer so intensiven Diskussion in der Wissenschaft waren, wie die Mängelgewährleistung beim Unternehmenskauf[1] und das Gesetz zur Modernisierung des Schuldrechts[2]. Daraus verdichtet sich das Motiv, beide Themen in einer wissenschaftlichen Arbeit zu verknüpfen, um die Auswirkungen der Reform auf die Probleme der Mängelgewährleistung beim Unternehmenskauf zu untersuchen.

A. Die Probleme der Mängelgewährleistung beim Unternehmenskauf

Schon seit der ersten Entscheidung des Reichsgerichts zum Unternehmenskauf im Jahre 1906[3] mussten sich das Reichsgericht[4] und der Bundesgerichtshof[5] unzählige Male mit Streitigkeiten beim Unternehmenskauf befassen. Dazu wurden in der rechtswissenschaftlichen Literatur verschiedene Abhandlungen verfasst, die die Rechtsprechung zum einen unterstützten, zum anderen aber auch Kritik an der Rechtsprechung übten und neue Lösungsansätze entwickelten.[6] Daher kann man die Mängelgewährleistung beim Unternehmenskauf als eines der umstrittensten wirtschaftsrechtlichen Themen des vergangenen Jahrhunderts bezeichnen. Die Einigkeit bestand lediglich darin, dass eigentlich nichts unstreitig ist.

Die Schwierigkeiten bei der Lösung von Mängelgewährleistungsfragen beim Unternehmenskauf lagen darin, dass das BGB ein eigenständiges Unternehmenskaufrecht, anders als z.B. das französische Zivilrecht,[7] nicht kennt. Ob der historische Gesetzgeber den Unternehmenskauf bewusst ausgelassen oder dessen Bedeutung noch nicht erkannt hatte, mag dahingestellt bleiben. Bemerkens-

---

[1] Vgl. nur die umfangreichen Kommentierungen von: U. Huber, in: Soergel, § 459 BGB a.F., Rn. 240 ff.; Hüffer, in: Staub, GrossKomm-HGB, vor § 22; sowie u.a. die Dissertationen von Hommelhoff, Die Sachmängelgewährleistung beim Unternehmenskauf; Fuest, Die Mängelhaftung beim Unternehmenskauf.

[2] Gesetz vom 26.11.2001, BGBl. I, 3138; dazu vgl. u.a. Krebs, DB-Beilage Nr. 14/2000, 1 ff.; Schmidt-Räntsch, ZIP 2000, 1639; Dauner- Lieb, DStR 2001, 1572; Heldrich, NJW 2001, 2521; Knütel, NJW 2001, 2519; Pick, in: Schulze/Schulte-Nölke, S. 25 ff.; Schulze/Schulte-Nölke, in: dies., S. 1 ff.; G. Schulze, Jb.J.ZivRWiss. 2001, S. 167 ff.; Schwab, JuS 2001, 311; Wilhelm, JZ 2001, 861; Pfeiffer, ZGS 2002, 23; Zimmer, NJW 2002, 1; jeweils m.w.N.

[3] RGZ 63, 57 (die berühmte „Fischladen-Entscheidung").

[4] RGZ 67, 86; RGZ 69,429; RGZ 98, 289; RGZ 100, 200; RGZ 138, 354.

[5] BGH, NJW 1969, 184; BGH, NJW 1970, 556; BGH, NJW 1970, 653; BGHZ 65, 246; BGH, NJW 1977, 1538; BGH, NJW 1978, 1256; BGH, NJW 1979, 33; BGH, NJW 1980, 2408; BGHZ 85, 367, 370; BGH, WM 1984, 936; BGH, NJW-RR 1989, 306; BGH, WM 1990, 1344; BGH, ZIP 1991, 321, 322.

[6] Zusammenfassend: Lieb, in: MünchKomm-HGB, Anh. § 25, Rn. 53 ff.

[7] Dazu Fleischer, WM 1998, 849; neuerdings auch Klein, RIW 2002, 348.

werterweise sind die mit dem Unternehmenskauf verbundenen Folgeprobleme durch das Konzern-, Wettbewerbs- oder auch Kartellrecht gesetzlich geregelt, so dass insoweit die Chancen und Risiken der Transaktion abgeschätzt werden können.[8] Doch die Grundlage jedes Kaufes, das Schuldrecht des BGB, enthielt sich bisher einer Regelung. Die nächstliegenden Regelungen befanden sich zwar im Kaufrecht, doch war die Anwendung desselben von Anfang an mit Problemen verbunden. Die Ursache lag darin, dass das BGB von 1900 lediglich zwischen dem Kauf einer Sache und dem eines Rechtes unterschied, ein Unternehmen sich aber weder als Sache, d.h. körperlicher Gegenstand (§ 90 BGB), noch als Recht erfassen lässt. Zum Begriff des Unternehmens gehören neben Sachen und Rechten auch tatsächliche Beziehungen, Vertragspositionen, Marktanteile, Ressourcen, Geschäftschancen, Arbeitsverträge und ähnliches mehr.[9] Ein solches Kaufobjekt hatten die historischen Gesetzesverfasser bei Schaffung des BGB-Kaufrechts nicht vor Augen, sondern vielmehr einfache und individuelle Kaufgegenstände, die einem schnellen Warenumsatz zugänglich waren.[10]

Somit trat folgender Konflikt zutage: Auf der einen Seite wollte man mit der Einordnung als Kaufvertrag im Sinne der §§ 433 ff. BGB auch grundsätzlich die Gewährleistungsregeln des BGB-Kaufrechtes zumindest analog anwenden,[11] auf der anderen Seite wurden diese aber für eine so komplexe Transaktion wie den Unternehmenskauf als nicht sachgemäß empfunden. Daraus resultierte eine restriktive Auslegung des Fehlerbegriffes in der Rechtsprechung, um so den Anwendungsbereich der allgemeinen Rechtsinstitute wie der „*culpa in contrahendo*" (im Folgenden: *c.i.c.*) zu erweitern,[12] was offen als ergebnisorientiert bezeichnet wurde.[13] Damit wurde die *c.i.c.* zu einem parallelen Gewährleistungsrecht ausgebaut.[14]

In der Literatur ging das Meinungsspektrum von einer durchgängigen Anwendung des Gewährleistungsrechts mit Korrekturen auf der Rechtsfolgenseite[15] bis

---

[8] Zu den diversen juristischen Fallen bei einem Unternehmenskauf, insbesondere zur häufig in Vergessenheit geratenen Vorschrift des § 1365 Abs. 1 BGB, vgl., einen Beitrag in der FAZ vom 13.10.2003, S. 21. Gerade auch auf Europäischer Ebene wurden in jüngster Zeit viele Regelungen getroffen bzw. sind geplant, die sich mittelbar auch auf Unternehmenskäufe auswirken, vgl. zusammenfassend Bayer, BB 2004, 1.
[9] Holzapfel/Pöllath, Rn. 130.
[10] Picot, Mergers & Acquisitions, S. 118.
[11] RGZ 63, 57; BGH, DB 1977, 1042; BGH, NJW 1979, 33; weitere Nachweise bei U. Huber, in: Soergel, § 459 BGB a.F., Rn. 240.
[12] Vgl. statt aller: BGH, NJW 1970, 653; BGH, NJW 1992, 2564; OLG Düsseldorf, NJW-RR 1993, 377.
[13] Hiddemann, ZGR 1982, 435, 437.
[14] Emmerich, in: MünchKomm-BGB, vor § 275 BGB a.F., Rn. 100.
[15] Statt aller: Willemsen, AcP 182 (1982), 515.

zur ausnahmslosen Anwendung der *c.i.c.*[16]. Letztlich wurde auch noch eine Lösung über das flexible Rechtsinstitut des Wegfalls der Geschäftsgrundlage gesucht.[17] Dem Rechtsanwender stand damit ein bunter Cocktail aus Gesetz und Richterrecht zur Verfügung.[18] Der Rechtsberatung war diese mit vielen Unwägbarkeiten verbundene Rechtsprechung suspekt. Daher wich sie auf kautelarjuristische Lösungsmodelle aus. Es wurden auf Basis einer vorherigen Überprüfung des Unternehmens durch den Käufer („*due diligence*") eigenständige Vertragswerke entworfen, die das BGB-Kaufrecht weitgehend verdrängten.[19] Sogar der BGH hat ausdrücklich dazu geraten, dass sich der Käufer durch vertragliche Vereinbarungen gegen die für ihn relevanten Risiken absichern sollte.[20] Kernstück des Gewährleistungsrechts dieser Verträge war die Übernahme selbständiger Garantien durch den Verkäufer. Die Vertragswerke sollten so ausführlich sein, dass sie keine Regelungslücke enthielten, die dann doch wieder zu einem Rückgriff auf das BGB-Kaufrecht zwangen. Damit entsprachen auch die auf deutschem Recht basierenden Unternehmenskaufverträge dem aus dem angloamerikanischen Rechtskreis bekannten Muster, bei denen Tatbestand und Rechtsfolgen der Gewährleistung detailliert im Kaufvertrag festgelegt sind. Das eigenständige Gewährleistungsregime wurde letztlich durch die Vereinbarung einer Haftungshöchstgrenze („*cap*") und einer Haftungsfreigrenze („*thresholds*") abgerundet. So konnte sich die Praxis zwar mit den Defiziten der gesetzlichen Haftungslage arrangieren,[21] was aber nicht darüber hinwegtäuschen darf, dass gerade für den Bereich des Unternehmenskaufes ein erheblicher Reformbedarf im BGB bestand, wie es auch zutreffend in der Regierungsbegründung zum Schuldrechtsmodernisierungsgesetz anerkannt wurde.[22] Dass dem Unternehmenskauf im weiteren Gesetzgebungsverfahren keine besondere Aufmerksamkeit mehr gewidmet wurde, ist darauf zurückzuführen, dass die Kodifikation eines Unternehmenskaufrechts in Anbetracht der kautelar-juristischen Praxis nicht mehr als dringlich angesehen wurde.[23] Dennoch tangieren die gesetzlichen Änderungen alle Kaufverträge, so dass untersucht werden muss, wie unter dem neuen Schuldrecht die Haftung des Unternehmensverkäufers für Unternehmensmängel jeglicher Art gelöst werden kann. Dabei sollen Probleme der pri-

---

[16] Baur, BB 1979, 381.

[17] Canaris, ZGR 1982, 395.

[18] Dauner-Lieb/Thiessen, ZIP 2002, 108, 109.

19 Vgl. hierzu die diversen Handbücher der Praxis: u.a. Günter, in: Münchener Vertragshandbuch, Band 2, Muster II.3; Holzapfel/Pöllath, Unternehmenskauf in Recht und Praxis; Hölters, Handbuch des Unternehmens- und Beteiligungskauf; Knott/Mielke/Weidlich, Unternehmenskauf; Picot, Unternehmenskauf und Restrukturierung.

[20] BGHZ 65, 246, 252; zuletzt auch Meyer- Sparenberg, NZG 2001, 753, 754.

[21] Dauner-Lieb/Thiessen, ZIP 2002, 108, 109.

[22] Begr. RegE, BT-Drucks. 14/6040, S. 209.

[23] Westermann, JZ 2001, 530, 532.

vatautonomen Gestaltung von Verträgen sowie die Rückabwicklung und die Haftung der Vertragsparteien im Außenverhältnis außer Betracht bleiben.

B. Die Reformbedürftigkeit des BGB

Die Unzulänglichkeiten des bis zum 31.12.2001 geltenden Rechts zeigten sich nicht nur im Bereich des Unternehmenskaufes. Zwar wurde das BGB mit seinem Inkrafttreten am 1.1.1900 sicherlich zur bedeutendsten deutschen Kodifikation des Zivilrechts,[24] doch blieb es terminologisch auch mehr als 100 Jahre später immer noch weitgehend auf dem damaligen Stand.

Die zeitgemäße Anwendung der Normen konnte nur durch seinen hohen Abstraktionsgrad gewährleistet werden. Damit war zwangsläufig auch der Nachteil einer Verallgemeinerung der Tatbestandsmerkmale und ein Verlust an Einzelfallgerechtigkeit verbunden, die durch die Rechtswissenschaft und Rechtsprechung wiederhergestellt wurde. Dennoch ermöglichte die abstrakte Regelungstechnik des BGB dessen Anpassung an die Veränderung der sozialen und wirtschaftlichen Verhältnisse in den vergangenen 100 Jahren. Zu diesen gehörte auch die wachsende Bedeutung des Verbraucherschutzes, die sich im Erlass zahlreicher EG-Richtlinien niederschlägt. Die hierdurch erforderlichen legislativen Veränderungen im deutschen Zivilrecht wurden in der Vergangenheit lediglich in Sondergesetzen vorgenommen, zu nennen sind u.a. das AGBG, HWiG, VerbrKrG, FernAbsG. Wesentliche Bereiche für die alltägliche Rechtsanwendung waren nun außerhalb des BGB zu finden. Des Weiteren haben sich in der praktischen Anwendung ziemlich bald Mängel des Gesetzestextes gezeigt. So fehlte ein stimmiges System im Verjährungsrecht.[25] Der gleiche Lebenssachverhalt wurde mit unterschiedlichen Verjährungsfristen belegt, je nachdem, auf welche Anspruchsgrundlage das Begehren gestützt wurde. Im allgemeinen Leistungsstörungsrecht wurde die in der Praxis wichtigste Störung, die Schlechtleistung, überhaupt nicht geregelt und auch innerhalb der einzelnen Schuldverhältnisse wurde ihr nur vereinzelt Aufmerksamkeit gewidmet. Dies führte dazu, dass Rechtsprechung und Wissenschaft durch schöpferisches Rechtsdenken diese Schwächen zu egalisieren hatten. Ohne diese Kreativität der Rechtswissenschaft ist der Erfolg des BGB daher nicht denkbar.[26] So trug die abstrakte Regelungstechnik im Ergebnis dazu bei, dass das BGB trotz seines Alters nach wie vor Anknüpfungspunkt für die juristische Lösung privatrechtlicher Interessenkonflikte ist.[27]

---

[24] Wagner, Jura 1999, 505.
[25] Heinrichs, BB 2001, 1417.
[26] Heldrich, NJW 2001, 2521, 2522.
[27] Säcker, in: MünchKomm-BGB, Einl., Rn. 26.

Die zeitgemäße Anpassung des BGB ist nur die eine Seite der Medaille, lag doch in der hohen Abstraktionsdichte zugleich seine Schwäche. Der tatsächliche Rechtszustand war aufgrund ungeregelter richterlich entwickelter Rechtsinstitute und der Vielzahl von Sondergesetzen allein durch die Lektüre des Gesetzestextes nur schwer abzulesen. Daher konnte die Reformbedürftigkeit des geltenden Rechts ernsthaft von niemandem in Zweifel gezogen werden,[28] so dass schon seit geraumer Zeit eine Reform in Erwägung gezogen wurde. Nachdem ein erster Versuch, die schon lange erkannten Unzulänglichkeiten des Schuldrechts zu beseitigen, in den Jahren 1981 bis 1983 nicht fortgeführt wurde,[29] bot nun die erforderliche Umsetzung dreier EG-Richtlinien, nämlich der Verbrauchsgüterkaufrichtlinie[30] (umzusetzen zum 31.12.2001), der Zahlungsverzugsrichtlinie[31] (umzusetzen bis 07.08.2002) und der e-commerce-Richtlinie[32] (umzusetzen bis 17.01.2002) die Gelegenheit, das Schuldrecht einer umfassenden Neuordnung zu unterziehen. Nach Bekanntwerden dieses Vorhabens verging kaum eine Woche, in der nicht eine Stellungnahme zum Für und Wider einer umfassenden Schuldrechtsreform veröffentlicht wurde und auch in den nunmehr mehr als sechs Jahren seit dem Inkrafttreten produzierte die Rechtswissenschaft unermüdlich Material zum neuen Recht.[33] Dies manifestiert, wie umstritten nicht nur das „ob" einer vollständigen Neufassung des Leistungsstörungsrechts, sondern auch das „wie" der konkreten Umsetzung war, die dann letztlich aber zur größten Reform in der Geschichte des BGB wurde. In der rechtswissenschaftlichen Literatur wird berichtet, dass das Schuldrechtsmodernisierungsgesetz tief greifende Änderungen mit sich bringe[34] und mit zentralen Prinzipien des allgemeinen

---

[28] Heldrich, NJW 2001, 2521, 2522.
[29] Nachweise hierzu bei Krebs, DB-Sonderbeilage Nr. 14/2000, 1.
[30] Richtlinie 1999/44/EG über bestimmte Aspekte des Verbrauchsgüterkaufs und Garantien für Verbrauchsgüter v. 25.5.1999, ABlEG Nr. L 171, S. 12; hierzu vgl.: Ehmann/Rust, JZ 1999, 853; Matthiesen, NJ 1999, 617; Nietzer/Stein, ZvglRWiss 1999, 41 ff.; Micklitz, EuZW 1999, 485; Reich, NJW 1999, 2397; Rieger, VuR 1999, 287; Schäfer/Pfeiffer, ZIP 1999, 829; Schurr, ZfRV 1999, 222; Staudenmayer, NJW 1999, 2393; Tonner BB 1999, 1769; von Westphalen, DB 1999, 2553; Brüggemeier, JZ 2000, 529; Ernst/Gsell, ZIP 2000, 1410; 1462; 1812; Grundmann/Medicus/Rolland, Europäisches Kaufgewährleistungsrecht; Lehmann, JZ 2000, 280; Schwartze, ZEuP 2000, 544; Gsell JZ 2001, 65; Honsell, JZ 2001, 278; Jorden/Lehmann, JZ 2001, 952; Ring, BuW 2002, 776.
[31] Richtlinie 2000/35/EG zum Zahlungsverzug im Handelsverkehr v. 8.6.2000, ABlEG Nr. L 200, S. 35; hierzu und der „unglücklichen Umsetzung" in das BGB: Ernst, ZEuP 2000, 767; Fabis, ZIP 2000, 865; U. Huber, JZ 2000, 743; Krebs, DB 2000, 1647; Korbion, MDR 2000, 802; Möllers, WM 2000, 2284; Stapenhorst, DB 2000, 909.
[32] Richtlinie 2000/31/EG über den elektronischen Geschäftsverkehr v. 8.6.2000, ABlEG Nr. L 178, S. 1; hierzu vgl. u.a. Hoeren, MMR 1999, 192; Bender/ Sommer, RIW 2000, 264 ff.
[33] Die Fülle der Publikationen zum neuen Schuldrecht nennt Dauner- Lieb, ZGS 2003, 1, 13: „erschlagend und abschreckend".
[34] Schwab, Jus 2002, 1.

Schuldrechts breche.[35] Damit ist die Schuldrechtsreform schon für sich genommen ein geeigneter Anlass für viele wissenschaftliche Abhandlungen.

C. Das Programm dieser Arbeit

Der gerade dargestellte Hintergrund und der Anspruch dieser Arbeit, einem hinreichenden Praxisbezug gerecht zu werden, stecken das weitere Programm dieser Untersuchung ab. Da die Änderungen im BGB die rechtlichen Grundlagen des Unternehmenskaufes tangieren, müssen die bisherigen Probleme in einem neuen Licht gesehen werden. Die Schuldrechtsreform ist ein willkommener Anlass für eine Neubestimmung in den umstrittenen Gewährleistungsfragen beim Unternehmenskauf, die den geänderten Wortlaut des Gesetzes hinreichend berücksichtigt. Nur auf diesem Wege wird die nötige Rechtssicherheit für die Wirtschaft erreicht und der zunehmenden Bedeutung von Unternehmensakquisitionen genügend Rechnung getragen. Aus diesem Ziel resultiert auch der Gang der Arbeit. Im anschließenden zweiten Kapitel sollen der Unternehmenskauf begrifflich eingegrenzt und kurz die bisherigen Ansätze zur Mängelgewährleistung nach der alten Rechtslage dargestellt werden. Ein Exkurs über die Lösungsvorschläge zur alten Rechtslage ist unverzichtbar, um zu erkennen, inwieweit im neuen Recht diesen Argumentationsmustern Rechnung getragen wird.[36] Im dritten Kapitel werden die wesentlichen Änderungen durch die Schuldrechtsreform, die im Hinblick auf den Untersuchungsgegensand Unternehmenskauf relevant sind, erklärt. Darauf aufbauend können die Konsequenzen der Reform für den Unternehmenskauf im vierten Kapitel untersucht werden. In diesem Zusammenhang sollen folgende Themenkreise bearbeitet werden. Zunächst ist zu klären, wie sich die Mängelhaftung des Unternehmensverkäufers nach dem Gesetz darstellt. Dies ist auch in Anbetracht der gewöhnlich ausführlichen Vertragswerke in der Praxis weiterhin relevant,[37] kommt doch bei einer Lücke im Vertrag weiterhin das Gesetz zur Anwendung. Ausgangspunkt jeder Lösung kann dabei nur die spezielle kaufrechtliche Regelung des BGB sein. Erst wenn diese nicht eingreift, kann auf die allgemeinen Regeln zurückgegriffen werden. Daher ist zu untersuchen, inwieweit die kaufrechtliche Mängelgewährleistung auf den Kaufgegenstand Unternehmen passt und aus welchen Gründen weiterhin eine Abwendung vom Kaufrecht angebracht sein könnte. Es wird sich zeigen, dass unter der alten Rechtslage noch beachtlich vorgetragene Argumente zukünftig präkludiert sind, und dass zukünftig weit weniger Anlass bestehen wird, den Regelungen des BGB-Kaufrechts auszuweichen. Mit dem neuen Mängelgewährleistungsrecht der §§ 434 ff. BGB lassen sich durch Anlehnung an den

---

[35] Zimmer, NJW 2002, 1.
[36] Zur Bedeutung der früheren Diskussion für die neue Rechtslage auch Büdenbender, in: Dauner- Lieb/Büdenbender, S. 5, 12.
[37] Gronstedt/Jörgens, ZIP 2002, 52, 53.

Gesetzeswortlaut sachgerechte Ergebnisse erzielen. Auf einem anderen Blatt wird jedoch die abschließend zu beantwortende Frage stehen, ob der Unternehmenskauf von seiner kautelar-juristischen Prägung wieder den Weg zurück in das nun reformierte gesetzliche Haftungssystem finden wird, was die Gesetzesverfasser der Vertragspraxis offenbar anbieten wollten.[38]

So soll ein weiterer Beitrag für die im Zuge der Schuldrechtsreform in der Rechtswissenschaft neu entfachte Diskussion über die Haftungsfragen beim Unternehmenskauf geleistet werden.[39]

---

[38] Dauner-Lieb/Thiessen, ZIP 2002, 108, 110 unter Bezug auf die Begr. zum RegE in BT-Drucks. 14/6040, S. 569.

[39] Diese Diskussion hat noch vor Inkrafttreten der Reform U. Huber, AcP 202 (2002), 179, 223 ff. eröffnet, indem er jeglichen Einfluss der neuen Regeln auf das Haftungsgefüge beim Unternehmenskauf zurückwies.

2. Kapitel: Der Unternehmenskauf und der bisherige Streitstand zur Mängelgewährleistung

A. Bedeutung des Unternehmenskaufes im Lichte des Untersuchungsgegenstandes dieser Arbeit

Der Unternehmenskauf hat seit der Kodifikation des Bürgerlichen Gesetzbuchs schon immer eine bedeutende Rolle im deutschen Zivilrecht gespielt.[40] Im internationalen Sprachgebrauch werden Unternehmenskäufe dem aus dem angelsächsischen Rechtskreis stammenden Begriff „Mergers & Acquisitions" oder kurz „M & A" zugeordnet. Allgemein wird in Deutschland vom Erwerb bzw. von der Veräußerung von Unternehmen und Beteiligungen an Unternehmen gesprochen. Zu den Erscheinungsformen von „M & A" gehören neben dem Unternehmenskauf alle Arten von Unternehmenszusammenschlüssen, Joint Ventures, Umwandlungen, Restrukturierungen und auch Börsengänge (IPO).[41]

Der Bereich „Mergers & Acquisitions" und dabei insbesondere der Unternehmenskauf war in den 1990'er Jahren durch ständiges Wachstum geprägt. Das weltweite Transaktionsvolumen ist von 404 Mio. Euro im Jahre 1987 auf 2,8 Billionen Euro 1998 gestiegen.[42] Zwar hatte mit der Abschwächung der Weltkonjunktur zu Beginn des neuen Jahrtausends auch der „M & A"- Markt eine vorübergehende Eintrübung erfahren, doch gewann dieser im Zuge der voranschreitenden Konjunkturerholung wieder zunehmend an Bedeutung, wie in jüngster Vergangenheit die Übernahme der britischen BOC durch den deutschen Industriegasherstellers Linde oder die Pläne um die - im Ergebnis gescheiterte - Übernahme des spanischen Versorgungsunternehmens Endesa durch den deutschen E.ON-Konzern zeigen.[43] Die derzeitige Finanzmarktkrise und eine zu erwartende Abkühlung der Konjunktur wird den M & A - Markt nur kurzfristig tangieren. Gerade im Zuge der Globalisierung wird die Größe eines Unternehmens mitunter zum entscheidenden Wettbewerbsvorteil.[44] Die Expansion kann nicht mehr nur durch internes Wachstum erreicht werden, sondern erfolgt in zunehmendem Maße durch Zukauf von Unternehmen oder Unternehmensteilen und Fusionen, um die eigene Wettbewerbsfähigkeit zu sichern und zu verbes-

---

[40] Allgemein zum Unternehmenskauf die ausführlichen Handbücher von Holzapfel/Pöllath; Knott/Mielke/Weidlich; sowie Priester, ZGR 1996, 189; Roschmann, ZIP 1998, 941.

[41] Picot, Mergers & Acquisitions, S.15; zum Joint Venture vgl. zuletzt Wilde, DB 2007, 269 ff..

[42] Zahlen aus Knott/Mielke/Weidlich, Rn. 1.

[43] Einen Überblick über Fusionen und Unternehmensübernahmen im Jahr 2006 befindet sich in der FAZ Nr. 299 vom 23.12.2006;; vgl. auch die FAZ Nr. 30 vom 05.02.2007, S. 15, die einen Überblick über deutsche Übernahmen im Ausland gibt. Für das Jahr 2007 wird mit einer weiteren Zunahme von Fusionen und Übernahmen gerechnet, FAZ Nr. 41 vom 17.02.2007.

[44] Jansen, S. 6.

sern.[45] Dabei wird der Fokus heute wieder verstärkt auf die Kernkompetenzen eines Unternehmens gelegt, während der Trend zur Diversifikation aus früheren Jahren sich nicht gehalten hat und daher Geschäftsfelder außerhalb der Kernkompetenzen immer häufiger zum Verkauf stehen.

Die Entscheidung zum Verkauf eines Unternehmens kann auf unterschiedlichen Beweggründen beruhen.[46] Dabei sind zwei grundlegend verschiedene Motive, die zum Verkauf eines Unternehmens führen, zu unterscheiden. Zum einen gibt es den Mittelständler, der sich wegen ungeklärter Nachfolge oder wegen schlechter wirtschaftlicher Rahmenbedingungen zum Verkauf entscheidet. Eine empirische Studie des Instituts für Mittelstandsforschung der Universität Mannheim hat gezeigt, dass allein in Baden-Württemberg 11 bis 15 % der bestehenden Unternehmen (entspricht 45000 bis 60000) auf einen Nachfolger übertragen werden, wobei der Verkauf an Externe eine zunehmende Rolle spielen wird.[47] Zum anderen kann die Umstrukturierung einer Unternehmensgruppe den Verkauf einzelner zum Konzern gehörender Teile erforderlich machen, um die Geschäftspolitik neu auszurichten. Diese werden von einem anderen Konzern gekauft, um beiderseits Synergieeffekte zu erzielen.

Auf diesem Wege können Anpassungen der Unternehmensstruktur und -größe herbeigeführt werden, um letztlich wieder profitabel zu sein. Der Unternehmenskauf erweist sich damit als ein geeignetes Mittel, um auf veränderte wirtschaftliche Rahmenbedingungen zu reagieren.

Zahlreiche gerichtliche Entscheidungen verdeutlichen die Bedeutung des Unternehmenskaufes für die Praxis gerade in der letzten Zeit, hinzu kommen noch die Stellungnahmen im Schrifttum.[48] Dabei muss beachtet werden, dass nur ein Teil der gerichtlichen Auseinandersetzungen im Zuge einer „M & A"-Transaktion in die Öffentlichkeit gelangen. Vielfach werden Schiedsklauseln vereinbart, die in Streitfällen die staatliche Gerichtsbarkeit zugunsten der privaten schiedsrichterlichen Streitbeilegung zurückdrängen.[49] Der Vorteil einer Schiedsabrede liegt darin, dass auf diesem Weg dem insbesondere unter Wirtschaftsparteien verbreiteten Interesse nach Geheimhaltung Rechnung getragen werden kann. Angeboten werden Schiedsverfahren in institutionalisierter Form durch die Internationale Handelskammer in Paris (International Chamber of Commerce, ICC)[50], die

[45] Picot, Unternehmenskauf, Teil I, Rn. 1.
[46] Vgl. hierzu Beisel/Klumpp, 1. Kapitel, Rn. 1 ff; Knott/Mielke/Weidlich, Rn. 2 f.
[47] Vgl. Landeskreditbank Baden-Württemberg (Hrsg.), Generationswechsel in Baden- Württemberg bzw. www.ifm.uni-mannheim.de; Auf die Bedeutung des Unternehmenskaufes im Mittelstand weist auch Büdenbender, in: Dauner- Lieb/Büdenbender, S. 5, 7 hin.
[48] Zusammenfassend: Klein-Blenkers, NZG 1999, 185; ders., NZG 2000, 964.
[49] Insbesondere zu den Vorteilen der Schiedsgerichtsbarkeit gerade bei grenzüberschreitenden Käufen: Hölters, in: Hölters, Teil I, Rn. 133 ff.
[50] ICC- Rules (1998), ICC- Publication No. 581.

American Arbitration Association (AAA)[51] oder die Deutsche Institution für Schiedsgerichtsbarkeit (DIS)[52]. Der deutsche Gesetzgeber hat die Nutzung von Schiedsgerichten durch eine Reform des Zivilprozessrechtes,[53] mit der das deutsche Recht an das den internationalen Gegebenheiten gerecht werdende UN-CITRAL- Modellgesetz der Kommission der Vereinten Nationen für internationales Handelsrecht angepasst wurde,[54] gefördert. Da ein Schiedsspruch wegen der Vertraulichkeit der Angelegenheit nicht veröffentlicht wird,[55] spiegeln allein die in den amtlichen Entscheidungssammlungen der Bundesgerichte veröffentlichten Entscheidungen die tatsächliche Bedeutung des Unternehmenskaufes für die wirtschaftliche Praxis nur in einem Teilbereich wider.

Trotz der Zunahme von Unternehmenskäufen darf nicht verkannt werden, dass es sich hierbei um ein Risikogeschäft handelt. Der wirtschaftliche Erfolg des Unternehmens hängt stark mit der konjunkturellen Entwicklung und den wirtschaftlichen Rahmenbedingungen zusammen. Da diese nicht zu beeinflussen sind, ist es für den Käufer umso gebotener, einen Einblick in den inneren Zustand des Ziel-Unternehmens zu erhalten. Der Verkäufer seinerseits möchte natürlich keine Unternehmensinterna aufdecken, solange noch über den Kauf verhandelt wird. Dieser beim Unternehmenskauf besonders hervortretende Interessenkonflikt[56] macht die Mängelgewährleistung zu einem derart wichtigen Thema. Inwieweit muss der Verkäufer für Mängel des Unternehmens einstehen oder sogar nachteilige Umstände des Unternehmens von sich aus offenbaren und wo beginnt das allgemeine Risiko des Käufers?

B.   Terminologie

Der Untersuchungsgegenstand dieser Arbeit beschränkt sich auf die Mängelgewährleistung beim Unternehmenskauf. Die Einordnung als Teilgebiet von „*M & A*" besagt noch nichts über die konkrete Reichweite des Themas.

I.   Unternehmen

Eine allgemeingültige Definition des Unternehmensbegriffs existiert nicht. Betriebswirtschaftlich wird unter einem Unternehmen eine ökonomische Einheit der Gesamtwirtschaft verstanden, die durch die wirtschaftliche Selbständigkeit,

---

[51] International Arbitration Rules (2000).
[52] Schiedsgerichtsordnung (1998).
[53] SchiedsVfG vom 22.12.1997, BGBl. I, 3324, dazu: Schwab/Walter; Schütze; jeweils m.w.N.
[54] Zum UNCITRAL- Modellgesetz: Lionnet, m.w.N.
[55] Geimer, in: Zöller, vor § 1025 ZPO, Rn. 6.
[56] Dies stellt auch Moosmayer, S. 1, fest.

die freiwillige Übernahme des Marktrisikos, die Autonomie der Entscheidungen und das private Eigentum des Unternehmensträgers an den Produktionsmitteln geprägt wird.[57] In der Rechtswissenschaft wird der Begriff „Unternehmen" zwar in vielen Gesetzesnormen gebraucht (z.b. §§ 266 ff. HGB, §§ 15 ff. AktG, §§ 1, 19 ff. GWB), aber nicht einheitlich definiert.[58] Bereits im Jahre 1969 wurde bei der Neufassung des AktG in der Regierungsbegründung zu § 15 AktG eingestanden, dass angesichts der großen praktischen Schwierigkeiten von einer genauen Beschreibung bewusst abgesehen wurde.[59] Der Begriff hat je nach Rechtsgebiet, auf dem er verwendet wird, eine andere Bedeutung und definiert sich allein nach dem Sinn und Zweck der jeweiligen Norm oder Normgruppe, in dessen Kontext er steht.[60]

Die Konsequenzen dieses zweckgerichteten Unternehmensbegriffs manifestieren sich exemplarisch im Konzernrecht, in dem der Terminus im Zusammenhang mit einem abhängigen Unternehmen anders verstanden wird als im Zusammenhang mit einem herrschenden Unternehmen.[61] Während ersteres schon bei jedweder rechtlich verselbständigten Organisationsform vorliegt, wird der Begriff des herrschenden Unternehmens wesentlich enger ausgelegt. Ein Gesellschafter wird nur dann als herrschendes Unternehmen angesehen, wenn er nicht nur in der Gesellschaft, sondern auch außerhalb der Gesellschaft unternehmerische Interessen verfolgt.[62]

Für den Bereich des Unternehmenskaufes muss eine Begriffsbestimmung berücksichtigen, dass ein Unternehmen weder eine Sache noch ein Recht im bürgerlich-rechtlichen Sinne ist, sondern aus mehr als nur aus dem in ihm gebundenen Vermögen besteht. Es wird gerade auch durch die Außenbeziehungen geprägt. Demnach ist ein Unternehmen eine Gesamtheit von materiellen und immateriellen Rechtsgütern und Werten, die in einer Organisation zusammengefasst und einem einheitlichen wirtschaftlichen Zweck dienstbar gemacht sind.[63] Trotz einiger Nuancierungen ist diese Begriffsbestimmung weitgehend unstreitig. Anders als das Handelsgewerbe umfasst der Unternehmensbegriff damit auch die freien Berufe und bloß vermögensverwaltende Einheiten. Hingegen

---

[57] Handwörterbuch der Betriebswirtschaft, III, 4272.
[58] Vgl. statt aller: Bayer, in: MünchKomm-AkG, § 15, Rn. 9, m.w.N.
[59] Kropff, AktG (1965), S. 27.
[60] BGHZ 69, 334, 336; BGHZ 74, 359, 364; Bayer, in: MünchKomm-AktG, § 15, Rn. 10; Hüffer, § 15 AktG, Rn. 7.
[61] Koppensteiner, in: Kölner Kommentar, § 15 AktG, Rn. 10; Hüffer, § 15 AktG, Rn. 7.
[62] BGHZ 69, 334, 337.
[63] Canaris, Handelsrecht, § 8, Rn. 1; Hölters, in: Hölters, Teil I, Rn. 2; U. Huber, in: Soergel, § 459 BGB a.F., Rn. 240.

wird unter einem Betrieb, anders als in der Betriebswirtschaftslehre[64], lediglich der technisch-produktionswirtschaftliche Bereich gemeint, der erst durch den verwaltungsmäßig-finanziellen Bereich zu einem Unternehmen ergänzt wird. Der Betrieb ist somit ein rechtlich nicht verselbständigter Teil eines Unternehmens.[65] Die Veräußerung eines Betriebes ist daher kein Unternehmenskauf, weil die zum Unternehmen als Ganzes gehörenden immateriellen Wirtschaftsgüter nicht mitveräußert werden. Man spricht dann von einem Betriebsübergang. Dieser ist hinsichtlich Arbeitsverträgen in § 613a BGB erwähnt.[66] Diese Norm ist in aller Regel auch bei Unternehmensverkäufen stets zu beachten, da in diesem begriffsnotwendig auch ein Betriebsübergang enthalten ist.

Ebenfalls unbestritten und damit entscheidend für diese Untersuchung ist, dass ein Unternehmen Gegenstand des Rechtsverkehrs sein kann. Allerdings ist ein Unternehmen als Einheit in dem gerade genannten Sinne nicht rechtsfähig. Für das Auftreten im Rechtsverkehr ist ein Rechtsträger erforderlich. Dieser kann eine juristische Person, wie eine AG, eine GmbH, eine Anstalt des öffentlichen Rechts, oder eine (teilrechtsfähige) Personengesellschaft, wie die OHG, die KG, oder auch eine natürliche Person (= Einzelunternehmer) sein. Nur der Rechtsträger kann das Unternehmen zum Gegenstand eines Unternehmenskaufvertrages machen. Ein Unternehmen ist somit Rechtsobjekt, aber kein Rechtssubjekt.[67]

II. Unternehmenskaufvertrag

Ein Unternehmenskaufvertrag ist ein Vertrag, der auf die entgeltliche Veräußerung eines Unternehmens als Ganzes mit dem Ziel der Fortführung durch den Erwerber gerichtet ist.[68] Hierzu finden sich in unserer Rechtsordnung nur vereinzelt Regelungen (z.B. §§ 22, 25 HGB, § 613a BGB); die Einordnung unter einen Vertragstypus des BGB, insbesondere in das Kaufrecht der §§ 433 ff. BGB, fehlt. Als der historische Gesetzgeber das BGB verfasste, hatte er bei den Regelungen des Kaufrechts einen so komplexen Gegenstand wie ein Unternehmen auch gar nicht vor Augen.

Daher wird der Kaufgegenstand Unternehmen weder in § 433 BGB a.F. noch in der n.F. ausdrücklich erwähnt, die sich vielmehr auf den Sachkauf und Rechts-

---

[64] In der BWL wird Betrieb als systemindifferenter Begriff benutzt, während als Unternehmen eine Form des Betriebes in marktwirtschaftlichen Wirtschaftsordnungen verstanden wird, vgl. hierzu ausführlich Kistner/Steven, S. 22 ff, m.w.N.

[65] Beisel/Klumpp, 1. Kapitel, Rn. 24.

[66] Zur Erweiterung der Informationspflichten des Arbeitgebers durch das Seemannsgesetz vom 23.03.2002 (BGBl. 2002 I, 363) vgl. Sayatz/Wolff, DStR 2002, 2039; Willemsen/Lembke, NJW 2002, 1159; jeweils m.w.N.

[67] K. Schmidt, Handelsrecht, § 6 I 1 (S. 138).

[68] Lieb, in: MünchKomm-HGB, Anh. § 25, Rn. 2.

kauf beschränken. Ein Unternehmen ist aber weder eine Sache noch ein Recht. Versuche, den Unternehmenskauf aus diesem Grund außerhalb der §§ 433 ff. BGB zu verorten,[69] haben sich nicht durchsetzen können. Vielmehr wurde in schuldrechtlicher Hinsicht wegen der Vergleichbarkeit mit dem Sachkauf eine Analogie zu den §§ 433 ff. BGB befürwortet, weil auch bei ersterem eine wirtschaftliche Position gegen ein Entgelt verschafft wird.[70] Die Vertragsparteien betrachten das Unternehmen wirtschaftlich als Einheit. Vertragsgegenstand ist dieses als Ganzes. Hierzu korrespondiert die Verpflichtung, das Unternehmen mit allem, was dieses ausmacht, auf den Erwerber zu übertragen. Auch wird in den §§ 1822 Nr. 3 BGB, 22, 23 HGB, 32 Abs.2 Nr.3 AktG vorausgesetzt, dass ein Unternehmen Gegenstand eines Kaufvertrages sein kann

Die Anwendung der kaufrechtlichen Vorschriften wird zudem durch den Gesetzgeber in § 453 BGB und § 445 BGB a.f. bestätigt. Ausweislich der Regierungsbegründung erfasst § 453 BGB gerade auch den Unternehmenskauf.[71] Bereits das Reichsgericht hatte sich für die grundsätzliche Anwendbarkeit des BGB-Kaufrechts ausgesprochen.[72] Dem hat sich die rechtswissenschaftliche Literatur, soweit es um die schuldvertragliche Einordnung geht, angeschlossen.[73] Damit findet auch ein für das Wirtschaftsleben bedeutsamer Vorgang wie der Unternehmenskauf, zumindest was die Begründung der Primärleistungspflichten betrifft, seine Grundlage im Kaufrecht des BGB.

Die §§ 433 ff. BGB erfassen jedoch nur die schuldrechtliche Seite des Erwerbs, die dingliche Erfüllung kann nur einzeln für den jeweiligen Vermögensgegenstand nach den für diesen jeweils geltenden Vorschriften erfolgen, auch wenn mit Unternehmenskauf häufig der gesamte wirtschaftliche Sachverhalt des Erwerbs gemeint ist und die rechtlich gebotene Trennung zwischen schuldrechtlichem und dinglichem Geschäft übersehen wird.[74]

Auf einem anderen Blatt steht die Frage, ob auch im Rahmen der Mängelgewährleistung noch eine Ähnlichkeit gegeben ist. Hier muss den Besonderheiten, die den Unternehmenskauf im Vergleich zu dem die §§ 433 ff. BGB prägenden Kaufrecht kennzeichnen, Rechnung getragen werden. Dies soll später untersucht werden.

Zur Durchführung eines Unternehmenskaufes stehen den Parteien mit dem „*asset deal*" und dem „*share deal*" zwei rechtlich völlig unterschiedliche Konstruktionen zur Verfügung, die sich durch den jeweiligen Kaufgegenstand unter-

---

[69] Hierzu vgl. Westermann, in: MünchKomm-BGB, § 433 BGB a.F., Rn. 9, m.w.N.
[70] Hüffer, in: Staub, GrossKomm-HGB, vor § 22, Rn. 9.
[71] Begr. RegE, BT-Drucks. 14/6040, S. 569.
[72] RGZ 63, 57.
[73] Vgl. nur Hiddemann, ZGR 82, 435, 438; Westermann, in: MünchKomm-BGB, § 433 BGB a.F., Rn. 9 f., m.w.N.
[74] Semler, in: Hölters, Teil VI, Rn. 3.

scheiden.[75] In wirtschaftlicher Hinsicht führen die rechtlichen Gestaltungsalternativen zu gleichwertigen Ergebnissen.

1. Unternehmenskauf im Wege des *asset deal*

Beim Unternehmenskauf im Wege des *asset deal* werden zur dinglichen Erfüllung des Vertrages sämtliche Einzelwirtschaftsgüter von ihrem bisherigen Rechtsträger getrennt und auf den Erwerber übertragen. Es findet für jeden Vermögensgegenstand eine Einzelrechtsnachfolge statt (Singularsukzession). Bewegliche Sachen werden gemäß §§ 929 ff. BGB, Grundstücke gemäß §§ 873, 925 BGB und Rechte gemäß §§ 398 ff. BGB übertragen. Bei den beweglichen Sachen ist der sachenrechtliche Bestimmtheitsgrundsatz zu beachten. Um von einem Unternehmenskauf zu sprechen, müssen alle Vermögenswerte des Unternehmens oder zumindest seine wesentlichen Bestandteile verkauft werden.[76] Aus dem Wesen eines Unternehmens als Gesamtheit von materiellen und immateriellen Vermögenswerten ergibt sich ferner noch die weitere Hauptpflicht[77] des Verkäufers, den Käufer in das Unternehmen einzuweisen, was zur Realisierung der Ertragskraft des Unternehmens unerlässlich ist.[78] Hierin liegt ein den Unternehmenskauf prägender Unterschied zum gewöhnlichen Sachkauf. Daneben trifft den Verkäufer als Nebenpflicht ein Wettbewerbsverbot.[79]

2. Unternehmenskauf im Wege des *share deal*

Beim Unternehmenskauf im Wege des *share deal* werden die Mitgliedschaftsrechte der das Unternehmen betreibenden Gesellschaft veräußert. Anders als beim *asset deal* verbleiben die Einzelwirtschaftsgüter beim bisherigen Rechtsträger, dessen Identität bleibt erhalten. Lediglich der Anteilsinhaber dieses Rechtsträgers wechselt.[80] Daher spricht man von einem mittelbaren Inhaberwechsel.[81] Dieser kann z.B. durch Abtretung aller Geschäftsanteile einer GmbH oder aller Aktien einer AG geschehen. Der *share deal* als Anteilskauf stellt so-

---

[75] Vertiefend zu den vertraglichen Konstruktionen eines Unternehmenskaufes, insbesondere im Hinblick auf die steuerrechtliche Optimierung: Holzapfel/Pöllath, Rn. 137 ff; Müller, in: Hölters, Teil IV und Semler, in: Hölters, Teil VI; vgl. auch Elser, DStR 2002, 1827; Stiller, BB 2002, 2619; Beck/Klar, DB 2007, 2819.

[76] Beisel/Klumpp, 1. Kapitel, Rn. 23.

[77] Lieb, in: MünchKomm-HGB, Anh. § 25, Rn. 24; Hüffer, in: Staub, GrossKomm-HGB, vor § 22, Rn. 16.

[78] Semler, in: Hölters, Teil VI, Rn. 39.

[79] Allg. Meinung, vgl. nur Lieb, in: MünchKomm-HGB, Anh. § 25, Rn. 25; Hüffer, in: Staub, GrossKomm-HGB, vor § 22, Rn. 28 ff.; jeweils m.w.N.

[80] Holzapfel/Pöllath, Rn. 131.

[81] Lieb, in: MünchKomm-HGB, Anh. § 25, Rn. 119.

mit grundsätzlich einen reinen Rechtskauf dar[82] und unterscheidet sich daher grundlegend vom *asset deal*. Übertragen werden müssen nur die Anteile, was die Erfüllung im Vergleich zum *asset deal* wesentlich erleichtert.

Welche Übertragungsform gewählt wird, hängt von verschiedenen Faktoren, insbesondere steuerlichen Erwägungen, ab.[83] Dies führt in Verbindung mit vor- und nachbereitenden Umwandlungen zu einer komplexen Transaktionsstruktur.[84] Zudem ist der *share deal* auf Gesellschaften beschränkt. Wird das Unternehmen durch eine Gesellschaft betrieben, kann diese entweder im Wege des *asset deal* alle Einzelwirtschaftsgüter auf den Erwerber übertragen oder der Anteilsinhaber kann seine Gesellschaftsanteile im Wege des *share deal* an den Erwerber abtreten. Ein Einzelkaufmann hingegen hat die Wahl zwischen *share* und *asset deal* nur dann, wenn er sein Unternehmen zunächst in eine GmbH einbringt, um anschließend deren Gesellschaftsanteile zu veräußern.

Aus der Einordnung des *share deal* als Rechtskauf folgt, dass dem Grunde nach der Verkäufer nur für Mängel der veräußerten Rechte haften kann. Jedoch entsprach es gefestigter Rechtsprechung zur alten Rechtslage, dass der Anteilskauf als Unternehmenskauf zu behandeln war, wenn sich der Wille der Vertragsparteien auf den Erwerb des Unternehmens insgesamt richtete, der Kaufpreis sich mehr am Wert des Unternehmens denn an den einzelnen Anteilen orientierte und der Erwerber durch den Vertrag in die Unternehmerstellung einrückte.[85]

Dabei kam der Höhe der verkauften Anteile eine entscheidende Indizwirkung zu. Eine Gleichstellung mit dem *asset deal* war nach einhelliger Ansicht jedenfalls dann geboten, wenn alle Anteile bzw. nahezu alle Anteile verkauft wurden und so eine beherrschende Stellung erlangt wurde.[86] Die genaue Grenzziehung zwischen Anteils- und Unternehmenskauf war unterhalb dieser Schwelle jedoch wiederum umstritten und hing von den Umständen des Einzelfalls ab.[87] In der Rechtsprechung wurde teilweise ein Erwerb von 90 %[88] als ausreichend angese-

---

[82] RGZ 86, 146, 149; Westermann, in: MünchKomm-BGB, § 433 BGB a.F., Rn. 14; Weidenkaff, in: Palandt, § 433 BGB, Rn. 3.

[83] Vor- und Nachteile beider Gestaltungsmöglichkeiten bei Knott, Rn. 49 ff.; vertiefend zu den steuerlichen Gestaltungsmöglichkeiten, insbesondere unter Berücksichtigung der Verschlechterung der steuerlichen Rahmenbedingungen durch die diversen Steuergesetze seit 1999: Knott, Rn. 66 ff.; Bogenschütz/Hierl, DStR 2003, 1097; dies., DStR 2003, 1147; Maiterth/Müller/Semmler, DStR 2003, 1313. Zu Risikoaspekten vgl. auch Beck/Klar, DB 2007, 2819 ff.

[84] Beispiele für Kombinationsmodelle bei Knott, Rn. 73 ff.

[85] BGHZ, 65, 246; BGH, WM 1980, 1006; Hiddemann, ZGR 1982, 435, 440.

[86] Bereits RGZ, 120, 283; RGZ 122, 378; Lange, ZGS 2003, 300, 302.

[87] Hüffer, in: Staub, GrossKomm-HGB, vor § 22, Rn. 57.

[88] BGHZ 65, 246, 252; BGH, NJW 1969, 184; BGH, BB 1975, 1180; Hiddemann, ZGR 1982, 435, 440.

hen, in einem anderen Fall schon bei 50 %.[89] Unter Hinweis auf die für satzungsändernde Beschlüsse erforderliche Dreiviertelmehrheit gemäß § 53 Abs. 2 GmbHG wurde teilweise auch ein Erwerb von 60 % der GmbH-Anteile als noch nicht ausreichend angesehen.[90] Maßgeblich war, dass sich der Anteilskäufer in einer dem *asset deal*- Käufer vergleichbaren Situation befand, er also innerhalb einer kurzen Frist auch einen Überblick über das Unternehmen gewinnen konnte.

Hingegen wird in Abgrenzung zum Unternehmenskauf von einer bloßen Finanzanlage gesprochen, wenn nur einzelne Aktien des Unternehmens oder eine geringe Beteiligung gekauft wird.[91] Es handelt sich dann wirtschaftlich nicht mehr um den Kauf des Unternehmens, sondern um eine Kapitalanlage.

Der Untersuchungsgegenstand dieser Arbeit beschränkt sich auf den Unternehmenskauf als *asset deal*. Nicht weiter nachgegangen wird der Frage, inwieweit auch beim Kauf von Mitgliedschaftsrechten für den Zustand des hinter den Anteilen stehenden Unternehmens gehaftet wird.

III. Der Kauf in Abgrenzung zu anderen Erwerbsmöglichkeiten

Kennzeichnend für den gerade beschriebenen Unternehmenskauf, auf den die Regelungen des BGB-Schuldrechts anwendbar sind, ist der Erwerbsvorgang aufgrund vorhergehender Verhandlungen, die mit dem Abschluss eines Kaufvertrages über die Gesamtheit aller Vermögenswerte (*asset deal*) oder über die Anteile an der unternehmenstragenden Gesellschaft (*share deal*) zwischen dem Verkäufer und dem Käufer enden.[92] Daher liegt ein Unternehmenskauf dann nicht mehr vor, wenn die Übertragung im Wege der Universalsukzession, durch staatlichen Eingriff oder im Erbgang erfolgt.

Das wirtschaftliches Ziel des Unternehmenskaufes als Zusammenführung von zwei Unternehmen zu einer Einheit wird häufig durch andere Begriffe umschrieben, die teilweise nur eine besondere Ausprägung des Unternehmenskaufes darstellen, teilweise nur akquisitionsbegleitend eingesetzt werden, teilweise aber auch etwas völlig anderes darstellen. Zum einen gibt unsere Rechtsordnung schon selbst andere Möglichkeiten zur Zusammenführung zweier Unternehmen vor. Zum anderen wurden durch den Einfluss des angloamerikanischen Rechts zur steuerlichen Optimierung des Geschäftes auch neue Transaktionsformen und Übernahmetechniken in Deutschland eingeführt. Die Mängelgewährleistung, wie sie durch das Kaufrecht geregelt wird, spielt dabei nicht immer eine Rolle.

---

[89] BGH, DB 1980, 679, 681.
[90] BGH, NJW 1980, 2408, 2409.
[91] Hölters, in: Hölters, Teil I, Rn. 8.
[92] Hölters, in: Hölters, Teil I, Rn. 25.

Im zunehmendem Maße spricht man neuerdings von Unternehmenskäufen mit der Übernahmetechnik des *Management Buy-Out* (*MBO*), des *Leveraged Buy-Out* (*LBO*) oder des *Management Buy-In* (*MBI*). Diese unterscheiden sich in rechtlicher Hinsicht nicht von anderen Fällen eines Unternehmenskaufs.[93] Beim *Management Buy-Out* wird das Unternehmen durch das bisherige Management übernommen.[94] Es handelt sich folglich um einen Kauf zwischen dem bisherigen Unternehmensträger, in der Regel eine durch Fremdgeschäftsführer geleitete GmbH, und deren Geschäftsführern. Wenn diese Übernahme hauptsächlich fremdfinanziert wird, spricht man vom *Leveraged Buy Out*.[95] Dieser Begriff kennzeichnet somit lediglich eine besondere Finanzierungstechnik. Da das bisherige Management als Käufer auftritt, kommt es naturgemäß selten zu Streitigkeiten wegen Unternehmensmängeln. Daher kann dieser Sonderfall für die Thematik dieser Arbeit außer Betracht bleiben. Bei einem *Management Buy In* wird das Unternehmen von einem fremden Management gekauft. Hier können wie bei jedem Kauf Mängelgewährleistungsprobleme auftreten.

Grundsätzlich einen normalen Kauf stellt auch die Übernahme eines Unternehmens über die Börse dar, erfolgt diese nun im Einvernehmen mit dem Management des Ziel-Unternehmens (dann freundliche Übernahme) oder gegen dessen Willen (dann feindliche Übernahme).[96] Wie bei einem *share deal* werden die einzelnen Aktien des Unternehmens vom Bieter gekauft. Für eine solche Übernahme sind aber zur Gleichberechtigung aller Aktionäre besondere Regeln zu beachten. Nachdem auf europäischer Ebene über eine Übernahmerichtlinie in den letzten Jahren heftig gestritten wurde und diese nach Verhandlungen auf höchster politischer Ebene am 21.04.2004 endlich verabschiedet wurde,[97] sind derartige Regeln für Übernahmen deutscher Aktiengesellschaften seit 2002 im Wertpapiererwerbs und Übernahmegesetz (WpÜG) enthalten.[98] Der Käufer wird zur Abgabe eines öffentlichen Übernahmeangebotes verpflichtet und gibt dadurch die Bedingungen des Kaufes selbst vor.[99] Daher fehlt es an der für einen

---

[93] Hölters, in: Hölters, Teil I Rn. 53.

[94] Beisel/Klumpp, 13. Kapitel, Rn. 1 ff.

[95] Knott, Rn. 167, der auf die Beweggründe zur Wahl dieser Transaktionsform hinweist.

[96] Zusammenfassend zu öffentlichen Übernahmeangeboten: Knott, Rn. 172 ff.

[97] Richtlinie 2004/25/EG betreffend Übernahmeangebote v. 21.04.2004, ABlEG Nr. L 142, S. 12; hierzu Kindler/Hartmann, DStR 2004, 866; Grundmann, NZG 2005, 122; Seibt/Heiser, ZGR 2005, 200. Bereits im Juli 2001 scheiterte ein Versuch, unter den Mitgliedstaaten eine Einigung herbeizuführen, vgl. hierzu: Land, DB 2001, 1707; Wackerbarth, WM 2001, 1741.

[98] Gesetz vom 20.12.2001, BGBl. I, 3822, hierzu Thoma, NZG 2002, 105, m.w.N.; vgl. auch Krause, NJW 2004, 3681. . Mittlerweile wurde die EU-Übernahmerichtlinie durch das Übernahmrerichtlinie-Umsetzungsgesetz in das WpÜG implementiert, Gesetz vom 08.07.2006, BGBl. I, 1426;. hierzu Krause, BB 2004, 113; Maul, NZG 2005, 151; Seibt/Heiser, ZGR 2005, 200; Schüppen, BB 2006, 165; van Kann/Just, DStR 2006, 328; Knott, NZG 2006, 849; Merkt/Binder, BB 2006, 1285.

[99] Hölters, in: Hölters, Teil I, Rn. 22.

Kauf typischen Verhandlungssituation. Zudem werden die Anteile von einer Vielzahl von Verkäufern erworben. Anders ist es, wenn die Aktien anstatt über die Börse auch als Paket von einem Investor an einen anderen verkauft werden.[100] Hierin kann ein Unternehmenskauf im Sinne des *share deal* liegen oder bei einer nur geringen Beteiligungshöhe eine bloße Finanzinvestition.

Die Zusammenführung zweier Unternehmen kann des Weiteren auch durch Einbringung des einen in eine bereits bestehende oder zu diesem Zweck neu gegründete Personengesellschaft erfolgen. Mit der Einbringung wird der gemeinsame Zweck (§ 705 BGB) gefördert. Auch kann das Unternehmen im Wege der Sacheinlage in eine Kapitalgesellschaft eingebracht werden. Da es sich jeweils nicht um einen Kauf handelt, sind die Folgen der Mangelhaftigkeit des eingebrachten Unternehmens an dieser Stelle nicht zu vertiefen.

Dem Unternehmenskauf vom Grundsatz her durchaus ähnlich sind die im UmwG geregelten Rechtsfiguren, wie Verschmelzung, Spaltung und Vermögensübertragung, da im Ergebnis Vermögenswerte von einem Rechtssubjekt auf ein anderes übergehen.[101]

Bei der Verschmelzung wird entweder das Vermögen des einen Unternehmens durch ein anderes aufgenommen (Verschmelzung durch Aufnahme, §§ 4 ff. UmwG) oder das Vermögen von zwei oder mehreren Unternehmen wird auf ein neu gegründetes Unternehmen übertragen (Verschmelzung durch Neugründung, §§ 36 ff. UmwG). Die bisherigen Anteilsinhaber erhalten Anteile am neuen Rechtsträger.

Die Spaltung als Oberbegriff von Aufspaltung, Abspaltung uns Ausgliederung (§ 123 UmwG) ist ebenfalls durch den Übergang von Vermögensteilen gegen die Gewährung von Mitgliedschaftsrechten gekennzeichnet.[102]

Bei der Vermögensübertragung (§§ 174 ff. UmwG) wird als Gegenleistung für die Anteile in der Regel Geld bezahlt,[103] was jene am ehesten mit dem Unternehmenskauf vergleichbar macht. Angesichts der in § 175 UmwG eng begrenzten Anwendungsfälle ist eine Vermögensübertragung aber in der Praxis selten anzutreffen.

Der wesentliche Unterschied zwischen allen Maßnahmen des Umwandlungsgesetzes und dem Unternehmenskauf besteht jedoch darin, dass es an einem für den Kauf typischen Aushandeln und anschließender Übertragung der Gegenleistung fehlt, sondern vielmehr ein Tausch der Anteile im Wege einer (partiellen) Gesamtrechtsnachfolge stattfindet. Die Gesellschafter des übertragenden

---

[100] Hierzu neuerdings Modlich, DB 2002, 671.

[101] Beisel/Klumpp, 6. Kapitel, Rn. 33; Hölters, in: Hölters, Teil I, Rn. 26.

[102] Lutter, § 123 UmwG, Rn. 19.

[103] Beisel/Klumpp, 6. Kapitel, Rn. 67 ff.

Rechtsträgers haben einen Anspruch auf eine Entschädigung, die in Form von Anteilen am neuen Rechtsträger gewährt wird. Daher behalten diese, anders als der Unternehmensverkäufer, der sich von dem Unternehmen trennt und seine wirtschaftliche Eigentümerstellung gegen eine Geldzahlung aufgibt, weiterhin Einfluss auf das Unternehmen.

Die Höhe der Gegenleistung ergibt sich allein aus dem Wertverhältnis der beteiligten Rechtsträger. Wenn die Entschädigung aufgrund von Mängeln in einem der beteiligten Unternehmen zu hoch oder zu niedrig ausfällt, ist dies kein Fall der kaufrechtlichen Mängelgewährleistung. Vielmehr kann der Gesellschaftsbeschluss, aufgrund dessen die entsprechende Umwandlungsmaßname erfolgte, angefochten werden oder, soweit diese ausgeschlossen ist, über das spezielle Spruchverfahren die Angemessenheit der Abfindung überprüft werden.[104] Daher haben diese Umwandlungsmaßnahmen mit dem Unternehmenskauf im oben genannten Sinne nichts zu tun.

Maßnahmen des UmwG werden häufig im Zusammenhang zu einem Unternehmenskauf relevant, da jene akquisitionsbegleitend eingesetzt werden. Sie können der Vorbereitung oder zur nachträglichen Umstrukturierung des Unternehmenskaufes dienen.[105] So kann sich die Verschmelzung an einen *share deal* anschließen, um die Zielgesellschaft, die zunächst als „Tochter" des Käufers existierte, vollständig in die Erwerbergesellschaft zu integrieren. Möglich ist auch die vorherige Ausgliederung (§ 123 Abs. 3 UmwG) des Unternehmens in eine eigene GmbH, um anschließend die Anteile dieser GmbH zu veräußern. Dies ändert jedoch nichts daran, dass es sich primär um einen Unternehmenskauf im Sinne des *share deal* handelt.

IV. Einordnung der denkbaren Unternehmensmängel

Sobald der Käufer in der berechtigten Erwartung mangelfreier Leistung enttäuscht wird, stellen sich die Probleme der Mängelgewährleistung.[106] Bei den typischen Umsatzgeschäften und dementsprechend einfach strukturierten Kaufgegenständen, die der Gesetzgeber bei der Schaffung des Sachmängelrechtes ursprünglich vor Augen hatte,[107] lässt sich ein Mangel in rechtlicher Hinsicht ohne größere Schwierigkeiten feststellen, soweit der zugrunde liegende Sachverhalt zwischen den Parteien unstreitig ist. Anders ist es bei einem Unternehmen, das aus einer Vielzahl einzelner Sachen, Rechte und immaterieller Vermö-

---

[104] Mit dem Spruchverfahrensneuregelungsgesetz vom 12.06.2003 (BGBl. I, 838) wurde der zunehmenden Bedeutung des Spruchverfahrens Rechnung getragen und dieses im Spruchverfahrensgesetz statt in den §§ 305 ff. UmwG geregelt.

[105] Kallmeyer, DB 2002, 568, 570.

[106] Honsell, in: Staudinger, vor § 459 BGB a.F., Rn. 15.

[107] Picot, Mergers & Acquisitions, S. 118.

genswerte besteht, durch die der Kaufpreis beeinflusst wird. Des Weiteren sind auch die Bilanzen des Unternehmens bei den Vertragsverhandlungen von wesentlicher Bedeutung. Die Komplexität des Vertragsgegenstandes Unternehmen korrespondiert mit der Summe möglicher Unternehmensmängel, deren Einordnung in das Leistungsstörungsrecht des BGB in der Praxis zumeist streitig war.

Für den weiteren Fortgang dieser Untersuchung werden die in der einschlägigen Judikatur und Literatur diskutierten Unternehmensmängel in die folgenden fünf Fallgruppen abschließend eingeordnet und ihre rechtliche Behandlung unter der alten Rechtslage gewürdigt. [108]

1. Mängel des sachlichen Substrates

Mit den Substratmängeln sind alle Mängel der zum Unternehmen gehörenden einzelnen Sachen gemeint. Das ist der Fall, wenn Sachen des Anlage- oder Umlaufvermögens einen Sach- oder Rechtsmangel haben, wie z.b. beim baupolizeiwidrigen Zustand einer Gaststättenküche[109], der Unbrauchbarkeit eines vom Unternehmen hergestellten Gegenstandes[110], der fehlenden Baureife eines Grundstückes[111], der Unbrauchbarkeit von Reinigungsmaschinen[112] oder Altlasten auf einem zum Unternehmen gehörenden Grundstück. Ob diese Einzelmängel nun als Rechts- oder Sachmangel des jeweiligen Kaufgegenstandes einzuordnen sind, soll angesichts des sehr umstrittenen Themengebietes an dieser Stelle nicht weiter vertieft werden. Im Übrigen hat der Streit durch die Vereinheitlichung der Mängelgewährleistung im neuen Schuldrecht seine Bedeutung verloren.

2. Mängel an einzelnen Rechten

Wie bei den zum Unternehmenssubstrat gehörende Sachen können auch Mängel an den zum Unternehmen gehörenden Rechten auftreten, die aber in der Gewährleistung anders behandelt werden. Dies ist z.b. der Fall, wenn einzelne zum Unternehmen gehörende Rechte unübertragbar oder nur mit Zustimmung eines Dritten, der seine Mitwirkung versagt, übertragbar sind. Ferner können an dem

---

[108] Ob sich diese als abweichende Beschaffenheit und somit als Sachmangel im Sinne von § 434 BGB erweisen, kann hier noch dahingestellt bleiben. Typische Defizite beim Unternehmenskauf werden auch sehr anschaulich dargestellt bei Büdenbender, in: Dauner-Lieb/Büdenbender, S. 5, 10 ff.

[109] RGZ 138, 354.

[110] BGH, WM 1978, 59.

[111] BGH, WM 1971, 528.

[112] BGH, NJW 1995, 1547.

Recht Sicherungsrechte eines Dritten bestehen[113] oder bei gewerblichen Schutz-
rechten die Priorität verloren gehen.[114]

3. Fehlbestände im sachlichen und rechtlichen Unternehmenssubstrat

Des Weiteren ist an die Fälle zu denken, in denen nicht alle Sachen oder Rechte
auf den Erwerber übergegangen sind, wie bei einem Fehlbestand an Gerüsten
eines Gerüstbauunternehmers[115] oder fehlendes Leergut eines Getränkegroßhan-
dels[116]. Inwieweit sicherungsübereignete Sachen auch als Fehlbestand oder aber
als Rechtsmangel der jeweiligen Sache anzusehen sind, kann offen bleiben, da
es für die Gewährleistung keinen Unterschied macht. Eigentlich müsste man
diese als Fehlbestand einordnen, weil das Eigentum außerhalb des gutgläubigen
Erwerbs nicht wirksam auf den Erwerber übergehen konnte. Allerdings erkennt
§ 246 Abs.1 Satz 2 HGB an, dass für die Bilanz eines Unternehmens das wirtschaftliche Eigentum maßgeblich ist und eine Sicherungsübereignung an der
wirtschaftlichen Zugehörigkeit nichts ändert. Daher ist auch eine Einordnung als
Rechtsmangel denkbar.

4. Fehlerhafte Angaben im Jahresabschluss

Die in der Praxis wohl bedeutsamste und so auch umstrittenste Fallgruppe möglicher Unternehmensmängel ist die der fehlerhaften Jahresabschlussangaben. Zu
diesen gehören neben fehlerhaften Umsatz- und Ertragsangaben alle Angaben,
die aus dem Jahresabschluss ersichtlich sind (dazu gehört bei Kapitalgesellschaften auch der Anhang, § 264 Abs. 1 HGB), mit der tatsächlichen Lage nicht
übereinstimmen und natürlich von Erheblichkeit für das Unternehmen im Ganzen sind.

Missverständlich wird in diesem Zusammenhang häufig von fehlerhaften Bi-
lanzkennziffern gesprochen. Die Bilanz ist aber lediglich eine stichtagsbezogene
Bestandsaufnahme, sagt aber nichts über den Geschäftsverlauf im abgelaufenen
Jahr aus. Dieser ergibt sich erst aus der zeitraumbezogenen Gewinn- und Verlustrechnung (GuV); insbesondere in letzterer sind die erzielten Umsätze nach §
275 Abs. 2 Nr. 1 HGB (bei Anwendung des Gesamtkostenverfahrens) bzw. §
275 Abs. 3 Nr. 1 HGB (bei Anwendung des Umsatzkostenverfahrens) aufzufüh-
ren. Bilanz und GuV ergeben dann gemäß § 242 Abs. 3 HGB den Jahresabschluss,[117] der im Rahmen der Vertragsverhandlungen eine große Aussagekraft

---

[113] Hierzu ausführlich: Hadding, ZGR 1982, 476.
[114] OLG Hamburg, BB 1989, 1145.
[115] BGH, NJW 1979, 33.
[116] BGH, WM 1974, 312.
[117] Für Kapitalgesellschaften ist dieser um den Anhang zu erweitern, § 264 Abs. 1 S.1 HGB.

besitzt. In diesem Zusammenhang sind die Angaben über die vergangenen Umsätze und Gewinne des Unternehmens am wichtigsten.[118]

Die Bilanz ist schon dann unzutreffend, wenn nach Unternehmensübergang bisher nicht erfasste Schulden entdeckt werden, für die der Erwerber nach §§ 25 HGB, 613a BGB, 75 AO einzustehen hat, denn in diesem Fall wurden nicht alle Verbindlichkeiten aufgeführt, vgl. §§ 246 Abs. 1, 247 Abs. 1 HGB. Von zunehmender Relevanz in diesem Zusammenhang sind Verbindlichkeiten, die aus dem EG- Beihilferecht resultieren. Hat nämlich das erworbene Unternehmen in der Vergangenheit rechtswidrig Beihilfen erhalten, ist auch derjenige, der das beihilfebegünstigte Unternehmen im Wege des *asset deal* erworben hat, zur Rückzahlung verpflichtet.[119]

Weniger Aussagekraft kommt der Bilanz zuteil, wenn die Überschuldung einer Kapitalgesellschaft im Sinne eines Insolvenzgrundes gemäß § 19 I InsO in Rede steht. Denn das Postulat einer vorsichtigen Bewertung der Aktiva (§ 252 Abs.1 Nr. 4 HGB) lässt rechnerisch eine Überschuldung schon dann entstehen, wenn die Schulden die Vermögenswerte übersteigen, obwohl der Verkehrswert der Aktiva wesentlich höher liegt. Daher ergibt sich die Insolvenzreife der GmbH nicht ohne weiteres aus der Bilanz.

5. Mangel des Unternehmens im Ganzen

Schließlich kann ein Mangel des Unternehmens auch dann vorliegen, wenn zwar alle zu ihm gehörenden Gegenstände mangelfrei sind und auch der Jahresabschluss den Grundsätzen ordnungsgemäßer Buchführung (§ 238 Abs. 1 Satz 1 HGB) entspricht, das Unternehmen dennoch nicht den Erwartungen des Käufers entspricht. Dies wird als ein Mangel des Unternehmens im Ganzen bezeichnet. Hierunter können alle Fälle eingeordnet werden, die nicht eindeutig den anderen Gruppen zugeordnet werden können, wie z.B. ein schlechter Ruf des Unternehmens[120] (neudeutsch Imageaspekte), fehlender „goodwill" oder auch unentdeckte Verbindlichkeiten[121]. Soweit letztere aber nach den Grundsätzen ordnungsgemäßer Buchführung hätten bilanziert werden müssen, führt dies zur Unrichtigkeit des Jahresabschlusses und somit zu einem Mangel im Sinne der zuvor genannten Fallgruppe. So sind z.B. Verbindlichkeiten aus Lieferung und Leistung nach § 266 Abs.3 C Nr. 4 HGB zu bilanzieren (eine solche Aufteilung der

---

[118] RGZ 67, 86; BGH, NJW 1970, 653, 655; BGH, WM 1974, 51; BGH, NJW 1977, 1536; BGH, WM 1988, 1700; BGH, WM 1990, 1344.

[119] Für den share deal ergibt sich die Rückzahlungspflicht schon daraus, dass das Unternehmen als solches ja erhalten bleibt, lediglich der Unternehmensträger hat gewechselt. Zum Ganzen: Maier/Luke, DB 2003, 1207; Verse/ Wurmnest, ZHR 167 (2003), 403.

[120] RGZ 67, 86; BGH, NJW 1992, 2564.

[121] BGH, NJW 1976, 236.

Verbindlichkeiten in der Bilanz ist nach herrschender Meinung auch für Personengesellschaften und Einzelkaufleute geboten[122]), während Verpflichtungen aus längerfristigen Miet- und Pachtverträgen nicht ohne weiteres aus der Bilanz hervorgehen.

Besondere Beachtung verdienen die Rechtsmängel des gesamten Unternehmens. Diese liegen nur dann vor, wenn die entgegenstehenden Rechte die unternehmerische Tätigkeit als solche unmöglich machen. Unter der alten Rechtslage wurde ein solcher Rechtsmangel des Unternehmens z.b. angenommen, wenn beim Verkauf einer Maschinenfabrik der Verkäufer einem Dritten ein ausschließliches Vertriebsrecht eingeräumt hatte, an das der Käufer wegen § 25 HGB gebunden war,[123] oder soweit sich ein für den Unternehmensbetrieb unverzichtbares Miet- oder Pachtverhältnis als auf den Käufer aufgrund des entgegenstehenden Willens des Vermieters/Verpächters unübertragbar erwiesen hatte.[124] Gleiches gilt, wenn ein Bohrrecht einer Erdölgesellschaft nicht besteht[125] oder bei nutzungshindernden Patenten.[126] Ein Rechtsmangel des Unternehmens ist auch bei einer baupolizeilichen Nutzungsbeschränkung anzunehmen.[127] Hingegen nicht hierzu, sondern zu der zuvor genannte Gruppe 2 gehören die Mängel an einzelnen Rechten. Soweit diese nicht die unternehmerische Tätigkeit im Ganzen tangieren, hat das Unternehmen keinen Rechtsmangel.

C. Der Ablauf eines Unternehmenskaufes

Der Verkauf eines Unternehmens verläuft aufgrund der Komplexität des Vertragsgegenstandes anders als der Verkauf von einfachen Gebrauchsgütern.

Der Ablauf des herkömmlichen Unternehmenskaufverfahrens lässt sich grob in drei Phasen einteilen[128]: die interne Planung der Transaktion, die Vertragsverhandlungen und der Vertragsschluss. In der ersten Phase geht es insbesondere um die betriebswirtschaftliche und steuerrechtliche Technik der geplanten Transaktion. Auch wenn die Transaktion nach juristischen Regeln vollzogen wird, liegen die Beweggründe in wirtschaftlichen Motiven. Das „Ob" eines Kaufs/ Verkaufs hat seinen Hintergrund in wirtschaftlichen Zusammenhängen. Die genaue Technik der Transaktion hängt dann vor allem mit steuerrechtlichen

---

[122] Ballwieser, in: MünchKomm-HGB, § 247, Rn. 67 ff., m.w.N.

[123] RGZ 88, 103, 105f; ähnlich, aber bereits auf die neue Rechtslage bezogen Wolf/Kaiser, DB 2002, 411, 415.

[124] BGH, NJW 1969, 184; BGH, NJW 1970, 556.

[125] RGZ 86, 146.

[126] RGZ 69, 429.

[127] BGH, WM 1971, 531.

[128] Ausführlich hierzu und auch zu den Besonderheiten des Bietungs- bzw. Auktionsverfahrens: Picot, Unternehmenskauf, Teil I, Rn. 7 ff; vertiefend zur Auktion neuerdings: Louven/Böckmann, ZIP 2004, 445.

Fragen zusammen. Schließlich will der Verkäufer einen möglichst geringen steuerpflichtigen Gewinn erzielen, während der Erwerber an einer möglichst hohen Abschreibung interessiert ist, um seinen bilanziellen Gewinn und damit seine Steuerlast zu drücken. Dies führt dazu, dass ein wirtschaftlich einfacher Sachverhalt einen rechtlich sehr komplizierten Ablauf nehmen kann.

Die zweite Phase umfasst die Vertragsverhandlungen auf der Grundlage eines i.d.R. von den Beratern des Verkäufers vorgelegten Vertrages. Zentrale Verhandlungsgegenstände sind dann der Kaufpreis und die Gewährleistungen. Der Verkäufer ist zur Preisgabe vertraulicher Informationen über das Unternehmen oft erst nach Unterzeichnung eines *„letter of intent"* bereit. Dabei handelt es sich um eine einseitige Absichtserklärung, unter bestimmten Voraussetzungen den Kaufvertrag abschließen zu wollen.[129] Danach wird das Zielunternehmen vom Käufer und seinen Beratern in wirtschaftlicher und rechtlicher Hinsicht untersucht, was als *„due diligence"* bezeichnet wird.[130] Hieraus ergeben sich dann Konsequenzen für den genauen Inhalt des Kaufvertrages. Da bei einer derartigen Prüfung einerseits Mängel des Unternehmens für den Käufer erkennbar werden und andererseits der Verkäufer durch die Auswahl der zur Verfügung gestellten Informationen selektiv die Wahrnehmungsmöglichkeiten des Käufers beeinflussen kann, hat die *„due diligence"*- Prüfung erhebliche Auswirkungen auf die Mängelgewährleistungsrechte.

Nachdem sich die Parteien über alle Vertragspunkte geeinigt haben, wird in der letzten Phase der Vertragsschluss besiegelt (*„signing"*). In diesem Zusammenhang wird ein Stichtag vereinbart, zu dem das Unternehmen auf den Erwerber übergehen soll und sich nur noch dieser wirtschaftlich verantwortlich zeigt. Dieser Stichtag wird gemeinhin als *„closing"* bezeichnet.[131]

D. Die Mängelgewährleistung beim *asset deal* nach alter Rechtslage

Das klassische Streitthema beim Unternehmenskauf lag in der Mängelgewährleistung, deren Probleme auch durch vertragliche Gestaltungen nicht ausgeklammert werden konnten, da die gesetzlichen Vorschriften bei Regelungslücken im Vertrag oder im Fall eines arglistigen handelnden Verkäufers weiter anwendbar blieben. Hierzu wurde die Anwendung des kaufrechtlichen Mängelgewährleistungsrechts (§§ 434 ff. BGB bzw. §§ 459 ff. BGB a.F.), des Rechts-

---

[129] Hölters, in: Hölters, Teil I, Rn. 127; Knott, Rn. 6 ff.; grundlegend zum letter of intent insbesondere Lutter, Der Letter of Intent.

[130] Vertiefend zur Due Diligence: Angersbach, Due Diligence beim Unternehmenskauf; sowie Knott, Rn. 10 ff.; Merkt, WiB 1996, 145; Loges, DB 1997, 965; neuerdings auch Goldschmidt, ZIP 2005, 1305; Müller, NJW 2004, 2196; Westermann, ZHR 169 (2005), 248; Böttcher, ZGS 2007, 20 ff.

[131] Lieb, in: MünchKomm-HGB, Anh. § 25, Rn. 34.

instituts „Verschulden bei Vertragsverhandlungen" (*culpa in contrahendo, c.i.c.*) oder auch der Grundsätze über den Wegfall der Geschäftsgrundlage (WGG) erwogen.

Der Streitstand wird anhand der schon genannten Mängelgruppen dargestellt, an denen sich am Ende der Untersuchung auch die neue Rechtslage wird messen müssen.

I. Mängel des sachlichen Substrates

Waren einzelne zum Unternehmen gehörende Sachen defekt, war zwischen dem Mangel an dem einzelnen Gegenstand und den daraus resultierenden Folgen für das Unternehmen zu unterscheiden.

1. Kaufrechtliches Mängelgewährleistungsrecht bezüglich der einzelnen Sache

Wie bei einem isolierten Verkauf einer einzelnen zum Unternehmen gehörenden Sache wurde zum Teil auch beim Unternehmenskauf erwogen, das Gewährleistungsrecht auf die einzelne mangelhafte Sache zu beschränken,[132] ohne die Auswirkungen des Mangels auf das Unternehmen zu beurteilen. Dogmatisch wurde dies mit dem Kauf einer Sachgesamtheit begründet (§§ 469, 470 BGB a.F.), da auch ein Unternehmen aus diversen Einzelsachen bestehte Es war lediglich zu beurteilen, ob sich der Mangel an der Sache als Rechtsmangel i.S.v. § 434 BGB a.F oder als Sachmangel i.S.v § 459 BGB a.F. erwies. Die spezifischen Probleme, die sich aus dem Kaufgegenstand Unternehmen ergaben, konnten so bei Substratmängeln umgangen werden.

2. Kaufrechtliches Mängelgewährleistungsrecht bezüglich des Unternehmens

Betrachtet man hingegen den Mangel am Einzelwirtschaftsgut auf der Unternehmensebene, war umstritten, ob hierauf das kaufrechtliche Mängelgewährleistungsrecht anwendbar war.

a) Ansicht der Rechtsprechung und h.M. in der Literatur

Nach Auffassung des Reichsgerichts[133], fortgeführt durch den Bundesgerichtshof[134] und unterstützt durch Stimmen in der Literatur[135] stellten solche Einzel-

---

[132] Honsell, in: Staudinger, § 459 BGB a.F., Rn. 86; U. Huber, in: Soergel, § 459 BGB a.F., Rn. 270; Grunewald, in: Erman, § 459 BGB a.F., Rn. 22.
[133] RGZ 98, 289, 292; RGZ 138, 354, 356.
[134] BGH, NJW 1979, 33; BGH, NJW 1995, 1547, 1548f.

mängel hinsichtlich des Unternehmens einen Sachmangel im Sinne von § 459 BGB a.f. dar, wenn sich das Unternehmen infolge des Einzelmangels als mangelhaft erwies. Nur auf dieser Ebene konnte der Einzelmangel von Relevanz sein. Gewährleistungsfälle in Bezug auf einzelne Bestandteile des Unternehmens seien nicht denkbar. Dadurch wurde berücksichtigt werden, dass nicht jedes Teil einzeln verkauft wird, sondern das Unternehmen als solches,[136] eben mehr als die Summe seiner Teile. Der Unternehmenskauf ist nicht der Kauf einer Sachgesamtheit mit der Folge der §§ 469, 470 BGB a.F., sondern vielmehr eine wirtschaftliche Einheit aus Sachen, Rechten und sonstigen Vermögenswerten.[137] Daher besteht auch die Hauptleistungspflicht in der Übertragung des Unternehmens im Ganzen und ist nicht auf die einzelnen Substratgegenstände bezogen. Der Kaufpreis übersteigt regelmäßig den Wert aller im Unternehmen befindlichen Sachen. Der Käufer zahlt mehr als nur die Einzelentgelte für Grundstücke, Vorräte, fertige Erzeugnisse, Forderungen und Patente, etc. Dieser Mehrwert wird durch die unkörperlichen Geschäftswerte beeinflusst, die häufig maßgebliches Motiv für den Kauf sind und den eigentlichen Wert des Unternehmens ausmachen.[138] Letzteres ist auch hinsichtlich der Bilanzierung durch den Gesetzgeber anerkannt: § 255 Abs. 4 HGB sieht ein Aktivierungswahlrecht für diesen Unterschiedsbetrag als Geschäfts- oder Firmenwert vor. Daher kann es für Mängelansprüche allein auf die Auswirkungen des Einzelmangels auf das Unternehmen ankommen.[139]

Für einen solchen Mangel auf der Ebene des Unternehmens war nach dieser Ansicht damit auch die Anwendung des kaufrechtlichen Gewährleistungsrechts indiziert, was sich als logische Folge aus der Einordnung des Unternehmenskaufes als reinen Kaufvertrag erwies.[140] Weiter war zwischen der Rechtsmängelhaftung und der Sachmängelhaftung zu unterscheiden. Charakteristisch für einen Rechtsmangel war, dass der Käufer weniger an Recht erhält als der Verkäufer ihm gemäß des Vertrages hätte verschaffen müssen.[141] Wenn einzelne Sachen mangelhaft sind, ist dadurch die Beschaffenheit oder Brauchbarkeit des Unternehmens betroffen, die Rechtsposition des Erwerbers bleibt aber erhalten. Daher konnte nur die kaufrechtliche Sachmängelhaftung der §§ 459 ff. BGB a.F. eingreifen.

Fraglich war dann aber, inwieweit man bei Mängel an Einzelwirtschaftsgütern von einem Sachmangel des Unternehmens sprechen konnte. Denn das Unter-

---

[135] U. Huber, in: Soergel, § 459 BGB a.F., Rn. 258; Hüffer, in: Staub, GrossKomm-HGB, vor § 22, Rn. 42.

[136] Canaris, ZGR 1982, 395, 431; Lieb, in: MünchKomm-HGB, Anh. § 25, Rn. 93; Semler, in: Hölters, Teil VI, Rn. 111.

[137] Keil, S. 71.

[138] Hommelhoff, S. 6; Beisel/Klumpp, 4. Kapitel, Rn. 29 ff.

[139] Westermann, in: MünchKomm-BGB, § 459 BGB a.F., Rn. 50.

[140] Lieb, in: MünchKomm-HGB, Anh. § 25, Rn. 93.

[141] Weidenkaff, in: Palandt, § 435 BGB, Rn. 6.

nehmen ist offensichtlich kein körperlicher Gegenstand (§ 90 BGB) und damit keine Sache, die in direkter Anwendung der §§ 459 ff. BGB an einem Sachmangel leiden konnte. Ausgangspunkt aller Überlegungen war folglich ein Analogieproblem. Diese setzt eine planwidrige Regelungslücke und eine vergleichbare Interessenlage zwischen dem geregelten und dem ungeregelten Fall voraus. Während die Regelungslücke im Gesetz auf der Hand lag, war die Planwidrigkeit dieser Lücke genauer zu untersuchen.

Dabei fällt auf, dass die Rechtsmängelhaftung der §§ 434 ff. BGB a.F. sich auf den Sach- und Rechtskauf sowie auf den entgeltlichen Erwerb anderer Gegenstände (§ 445 BGB a.F.) bezog, während die Sachmängelgewährleistung ausdrücklich nur den Sachkauf erfasste und eine dem § 445 BGB a.F. vergleichbare Norm fehlte. Wie sich aus den Protokollen ergibt, hatte sich der historische Gesetzgeber einer Regelung zu anderen Kaufgegenständen als Sachen und Rechte bewusst enthalten, da nicht alle Sachverhalte gesetzlich erfasst werden konnten, sondern vielmehr die Rechtsprechung zur Konkretisierung des Gesetzes aufgerufen war.[142] Die Anwendung der §§ 459 ff. BGB a.F. war also nach dem Willen des historischen Gesetzgebers keinesfalls auf den Sachkauf beschränkt.

Des Weiteren setzt die Analogie die Vergleichbarkeit des geregelten mit dem ungeregelten Sachverhalt voraus. Die Befürworter einer Analogie zu §§ 459 ff. BGB a.F. gingen davon aus, dass Zweck der Sachmängelgewährleistung die Lösung eines durch einen verborgenen Mangel geschaffenen Interessenkonflikts zwischen Verkäufer und Käufer war. Wie schon bei der Einordnung als schuldrechtlicher Vertragstyp bestand auch bei der Mängelgewährleistung eine hinreichende Vergleichbarkeit zwischen Sachkauf und Unternehmenskauf, weil die grundlegenden Wertungen des Sachmängelrechts auch auf den Unternehmenskauf zutrafen.[143] Im Interesse der Rechtssicherheit waren daher die positiv geregelten Rechtsbehelfe heranzuziehen. Die Konsequenz bestand dann darin, dass die Mängel an einzelnen Sachen des Unternehmens analog § 459 BGB a.F. wie Sachmängel desselben zu behandeln waren.

Tatbestandsvoraussetzung des § 459 BGB a.F. war ein Mangel der verkauften Sache, sei es in Form eines Fehlers (§ 459 Abs. 1 BGB a.F.), sei es als Fehlen einer zugesicherten Eigenschaft (§ 459 Abs. 2 BGB a.F.).

aa) § 459 Abs.1 BGB a.F.

Wie allgemein unter der alten Rechtslage galt auch im Fall des Unternehmenskaufes, dass ein Fehler vorlag, wenn die Ist-Beschaffenheit in einer für den Käu-

---

[142] Mugdan, S. 765.
[143] Hommelhoff, S. 19 ff.; Willemsen, AcP 182 (1982), 515, 560.

fer ungünstigen Weise von der Soll-Beschaffenheit abwich.[144] Dabei wurde letztere auf Basis des subjektiven Fehlerbegriffs nach dem vertraglich vorausgesetzten besonderen Zweck, Gebrauch oder Zustand des Kaufgegenstandes bestimmt.[145] Zur Feststellung eines Sachmangels war das mangelhafte Einzelteil als solches in Bezug zum Kaufgegenstand Unternehmen zu setzen. Erwies sich dieser infolge des mangelhaften Einzelteils auch als mangelhaft, lag ein Mangel des Unternehmens vor.

Ausgehend von der Prämisse, dass der Unternehmenskauf ein Chancen- und Risikokauf ist,[146] konnte nicht jeder Fehler einer Sache des Umlaufvermögens so erheblich sein, um als Fehler des Unternehmens bezeichnet zu werden. Gewisse Umstände sind typisch für ein Unternehmen und den Vertragsparteien bewusst.[147] Das Unternehmen kann nicht schon mangelhaft sein, wenn sich ein Fahrzeug des Fuhrparks als defekt erweist oder eine bestimmte Forderung uneinbringlich ist. Hiermit muss bei einem Unternehmenskauf gerechnet werden. Der Einzelmangel wurde erst dann zu einem Unternehmensmangel, wenn infolge des Mangels die vertraglich vorausgesetzte oder gewöhnliche Tauglichkeit des Unternehmens für den Käufer insgesamt nicht mehr gegeben oder die wirtschaftliche Grundlage des Unternehmenskaufes durch den Mangel erschüttert war.[148] In diesen Fällen bestand die erforderliche Ähnlichkeit zu dem in § 459 BGB a.f. geregelten Fall.[149]

Somit war ein Unternehmensmangel in zwei Schritten festzustellen. Zunächst war der Einzelmangel zu bestimmen und dann war dieser in Relation zu seiner Bedeutung im Unternehmensgefüge zu setzen.

bb) § 459 Abs.2 BGB a.F.

Ein Sachmangel des Unternehmens konnte auch aus dem Fehlen einer zugesicherten Eigenschaft resultieren. Eine Eigenschaft war nach allgemeiner Meinung jedes der Kaufsache auf gewisse Dauer anhaftende Merkmal, das für deren Wert, den vertraglich vorausgesetzten Gebrauch oder aus sonstigen Gründen für den Käufer erheblich war.[150] Hierzu gehörte alles, was auch einen Fehler begründen konnte.[151]

---

[144] BGH, NJW-RR 1995, 364, m.W.N.

[145] Putzo, in: Palandt, § 459 BGB a.F., Rn. 8.

[146] Quack, ZGR, 1982, 350, 353; Mössle, BB 1983, 2146, 2151.

[147] Mössle, BB 1983, 2146, 2149.

[148] BGH, NJW 1969, 184; BGH, WM 1970, 132, 133; BGH, NJW 1970, 556; BGH, WM 1988, 124, 125; BGH, NJW 1979, 33; BGH, NJW 1995, 1547; Hiddemann, ZGR 1982, 444.

[149] Zimmer, NJW 1997, 2345, 2350.

[150] BGHZ 87, 302, 307, m.w.N.

[151] Putzo, in: Palandt, § 459 BGB a.F., Rn. 20.

Daraus folgt, dass einzelne zum Unternehmen gehörende Gegenstände auch zum Gegenstand einer zugesicherten Eigenschaft gemacht werden konnten. Eine Zusicherung lag vor, wenn der Verkäufer durch eine ausdrückliche oder stillschweigende Erklärung, die Vertragsinhalt geworden war, dem Käufer zu erkennen gab, dass er für den Bestand der betreffenden Eigenschaft und alle Folgen ihres Fehlens einstehen wollte.[152]

Unter welchen Voraussetzungen dann letztlich eine Zusicherung vorlag, war nach allgemeinen Auslegungsregeln zu beantworten und eine Frage des Einzelfalls.

b) Abweichende Ansicht in Teilen der Literatur

Eine Mindermeinung in der Literatur lehnte bei Mängeln am sachlichen Unternehmenssubstrat die analoge Anwendung der §§ 459 ff. BGB ab.[153] Das Gewährleistungsrecht beim Kauf passe nicht auf den Erwerb von Unternehmen. Es fehle an einer hinreichenden Vergleichbarkeit zwischen Unternehmen und Sache. Gerade für die zum Unternehmen gehörenden unkörperlichen Geschäftswerte kenne das geltende Recht überhaupt keine Regelung.[154] Daher waren Abweichungen des Unternehmens von den Erwartungen des Käufers unabhängig vom kaufrechtlichen Mängelgewährleistungsrecht immer über allgemeine Rechtsinstitute wie der *culpa in contrahendo* wegen unzutreffender Angaben bei Vertragsschluss[155] bzw. aufgrund einer Äquivalenzstörung[156] über den Wegfall der Geschäftsgrundlage (WGG) zu bereinigen.

c) Rechtsfolgen des kaufrechtlichen Mängelgewährleistungsrechts

Soweit man die genannten Unternehmensmängel dem Tatbestand des § 459 BGB a.F. analog unterstellte, musste man auch die gesetzlich vorgesehenen Rechtsfolgen analog anwenden, was unter zwei Gesichtspunkten zu Problemen führte.

aa) *Ius variandi*

Zum einen sah das Gesetz ein Wahlrecht des Gläubigers zwischen Wandelung, Minderung (§ 462 BGB a.F.) und – im Falle des § 459 Abs. 2 BGB a.F. bzw. bei Arglist des Verkäufers – Schadensersatz wegen Nichterfüllung (§ 463 BGB a.F.)

---

[152] BGHZ 48, 118, 122; BGHZ 59, 158, 160, m.w.N.
[153] So insbesondere Baur, BB 1979, 381, 386 und Canaris, ZGR 1982, 395, 397 ff.
[154] Canaris, ZGR 1982, 395, 401.
[155] So Baur, BB 1979, 381, 386.
[156] So Canaris, ZGR 1982, 395, 407f.

vor. Die Wandelung führte zur Rückabwicklung des Vertrages. Wie schon erläutert, ist zumindest beim *asset deal* die Einzelübertragung der Wirtschaftsgüter im Hinblick auf den sachenrechtlichen Bestimmtheitsgrundsatz mit Problemen verbunden, die sich entsprechend bei der Rückabwicklung stellen. Darüber hinaus ist ein Unternehmen ein zur Rückabwicklung ungeeignetes Gebilde.[157] Schon nach kurzer Zeit befindet es sich nicht mehr in dem Zustand, den es noch bei Übergang auf den Käufer (= *closing*) hatte, da jedem Unternehmen eine spezielle Dynamik immanent ist. Täglich werden Waren eingekauft und wieder verkauft, neue Kunden werden gewonnen, alte verloren. Vielleicht ist das Unternehmen auch in kurzer Zeit durch den Käufer heruntergewirtschaftet worden. All diese Veränderungen ließen sich nur schwerlich über den gesetzlich vorgesehenen Nutzungs- und Verwendungsausgleich (§§ 467, 347 S.2, 989 ff. BGB a.F.) kompensieren. Daher war die Wandelung auf die Fälle beschränkt, in denen es dem Käufer unzumutbar war, das Unternehmen fortzuführen. Dieser Bedingung wurde im Rahmen der Haftung für Substratmängel bereits auf der Tatbestandsseite des § 459 Abs.1 BGB a.F. dadurch Rechnung getragen, dass der Einzelmangel auf das Unternehmen durchschlagen musste, um überhaupt als Unternehmensmangel zu gelten. Soweit der Substratmangel demnach zum Mangel des Unternehmens wurde, stand dem Käufer auch uneingeschränkt das Wandelungsrecht zu. Ein Mangel des Kaufgegenstandes „Unternehmen" war nicht anders zu behandeln als der Mangel einer beweglichen oder unbeweglichen Sache. Mit anderen Worten ausgedrückt durfte es keinen Unterschied machen, ob es sich einerseits beim Kauf einer mit Hausschwamm befallenen Immobilie um ein Hotel handelte, so dass ein Unternehmenskauf vorlag, oder andererseits die Immobilie zu anderen gewerblichen Zwecken gekauft wurde, so dass unstreitig die §§ 459 ff. BGB a.F. anwendbar waren.[158] In beiden Fällen stand dem Käufer auch das Wandelungsrecht zu.

Die Wiederherstellung des status quo ante durch die Wandelung des Kaufvertrages war jedoch regelmäßig nach §§ 467, 351 BGB a.F. ausgeschlossen, wenn das Unternehmen vorwerfbar heruntergewirtschaftet wurde. Im Übrigen waren Veränderungen des Unternehmens, soweit sie sich im Rahmen des Vertretbaren hielten, hinzunehmen und berechtigten nicht zum Wertersatz.

bb) Verjährung

Zum anderen wurde die Verjährungsfrist des § 477 Abs.1 BGB a.F. beginnend mit dem Übergang des Unternehmens auf den Käufer bei aufgrund der Komplexität des Vertragsgegenstandes Unternehmen häufig nur schwer erkennbaren Mängeln als zu kurz angesehen, unabhängig davon ob die 6-Monats-Frist oder

---

[157] Lieb, in: MünchKomm-HGB, Anh. § 25, Rn. 108.
[158] U. Huber, in: Soergel, § 459 BGB a.F., Rn. 259.

die Jahresfrist bei Grundstücken zur Anwendung kam. Nach Ablauf der Frist stand dem Verkäufer die Einrede der Verjährung (§ 222 BGB a.f.) zu, so dass der Anspruch des Käufers auf Wandelung nicht mehr durchsetzbar war.

Bei den hier zu beurteilenden Substratmängeln war dieser Einwand allerdings nicht gravierend. Denn der Zweck der kurzen Verjährungsfrist des § 477 BGB a.f. lag darin, als Ausgleich für die verschuldensunabhängige Haftung den nicht arglistig handelnden Verkäufer innerhalb von möglichst kurzer Zeit zu entlasten, um ihm Rechtssicherheit zu verschaffen.[159] Der Käufer hat sich über den Zustand der Sache zügig ein klares Bild machen. Der Mangel an der einzelnen Sache ist beim Kauf des Unternehmens ebenso schwer oder leicht zu erkennen wie beim Kauf der Sache selbst.[160] Es war dem Käufer sogar zumutbar, die einzelnen Sachen zu untersuchen. Daher war die kurze Verjährungsfrist in diesem Fall nicht unangebrachter als beim reinen Sachkauf auch. Darüber hinaus wurde es als Sache des Gesetzgebers und nicht als Aufgabe der Rechtsprechung angesehen, angemessene Fristen zu normieren.[161] Folglich war § 477 BGB a.f. auf den Unternehmenskauf anzuwenden.

3.   Schadensersatz aus *culpa in contrahendo* (*c.i.c.*)

Neben dem kaufrechtlichen Sachmängelgewährleistungsrecht können dem Käufer Schadensersatzansprüche unter dem Gesichtspunkt der *c.i.c.* zustehen. Die *c.i.c.* wurde dogmatisch aus einer Rechtsanalogie zu den §§ 122, 179, 307, 309, 663 BGB a.f. hergeleitet[162] und war unter dem bis zum 31.12.2001 geltenden Recht gewohnheitsrechtlich anerkannt, was sich auch in der Regelung des § 11 Nr. 7 AGBG zeigte. Anknüpfungspunkt ist eine fehlerhafte oder unterlassene Aufklärung durch den Verkäufer im vorvertraglichen Stadium.

a) Voraussetzungen

Als außergesetzliches Rechtsinstitut war die *c.i.c.* subsidiär gegenüber den im BGB speziell geregelten Haftungstatbeständen. Daher konnte der Anwendungsbereich der *c.i.c.* erst da ansetzen, wo das kaufrechtliche Gewährleistungsrecht nicht einschlägig war. Wie schon dargestellt, lehnte ein Teil der Literatur die Anwendung der §§ 459 ff. BGB a.f. auf den Unternehmenskauf ab und kam folgerichtig zur Anwendung der *c.i.c.*[163]

---

[159] BGHZ 77, 215, 221f., m.w.N.
[160] Zimmer, NJW 1997, 2345, 2350.
[161] BGHZ 59, 323, 326; BGHZ 77, 215, 223.
[162] Medicus, Schuldrecht I, Rn. 103.
[163] Vgl. die Darstellung unter 2 b), Seite 30.

Eine Haftung aus *c.i.c.* setzte eine Verletzung der Pflichten aus dem vorvertraglichen Schuldverhältnis voraus. Die Pflichten des Verkäufers ergaben sich aus dem Zweck der Vertragsverhandlungen. Da hierbei die wirtschaftliche Verfassung des Unternehmens eine bestimmende Rolle spielte, traf den Verkäufer diesbezüglich die Pflicht zur wahrheitsgemäßen Information des Käufers. Dies war zum einen der Fall, wenn sich der Käufer nach bestimmten Eigenschaften explizit erkundigte. Zum anderen hatte der Verkäufer auch ohne Nachfrage von sich aus Umstände zu offenbaren, die geeignet waren, den Vertragszweck zu vereiteln.[164] Die Reichweite der Aufklärungspflicht des Verkäufers bestimmte sich wiederum nach der Erheblichkeit des aufklärungspflichtigen Umstandes für das Gesamtunternehmen. So konnte kein Zweifel bestehen, dass bei fehlender Funktionstüchtigkeit einer bedeutenden Maschine des Anlagevermögens eine entsprechende Aufklärungspflicht bestand, während bei Unbrauchbarkeit einzelner für das Unternehmen völlig unbedeutender Gegenstände eine Aufklärung nicht erwartet werden konnte. Im letztgenannten Fall konnte der Käufer seinen Anspruch aus *c.i.c.* nur dadurch erhalten, dass er sich in den Vertragsverhandlungen nach der Mangelfreiheit explizit erkundigte.

Schließlich musste der Verkäufer die Pflichtverletzung auch zu vertreten haben. Darin zeigte sich ein wesentlicher Unterschied zur kaufrechtlichen Mängelhaftung.

b) Rechtsfolgen

Rechtsfolge der *c.i.c.* war der Ersatz des negativen Interesses. Der Käufer war so zu stellen, wie er bei ordnungsgemäßer Information gestanden hätte.[165]

aa) Naturalrestitution

Dies erfolgte grundsätzlich dies im Wege der Naturalrestitution (§ 249 Abs. 1 BGB). Hätte der Käufer die Mängel des Unternehmens gekannt, hätte er den Vertrag nicht abgeschlossen. Im Ergebnis folgte hieraus ein Anspruch auf Aufhebung und Rückabwicklung des Vertrages, was jedoch schon im Rahmen der Wandelung als für den Unternehmenskauf unpassend erkannt wurde. Daher war die Naturalrestitution im Sinne der Vertragsaufhebung nur in Ausnahmefällen statthaft. Stattdessen wurde der Käufer im Wege der Schadenskompensation so gestellt, als wenn er den Vertrag zu einem günstigeren Kaufpreis abgeschlossen hätte.[166] Der im Vertrauen auf die Richtigkeit der Angaben des Verkäufers ver-

---

[164] Emmerich, in: MünchKomm-BGB, vor § 275 BGB a.F., Rn. 89.

[165] BGH, NJW 1977, 1536, 1537.

[166] BGHZ 69, 53; BGH, NJW 1980, 2408, 2410.

anlasste Mehraufwand stellte einen nach den Regeln der *c.i.c.* ersatzfähigen Schaden dar.

Da aber der Käufer nur schwerlich beweisen konnte, dass sich auch der Verkäufer auf den niedrigeren Kaufpreis eingelassen hätte (m.a.W. im Verhandlungswege durchgesetzt hätte), wurde die Beweislastverteilung umgekehrt.[167] Verlangte der Käufer den Ersatz des zuviel gezahlten Betrages, musste er nicht beweisen, dass der Verkäufer den Vertrag zu einem derartigen Preis überhaupt abgeschlossen hätte. Letzterem war sogar der Gegenbeweis verwehrt.[168] Im Ergebnis entsprach dieses Vorgehen einer Kaufpreisminderung außerhalb des Gewährleistungsrechts.[169]

Des Weiteren konnte der Kenntnis des Käufers von den Mängeln differenziert über die Regelung des Mitverschuldens (§ 254 BGB) Rechung getragen werden. Auch wenn ihm leicht fahrlässig die Mängel unerkannt blieben, konnte sein Schadensersatzanspruch in Abhängigkeit seines Verschuldensgrades flexibel gekürzt werden.

bb) Verjährung

Da die *c.i.c.* gesetzlich nicht geregelt war, kam die allgemeine Verjährungsfrist des § 195 BGB a.F. zur Anwendung.

Diametral zur kurzen kaufrechtlichen Verjährungsfrist des § 477 BGB a.F. war die dreißigjährige Frist des § 195 BGB a.F. entsprechend zu lang, da diese den Käufer unangemessen bevorteilte. Auch diese wird den Bedürfnissen der Praxis somit nicht gerecht, werden doch im Regelfall Fristen von ein bis zwei Jahren vereinbart.

4. Störung der Geschäftsgrundlage (WGG)

Schließlich kann man bei Mängeln am sachlichen Substrat des Unternehmens auch mit Hilfe der Grundsätze über den Wegfall bzw. die Störung der Geschäftsgrundlage (WGG) zu interessengerechten Ergebnissen kommen.

a) Voraussetzungen

Da diese Rechtsfigur, wie auch die *c.i.c.*, zu spezialgesetzlichen Regelungen subsidiär war, war unabdingbare Voraussetzung, dass man die §§ 459 ff. BGB auf den entsprechenden Mangel tatbestandlich nicht eingreifen ließ. Hinsichtlich

---

[167] BGHZ 72, 92, 106; BGH, NJW 1996, 2503; BGH, NJW-RR 1997, 144, 145.
[168] BGH, WM 1980, 1006, 1007.
[169] Beisel/Klumpp, 16. Kapitel, Rn. 10.

Mängeln am sachlichen Substrat wird eine solche Auffassung von *Canaris* vertreten, der die Anwendung des kaufrechtlichen Gewährleistungsrechts auf den Unternehmenskauf insgesamt als unpassend ablehnte.[170] Die Grundsätze über den Wegfall der Geschäftsgrundlage kamen dann ergänzend neben der *c.i.c.* zur Anwendung, da zwischen den beiden unkodifizierten Rechtsinstituten kein Spezialitätsverhältnis bestehe. Letztere ist für den Käufer nämlich dann ohne Erfolg, wenn er dem Verkäufer kein Verschulden in Bezug auf die Pflichtverletzung nachweisen kann. Weitere Voraussetzung der WGG ist eine schwere Äquivalenzstörung oder schwere Zweckstörung.[171] Diese trete ein, wenn durch den Mangel des Unternehmens der vom Käufer gezahlte Kaufpreis als zu hoch erscheint. Der Preis werde durch alle Angaben des Verkäufers im Vorfeld des Vertrages beeinflusst, die so zur Geschäftsgrundlage des Vertrages werden. Erweisen sich diese als unrichtig, so sei die Äquivalenz von Leistung und Gegenleistung gestört, die über die WGG wieder ausgeglichen werden müsse.

b) Rechtsfolgen

Die Rechtsfolge einer Vertragsstörung lag grundsätzlich in einem Anspruch auf Vertragsanpassung, also auf Herabsetzung des Kaufpreises. Dem Charakter des Unternehmenskaufes als Chancen- und Risikogeschäft entsprechend konnte der Minderwert auch hälftig geteilt werden, soweit der Mangel keiner Partei erkennbar war.[172] Erst wenn der Käufer an einer Vertragsanpassung kein Interesse hatte, war im Rahmen der WGG auch die Rückabwicklung als ultima ratio anerkannt. Diese konnte daher nur bei schweren Zweckstörungen angebracht sein.

Die überaus elastische Anwendung der WGG in Tatbestand und Rechtsfolge erwies sich als vorteilhaft gegenüber Kaufrecht und *c.i.c.*; doch damit war gleichzeitig der Nachteil großer Rechtsunsicherheit verbunden. Daher konnte sich das Lösungsmodell von *Canaris* auch nicht durchsetzen.

II. Mängel an einzelnen Rechten

Hinsichtlich der Behandlung von Mängeln an einzelnen Rechten des Unternehmens wurden in das gerade dargestellte Meinungsspektrum einige Nuancierungen eingeführt. Zum einen griff auch hier bei hinreichender Bedeutung des Mangels für das Gesamtunternehmen die Haftung für Unternehmensmängel ana-

---

[170] Hierzu ausführlich Canaris, ZGR 1982, 395 ff.

[171] Canaris, ZGR 1982, 395, 406.

[172] Canaris, ZGR 1982, 395, 408.

log §§ 459 ff. BGB a.F./ *c.i.c./* WGG ein,[173] wie gerade erläutert. Zum anderen wurde noch die Anwendung der Rechtsmängelhaftung nach §§ 434 ff. BGB a.F. hinsichtlich des einzelnen Rechtes neben der Haftung für Unternehmensmängel postuliert.[174] Es sei nicht einzusehen, dass der Verkäufer einzelner Rechte strenger hafte als derjenige, der sie als Bestandteil eines Unternehmens veräußere.[175] Es kam damit zu einer Kumulierung der Haftung des Unternehmensverkäufers, so dass der Käufer ungerechtfertigterweise besser gestellt wurde.[176]

III. Fehlbestände im Unternehmenssubstrat

Wieder etwas anders wurden Fehlbestände des Unternehmenssubstrates behandelt. Es war zu unterscheiden: Soweit vorhandene Sachen/ Rechte entgegen der schuldvertraglichen Abrede nicht auf den Erwerber übertragen wurden, lag eine schlichte Nichterfüllung vor und der restliche Teil-Erfüllungsanspruch konnte selbständig geltend gemacht werden mit den Konsequenzen des § 326 BGB a.F.[177] Falls aber die Gegenstände gar nicht vorhanden waren, also die restliche Teilerfüllung gar nicht mehr möglich war, wich die Ist-Beschaffenheit des Unternehmens von seiner Soll-Beschaffenheit ab und begründete somit einen Sachmangel des gesamten Unternehmens mit den schon erwähnten rechtlichen Folgen.[178] Die Pflicht des Verkäufers bestand nur in der Übertragung aller zum Unternehmen gehörenden Sachen und Rechte, die das Unternehmen ausmachten und nicht in der Beschaffung von Gegenständen, die gar nicht vorhanden waren.

IV. Fehlerhafte Angaben im Jahresabschluss

Bei dieser wohl wichtigsten Mängelkategorie stellt sich das Meinungsbild sehr uneinheitlich dar.

---

[173] RGZ 96, 89, 90; BGH, NJW 1970, 556, 557; Canaris, ZGR 1982, 395, 429; Lieb, in: MünchKomm-HGB, Anh. § 25, Rn. 144.

[174] BGH, NJW 1970, 556; BGH, WM 1975, 1166; U. Huber, in: Soergel, § 459 BGB a.F., Rn. 276; Hüffer, in: Staub, GrossKomm-HGB, vor § 22, Rn. 42; Westermann, in: MünchKomm-BGB, § 437 BGB a.F., Rn. 18.

[175] BGH, NJW 1970, 556, 557.

[176] Zur Kritik an dieser Rspr.: Lieb, in: MünchKomm-HGB, Anh. § 25, Rn. 149.

[177] Mössle, BB 1983, 2146, 2152; Lieb, in: MünchKomm-HGB, Anh. § 25, Rn. 21.

[178] RGZ 98, 289, 292.

1. Mangel im Sinne von § 459 BGB a.F.

a) Auffassung in Teilen der Literatur

Für einen Teil der Literatur[179] fand auch bei fehlerhaften Angaben im Jahresabschluss die Analogie zu §§ 459 ff. BGB a.F. Anwendung. Ziel der Analogie sei es, die Rechtsfolgen einer Norm auf einen Sachverhalt anzuwenden, der dem geregelten Tatbestand hinreichend ähnlich sei.[180] Eine Ähnlichkeit zur kaufrechtlichen Sachmängelgewährleistung wurde auch bei den Angaben im Jahresabschluss erkannt. Auf der Grundlage des subjektiven Fehlerbegriffes sei es entscheidend, dass die tatsächliche Beschaffenheit von der von den Parteien bei Vertragsschluss vorausgesetzten Beschaffenheit abwiche. Zur Beschaffenheit nach § 459 Abs. 1 BGB wie auch zum Gegenstand einer Zusicherung nach § 459 Abs. 2 BGB a.F. könnten die Parteien können alle Umstände erheben, die sie im Hinblick auf den Kaufgegenstand für wichtig halten.[181] Demzufolge gehörten auch Zahlenangaben in Jahresabschlüssen zur Beschaffenheit des Unternehmens und führten bei Fehlerhaftigkeit zu einem Sachmangel im Sinne von § 459 Abs. 1 BGB a.F. analog.[182]

Für diese Auffassung spricht, dass die Mängelgewährleistungsrechte beim Unternehmenskauf vereinfacht werden, da alle Mängel den §§ 459 ff. BGB a.F. unterfielen. Angesichts der Häufigkeit von fehlerhaften Jahresabschlussangaben mussten die Vertreter dieser Ansicht aber zur Vermeidung unbilliger Ergebnisse wiederum Korrekturen auf der Rechtsfolgenseite vornehmen. Daher war zum einen die Rechtsfolge einer Vertragsrückabwicklung einzuschränken. Nicht jeder Fehler im Jahresabschluss konnte zur Wandelung des Kaufvertrages berechtigen. Ein Wandelungsrecht war dem Käufer analog § 468 Satz 2 BGB a.F. bzw. § 469 BGB a.F. nur zuzubilligen, wenn im Wege der Anpassung des Kaufpreises ein für den Käufer zumutbarer Ausgleich nicht herbeigeführt werden konnte.[183] Dies bedingte, dass sich der Käufer grundsätzlich mit einem finanziellen Ausgleich (= Minderung im Sinne von § 472 BGB a.F.) begnügen musste; die Rückabwicklung kam nur als ultima ratio in Betracht.

Die zu kurze Verjährungsfrist des § 477 BGB a.F. sollte zum anderen erst nach Einweisung und Einarbeitung beginnen.[184] Es sei dem Käufer nicht zumutbar,

---

[179] Willemsen AcP 182 (1982), 515, 540 ff.; Lieb, in: MünchKomm-HGB, Anh. § 25, Rn. 77 ff.

[180] Larenz, S. 377.

[181] Willemsen, AcP 182 (1982), 515, 542.

[182] Willemsen, AcP 182 (1982), 515, 545.

[183] Willemsen AcP 182 (1982), 515, 564; Lieb, in: MünchKomm-HGB, Anh. § 25, Rn. 109 (jeweils für § 468 Satz 2 BGB a.F.); U. Huber, in: Soergel, § 459 BGB a.F., Rn. 261 (für § 469 BGB a.F.).

[184] Willemsen, AcP 182 (1982), 515, 568.

Fehler im Jahresabschluss ohne weiteres innerhalb von 6 Monaten zu erkennen.[185]

b) Auffassung der Rechtsprechung und der h.M. in der Literatur

Für die Rechtsprechung und Teile der Literatur waren die §§ 459 ff. BGB a.f. bei fehlerhaften Abschlussangaben nicht anwendbar.[186] Dabei war weniger die Ähnlichkeit zwischen Sache und Unternehmen entscheidend, als vielmehr die Reichweite der Beschaffenheit eines Unternehmens im Vergleich zu seinen zusicherungsfähigen Eigenschaften. Demnach war der Begriff der Beschaffenheit enger als der der Eigenschaft.

Schon das Reichsgericht hatte festgestellt, dass falsche Angaben über Umsätze, Erträge oder vergleichbare Vergangenheitsangaben keine Fehler des Kaufgegenstandes Unternehmen darstellen, allerdings seien derartige Angaben eine zusicherungsfähige Eigenschaft.[187] Der BGH hat diese Rechtsprechung zum Teil fortgeführt, zum Teil modifiziert. Auch dieser konstatierte, dass falsche Angaben über Umsätze, Gewinne etc. keinen Fehler des Unternehmens nach § 459 Abs. 1 BGB a.F. begründeten.[188] Allerdings könnten diese Angaben im Falle ihrer Zusicherung einer zugesicherten Eigenschaft im Sinne von § 459 Abs. 2 BGB gleichgestellt sein, wenn sie sich auf einen Zeitraum von mehreren Jahren bezögen, so dass der Erwerber einen Schluss auf die Ertragsfähigkeit des Unternehmens ziehen könnte.[189] Die Angaben der vergangenen Gewinne/ Umsätze im Jahresabschluss dienten quasi als Katalysator, um die Ertragsfähigkeit zur entscheidenden Eigenschaft des Unternehmens anzuheben. Dogmatischer Anknüpfungspunkt dieser Ansicht war der Begriff der Beschaffenheit, der zur Bestimmung des Fehlers maßgeblich war. Zu der Beschaffenheit der Kaufsache könnten nur Umstände gehören, die dieser, wenn auch nur für kurze Zeit, anhafteten, was sich aus dem Wortlaut des § 459 Abs.1 BGB a.F. ("behaftet") ergebe.[190] Angaben über Umsätze und Gewinne hafteten dem Unternehmen nicht an, sondern seien das Ergebnis der unternehmerischen Tätigkeit. Sie stellten auf eine Augenblicksbeschaffenheit des Unternehmens in der Vergangenheit ab, so dass

---

[185] Willemsen, AcP 182 (1982), 515, 568.
[186] RGZ 67, 86; BGH, NJW 1970, 653, 655; BGH, NJW 1977, 1536, 1537; BGH, NJW-RR 1989, 306; BGH, NJW 1990, 1658, 1659; U. Huber, in: Sorgel, § 459 BGB a.f., Rn. 263.
[187] RGZ 63, 57, 61; RGZ 67, 86.
[188] BGH, NJW 1970, 653, 655; BGH, NJW 1977, 1536, 1537; BGH, NJW-RR, 1989, 306.
[189] BGH, NJW 1970, 653, 655; BGH, NJW 1977, 1536, 1537; BGH, NJW 1977, 1538; BGH, NJW-RR, 1989, 306; BGH, WM 1990, 1344.
[190] Westermann, in: MünchKomm-BGB, § 459 BGB a.F., Rn. 18 m.w.N.

eine für den Käufer ungünstige Abweichung keinen Fehler des Unternehmens begründen könnte.[191]

Anders als die Beschaffenheit verlangte eine Eigenschaft nicht, dass sie dem Unternehmen anhaftete, wie sich schon aus dem divergierenden Wortlaut des § 459 Abs. 1 und Abs. 2 BGB a.f. ergab. Dennoch musste auch sie einen Bezug zum Kaufgegenstand aufweisen. Ein solcher Bezug fehle, wenn Umsätze und Gewinne des Unternehmens lediglich über einen kurzen Zeitraum zugesichert werden.[192] Dann könne regelmäßig keine fundierte Aussage über die Ertragsfähigkeit getroffen werden, da die Kennzahlen auch durch dem Unternehmen nicht innewohnende Faktoren, wie den Konjunkturzyklus oder auch besonderes Geschick des Unternehmers, beeinflusst werden.[193] Erst bei einer Zusicherung über einen längeren Zeitraum sei ein derartiger Schluss möglich, so dass bei Zusicherung derartiger Angaben diese den zugesicherten Eigenschaften gleichgestellt seien.[194]

Diese offensichtlich dogmatisch schwierige Konstruktion darf nicht den Blick auf ihr eigentliches Anliegen kaschieren. Die aus der Anwendung des Kaufrechts ergebenden unsachgemäßen Rechtsfolgen wurden vermieden, die sich, wie gezeigt, gerade in dieser Fallgruppe als besonders ungeeignet erwiesen hatten. Mit der Verengung des Tatbestandes des § 459 Abs.1 BGB a.f. wurde ein engmaschiges Sieb erzeugt, durch das nur die Mängel fielen, bei denen die Anwendung des Kaufrechts interessengerecht war. Denn bei einer expliziten Zusicherung einer Eigenschaft hat der Verkäufer auch die für ihn unangemessene Rechtsfolge der Vertragsrückabwicklung zu tragen. In allen anderen Fällen war der Weg zur *c.i.c.* eröffnet, die mit dem offenen Tatbestand der Pflichtverletzung und den flexiblen Rechtsfolgen diese Mängel durchaus sachgerechter erfassen konnte. Die Abgrenzung zwischen Kaufrecht und allgemeinem Schuldrecht erfolgte somit rechtsfolgenbezogen.[195] Das eigentliche Analogieproblem trat dadurch leider in den Hintergrund.[196]

2. *c.i.c.* als Konsequenz der Ablehnung eines Sachmangels

Der Anwendungsbereich der *c.i.c.* wurde durch die Weite des Tatbestandes der §§ 459 ff. BGB a.F. begrenzt. Wer also bei fehlerhaften Angaben in Jahresab-

---

[191] OLG Düsseldorf, NJW-RR 1993, 377, 378.

[192] BGH, NJW 1970, 653; BGH, NJW 1995, 1547, 1548.

[193] BGH, NJW 1979, 33; BGH, NJW 1995, 1547, 1548.

[194] BGH, NJW 1970, 653, 655; BGH, NJW 1977, 1536, 1537; BGH, NJW 1977, 1538; BGH, NJW-RR, 1989, 306; BGH, WM 1990, 1344.

[195] Gronstedt/Jörgens, ZIP 2002, 52, 53.

[196] Hüffer, in: Staub, GrossKomm-HGB, vor § 22, Rn. 41.

schlüssen die Anwendung des kaufrechtlichen Mängelgewährleistungsrechts ausschloss, gelangte komplementär zur *c.i.c.*.

Die Pflichtverletzung des Verkäufers lag dann ohne weiteres in der Vorlage der falschen Jahresabschlussangaben. Das Verschuldenserfordernis als Haftungskorrektiv hatte dabei nur geringe Bedeutung. Die Rechtsfolgen der *c.i.c.* wurden bereits angesprochen.[197]

Auf diesem Weg wurde die *c.i.c.* im Bereich des Unternehmenskaufes durch Rechtsprechung und Rechtswissenschaft von einer der reinen Einzelfallgerechtigkeit dienenden Rechtsfigur zu einem gewährleistungsähnlichen Institut ausgebaut.[198]

3. Störung der Geschäftsgrundlage

Canaris befürwortete wie bei allen anderen möglichen Unternehmensmängeln die Anwendung der Grundzüge über den Wegfall der Geschäftsgrundlage, wenn die *c.i.c.* mangels nachweisbaren Verschuldens nicht eingriff.

V. Mangel des Unternehmens im Ganzen

Abschließend ist noch zu klären, wie der Verkäufer für Mängel des Unternehmens im Ganzen haftete. Auch hier war zwischen kaufrechtlicher Haftung, *c.i.c.* und WGG zu unterscheiden.

1. §§ 434 ff. BGB a.F. bei Rechtsmängeln des Unternehmens

Das Unternehmen litt nur dann an einem Rechtsmangel, wenn sich das entgegenstehende Recht als unternehmensbezogen erwies und die unternehmerische Tätigkeit des Käufers ausschloss oder erheblich gefährdete.[199] Hiervon zu unterscheiden waren die Mängel an einzelnen Sachen/Rechten, die lediglich zu einem Sachmangel des Unternehmens führten.[200]

Die Rechtsfolge ergab sich, soweit der Verkäufer das entgegenstehende Recht nicht beseitigen konnte, aus §§ 440 Abs. 1 i.V.m. 320 ff. BGB a.F., was wiederum zu den schon bekannten Rückabwicklungsproblemen beim Rücktritt führte.

---

[197] Unter I 3 b), S. 33.
[198] Holzapfel/Pöllath, Rn. 401.
[199] Canaris, Handelsrecht, § 8, Rn. 33; Köhler, in: Staudinger, § 434 BGB a.F., Rn. 12.
[200] Zusammenfassend oben B IV 5, S. 24.

2. §§ 459 ff. BGB a.F. bei Unternehmensmängeln

Das Unternehmen litt des Weiteren auch dann an einem Sachmangel analog § 459 BGB a.F., wenn das sachliche Substrat als solches zwar mangelfrei war, die unternehmerische Tätigkeit aber aus anderen Gründen beeinträchtigt war. Dazu war die Soll- mit der Ist-Beschaffenheit zu vergleichen. So konnte auch z.b. der Ruf eines Unternehmens Gegenstand einer Beschaffenheitsvereinbarung sein, deren Abweichen zu einem Sachmangel führte. Konsequenterweise waren dann die §§ 459 ff. BGB anwendbar. Hinsichtlich einer Einschränkung der Rechtsfolgen ist auf die obigen Ausführungen zu verweisen.[201]

3. c.i.c.

Soweit die Eigenschaften eines Unternehmens eher eng verstanden wurden und die c.i.c. als geeignete Rechtsfigur für die Haftung des Unternehmensverkäufers angesehen wurde, gelangte man auch in dieser Fallgruppe zu keiner anderen Beurteilung. Die Pflichtverletzung lag in der fehlerhaften Aufklärung über den dem Unternehmen innewohnenden Mangel. Die Rechtsfolgen sind den bisherigen Ausführungen zu entnehmen.

4. Störung der Geschäftsgrundlage

Keine andere Beurteilung ergab sich bei Anwendung der WGG.

VI. Ergebnis

Aus den vorangegangenen Ausführungen ist deutlich geworden, welches Meinungsspektrum der Mängelgewährleistung beim Unternehmenskauf zuteil kam. Man hatte sich beim Unternehmenskauf mit einem zweispurigen Haftungssystem auseinanderzusetzen, das durch das Nebeneinander von c.i.c. und §§ 459 ff. BGB a.F. geprägt wurde.[202] Man mag sich nun für eine oder mehrere der vorgestellten Ansätze entscheiden, die jeder für sich genommen Vor- und Nachteile auf seiner Seite vereinigen konnte. Eine Stellungnahme zum bisherigen Streitstand ist angesichts der Änderungen im Schuldrecht jedenfalls entbehrlich geworden. Festzuhalten ist, dass die Haftung des Verkäufers unberechenbar war. Auch wenn für die Praxis letztlich nur die Ansichten der Rechtssprechung maßgeblich waren, ließ sich auch bei dieser keine einheitliche Linie erkennen, da es an einer scharf konturierten Auslegung der Zentralbegriffe „Fehler" und „Eigenschaft" fehlte, um dem Postulat der Einzelfallgerechtigkeit zu genügen.[203] Diese

---

[201] Unter I 2 c), S. 30.
[202] U. Huber, in: Soergel, § 459 BGB a.F., Rn. 258.
[203] Seibt/Reiche, DStR 2002, 1135.

Erkenntnis kann nach einem kurzen historischer Abriss über die Entwicklung der Rechtsprechung nicht ernsthaft abgeleugnet werden.

3. Kapitel: Die Schuldrechtsreform

Am 01.01.2002 trat das Gesetz zur Modernisierung des Schuldrechts in Kraft.[204] Es gab in der Geschichte der Bundesrepublik wohl kaum ein Gesetzeswerk, das so umstritten war und zum Anknüpfungspunkt erheblicher Kritik wurde, wie dieses.[205] Die Kritik reichte von der grundsätzlichen Ablehnung einer Reform bis zur konkreten Ausgestaltung der einzelnen Regelungen. Nichts zeigt die Bedeutung der Reform mehr als diese intensive Diskussion in der Wissenschaft. Es handelte sich zweifellos um die umfassendste Änderung im BGB seit dessen Inkrafttreten.

Die Vorgeschichte reicht bis in das Jahr 1978 zurück, als das Bundesministerium der Justiz erste Überlegungen zur Überarbeitung des Schuldrechts anstellte.

A.   Der Weg zur Reform

I.   Anlass und Ziele der Reform

Das Gesetz zur Modernisierung des Schuldrechts ist auf das Zusammenwirken von zwei unabhängigen Faktoren zurückzuführen, die jeweils für sich alleine genommen noch kein ausreichender Anlass zur Reform gewesen wären. Den formalen Ausgangspunkt bildete zwar die erforderliche Umsetzung der bereits erwähnten EG-Richtlinien in nationales Recht, worauf auch in der Regierungsbegründung ausdrücklich hingewiesen wird,[206] doch liegen die eigentlichen Ursachen der Reform wesentlich tiefer.

1.   Die Unzufriedenheit mit dem geltenden BGB

Die Basis aller Reformbemühungen lag in den bereits eingangs angesprochenen Unzulänglichkeiten des historischen BGB,[207] die bei aller Wertschätzung des BGB als „hohes Kulturgut des deutschen Zivilrechts" erhebliche Kritik hervorriefen,[208] begründet. Dieser Zustand wird in den Materialien zur Gesetzgebung zutreffend mit folgenden Worten zusammengefasst: „Die Regelungen im BGB

---

[204] Gesetz vom 26.11.2002, BGBl. I, 3138 ff.

[205] Zimmer, NJW 2002, 1; zur Kritik vgl. insbesondere: P. Huber, in: Ernst/Zimmermann, S. 31, 111 ff.; Altmeppen, DB 2001, 1131; dazu Canaris, DB 2001, 1815 und die Replik von Altmeppen, DB 2001, 1821; Dauner-Lieb, DStR 2001, 1572; Ernst/Gsell, ZIP 2000,1410; dies., ZIP 2000, 1812; dies., ZIP 2001, 1389, 1403; Gsell, JZ 2001, 65; Roth, JZ 2001, 475, 490; Zimmermann, JZ 2001, 171; Schröder/Thiessen, JZ 2002, 325; speziell zum Kaufrecht: Büdenbender, in: AnwKomm-BGB, vor § 433 BGB, Rn. 11 ff.

[206] Begr. RegE, BT-Drucks. 14/6040, S. 1.

[207] Neben den Ausführungen auf Seite 5 , vgl. u.a. Büdenbender, in: AnwKomm-BGB, vor § 433, Rn. 3 ff.

[208] Büdenbender, DStR 2002, 312, 313.

waren antiquiert, komplex und unvollständig."[209] Mit einem solchen Gesetzesbuch konnte man im 21. Jahrhundert nicht mehr zufrieden sein. Es genügte, insbesondere im Vertragsrecht, nicht mehr den Anforderungen der Praxis und auch nicht denen des internationalen Rechtsverkehrs.[210] Das BGB von 1900 basierte auf den Wertvorstellungen des römischen Rechts. Dies manifestiert sich zum einen in der Systematik des Gesetzes und im hohen Abstraktionsgrad der Regelungen. Zum anderen verdeutlicht die Ausgestaltung des wichtigsten Schuldverhältnisses, des Kaufvertrags, die Anlehnung an das römische Recht. Die dem Käufer bei Mangelhaftigkeit der Kaufsache zustehenden Rechte der Wandelung und Minderung (§ 462 BGB a.F.) beruhen auf der *actio redhibitoria* und der *actio quanti minoris*, die im Edikt der curulischen Ädilen, der römischen Marktpolizei, für den Sklaven- und Viehkauf bestimmt waren.[211] Da es sich bei Krankheiten des verkauften Viehs oder Charakterfehler von Sklaven um Mängel handelte, die sich nicht beseitigen ließen, lag die weitere Verfolgung von Erfüllungsansprüchen fern, so dass Wandelung und Minderung als geeignetere Rechtsbehelfe entwickelt wurden. Der Ursprung im römischen Recht manifestiert sich zudem darin, dass dem Viehkauf in den §§ 481-493 BGB a.F. eine ausführliche Regelung gewidmet wurde, während der in der heutigen Zeit bedeutsamere Unternehmenskauf fehlt. Die für die damalige Gesellschaft wichtigen Regelungen sind heute nicht mehr im gleichen Umfang erforderlich, während damals an Vorschriften, die für unser heutiges Zusammenleben von Bedeutung sind, noch nicht gedacht werden konnte. Ein Grossteil der Regelungen, die für die Praxis wichtig waren, ergab sich nicht mehr aus dem BGB, sondern aus der Rechtsprechung oder den diversen Nebengesetzen.[212] Diese Entwicklung setzte schon ziemlich bald nach Inkrafttreten des BGB ein. So hat *Staub* bereits 1904 auf eine gravierende Regelungslücke im BGB Aufmerksam gemacht und die *positive Forderungsverletzung* (im Folgenden: *pFv.*) für Fälle der Schlechtleistung durch den Schuldner entwickelt.[213] Im Laufe der Zeit wurden dann immer häufiger Mängel des Gesetzestextes durch die Rechtsprechung behoben, um nicht durch bloße Anknüpfung an den Gesetzestext völlig inakzeptable Ergebnisse zu produzieren. Wesentliche Rechtsinstitute ergaben sich erst durch die Lektüre von BGH-Entscheidungen statt aus dem Gesetzestext. Dies war gerade deswegen inakzeptabel, weil durch den Gesetzespositivismus des späten 19. Jahrhunderts das wissenschaftliche Rechtsbildungsmonopol zugunsten der parlamentarischen und judikativen Gesetzgebung abgelöst werden sollte.[214] Nun

---

[209] Vgl. die Begründung der Beschlussempfehlung des Bundestagsrechtsausschusses, BT-Drucks. 14/7052, S. 171, 174 ff.

[210] Von Gierke/Paschen, GmbHR 2002, 457.

[211] Köhler, in: Staudinger, vor § 459 BGB a.F., Rn. 5; Medicus, Schuldrecht II, Rn. 41.

[212] Däubler-Gmelin, NJW 2001, 2281, 2283.

[213] Grundlegend Staub, Die positiven Vertragsverletzungen.

[214] Säcker, in: MünchKomm-BGB, Einl., Rn. 18.

mussten Rechtswissenschaft und Praxis wieder eine Aufgabe wahrnehmen, die ihnen nach dem Sinn der Kodifikation gerade nicht zukommen sollte.[215] Hinzu kam die ausufernde EG- Gesetzgebung in Form von Richtlinien, die zu einer Vielzahl von Nebengesetzen führte. Die Einzelheiten sind hinlänglich bekannt.[216]

So gewann seit Ende der 1970er Jahren die Ansicht, dass eine gründliche Überarbeitung des Schuldrechts notwendig ist, immer mehr an Verbreitung. 1978 kam es dann zu ersten Anstößen seitens der damaligen Bundesregierung hinsichtlich einer Reform des Schuldrechts, die zu zahlreichen Vorschlägen aus der Wissenschaft führten.[217] Auf Basis dieser Gutachten wurde dann 1984 durch den damaligen Bundesminister der Justiz die sog. Schuldrechtskommission eingesetzt, die ihre Arbeit 1992 mit einem ausformulierten Kommissionsentwurf (KE) abschloss.[218] Auch der Deutsche Juristentag in Münster hat sich 1994 mit der Schuldrechtsreform beschäftigt.[219] Doch kam es in der damaligen 13. Legislaturperiode nicht mehr zu einem konkreten Gesetzesentwurf. Allein die Schwächen des geltenden Rechts konnten dem Projekt Schuldrechtsmodernisierung wohl nicht zu einem nachhaltigen Durchsetzungswillen verhelfen. Ein Grund lag sicherlich darin, dass niemand wirklich ein neues Gewand für das Schuldrecht wünschte. Schließlich wurden mit Hilfe der Rechtsprechung durchweg sachgerechte Ergebnisse erzielt, auch wenn sich diese im Wortlaut des Gesetzes nicht immer wiederfanden. Dadurch hatte man sich mit den Unzulänglichkeiten arrangiert. In diesem weit verbreiteten Verständnis ist wohl auch eine Quelle der, im Detail durchaus berechtigten, Kritik an der Neufassung zu sehen. Doch wer sich durch Konservierung des Bewährten jedweder Reform widersetzt, stellt die eigene Zukunftsfähigkeit in Frage. Das Zivilrecht regelt die Rechtsbeziehungen zwischen den Bürgern und muss diesen auch in seinen Grundzügen aus sich heraus verständlich sein. Dennoch konnte zwischen Politikern, Rechtswissenschaftlern und Praktikern kein Konsens hergestellt werden. Zudem zeichneten sich bereits Bestrebungen in der Europäischen Kommission zum Erlass der

---

[215] Säcker, in: MünchKomm-BGB, Einl., Rn. 23.

[216] Vgl. hierzu den kurzen Abriss im ersten Kapitel sowie die RegBegr, BT-Drucks. 14/6040, S. 169 ff.; Däubler-Gmelin, NJW 2001, 2281, 2282; zusammenfassend: Büdenbender, DStR 2002, 312, 313.

[217] Vgl. nur BMJ (Hrsg.), Gutachten und Vorschläge zur Überarbeitung des Schuldrechts, Band I-III. Insbesondere zur Fortentwicklung des Kauf- und Leistungsstörungsrechts: U. Huber, S. 647 ff., S. 911 ff.

[218] Vgl. dazu den Abschlußbericht der Kommission zur Überarbeitung des Schuldrechts, herausgegeben vom Bundesminister der Justiz (1992); sowie die Beiträge in: NJW 1982, 2017 ff; AcP 182 (1982), S. 80 ff; AcP 183 (1983), S. 327 ff.

[219] Vgl. nur den Bericht in: NJW 1994, 3069f., m.w.N.

Verbrauchsgüterkaufrichtlinie ab, die einen willkommenen Grund zur Verschiebung der Reform lieferten.[220]

2. Antrieb durch den europäischen Gesetzgeber

Den entscheidenden Anstoß zur Schuldrechtsmodernisierung setzte die Europäische Union in den Jahren 1999 und 2000 mit dem Erlass von drei für das BGB relevanten Richtlinien, die alle Anfang 2002 umzusetzen waren, neuen Antrieb erzeugte.[221]

Da diese jedoch nur auf partielle Änderungen im BGB abzielten, wurde zunächst erwogen, die Umsetzung in Form einer sog. „kleinen Lösung" vorzunehmen, mit der das BGB weitestgehend unverändert blieb und lediglich Sonderregeln zum Verbrauchsgüterkauf geschaffen wurde.[222] So könne für die gründliche Schuldrechtsmodernisierung erheblich mehr Zeit gewonnen werden. Noch 100 Jahre zuvor hatte die Ausarbeitung des BGB ganze vier Jahre in Anspruch genommen. In der Eile, mit der das Projekt Schuldrechtsreform vorangetrieben wurde, sah man die Gefahr von schweren Nachteilen für die Rechtssicherheit. Mit einer oberflächlichen und unausgegorenen Gesetzgebung würden die berechtigten Anliegen der Reform eher konterkariert denn gefördert.

Maßgeblich gegen die „kleine Lösung" sprach jedoch, dass hiermit genau die Methode aufgegriffen wurde, die auch bisher bei der Umsetzung von EG-Richtlinien, die Materien des BGB betrafen, vorherrschte, was schließlich zu den vielfach kritisierten Konsequenzen einer Vielzahl von Nebengesetzen führte. Da insbesondere die Verbrauchsgüterkaufrichtlinie tiefe Einschnitte in das Kaufrecht erforderte[223] und die Gesetzgebung der EG damit weiter als bisherige Richtlinien in Kernbereiche des nationalen Zivilrechts eingriff, konnte diese nicht durch ein Sondergesetz zum Verbrauchsgüterkauf umgesetzt werden, mit dem gerade ein für das Zivilrecht prägendes Schuldverhältnis teilweise außerhalb des BGB geregelt würde. Dem Postulat eines einheitlichen Zivilrechts für Deutschland wird nur dann Rechnung getragen, wenn auch die tragenden Vorschriften des bürgerlichen Rechts im BGB geregelt seien.[224] Des Weiteren hätte ein eigenständiges Verbrauchsgüterkaufgesetz zur Folge gehabt, dass dann vier verschiedene Kaufrechte nebeneinander stehen: BGB-Kauf, Verbrauchsgüterkauf, umgekehrter Verbrauchsgüterkauf (Unternehmer kauft vom Verbraucher)

---

[220] Nach dem Grünbuch aus dem Jahr 1993 hat die Kommission 1996 einen ersten Richtlinienvorschlag veröffentlicht.
[221] Verbrauchsgüterkaufrichtlinie; Zahlungsverzugsrichtlinie und e-commerce- Richtlinie, zu den Einzelheiten vgl. oben im 1. Kapitel B), Seite 5.
[222] Hierfür insbesondere Ernst/Gsell, ZIP 2000, 1410.
[223] Micklitz, EuZW 1999, 485, 491.
[224] Däubler-Gmelin, NJW 2001, 2281, 2283.

und Handelskauf. Im Ergebnis könnte in einer der Schlüsselmaterien des BGB ex ante niemand mehr genau wissen, welches Kaufrecht nun gilt.[225] Da es für den Verkäufer zudem nicht unbedingt erkennbar ist, ob ihm ein Verbraucher gegenübersteht und welches anwendbare Recht daraus folgt, wäre eine große Rechtsunsicherheit vorprogrammiert.

Folglich hat sich der Gesetzgeber für die sog. „große Lösung" entschieden, mit der das allgemeine Schuldrecht einschließlich des Kauf- und Werkvertragsrechts einer Neufassung unterzogen und das gesamte Leistungsstörungsrecht, wie es in den letzten 100 Jahren, zum Teil durch richterliche Rechtsfortbildung, das zivilrechtliche Leben bestimmt hat, geändert wurde. Die Gelegenheit, die sich zu diesem schon lange geplanten Vorhaben bot, konnte nicht ungenutzt gelassen werden,[226] zumal die Vorschläge der Schuldrechtskommission, die sich wie auch die Verbrauchsgüterkaufrichtlinie am UN- Kaufrecht[227] orientierten, eine geeignete Vorlage darstellten. So konnte der formale Anlass der Reform mit der Behebung der materiellen Unzulänglichkeiten verknüpft werden. Hätte man im Sinne der kleinen Lösung zunächst ein Spezialgesetz zum Verbrauchsgüterkauf verfasst, um die Modernisierung des Schuldrechts danach gründlich überarbeiten zu können, wäre es wohl in absehbarer Zeit gar nicht mehr zu einer umfassenden Reform kommen.[228] Denn eine wiederholte Überarbeitung eines Kernbereichs des Vertragsrechts innerhalb kurzer Zeit wäre eher praxisfremd und beeinträchtigt die Rechtssicherheit und damit die Kalkulationsgrundlage der Wirtschaft.[229]

Ein gravierender Nachteil durfte aber auch bei der großen Lösung nicht vernachlässigt werden. Die mit dem Vertragsrecht befassten Rechtsanwender hatten sich mit der Reform in kürzester Zeit vertraut zu machen. Die dafür erforderliche Schulung war in Anbetracht des knappen Zeitplans mit der zum 01.01.2002 erfolgten Umsetzung mit erheblichen Kosten verbunden, zumal die alltägliche Arbeit in dieser Zeit nicht ruhte. Die organisatorische und finanzielle Bewältigung der Reform, um die hohe Qualität der deutschen Justiz weiterhin zu gewährleisten, stellte somit einen hohen Preis dar, der für die große Lösung zu bezahlen war.[230]

---

[225] Schmidt-Räntsch, ZIP 2000, 1639, 1644.

[226] Canaris, JZ 2001, 499, 524.

[227] Übereinkommen der Vereinten Nationen über Verträge über den internationalen Warenkauf vom 11.04.1980, BGBl. II 1989, 588; im folgenden wird auch die internationale gebräuchliche Abkürzung CISG (Convention on Contracts for the International Sale of Goods) verwendet, dazu: Das UN-Kaufrecht – Entstehungsgeschichte und Grundstrukturen, CR 1991, S. 705 ff; vertiefend Piltz, NJW 2003, 2056 und Piltz, NJW 2007, 2159.

[228] Heldrich, NJW 2001, 2521, 2522.

[229] Schäfer/Pfeiffer, ZIP 1999, 1829, 1834.

[230] Dauner-Lieb, JZ 2001, 8, 17.

Aus dieser historischen Entwicklung der Reform lassen sich auch ihre Ziele ableiten. Das primäre Ziel der Reform bestand natürlich in der Umsetzung der drei genannten EG- Richtlinien und der Modernisierung und Vereinheitlichung des Schuldrechts, um so in den wesentlichen Bereichen des Zivilrechts wieder zu Rechtsklarheit und Rechtssicherheit zu gelangen. Damit sollte auch die Akzeptanz des Rechtes im Wirtschaftsverkehr erhöht werden, was ein Ausweichen auf umfangreiche AGB-Klauselwerke bzw. - wie beim Unternehmenskauf – auf eigenständige Vertragswerke zukünftig überflüssig machen könnte. Die Schuldrechtsreform verfolgte sekundär aber auch das Anliegen, das Vertragsrecht wieder für grenzüberschreitende Transaktionen attraktiver zu machen und dem ausländischen Rechtsuchenden die Anwendung zu erleichtern.[231] Die Mängel des geltenden Leistungsstörungsrechts führten dazu, dass das deutsche Recht als Vertragsstatut für internationale Verträge immer weniger konkurrenzfähig war.[232] Denn der mit der Globalisierung der Märkte einhergehende Wettbewerb der Rechtsordnungen führt dazu, dass grenzüberschreitende Käufe der den Interessen der Partei am besten entsprechenden Rechtsordnung unterstellt werden. Daher war auch der deutsche Gesetzgeber schon mehrmals gefordert, die nationale Rechtsordnung an internationale Gegebenheiten anzupassen, um auch für grenzüberschreitende Transaktionen weiterhin eine sinnvolle Alternative zur Verfügung zu stellen. So wurden bereits nach und nach das Bilanz- und Aktienrecht an internationale Standards angepasst.[233] Mit dem SchiedsVfG vom 22.12.1997[234] geschah dies auch in der ZPO. Im BGB wurde durch die Änderungen im Zuge der Schuldrechtsreform ebenfalls der Anschluss an europäische und internationale Rechtsentwicklungen gesichert.[235] Doch lag hierin nur ein Etappenziel auf dem Weg zu einer weiteren Europäisierung des Zivilrechts, die in den letzten Jahren auf der politischen Agenda immer mehr in den Vordergrund rückte.[236] Ob das deutsche Recht dabei eine Vorreiterrolle einnehmen

---

[231] Däubler-Gmelin, NJW 2001, 2281, 2289.

[232] Däubler-Gmelin, NJW 2001, 2281, 2283.

[233] Dabei waren insbesondere das Bilanzrichtliniengesetz, BGBl. I 1985, 2355; das Kapitalaufnahmeerleichterungsgesetz, BGBl. I 1998, 707 und das Gesetz zur Kontrolle und Transparenz im Unternehmensbereich, BGBl. I 1998, 786 von Bedeutung.

[234] BGBl. I, S. 3224.

[235] Schlechtriem, in: Ernst/Zimmermann, S. 205, 209.

[236] In der Tat sind die Bestrebungen der Europäischen Union im Hinblick auf ein europäisches Schuldvertragsrecht unverkennbar: Schon seit 1989 fordert das Europäische Parlament neben dem Europäischen Handelsgesetzbuch ein Europäisches Zivilgesetzbuch, vgl. ABlEG 1989, Nr. C 158, S. 400, erneute Resolution im ABlEG 1994, Nr. C 205, S. 518; seit dem EU-Gipfeltreffen in Tampere 1999 ist das Thema auch auf der Agenda des Europäischen Rates, dazu Jayme, IPRax 1997, 375; Dauner-Lieb, JZ 2001, 8,17, m.w.N. Wissenschaft und Praxis haben bereits rechtsvergleichende Vorarbeiten geleistet und konkrete Kodifikationsprojekte vorgelegt, vgl. dazu die Lando-Grundsätze: Lando, Ole/Beale, Hugh: The Principles of European Contract Law, Parts I und II, 2000, deutsche Übersetzung bei Schulze, Rei-

kann,[237] erscheint heute zweifelhafter denn je. Fünf Jahre nach der Reform ist eher Nüchternheit eingekehrt.[238] Wissenschaft und Rechtsprechung sind mit der Auslegung der neuen Normen weiterhin beschäftigt, auch wenn schon einige grundlegende Fragen bereits geklärt wurden.[239] Für eine Vorbildfunktion ist das deutsche Schuldrecht ohnehin zu kompliziert, abstrakt und begrifflich.[240] Auf der europäischen Bühne hingegen hat die Kommission seit 2001 weitere konkrete Schritte in Richtung eines Europäischen Zivilgesetzbuches eingeleitet.[241] Getragen von der Erkenntnis, dass der bisherige Angleichungsprozess durch Richtlinien von einer einheitlichen rechtlichen Basis innerhalb der Gemeinschaft noch weit entfernt ist,[242] hat die Europäische Kommission am 12.02.2003 einen Aktionsplan für ein kohärentes Vertragsrecht vorgelegt,[243] der den Meinungsbildungsprozess innerhalb der europäischen Rechtswissenschaft fortsetzen soll. Mittlerweile wird auf Grundlage des Aktionsplans daran gearbeitet, die Qualität und Kohärenz des Gemeinschaftsrechts durch Schaffung eines Gemeinsamen

---

ner/Zimmermann, Reinhard: Basistexte zum europäischen Privatrecht, 2000, III. 10; vgl. auch den Entwurf der Akademie Europäischer Privatrechtswissenschaftler, Gandolfi (Hrsg.), Code européen des contrats – avant-projet, 2001 und Academie of European Lawyers (Hrsg.), European Contract law – Preliminary draft, Universita die Pavia, 2001, dazu Sonnenberger, RIW 2001, 409; Sturm, JZ 2001, 1097; ferner die Untersuchungen der Study Group on an European Civil Code, dazu v. Bar, in FS Heinrich, 2000, S. 1 ff. und der Tilburg-Gruppe, dazu Spier/Haazen, ZEuP 1999, 469; vgl. auch Basedow, AcP 200 (2000), 445 und Kronke, JZ 2001, 1149; die Vereinheitlichungstendenzen auch außerhalb der EG manifestieren sich zudem im UN- Kaufrecht vom 11.04.1980 sowie in den Grundregeln der internationalen Handelsverträge (UNIDROIT- Prinzipien), abgedruckt in: Schulze, Reiner/Zimmermann, Reinhard: Basistexte zum europäischen Privatrecht, 2000, III., 15.

[237] Diese Hoffnung hatte zumindest die damalige Bundesjustizministerin, vgl. Däubler-Gmelin, NJW 2001, 2281, 2289; FAZ vom 14.8.01, S. 16; krit. Dauner-Lieb/Heidel/Lepa/Ring, Das Neue Schuldrecht, B II (S. 3), die von einer „typisch deutschen Hoffnung" spricht. Vgl. auch Dauner-Lieb, NJW 2004, 1431, 1432.

[238] Ähnlich Lorenz, NJW 2007, 1.

[239] Hierauf weist zutreffend Lorenz, NJW 2007, 1 hin, m.w.N.

[240] Dauner-Lieb, NJW 2004, 1431, 1432. Immerhin hat der Ansatz einer Überarbeitung des Schuldrechts auch Frankreich erreicht. Dort wurde im September 2005 ein Vorentwurf vorgestellt, mit dem der über 200 Jahre alte Code civil modernisiert werden soll. Vertiefend zu den Bestrebungen in Frankreich Limbach, ZGS 2006, 161,

[241] Vgl. die Mitteilung der Kommission zu einem Europäischen Vertragsrecht vom Juli 2001, ABlEG 2001, Nr. C 255, S.1; dazu Staudenmayer, EuZW 2001, 485 und Schulte-Nölke, JZ 2001, 917; sowie die weitere Mitteilung vom 12.02.2003, ABlEG 2003, Nr. C 63 und die Miteilung vom 11.10.2004, KOM (2004), 651; hierzu jeweils Wiesner, DB 2005, 871; zur Europäisierung des Zivilrechts auch Schwintowski, JZ 2002, 205; Grundmann, NJW 2002, 393.

[242] Meyer, DB 2004, 1285.

[243] Mitteilung vom 12.02.200, AblEG 2003 Nr. C 63.

Referenzrahmens für das Vertragsrecht der Mitgliedsstaaten zu verbessern.[244]
Bis zum Jahr 2009, also dem Ende der Amtszeit der gegenwärtigen Kommission, soll ein verbindlicher Referenztext für das Vertragsrecht Europas feststehen, der jedoch nicht im Wege eines formellen Rechtsakts verabschiedet werden wird.[245] Die weitere Entwicklung wird damit zukünftig von zwei wesentlichen Fragen geprägt werden: Bildet der Referenzrahmen die Grundlage für eine einheitliche Auslegung und Anwendung des Vertragsrechts, die zu einem Europäischen Zivilgesetzbuch führen? Falls ja, auf welcher Kompetenzgrundlage des EG-Vertrages kann dieses errichtet werden?[246] Aufgrund der bisherigen Erfahrungen mit dem europäischen Gesetzgeber ist es durchaus realistisch, dass auf absehbare Zeit für die Mitgliedsstaaten der Europäischen Union ein einheitliches Vertragsrecht als verbindliches Instrument geschaffen wird. Zum derzeitigen Zeitpunkt kann an dieser Stelle nur die Hoffnung artikuliert werden, dass es sich eher um ein optionales Vertragsrecht ähnlich dem UN-Kaufrecht handeln wird. Die gewachsenen Strukturen der bekannten und bewährten nationalen Rechtsordnungen, die die jeweiligen Rechtskulturen der Mitgliedsstaaten widerspiegeln, können und dürfen nicht durch zentralistische Vorgaben aufgebrochen werden.

II. Verfahrensgang

Der Weg vom Referentenentwurf bis zur Veröffentlichung im Bundesgesetzblatt lässt sich schnell nachzeichnen:[247] Anfang 1999 reifte in der Bundesregierung die politische Überlegung, Richtlinienumsetzung und Schuldrechtsmodernisierung zu kombinieren und das reformierte BGB am 1.1.2002 in Kraft treten zu lassen.

Auf Basis dieses ambitionierten Zeitplanes wurde bereits im August 2000 ein erster Referentenentwurf vorgestellt („Diskussionsentwurf")[248], der im wesentlichen auf dem Abschlußbericht der Schuldrechtskommission aus dem Jahre 1992 und den durch die Richtlinien bedingten Änderungen beruhte. Der Diskussionsentwurf führte zu zum Teil heftiger Kritik in der Wissenschaft[249] und zur Beru-

---

[244] Vertiefend Jansen, JZ 2006, 536 ff., der vom „wohl spannendsten Projekt der Europäischen Union auf dem Gebiet des Privatrechts" spricht.

[245] Miteilung der Europäischen Kommission vom 11.10.2004, KOM (2004), 651.

[246] Vertiefend Dauner-Lieb, NJW 2004, 1431; Meyer, BB 2004, 1285; Grundmann, JZ 2005, 860; Wiesner, DB 2005, 871; Jansen, JZ 2006,536, 542.

[247] Vgl. auch Rolland, in: Haas/Medicus/Rolland/Schäfer/Wendtland, Kapitel 1, Rn. 1f. und Dauner-Lieb, in: AnwKomm- BGB, Einf.

[248] Bundesministerium der Justiz (Hrsg.), Diskussionsentwurf eines Schuldrechtsmodernisierungsgesetzes, Abruck auch bei Krebs, DB-Beilage Nr. 14/2000, 1 ff.

[249] Vgl. insbesondere: Ernst/Zimmermann, Zivilrechtswissenschaft und Schuldrechtsreform; Schulze/Schulte-Nölke, Die Schuldrechtsreform vor dem Hintergrund des Gemeinschafts-

fung einer Kommission durch die damalige Bundesjustizministerien, die konkrete Änderungsvorschläge erarbeitete und hieraus im März 2001 eine konsolidierte Fassung des Diskussionsentwurfes entwickelte.[250] Mit einigen Änderungen fand dieser am 09.05.2001 im Entwurf der Bundesregierung zum „Gesetz zur Modernisierung des Schuldrechts" seinen Niederschlag, der anschließend an den Bundesrat zur Einleitung des Gesetzgebungsverfahrens weitergeleitet wurde.[251] Gleichzeitig hatten die Regierungsfraktionen von SPD und BÜNDNIS 90/ DIE GRÜNEN am 14.05.2002 den gleichen Gesetzentwurf in den Bundestag eingebracht.[252] Nach einigen Änderungen, die auf eine Expertenanhörung und daraus resultierende Beschlussempfehlung des Rechtsausschusses des Deutschen Bundestages[253] zurückgingen, wurde das Gesetz schließlich am 11.10.2001 im Bundestag und am 9.11.2001 im Bundesrat verabschiedet.[254] Nach Ausfertigung und Verkündung trat es zum 01.01.2002 in Kraft.

B. Veränderungen mit Relevanz für den Unternehmenskauf

Die Schuldrechtsreform bringt eine Vielzahl an Änderungen im BGB mit sich. Im Einzelnen ist auf die einschlägige Literatur zu verweisen.[255] Für den Unter-

---

rechts, daneben auch Schmidt-Räntsch, ZIP 2000, 1639; Ernst/Gsell, ZIP 2000, 1812; Brüggemeier/Reich, BB 2001, 213.

[250] dazu Canaris, JZ 2001, 499.

[251] BR-Drucks. 338/01, zum Regierungsentwurf vgl.: Helms/Neumann/Caspers/Sailer/Schmidt-Kessel, Jahrbuch Junger Zivilrechtswissenschaftler; Micklitz/PfeifferTonner/Willing-mann, Schuldrechtsreform und Verbraucherschutz; Dauner-Lieb, DStR 2001, 1572; Haas, BB 2001, 1313; Jorden/Lehmann, JZ 2001, 952; Knütel, NJW 2001, 2519; Lorenz, JZ 2001, 742; Wilhelm, JZ 2001, 861.

[252] BT-Drucks. 14/6040, textgleich mit BR-Drucks. 338/01; zur Stellungnahme des Bundesrates und zur Gegenäußerung der Bundesregierung, vgl. BT-Drucks. 14/6857.

[253] Beschlussempfehlung des Rechtsausschusses vom 9.10.2001, BT-Drucks. 14/7052.

[254] BR-Drucks. 819/01.

[255] Vgl. die umfangreichen Nachweise bei: Amann/Brambring/Hertel; Dauner-Lieb/Heidel/Lepa/Ring, Das Neue Schuldrecht; Haas/Medicus/Rolland/Schäfer/Wendtland, Das neue Schuldrecht; Schwab/Witt: Einführung in das neue Schuldrecht; Oetker/Maultzsch, Vertragliche Schuldverhältnisse; Ehmann/Sutschet, Modernisiertes Schuldrecht; speziell zum allgemeinen Leistungsstörungsrecht: Canaris, JZ 2001, 499; Lorenz, JZ 2001, 742; Gsell, in: Jb. J. ZivilRWiss. 2001, S. 105 ff.; Wilhelm/Deeg, JZ 2001, 223; Zimmer, NJW 2002, 1 ;Dauner-Lieb/Thiessen, DStR 2002, 809; Kindl, WM 2002, 1313; Mattheus, JuS 2002, 209; Otto, Jura 2002, 1; Pfeiffer, ZGS 2002, 23; Senne, JA 2002, 424; Schwarze, Jura 2002, 73; Teichmann, BB 2002, 1485; Tiedtke/Schmitt, BB 2005, 615; speziell zum Kaufrecht: Bitter/Meidt, ZIP 2001, 2114; Boerner, ZIP 2001, 2264; Ackermann, JZ 2002, 378; Ball, ZGS 2002, 49; Brüggemeier, WM 2002, 1376; Büdenbender, DStR 2002, 312 und 361; Grigoleit/Riehm, ZGS 2002, 115; P. Huber, NJW 2002, 1004; Lorenz, NJW 2002, 2497; Schellhammer, MDR 2002, 241 und 301 und 485; Schubel, JUS 2002, 313; Westermann, NJW

suchungsgegenstand dieser Arbeit wirken sich die Veränderungen im Leistungsstörungsrecht, insbesondere im kaufrechtlichen Mängelgewährleistungsrecht,
die gleichzeitig sicherlich auch den Schwerpunkt der Reform darstellen, aus.
Partiell sind auch einige Veränderungen im Verjährungsrecht relevant. Im Einzelnen ist folgendes zu beachten:

I. Vereinheitlichung des allgemeinen Leistungsstörungsrechtes

Das allgemeine Leistungsstörungsrecht wurde grundlegend geändert, da ein
zentrales Anliegen der Reform die Harmonisierung der einzelnen Regelungen
über Leistungsstörungen war.[256]

Die bisherige Differenzierung zwischen Unmöglichkeit, Nichterfüllung,
Schlechterfüllung, *pFv.*, *c.i.c.* und Verzug wurde zugunsten eines einheitlichen
Begriffs der Pflichtverletzung aufgegeben.[257] Zentrale Schadensersatznorm bei
einer Pflichtverletzung aus dem Schuldverhältnis ist nun § 280 BGB. Als besondere Kategorien wurden der Verzug (§ 280 Abs. 2 i.V.m. § 286 BGB)[258] und die
Unmöglichkeit (§ 275 BGB), wobei letztere nicht mehr zwischen anfänglicher
und nachträglicher sowie objektiver und subjektiver Unmöglichkeit differenziert, zwar beibehalten, doch basieren Schadensersatzansprüche ebenfalls auf §
280 Abs. 1, ggf. i.V.m. weiteren Vorschriften.

Im Zuge der Vereinheitlichung des Leistungsstörungsrechtes wurde die Garantiehaftung bei anfänglicher subjektiver Unmöglichkeit und die Nichtigkeit des
Vertrages bei anfänglicher objektiver Unmöglichkeit (vgl. § 311a Abs. 1 BGB)
aufgegeben. Durch die Schaffung der zentralen Schadensersatznorm werden
auch die bisher über die *pFv.* gelösten Fallgruppen entbehrlich. Gleiches gilt für
die *c.i.c.*, da nach § 311 Abs. 2 BGB bereits durch Vertragsverhandlungen ein
Schuldverhältnis entsteht. Der in Bezug genommene § 241 Abs. 2 BGB lässt
durch den Begriff Rücksichtnahmepflichten eine Konkretisierung der Schutzpflichten leider vermissen, doch sind jedenfalls die schon unter der alten Rechtslage anerkannten und für den Unternehmenskauf relevanten Aufklärungspflich-

---

2002, 241; Zimmer/Eckhold, Jura 2002, 145, Grigoleit/Herresthal, JZ 2003, 118 und 233;
Gruber, ZGS 2003, 130; Berger, JZ 2004, 276; Ebert, NJW 2004, 1761; Oechsler, NJW 2004,
1825; Timme, MDR 2005, 1329; Woitkewitsch, MDR 2005, 1268; speziell zum Verjährungsrecht: Leenen, JZ 2001, 552; Mansel, NJW 2002, 89; Reinking, ZGS 2002, 140; Witt, JuS
2002, 105; Kandelhard, NJW 2005, 630; eine ständig aktualisierte Literaturliste findet sich
auf der Homepage des Lehrstuhls von Dauner-Lieb, www.dauner-lieb.de.
[256] Däubler-Gmelin, NJW 2001, 2281, 2283f.
[257] zur Kritik an dieser Konzeption: Schapp, JZ 2001, 583; Stoll, JZ 2001, 589, 593; Eh-
mann/Sutschet, JZ 2004, 62, 67f., jeweils m.w.N.
[258] Hierzu Canaris, ZIP 2003, 321.

ten hiervon erfasst.[259] Für Schadensersatz statt der Leistung (§§ 281-283 BGB, bisher Schadensersatz wegen Nichterfüllung) ist grundsätzlich eine Fristsetzung durch den Gläubiger erforderlich. Hierdurch wird die Stärkung der Gläubigerrechte durch einen höheren Schuldnerschutz kompensiert.[260]

Für gegenseitige Verträge regeln §§ 323 ff. BGB die Rücktrittsvoraussetzungen. Der Rücktritt kann unabhängig von einem Verschulden des anderen Vertragsteils erklärt werden, soweit eine Pflichtverletzung oder eine nicht vertragsgemäße Leistung vorliegt (§ 323 Abs. 1 BGB). Bei einer nicht vertragsgemäß bewirkten Leistung, welche dem früheren Begriff der Schlechterfüllung entspricht,[261] ist der Rücktritt wie auch der Schadensersatz statt der Leistung, der ja auf den Rücktritt hinausläuft, nur zulässig, wenn die Pflichtverletzung nicht unerheblich ist (§ 323 Abs. 5 Satz 2 BGB bzw. § 281 Abs. 1 Satz 3 BGB). Mit der Entkopplung des Rücktrittsrechtes vom Verzug und damit vom Verschulden des Schuldners wird eine Abstufung der Folgen von Leistungsstörungen erreicht:[262] Das Loslösen vom Vertrag ist auch bei vom Schuldner nicht zu vertretenen Leistungshindernissen möglich, während Schadensersatz grundsätzlich vom Verschulden abhängig ist. Durch den Rücktritt wird ein Schadensersatzanspruch nach §§ 280 ff. BGB ausdrücklich nicht ausgeschlossen (§ 325 BGB). Auch die „Störung der Geschäftsgrundlage" ist nun in § 313 BGB kodifiziert.[263] Weiterhin wurde mit § 284 BGB eine ausdrückliche gesetzliche Grundlage für einen Anspruch auf Ersatz vergeblicher Aufwendungen geschaffen, der jedoch nur alternativ zum Schadensersatz statt der Leistung geltend gemacht werden kann.[264]

Mit § 311 Abs. 3 BGB wird gesetzlich klargestellt, dass auch zu nicht am Vertrag beteiligten Dritten ein Schuldverhältnis mit entsprechenden Schutzpflichten entstehen kann, insbesondere ist dabei wohl an die Sachwalterhaftung zu denken (§ 311 Abs.3 Satz 2 BGB).

II. Vereinheitlichung der kaufrechtlichen Sondervorschriften

Mit dem Kaufrecht als das Masseschuldverhältnis überhaupt mit millionenfachem täglichem Abschluss hat die Reform den Kern des BGB-Vertragsrechts

---

[259] Krebs, in: AnwKomm-BGB, § 241, Rn. 6; Medicus, in: Haas/Medicus/Rolland/Schäfer/Wendtland, Kapitel 3, Rn. 198 ff.

[260] Westermann, NJW 2002, 241.

[261] Otto, Jura 2002, 1, 6.

[262] Zimmer, NJW 2002, 1, 5.

[263] Vertiefend Feldhahn, NJW 2005, 3381.

[264] Zum Alternativitätsverhältnis vgl. BGH, NJW 2005, 2848; sowie aus der Literatur Lorenz, NJW 2004, 26, 28; P. Huber/Faust, 4. Kap., Rn. 48f.

getroffen.[265] Damit liegt die enorme wirtschaftliche Bedeutung, gerade der Änderungen im Sachmängelrecht, die bisher innerhalb der Leistungsstörungen den weitaus größten Raum einnahmen, auf der Hand.

Das BGB-Kaufrecht wurde in mehrfacher Hinsicht simplifiziert. Zum einen wurde durch die Regelung des § 453 Abs. 1 BGB die Gesetzessystematik erheblich vereinfacht. Während die §§ 433 ff. BGB zunächst nur den Sachkauf regeln, wird mit § 453 Abs. 1 BGB der Rechtskauf und der Kauf anderer Gegenstände dem Sachkauf gleichgestellt.

Zum anderen wurde auf Tatbestandsseite die bisherige Unterscheidung zwischen Stück- und Gattungskauf sowie zwischen Sach- und Rechtsmängeln aufgehoben, indem die Rechtsfolgen nun identisch ausgestaltet wurden. Die bisher oft schwierigen Abgrenzungen zwischen beiden Mängelkategorien sind damit hinfällig, soweit jedenfalls einer der beiden vorliegt. Zudem wurden die Rechtsfolgen der kaufrechtlichen Gewährleistung in das allgemeine Leistungsstörungsrecht integriert, was die Verweisungsvorschrift des § 437 BGB verdeutlicht. Schadensersatzansprüche ergeben sich aus den §§ 280 ff. BGB, der Rücktritt, der den bisherigen Anspruch auf Wandelung des Kaufvertrages ersetzt, aus den §§ 323 ff. BGB. Das Kaufrecht enthält lediglich einige Sonderregeln, die das allgemeine Leistungsstörungsrecht kaufrechtsspezifisch ergänzen bzw. ersetzen, wie die Minderung (§ 441 BGB) und eine abweichende Verjährungsregelung (§ 438 BGB).

Mit der Integration des Sachmängelgewährleistungsrechts in das allgemeine Leistungsstörungsrecht wird das bisherige Nebeneinander von speziellen kaufvertraglichen Regeln und den allgemeinen Regeln, wie pFv. und *c.i.c.* beendet.[266] Die Verzahnung zwischen allgemeinem Schuldrecht und Kaufrecht ermöglicht der bereits erwähnte Begriff der „Pflichtverletzung". Der rechtstechnische Hebel[267] hierzu liegt in der Vorschrift des § 433 Abs. 1 Satz 2 BGB, der die Mangelfreiheit der Kaufsache zur Erfüllungspflicht des Verkäufers macht, so dass jede Schlechtleistung zugleich eine Pflichtverletzung im Sinne des § 280 BGB darstellt.[268] Im Zusammenspiel mit der Aufhebung des § 306 BGB a.F. eröffnet somit § 437 Nr. 2 und 3 BGB den Weg aus dem Kaufrecht in das allgemeine Leistungsstörungsrecht. Der bisherige wohl eher akademische Meinungsstreit zwischen der Erfüllungs- und Gewährleistungstheorie wurde somit durch den Gesetzgeber zugunsten ersterer entschieden.[269]

---

[265] Pfeiffer, ZGS 2002, 23, 25; Büdenbender, DStR 2002, 312; Wenzel, DB 2003, 1887.
[266] Pick, ZIP 2001, 1173, 1176.
[267] Dauner-Lieb/Thiessen, DStR 2002, 809, 811.
[268] Ball, ZGS 2002, 49; Schellhammer, MDR 2002, 241; Schubel, JuS 2002, 313, 315; Zimmer/Eckhold, Jura 2002, 145, 146.
[269] Boerner, ZIP 2001, 2264, 2265.

Indem sich der Sachmangel auf Grundlage des subjektiven Fehlerbegriffes bestimmt, wird die Pflicht zur mangelfreien Leistung konsequent in das Gewährleistungsrecht übertragen.[270] Wie die Parteien die gegenseitigen Leistungspflichten vereinbaren können, liegt es auch an ihnen, den Zustand der Mangelfreiheit zu vereinbaren. Maßgeblich ist primär die vereinbarte Beschaffenheit (§ 434 Abs. 1 S.1 BGB) bzw. die nach dem Vertrag vorausgesetzte Verwendung (§ 434 Abs.1 Satz 2 Nr.1 BGB), wobei letztere einer konkludenten Beschaffenheitsvereinbarung gleichkommt.[271] Nur sekundär wird auf objektive Merkmale abgestellt (§ 434 Abs.1 S.1 Nr.2 BGB).

Die bisherige Dichotonomie zwischen den ggf. fehlerbegründenden Beschaffenheitsmerkmalen der Sache einerseits und ihren – von der Rechtsprechung etwas weiter verstandenen – zusicherungsfähigen Eigenschaften andererseits wurde zwar aufgegeben,[272] doch bleibt die Frage, welche Merkmale zur Beschaffenheit eines Kaufgegenstandes gehören, virulent. Die Regierungsbegründung verzichtet leider bewusst auf eine Definition der Beschaffenheit und lässt damit insbesondere die Frage des Sachbezugs bei außerhalb des Kaufgegenstandes liegenden Umständen offen, deren Klärung der Rechtsprechung überlassen wird.[273]

Als primärer Rechtsbehelf des Käufers bei Mangelhaftigkeit des Kaufgegenstandes steht ein Nacherfüllungsanspruch in Form von Nachbesserung oder Lieferung einer mangelfreien Sache zur Verfügung (§ 437 Nr. 1 i.V.m. § 439 BGB),[274] soweit dies dem Verkäufer möglich und zumutbar ist. Dieser ist eine spezifische Form des gerade auf Mangelfreiheit gerichteten vertraglichen Erfüllungsanspruchs des Käufers.[275] Dem Nacherfüllungsanspruch entspricht aus Verkäufersicht das Recht zur zweiten Andienung.[276] So wurde das Anliegen der Richtlinie, die Gläubigerrechte zu stärken, mit einem höheren Schuldnerschutz in Einklang gebracht.[277] Sowohl dem Käufer in seinem Interesse an einem mangelfreien Kaufgegenstand als auch dem Verkäufer, der nicht mehr ohne weiteres der Rückgängigmachung des Kauvertrages ausgesetzt ist, wird entgegengekommen. Die weitergehenden Rechte Minderung, Rücktritt und Schadensersatz sind grundsätzlich nachrangig zur Nacherfüllung, weil von einer erfolglosen

---

[270] Zimmer/Eckhold, Jura 2002, 145, 146.

[271] Büdenbender, DStR 2002, 361.

[272] Gsell, JZ 2001, 65; daneben gab es natürlich auch noch Merkmale, die gewährleistungsrechtlich irrelevant waren und lediglich eine Haftung aus c.i.c. begründen konnten.

[273] Begr. RegE, BT-Drucks. 14/6040, S. 497.

[274] Zum Wahlrecht des Käufers zwischen Nachbesserung und Ersatzlieferung vgl. Skamel, ZGS 2006, 457 ff.

[275] Büdenbender, DStR 2002, 312, 315; zu den Auswirkungen auf die Praxis Oechsler, NJW 2004, 1825; zusammenfassend Tiedtke/Schmitt, DStR 2004, 2016 und 2060.

[276] Boerner, ZIP 2001, 2264, 2269; Gsell, JZ 2001, 65, 67; Zimmer, in: Ernst/Zimmermann, S. 191, 199f.

[277] Westermann, NJW 2002, 241.

Fristsetzung durch den Gläubiger zur ordnungsgemäßen Leistung abhängig (§§ 440, 323 BGB).[278] Zur Schadensersatzhaftung kommt es nun bereits bei leichter Fahrlässigkeit, die auf die Zusicherung einer Eigenschaft und Arglist des Verkäufers beschränkte Regelung des § 463 BGB a.f. wurde gestrichen. Auf der anderen Seite bleibt das neue Recht aber auch hinter dem bisherigen § 463 BGB a.f. zurück, da der große Schadensersatz unter Rückgabe des Kaufgegenstandes an eine erhebliche Pflichtverletzung geknüpft ist (§ 281 Abs.1 Satz 3 BGB). Dies entspricht einem Gleichlauf mit den Rücktrittsvorschriften, die ebenfalls einen Rücktritt bei unerheblichen Mängeln ausschließen (§ 323 Abs.5 Satz 2 BGB).[279] In diesem Zusammenhang ist auch die Aufhebung der „de minimis"- Klausel des § 459 Abs.1 Satz 2 BGB a.f. zu sehen. Zwar ist schon bei unerheblichen Mängeln der Kaufgegenstand als mangelhaft anzusehen. Diese den Verkäufer belastende Regelung wird jedoch durch den Ausschluss des Rücktrittsrechts bei unerheblichen Mängeln kompensiert. So wird die unverhältnismäßige Rechtsfolge der Rückabwicklung bei kleineren Mängeln vermieden. Wirtschaftlich wird damit die Bagatellklausel des früheren Rechts vom Tatbestand in die Rechtsfolgen verschoben.[280]

Wenn der Mangel des Kaufgegenstandes von Anfang an nicht zu beheben ist, liegt anfängliche Unmöglichkeit vor. In diesem Fall bestimmt sich der Schadensersatzanspruch nach der Sonderregelung des § 311 a BGB. Dadurch wird rechtstechnisch berücksichtigt, dass dem Schuldner nun nicht vorgeworfen kann, nach Vertragsschluss ein Leistungshindernis herbeigeführt zu haben, sondern lediglich eine Leistung versprochen zu haben, die bereits zu diesem Zeitpunkt unmöglich war.[281] Der Anknüpfungspunkt für das Vertretenmüssen liegt damit im vorvertraglichen Bereich:[282] Inwieweit musste der Schuldner das Leistungshindernis bereits bei Vertragsschluss kennen?

Wie bisher auch, sind die Rechte des Käufers ausgeschlossen, wenn er den Mangel bei Vertragsschluss kannte (§ 442 BGB). Mit § 443 BGB wurde erstmals der Begriff der Garantie in das BGB eingeführt, die auch bisher schon in Form einer selbständigen oder unselbständigen Garantie zur Verstärkung der

---

[278] Zum Problem der Nachfristsetzung kurz vor Ablauf der Verjährungsfrist: Ritzmann, MDR 2003, 430. Vgl. auch BGH, NJW 2006, 1198: Das infolge Fristablaufs begründete Rücktrittsrecht geht nicht dadurch unter, dass der Käufer zunächst weiterhin Erfüllung verlangt; darauf aufbauend zum Konkurrenzverhältnis der Gläubigerrechte Kleine/Scholl, NJW 2006, 2462 ff.

[279] Wird der Mangel arglistig verschwiegen, handelt es sich stets um eine erhebliche Pflichtverletzung, BGH, NJW 2006, 1960, dazu Kulke, ZGS 2006, 412.

[280] Büdenbender, DStR 2002, 312, 318.

[281] Von Wilmowsky, JuS- Sonderbeilage zu Nr. 1/2002, 11.

[282] Dauner-Lieb, in: AnwKomm-BGB, § 311a, Rn. 6;

gesetzlichen Mängelhaftung anerkannt war.[283] Ausweislich der Regierungsbe-gründung ersetzt die Garantie die unter der alten Rechtslage bekannte Eigen-schaftszusicherung.[284] Im Zusammenhang mit der Garantie wurde durch § 444 BGB eine Norm eingeführt, die gerade für die privatautonome Gestaltung eines Unternehmenskaufes existentielle Probleme hervorrief und damit dem eigentli-chen Ziel der Reform, die Rechtslage zu vereinfachen, zunächst zuwiderlief. [285]

In seiner ursprünglichen Fassung untersagte § 444 BGB die Vereinbarung eines Haftungsausschlusses, wenn zugleich eine Garantie für die Beschaffenheit des Kaufgegenstandes übernommen wurde. Hieran entzündete sich in der rechtsbe-ratenden Praxis die Frage, ob die bisher in Unternehmenskaufverträgen übli-cherweise vereinbarten privatautonomen Haftungsregime mit verkäuferseitigen Garantiezusagen und einem Haftungsausschluss im übrigen von dieser Vor-schrift erfasst wurden. Mit der provokanten These, dass die Zusage einer Garan-tie unter gleichzeitiger Haftungsbeschränkungen zukünftig wegen § 444 BGB ausgeschlossen sei,[286] hat *von Westphalen* noch vor Inkrafttreten des Gesetzes einen Flächenbrand erzeugt. Obwohl sich in der daran anschließenden Diskussi-on die absolut herrschende Meinung herausbildete, dass § 444 BGB individual-vertraglichen Haftungsausschlüssen bei selbständigen Garantieversprechen in Unternehmenskaufverträgen nicht entgegensteht,[287] bestand in der Praxis wegen der fehlenden Rechtsprechung in diesem Bereich und Unklarheiten bei der Aus-legung des gesetzgeberischen Willens erhebliche Unsicherheit.[288] In den auf Un-

---

[283] Zur Unterscheidung der selbständigen und der unselbständigen Garantie sowie zum Ver-jährungsbeginn Grützner/Schmidl, NJW 2007, 3610.

[284] Begr. RegE, BT-Drucks. 14/6040, S. 555; zum Verhältnis der Garantie zur Beschaffen-heitsvereinbarung von Westphalen, BB 2008, 2 ff.

[285] Aus der Literatur: von Westphalen, ZIP 2001, 2107; ders., BB 2002, 209; Seibt/Reiche, DStR 2002, 1181; Dauner-Lieb/Thiessen, ZIP 2002, 108; Faust, ZGS 2002, 271; Hil-gard/Kraayvanger, MDR 2002, 678; Müller, NJW 2002, 1026; Seibt/Raschke/Reiche, NZG 2002, 256; Gaul, ZHR 166 (2002), 35, 63; von Gierke/Paschen, GmbHR 2002, 457; Gronstedt/ Jörgens, ZIP 2002, 52, 56; U. Huber, AcP 202 (2002), 179, 239; Jaques, BB 2002, 417, 418; Knott, NZG 2002, 249, 254; Triebel/ Hölzle, BB 2002, 521, 530; Wolf/ Kaiser, DB 2002, 411, 419; Wunderlich, WM 2002, 981; Strelow/Hein, DB 2003, 1155; Zerres, MDR 2003, 368; Barnert, WM 2003, 416, 420; Gasteyer/ Branscheid, AG 2003, 307; Kindl, WM 2003, 409, 413.

[286] So insbesondere von Westphalen, ZIP 2001, 2107; ders., BB 2002, 209 f.; ders., ZIP 2002, 545, 546.; ähnlich Hermanns, ZIP 2002, 696, 697; Amann/ Brambring/ Hertel, S. 188.

[287] Insbesondere Seibt/Reiche, DStR 2002, 1181; Eidenmüller, ZGS 2002, 290, 296; U. Hu-ber, AcP 202 (2002), 179, 239; Weitnauer, NJW 2002, 2511, 2517; Barnert, WM 2003, 416, 421; jeweils m.w.N.

[288] Zur widersprüchlichen historischen Auslegung: von Westphalen, ZIP 2003, 1179, der auf zwei divergierende Briefe aua dem Bundesjustizministerium hinweist. Während aus diesem noch vor der Bundestagwahl im Herbst 2002 verlautete, § 444 BGB zwinge zu einem Über-denken der bisherigen Praxis der Garantieübernahme, wurde ein Jahr darauf durch die neue

ternehmenskäufe ausgerichteten Anwaltskanzleien wurde fieberhaft nach alternativen Gestaltungsmöglichkeiten gesucht und vom Gesetzgeber eine Klarstellung verlangt.[289]

Dem ist der Gesetzgeber nun nachgekommen. Nachdem die Bundestagsfraktion der CDU/CSU ein „Gesetz zur Beseitigung der Rechtsunsicherheit beim Unternehmenskauf" in das Gesetzgebungsverfahren eingebracht hatte,[290] wurde auf Betreiben des Rechtsausschusses des Deutschen Bundestages eine Änderung des § 444 BGB und § 639 BGB, durch die in den Vorschriften jeweils „wenn" durch „soweit" ersetzt wurde, in das laufende Gesetzgebungsverfahren zur Änderung der Vorschriften über Fernabsatzverträge bei Finanzdienstleistungen aufgenommen und in Kraft gesetzt.[291] Der neue Wortlaut des § 444 BGB in Verbindung mit der dargestellten Entstehungsgeschichte dieser legislativen Änderung verdeutlicht nun unmissverständlich das Anliegen, mit der Norm den Rechtsgrundsatz des „venire contra factum proprium" festzuschreiben, ohne die in der Vertragspraxis bei Unternehmenskaufverträgen üblicherweise vereinbarten privatautonomen Garantiezusagen und Haftungsausschlüsse zu berühren.

Dieser kurze Überblick zeigt, dass der Gesetzgeber, obwohl die Änderungen im BGB lediglich durch die Verbrauchsgüterkaufrichtlinie hervorgerufen wurden, deutlich über die Vorgaben der Richtlinie hinausgegangen ist.[292] Die auf den Verbrauchsgüterkauf zugeschnittenen Gewährleistungsvorschriften, die von einen grundsätzlich strukturell unterlegenen Käufer ausgehen, finden nun im Sinne eines allgemeinen Kaufrechts auf alle Kaufverträge Anwendung, was für den Unternehmenskauf eine grundsätzlich unzutreffende Prämisse darstellt.[293] Der eigentliche Verbrauchsgüterkauf hingegen findet nur in wenigen Spezialvorschriften Beachtung (§§ 474 ff. BGB). Der daraus resultierende Konflikt zwischen dem auf den verbraucherschützenden Zweck begrenzten Bereich der Richtlinie einerseits und dem Bestreben des nationalen Gesetzgebers nach einer gesetzessystematische Vereinfachung von Kernbereichen des Schuldrechts andererseits[294] wird die zukünftige Anwendung des Rechts, auch im Bereich des Unternehmenskaufes, nachhaltig beeinflussen. Zudem ist bei den Normen des neuen Kaufrechtes stets auf die richtlinienkonforme Auslegung zu achten; die Letztentscheidung hierüber gebührt dem Europäischen Gerichtshof. Mit der übermäßigen Betonung von Verbraucherschutzgesichtspunkten aufgrund der eu-

---

Ministerin verkündet, § 444 BGB hindere keinesfalls die Übernahme einer Garantie bei Begrenzung der sonstigen Verkäuferhaftung, vgl. ZGS 2003, 307.

[289] Dauner-Lieb/Thiessen, DStR 2002, 809, 816; Faust, ZGS 2002, 271, 274.

[290] BT- Drucks. 15/1096; hierzu Seibt/Reiche, DB 2003, 1560.

[291] Gesetz vom 02.12.2004 zur Änderung der Vorschriften über Fernabsatzverträge bei Finanzdienstleistungen, BGBl. I, S. 3102.

[292] Brors, WM 2002, 1780, 1781;zusammenfassend Glöckner, JZ 2007, 652 ff.

[293] Von Gierke/Paschen, GmbHR 2002, 457, 461; Seibt/Reiche, DStR 2002, 1135.

[294] Schäfer/Pfeiffer, ZIP 1999, 1829, 1833.

roparechtlichen Vorgaben nimmt der heutige Gesetzgeber erneut Abschied von zentralen Wertvorstellungen seines historischen Vorläufers. Dieser ging noch vom Leitbild des vernünftigen, selbstverantwortlichen und urteilsfähigen Rechtssubjektes aus. Die Konsequenz dieser formal-abstrakten Gleichheit der Vertragspartner führte in die fast uneingeschränkte Privatautonomie (Grenze: §§ 134, 138 BGB), so dass der Ausgleich ihrer gegenläufigen Interessen allein den Kräften des Marktes überlassen werden konnte. Die Vertragsfreiheit hat grundlegende Bedeutung in einem marktwirtschaftlich orientierten Privatrecht. Mit diesem Grundprinzip wurde nun endgültig gebrochen. Die Privatautonomie wird aus rechtspolitischen Gründen immer weiter zurückgedrängt, da in der heutigen Zeit der Marktmechanismus als ein unvollkommenes Steuerungsmittel angesehen wird. Daher wurden zugunsten eines am Vertrag beteiligten Verbrauchers zwingende gesetzliche Vorschriften und zusätzliche Rechte eingeführt, die ihn vor wirtschaftlich nachteiligen Verträgen schützen sollen und eine Durchbrechung des Prinzips der Vertragstreue („pacta sunt servanda") ermöglichen.

III. Systemwechsel im Verjährungsrecht

Das Verjährungsrecht wurde wesentlich vereinfacht. Die regelmäßige Verjährungsfrist beträgt nun statt bisher 30 nur noch drei Jahre (§ 195 BGB). Im Gegenzug ist für den Verjährungsbeginn neben der Fälligkeit des Anspruchs die Kenntnis des Gläubigers von allen anspruchsbegründenden Tatsachen erforderlich (§ 199 Abs. 1 BGB). Die grob fahrlässige Unkenntnis dieser Tatsachen steht der positiven Kenntnis gleich. Die subjektive relative Frist des § 195 BGB wurde durch eine kenntnisunabhängige absolute Verjährungsfrist von 10 bzw. 30 Jahren ergänzt (§ 199 Abs.2, 3 BGB). Diese regelmäßige Verjährungsfrist gilt grundsätzlich für alle Ansprüche aus Schuldverhältnissen, unabhängig davon, ob sie auf Gesetz oder Vertrag beruhen, soweit nicht eine besondere verjährungsrechtliche Regelung existiert. Die Gewährleistungsfrist im Kaufrecht beträgt entsprechend der Verbrauchsgüterkaufrichtlinie für alle Kaufverträge zwei Jahre, beginnend mit der Ablieferung (§ 438 BGB). Somit wurden die Verjährungsfristen für die allgemeine c.i.c. und das Kaufrecht zwar angenähert, aber eben nicht egalisiert, was weiterhin eine Abgrenzung erforderlich macht. Die Umstellung vom Anspruch auf Wandelung zum rechtsgestaltenden Rücktritt musste auch bei den verjährungsrechtlichen Auswirkungen nachvollzogen werden. Da nur Ansprüche verjähren, Gestaltungsrechte aber zeitlich unbegrenzt ausübbar sind, wurde mit § 218 BGB die Möglichkeit zum Rücktritt an die Durchsetzbarkeit des Nacherfüllungsanspruchs geknüpft. Wirtschaftlich unterliegt somit auch die Rücktrittserklärung einer Verjährungsfrist.[295] Abschließend ist noch festzuhalten, dass der Begriff der „Verjährungsunterbrechung" durch den „Neube-

---

[295] Büdenbender, DStR 2002, 361, 363.

ginn" ersetzt wurde, allerdings zugunsten der Hemmung weitestgehend zurückgedrängt wurde. Soweit zwischen Schuldner und Gläubiger Verhandlungen über die Berechtigung des Anspruches geführt werden, ist der Ablauf der Verjährungsfrist gehemmt (§ 203 BGB). Dies führt im Ergebnis zu einer Verlängerung der Frist zugunsten des Schuldners.

Die neuen Verjährungsregelungen können beim Aushandeln eines Unternehmenskaufvertrages durchaus Erleichterungen hervorrufen. Während bisher in der Regel eine eigenständige Verjährungsfrist für die Gewährleistung gefunden werden musste, um § 477 BGB a.f. zu verdrängen, und dabei die Interessen von Verkäufer und Käufer aufeinander trafen, kann das langwierige und kostspielige Aushandeln nun umgangen werden, indem auf die durchaus angemessene gesetzliche Verjährungsfrist zurückgegriffen wird.

IV. Ergebnis

Dieser kurze Überblick über die wesentlichen, die Haftungsfragen beim Unternehmenskauf tangierenden, Neuerungen der BGB-Reform hat sicherlich deren Charakter als grundlegendste Überarbeitung des Vertragsrechts seit Inkrafttreten verifiziert. Zieht man an dieser Stelle eine kurze Bilanz auf über sechs Jahre Schuldrechtsmodernisierung, lassen sich folgende Leitlinien festhalten:

Die gesetzgeberische Intention der Vereinfachung des Schuldrechts wurde zwar insoweit erfüllt, als viele bisherige Probleme und Wertungswidersprüche entschärft wurden. Damit einhergehend wurden jedoch auch neue bisher unbekannte Streitfragen hervorgerufen. Überspitzt formuliert sind für jedes juristische Problem, das mit der Schuldrechtsreform gelöst wurde, inzwischen zwei neue aufgetaucht, da der hohe Abstraktionsgrad eines Gesetzestextes die Probleme erst bei der konkreten Anwendung zutage treten lässt.[296] Die Diskussion in der rechtswissenschaftlichen Literatur über die Unzulänglichkeiten der Gesetzesfassung wurde demzufolge bereits kurz nach Inkrafttreten eröffnet.[297] Seit etwa drei Jahren hat sich auch die Rechtsprechung in zunehmendem Maße mit dem neuen Recht auseinanderzusetzen.[298] Dabei hat sich bisher gezeigt, dass die von den Kritikern des Gesetzgebungsprojekts vielfach geäußerten Befürchtungen, die

---

[296] Dauner-Lieb, NJW 2004, 1431, 1432.

[297] Ein Überblick über die Streitfragen im neuen Schuldrecht findet sich bei Schulze/Ebers, JuS 2004, 265 ff., 366 ff. und 462 ff.

[298] Nachweise finden sich bei Lorenz, NJW 2007, 1 ff., Glöckner, JZ 2007, 652, 654 ff. und von Westphalen, BB 2008, 2 ff. Das erste BGH-Urteil zum neuen Schuldrecht erging am 02.06.2004 und betraf einen Gebrauchtwagenkauf, BGH, ZIP 2004, 1368. Einen Überblick über bisher ergangene Entscheidungen, die sich in der Mehrheit mit den neuen verbraucherschützenden Vorschriften zu beschäftigen hatten, geben Saenger/Klockenbrink, ZGS 2006, 61.

Neuerungen im Gesetz würden eine große Rechtsunsicherheit in der Praxis herbeiführen, offensichtlich nicht bewahrheitet haben.[299]

Die Auslegung der einzelnen Regeln wird Wissenschaft und Rechtsprechung noch über Jahre hinaus beschäftigen. Somit wird man sich ein Urteil, inwieweit die Reform ihrem Anspruch einer Vereinfachung des Rechts insgesamt gerecht wurde, und welche Bedeutung ihr bei der Rechtsentwicklung in Deutschland zuteil kam, erst in vielen Jahren erlauben dürfen.[300]

Ein derart zentrales Reformgesetzgebungsprojekt erfährt neben lobenden Worten, insbesondere von den Verantwortlichen, naturgemäß auch viel Tadel. Hierin spiegelt sich die besondere Bedeutung, die dem Gesetzeswerk zuteil kommt, wider. Man kann von einem Gesetz, das den vielschichtigen Bedürfnissen einer modernen Gesellschaft Rechnung tragen soll, keine vollständige Lückenlosigkeit und Widerspruchsfreiheit erwarten.[301] Die Fülle an Literaturmeinungen zu den mannigfachen Streitfragen des alten Schuldrechts wird sich auch unter dem neuen Schuldrecht fortsetzen, weil sich hierin ein Grundbedürfnis der Wissenschaft manifestiert. Allerdings dürfen die alten „Grabenkämpfe" über das „Für" und „Wider" einer Reform nicht unter den geänderten Voraussetzungen weitergeführt werden.[302] Vielmehr sollten sich die Kritiker der Schuldrechtsreform, wie *Ehmann/Sutschet* es zutreffend artikulieren, auf die Worte *Hegels* besinnen:[303] „Was vernünftig ist, das ist wirklich; und was wirklich ist, das ist vernünftig."[304] Eine Kritik de lege ferenda an dieser Stelle ist schon insoweit obsolet, da in den neuen Regeln die Basis dieser Arbeit liegt.

Entscheidend für den weiteren Gang der Untersuchung ist, dass eine Vielzahl der Prämissen, die die Haftung des Unternehmensverkäufers unter der bisherigen Rechtslage beeinflusst haben, verändert wurde. Es fängt bei der Kodifizierung der bisher nicht geregelten Rechtsinstitute *c.i.c.* und *WGG* an, setzt sich bei der Konturierung des Beschaffenheitsbegriffs fort und endet bei der kaufrechtlichen Verjährungsfrist.

---

[299] Von Westphalen, BB 2008, 2.

[300] In einer Zwischenbilanz bereits ein Jahr nach Inkrafttreten konstatiert Dauner- Lieb, ZGS 2003, 10, dass mehr neue Probleme aufgeworfen als alte gelöst worden seien. Der beabsichtigte Zuwachs an Rechtssicherheit und Transparenz sei verfehlt worden. A.A. Lorenz, NJW 2007,1, 8, der dem neuen Schuldrecht eine Zunahme an Rechtssicherheit attestiert.

[301] Westermann, NJW 2002, 241, 253.

[302] Derartige "Grabenkämpfe" hat u.a. Schermaier, JZ 2006, 330, 336 festgestellt, a.A. Lorenz, NJW 2007, 1.

[303] Ehmann/Sutschet, § 1 II.

[304] Hegel, Rechtsphilosophie, Vorrede, S. XIX.

4. Kapitel: **Konsequenzen für die Gewährleistungsfragen beim Unternehmenskauf im Wege des *asset deal***

Die am Gesetzgebungsverfahren Beteiligten widmeten einem geschriebenen Unternehmenskaufrecht nur geringe Aufmerksamkeit, weil ein solches angesichts der in der Praxis verbreiteten ausführlichen Vertragswerke nicht als notwendig anzusehen war.[305] Damit wird aber gleichzeitig in Kauf genommen, dass die nähere Ausgestaltung und die Entwicklung einer eindeutigen gesetzlichen Lösung weiterhin der Kreativität der Rechtsanwender vorbehalten bleiben.[306] Daraus nährt sich die Befürchtung, dass sich an der Vermengung aus Gesetz und Richterrecht, wie es bisher den Unternehmenskauf beherrschte, gar nicht so viel ändern wird.[307]

In der Tat ziehen die Parteien gerade bei größeren Unternehmenstransaktionen eine umfassende rechtliche Beratung vor, um die gesetzliche Regelung durch ein auf die spezifischen Käufer/Verkäufer- Bedürfnisse zugeschnittenes Haftungsregime zu ersetzen. Erst falls sich dieses als lückenhaft erweist, was im Idealfall allerdings nicht vorkommen sollte, kommen subsidiär die BGB-Normen zur Anwendung. Somit können die eigenständigen Gewährleistungsregelungen der Vertragspraxis dem gesetzlichen System einen Großteil seines Anwendungsspielraumes nehmen. Dadurch verliert aber die Neufassung des Schuldrechts nicht an Relevanz. Zum einen kann die Haftung für Mängel der Kaufsache nicht schrankenlos ausgeschlossen oder begrenzt werden, wie § 444 BGB zeigt.[308] Zum anderen gibt es viele Fälle, vornehmlich bei kleineren einzelkaufmännischen Unternehmen, bei denen keine intensive juristische Beratung in Anspruch genommen wird, die eine „*due diligence*"- Prüfung und das Aushandeln eines umfangreichen Zusicherungskataloges einschließt.[309] Teilweise wird eine ausführliche Rechtsberatung auch als zu kostspielig angesehen,[310] so dass es umso mehr auf die Sachgerechtigkeit des gesetzlichen Systems ankommt. Die umfangreiche bisherige Rechtsprechung manifestiert nur zu deutlich, dass das dispositive Gesetzesrecht trotz aller kautelar-juristischen Modelle nicht zu vernachlässigen ist. Darüber hinaus handelt es sich bei der Abgrenzung von vorvertraglichen Pflichten zu kaufrechtlicher Gewährleistung um eines der zentralen dogmatischen Probleme des BGB, welches bisher die juristische Diskussion im Rahmen des Unternehmenskaufes und weit darüber hinaus bestimmte und auch

---

[305] Westermann, JZ 2001, 530, 532.
[306] Gaul, ZHR 166 (2002), 35, 70.
[307] Ähnl. Krebs, in: AnwKomm-BGB, § 311, Rn. 29 ff.; Knott, NZG 2002, 249, 251 ff.; Eidenmüller, ZGS 2002, 290, 294 ff.; Grigoleit/ Herresthal, JZ 2003, 118, 125.
[308] Rasner, WM 2006, 1425, 1426.
[309] Wunderlich, WM 2002, 981; Thiessen, DStR 2002, 1578, 1579; U. Huber, AcP 202(2002), 179, 198 spricht von einem Unternehmenskauf „per Handschlag".
[310] Lange, ZGS 2003, 300.

zukünftig bestimmen wird.[311] Zudem hat sich jedes ausgehandelte Vertragswerk an den Wertentscheidungen der gesetzlichen Regelung und der höchstrichterlichen Rechtsprechung zu orientieren, so dass auch die rechtsberatende Praxis die Analyse der neuen Regelungen intensiv begleitet.[312] Hierin zeigt sich die erhebliche praktische Bedeutung einer Untersuchung der gesetzlichen Haftungsgrundlagen beim Unternehmenskauf.

Dazu muss sich von den früher eingenommenen Standpunkten verabschiedet und mit den Überlegungen bei Null angefangen werden.[313] Im Folgenden wird sich allein mit den beim *asset deal* im Verhältnis Käufer zum Verkäufer (und nicht etwa einer Haftung der externen Berater) denkbaren Problemen beschäftigt.

A. Der doppelte Anknüpfungspunkt einer Haftung

Das Gewährleistungsrecht steht im Mittelpunkt, wenn der Käufer einen Kaufgegenstand erhält, der von seinen diesbezüglichen Erwartungen bei Vertragsschluss abweicht. Aus seiner Sicht bleibt die tatsächliche Leistung des Verkäufers hinter der im Vertrag versprochenen Leistung zurück, so dass der ursprünglich gezahlte Kaufpreis zu hoch und daher eine Kompensation für den Käufer erforderlich ist. Grundlage zur Bewältigung aller Leistungsstörungen in einem Schuldverhältnis ist nach neuem Schuldrecht eine Pflichtverletzung des Schuldners.

I. Folgen einer vorvertraglichen und einer kaufvertraglichen Pflichtverletzung

Eine Pflichtverletzung liegt zum einen vor, wenn der Verkäufer seine Pflicht zur Übertragung eines mangelfreien Unternehmens verletzt hat (§§ 433 Abs. 1 S.1, 434 437 BGB). Der Käufer hat nicht das bekommen, was er vertraglich hätte bekommen sollen. Die subjektive (= nach dem Willen der Vertragsparteien bestehende) Äquivalenz zwischen Leistung und Gegenleistung ist dadurch gestört.[314] Zum anderen hat der Verkäufer seine Pflicht aus dem vorvertraglichen Schuldverhältnis, das nach § 311 Abs. 2 BGB im Stadium der Vertragsanbahnung besteht und die Berücksichtigung der Interessen des anderen Teils gebietet

---

[311] Auf das Grundproblem einer Grenzziehung zwischen Gewährleistungs- und Verschuldenshaftung weist auch Canaris, in: Karlsruher Forum, S. 63 hin.

[312] Büdenbender, in: Dauner- Lieb/Büdenbender, S. 5, 9; ähnlich Pfeiffer, ZGS 2002, 23, der darauf hinweist, dass die Vertragsgestaltung die Orientierung an den Grundstrukturen des neuen Rechts erfordert.

[313] Büdenbender, in: Dauner- Lieb/Büdenbender, S. 5, 8.

[314] Dieser Grundgedanke des Gewährleistungsrecht geht auf Raape, AcP 150 (1949), 481, 484 zurück.

(§ 241 Abs. 2 BGB)[315], verletzt, indem er den Käufer im Vorfeld nicht hinreichend über den Vertragsgegenstand informiert hatte. Aufgrund der unvollständigen bzw. unrichtigen Information hat der Käufer eine von der Realität abweichende Vorstellung vom Unternehmen gewonnen und sich dadurch zum Abschluss eines für ihn ungünstigen Vertrages verleiten lassen. Wie es zur Fehlvorstellung kam, ist für die Frage einer Pflichtverletzung unerheblich. Der Verkäufer kann bewusst falsche Tatsachen angegeben haben, er kann auch eine erkennbare Fehlvorstellung des Käufers über den Wert des Unternehmens nicht korrigiert haben oder über neue Entwicklungen nicht aufgeklärt haben. Der Verkäufer kann sogar ohne ein Verschulden die Fehlvorstellung verursacht haben, weil er selbst vom tatsächlichen Zustand keine Kenntnis hatte. Die Pflichtverletzung wird anhand rein objektiver Kriterien bestimmt, so dass die Frage des Vertretenmüssens an dieser Stelle ohne Belang ist.[316]

Obwohl in beiden Fällen zwar an den gleichen einheitlichen Lebenssachverhalt angeknüpft wird, tritt in rechtlicher Hinsicht doch ein wesentlicher Unterschied zutage: einmal liegt die Pflichtverletzung vor dem Vertragsschluss im vorvertraglichen Schuldverhältnis und wird als Aufklärungspflichtverletzung bezeichnet, das andere Mal nach Vertragsschluss im Rahmen der Vertragserfüllung und stellt eine Schlechtlieferung dar. Aus der Sicht des Erfüllungsstadiums spricht man von einer Leistungsstörung, aus Sicht des Verhandlungsstadium vom Verschulden bei Vertragsschluss.[317] Das Informationsdefizit vor Vertragsschluss setzt sich somit in der „nicht wie geschuldeten" Erfüllung fort. Kann nun der Käufer seinen Vertragspartner wahlweise aufgrund der fehlerhaften Aufklärung oder aufgrund der Schlechterfüllung zur Haftung heranziehen? Dies hängt vom Konkurrenzverhältnis zwischen der unter der alten Rechtslage als *c.i.c.* bezeichneten vorvertraglichen Pflichtverletzung und dem Kaufrecht ab. Ein solches Konkurrenzproblem wäre dogmatischer Natur und die Abgrenzung der Regelungsbereiche in der Praxis entbehrlich, wenn sich jeweils die gleichen Voraussetzungen und Rechtsfolgen ergeben würden. Dann wäre es letztendlich unerheblich, ob an die eine oder die andere Pflichtverletzung angeknüpft wird. Denn keinesfalls kann der Gläubiger seinen Vertragspartner aus beiden Anspruchsgrundlagen kumulativ in Anspruch nehmen. Der Zustand, in dem sich der Käufer bei pflichtgemäßen Verhaltens seines Gegenüber befinden würde, markiert die Höchstgrenze, bis zu der er einen Ausgleich verlangen kann.

Die Regierungsbegründung zum neuen Schuldrecht scheint davon auszugehen, dass eine Abgrenzung entbehrlich sei, indem sie auf die weitgehende Übereinstimmung der Rechtsfolgen von speziellem kaufrechtlichem und allgemeinem

---

[315] Inwieweit eine solche Pflicht des vorvertraglichen Schuldverhältnisses sinnvoll einzugrenzen ist, soll Gegenstand einer späteren Erörterung sein.
[316] Vgl. nur Heinrichs, in: Palandt, § 280 BGB, Rn. 3.
[317] Wiedemann, in: Soergel, vor § 275 BGB a.F., Rn. 154.

Leistungsstörungsrecht hinweist.[318] Ein Schadensersatzanspruch ergibt sich in der Tat jeweils aus §§ 280 ff. BGB, doch führt die Verweisungskette in einem Fall über §§ 311 Abs. 2, 241 Abs. 2 BGB, im anderen Fall über §§ 453 Abs. 1, 437 Nr. 3, 440 BGB. Dadurch ergeben sich Unterschiede, je nachdem ob der Anspruch auf das vorvertragliche Fehlverhalten (= § 311 Abs. 2 BGB) oder auf die fehlerhafte Übertragung des Unternehmens (= §§ 433, 434 BGB) gestützt wird. Für kaufrechtliche Ansprüche gilt eine kürzere Verjährungsfrist (zwei statt drei Jahre, § 438 Abs.1 bzw. § 195 BGB), die bereits mit Gefahrübergang (§ 438 Abs. 2 BGB), beim Unternehmenskauf also Übergabe des unmittelbaren Besitzes an den Betriebsmitteln, so dass der Käufer die Arbeit des Unternehmens bestimmen kann,[319] einsetzt, während für Ansprüche aus §§ 311 Abs. 2, 241 Abs. 2, 280 Abs. 1 BGB die Verjährung erst am Ende des Jahres, in dem der Anspruch entstanden ist und der Gläubiger hiervon Kenntnis bzw. aus grober Fahrlässigkeit keine Kenntnis hatte (§ 199 Abs.1 BGB) beginnt. Durch diese stichtagsbezogene und subjektive Anknüpfung des § 199 BGB kann trotz der Annäherung der Fristen die Verjährung im Einzelfall also erheblich divergieren. Daher ist es bereits aus diesem Grunde bei einem erst nach Ablauf der kaufrechtlichen Verjährungsfrist erkannten Mangel relevant, ob die Regeln der vorvertraglichen Pflichtverletzung neben dem Kaufrecht anzuwenden sind. Des Weiteren sind ausschließlich im Kaufrecht der Vorrang der Nacherfüllung (§ 439 BGB) sowie das verschuldensunabhängige Minderungsrecht (§ 437 Nr. 2 i.V.m. § 441 BGB) verankert.

Das Kaufrecht zeichnet sich im Vergleich zur vorvertraglichen Haftung zudem nicht nur durch diese zusätzlichen Rechtsbehelfe aus, sondern auch die Art des Schadensersatzes auf Grundlage der Naturalrestitution (§ 249 S.1 BGB) gestaltet sich unterschiedlich. Der kaufrechtliche Schadensersatzanspruch aus §§ 437 Nr. 3, 440, 280 ff. BGB richtet sich auf das positive Erfüllungsinteresse, welches der Käufer ohne die vertragliche Pflichtverletzung erhalten hätte. Währenddessen ergibt sich aus den §§ 311 Abs. 2, 241 Abs. 2, 280 Abs. 1 BGB bei Aufklärungspflichtverletzungen aufgrund der Naturalrestitution lediglich ein Anspruch auf Aufhebung des Vertrages, aber nicht das darüber hinaus gehende positive Interesse an der ordnungsgemäßen Vertragsdurchführung.[320] Denn der Käufer hätte ohne die vorvertragliche Pflichtverletzung den Vertrag gar nicht abgeschlossen.[321] Damit läuft der Schadensersatzanspruch wegen Aufklärungs-

---

[318] Begr. RegE, BT-Drucks. 14/6040, S. 497; so undifferenziert wohl auch Gronstedt/Jörgens, ZIP 2002, 52, 53.

[319] Gaul, ZHR 166 (2002), 35, 67; Triebel/Hölzle, BB 2002, 521, 535; Haas, in: Haas/Medicus/Rolland/Schäfer/Wendtland, Kapitel 5, Rn. 550.

[320] Faust, in: Bamberger/Roth, § 434 BGB, Rn. 19.

[321] Der Ersatz des positiven Nichterfüllungsschadens ist im Ausnahmefall dann denkbar, wenn dem Käufer der Nachweis gelingt, dass er bei ordnungsgemäßer Aufklärung das Geschäft zu anderen Bedingungen, ggf. mit einem anderen Vertragspartner, abgeschlossen hätte,

pflichtverletzung auf den Rücktritt hinaus, der anders als im Kaufrecht (§§ 437 Nr. 2 i.V.m. 440, 323 BGB) jedoch vom Verschulden (§ 276 BGB) des Schuldners abhängig ist. Daher unterscheiden sich die §§ 433 ff. BGB von den §§ 311 Abs. 2, 241 Abs. 2, 280 Abs. 1 BGB sowohl in tatbestandlicher Hinsicht als auch in den Rechtsfolgen einschließlich der Verjährungsfrist. Es macht damit sehr wohl einen Unterschied, ob der Käufer sein Haftungsbegehren auf die §§ 311 Abs. 2, 241 Abs. 2, 280 Abs. 1 BGB oder auf die §§ 433 ff. BGB stützt, so dass die Frage des Konkurrenzverhältnisses, wie schon unter der alten Rechtslage, wenn auch mit geringfügig geänderten Vorzeichen, weiterhin von Bedeutung ist.[322] Die Haftung des Verkäufers für Sach- und Rechtsmängel und die allgemeine Verschuldenshaftung wurden zwar angenähert, aber gerade nicht egalisiert.[323]

II. Konkurrenzverhältnis im alten Schuldrecht

Nach Rechtsprechung und herrschender Literaturmeinung zum alten Schuldrecht waren die §§ 459 ff. BGB a.f., soweit deren Tatbestand reichte, im Hinblick auf alle aus der Mangelhaftigkeit der Kaufsache resultierenden Rechtsfolgen gegenüber der vorvertraglichen c.i.c. leges specialis.[324] Dabei wurden drei wesentliche Argumente ins Feld geführt: Erstens waren kodifizierte Normen vorrangig vor einem praeter legem entwickelten Haftungsregime.[325] Zweitens ergab sich aus § 463 Satz 2 BGB a.F., dass der Verkäufer nur im Falle der Arglist oder der Zusicherung (an die allerdings hohe Anforderungen gestellt wurden) auf Schadensersatz haftete.[326] Eine Haftung aus c.i.c. bereits bei Fahrlässigkeit würde diese gesetzgeberische Entscheidung unterlaufen. Die freie Konkurrenz wurde nur bei Vorsatz des Verkäufers angenommen, da dieser dann nicht als schutzwürdig anzusehen war.[327] Drittens ergaben die §§ 459 ff. BGB a.F. in ihrer Gesamtheit (einschließlich der Verjährungsvorschrift des § 477

---

dann kann er das verlangen, was ihm aus diesem Geschäft zugeflossen wäre, vgl. hierzu BGH, NJW 1988, 2234; BGH, NJW 1998, 2900; zum letztgenannten Urteil Lorenz, NJW 1999, 1001; ferner Wiedemann, in: Soergel, vor § 275 BGB a.F., Rn. 112.

[322] Seibt/Reiche, DStR 2002, 1181, 1183; Canaris, in: Karlsruher Forum, S. 70.

[323] Emmerich, in: MünchKomm-BGB, § 311, Rn. 138; P. Huber, in: Huber/Faust, 14. Kap., Rn. 24f.

[324] Ständige Rechtsprechung und h.M. in der Literatur, RGZ 135, 339, 346; BGHZ 60, 319; BGHZ 88, 130; BGH, NJW 1985, 1769; BGH, NJW 1996, 1205; Honsell, in: Staudinger, § 459 BGB a.F., Rn. 56; U. Huber, in: Soergel, vor § 459 BGB a.F., Rn. 211; Heinrichs, in: Palandt, § 276 BGB, Rn. 80.

[325] U. Huber, in: Soergel, § 459 BGB a.F., Rn. 213; Lieb, in: MünchKomm-HGB, Anh. § 25, Rn. 60.

[326] Vgl. hierzu nur BGHZ, 60, 319, 321; Honsell, in: Staudinger, vor § 459 BGB a.F., Rn. 56.

[327] BGH, NJW 1995, 2159, 2160; BGH, NJW-RR 1998, 1132, 1133; BGH, NJW 1999, 1404, 1405.

BGB a.f.) eine erschöpfende Sonderregelung,[328] die nicht durch die Anwendung allgemeiner Normen umgangen werden dürfe, was bereits in den Motiven zum historischen BGB zum Ausdruck gebracht wurde.[329] Folglich war ein Rückgriff auf die *c.i.c.* ausgeschlossen, soweit es sich um Falschangaben über eine Eigenschaft (§ 459 Abs. 2 BGB a.F.) oder einen Fehler (§ 459 Abs. 1 BGB) der Kaufsache handelte. Dies galt sogar dann, wenn es sich um eine zwar zusicherungsfähige, im Einzelfall aber gerade nicht zugesicherte Eigenschaft handelte.[330]

III. Meinungsüberblick zum neuen Schuldrecht

Umstritten ist, ob dieses Konkurrenzverhältnis im Zuge der Änderungen im BGB aufrechtzuerhalten ist. Obwohl nun die *c.i.c.* durch § 311 Abs. 2 BGB explizit in den Gesetzestext Eingang gefunden hat und das erste der gerade genannten Argumente somit nicht mehr greift, findet sich in der Regierungsbegründung keine weiterführende Aussage über das Konkurrenzproblem.[331] Hieraus wird teilweise die Hypothese abgeleitet, dass eine freie Konkurrenz zwischen §§ 311 Abs. 2, 241 Abs. 2, 280 Abs. 1 BGB und dem Kaufrecht anzunehmen sei, so dass der Käufer neben den Mängelrechten wahlweise auch auf die *c.i.c.* zurückgreifen könne.[332] Mit § 325 BGB habe der Gesetzgeber sogar die Kombination von Rücktritt und Schadensersatz ausdrücklich erlaubt.[333] Als Argument für diese These kann zudem der Wegfall des § 463 BGB a.f. herangezogen werden. Wenn man unter der alten Rechtslage hieraus den Schluss zog, dass der Verkäufer nur bei Arglist auf Schadensersatz haften sollte, sei eine solche Argumentation durch die Einbettung der Mängelhaftung in die allgemeine Verschuldenshaftung, mit der Folge, dass der Verkäufer bereits bei Fahrlässigkeit haftet, hinfällig geworden.[334]

Für *Barnert*[335] ergibt sich ein weiteres Argument für ein Nebeneinander von *c.i.c.* und Kaufrecht aus § 311 Abs. 3 BGB, mit dem die bisher richterrechtlich

---

[328] BGHZ 60, 319; BGH, NJW-RR 1988, 10, 11; BGH, NJW 1992, 2564, 2565; Honsell, in: Staudinger, vor § 459 BGB a.F., Rn. 57; Putzo, in: Palandt, § 463 BGB a.F., Rn. 25; jeweils m.w.N.

[329] Motive II, 225, zur dem § 463 BGB a.f. entsprechenden § 385 des damaligen Entwurfs.

[330] BGH, NJW 1992, 2564; BGHZ 114, 266; BGHZ 60, 319, 323.

[331] RegBegr, BT-Drucks. 14/6040, S. 161f.

[332] Jaques, BB 2002, 417, 418; Westermann, NJW 2002, 241, 247; Barnert, WM 2003, 416, 424f.; Häublein, NJW 2003, 388, 391 ff.; Emmerich, in: MünchKomm-BGB, § 311, Rn. 138; Faust, in: Bamberger/Roth, § 437 BGB, Rn. 181; zur alten Rechtslage ebenso Emmerich, in: MünchKomm-BGB, vor § 275 BGB a.F., Rn. 118.

[333] Westermann, NJW 2002, 241, 247.

[334] Häublein, NJW 2003, 388, 391; Krebs, in: AnwKomm-BGB, § 311, Rn. 33, der i.E. aber eine andere Ansicht vertritt.

[335] Barnert, WM 2003, 416, 424.

geprägte Sachwalterhaftung in das BGB aufgenommen wurde.[336] Gerade beim Unternehmenskauf werden auf Verkäuferseite externe Berater wie Wirtschaftsprüfer und Steuerberater beschäftigt. Diese unterliegen dem Käufer gegenüber besonderen Sorgfalts- und Schutzpflichten und haften bei Fehlverhalten aufgrund ihrer besonderen Sachkunde und des ihnen entgegengebrachten Vertrauens aus § 311 Abs. 3, 241 Abs. 2, 280 ff. BGB, was gemäß §§ 195, 199 BGB nach drei Jahren verjährt.[337] Dem Verkäufer obliegen bei einem komplexen Kaufobjekt wie einem Unternehmen ebenfalls besonderes Aufklärungspflichten,[338] so dass auch dieser in der gleichen Verjährungsfrist haften müsse, um einen Wertungswiderspruch zur Haftung des Beraters zu vermeiden.[339]

Des Weiteren könne es nicht sein, dass insbesondere die kurze objektive Verjährung des § 438 Abs. 1 Nr. 3 BGB den schuldhaft handelnden Verkäufer gegenüber anderen schlechtleistenden Schuldnern privilegiert.[340] So haftet z.B. der Dienstverpflichtete mangels eines besonderen Dienst-Gewährleistungsrechts nach den allgemeinen Vorschriften, insbesondere aufgrund unterlassener vorvertraglicher Aufklärung über die eigene Leistungsfähigkeit innerhalb der regelmäßigen Verjährungsfrist von drei Jahren unter subjektiver Anknüpfung, während der Verkäufer, der die Schädigungshandlung eben im Rahmen eines Kaufvertrages vornimmt, allein deswegen von der Haftung für seine Verletzung der vorvertraglichen Aufklärungspflichten bereits nach einer starren Frist von nur zwei Jahren frei werde.[341] Eine solche Privilegierung des Verkäufers vertrage sich erst recht nicht mit dem zentralen Anliegen der Schuldrechtsreform, die Käuferrechte zu stärken.[342] Dieser Wertungswiderspruch lasse sich nur egalisieren, wenn der Verkäufer neben den §§ 433 ff. BGB ebenfalls, wie jeder andere Schuldner auch, nach den §§ 311 Abs. 2, 241 Abs. 2, 280 Abs. 1 BGB hafte, sofern deren Voraussetzungen jeweils vorliegen.[343] Die Aufklärungs- und Beratungspflichten des Verkäufers ergeben sich direkt aus den Umständen des jeweiligen Einzel-

---

[336] Begr. RegE, BT- Drucks. 14/6040, S. 163; zur Sachwalterhaftung vgl. BGHZ 126, 181, 189, m.w.N.

[337] Barnert, WM 2003, 416, 424.

[338] Hierauf hat der BGH in NJW 2001, 2163 hingewiesen; ferner auch BGH, NJW 2002, 1042, 1044.

[339] Barnert, WM 2003, 416, 424.

[340] Emmerich, in: MünchKomm-BGB, § 311, Rn. 137f.; Häublein, NJW 2003, 388, 391; Mansel, NJW 2002, 89, 95, für den eine solche Privilegierung aufgrund der vom Gesetzgeber getroffenen Entscheidung aber hinzunehmen ist. Statt einer Korrektur müsse die kaufrechtliche Verjährung auch auf konkurrierende Ansprüche aus c.i.c. angewendet werden.

[341] Emmerich, in: MünchKomm-BGB, § 311, Rn. 137; Häublein, NJW 2003, 388, 391.

[342] Häublein, NJW 2003, 388, 391; zur Gesamtbewertung des neuen Kaufrechts vgl. Büdenbender, in: AnwKomm-BGB, vor § 433, Rn. 26 ff. sowie die Erwägungsgründe in der Verbrauchsgüterkaufrichtlinie, ABlEG 1999, Nr. L 171/ 12.

[343] Emmerich, in: MünchKomm-BGB, § 311, Rn. 138; Häublein, NJW 2003, 388, 391.

falls und nicht erst indirekt durch die Konkretisierung des kaufrechtlichen Gewährleistungstatbestandes.[344]

Des Weiteren wird auch auf die dogmatischen Unterschiede zwischen vorvertraglicher und vertraglicher Pflichtverletzung verwiesen, um eine freie Konkurrenz beider Anspruchsgrundlagen zu begründen. Bei der *c.i.c.* handele es sich um eine originäre Haftung für gewährtes und in Anspruch genommenes Vertrauen,[345] die unabhängig von einem später geschlossenen Vertrag und den daraus resultierenden Ansprüchen bestehe.[346] Während diese also allein den vorvertraglichen Bereich betrifft, regelt das Kaufrecht den vertraglichen. Da das gesetzliche Leitbild eine Untersuchung durch den Verkäufer nicht vorsieht, müsse auch nicht jeder Schlechtleistung zwingend die vorvertragliche Pflichtverletzung vorausgehen.[347] Daher sei das eine nicht durch das andere auszuschließen, so dass die *c.i.c.* neben dem kaufrechtlichen Gewährleistungsrecht eingreifen könne.

Soweit man diesen Argumenten folgt, besteht eine freie Konkurrenz zwischen Kaufrecht und vorvertraglicher Informationshaftung. Dann hat man jeweils die Voraussetzungen des Kaufrechts und die der *c.i.c.* zu prüfen und dem Käufer die Auswahl zu überlassen, aus welcher Rechtsgrundlage er vorgehen möchte.

Dagegen ist eine abgestufte Prüfung durchzuführen, wenn man an der bisherigen Auffassung festhält und das Kaufrecht in seinem Anwendungsbereich als abschließende Sonderregelung betrachtet, welche dadurch eine Sperrwirkung für die vorvertragliche Haftung entfaltet.[348] Dann ist zunächst die speziellere Rechtsgrundlage zu prüfen und erst bei Negierung des Tatbestandes kann auf die allgemeine Regelung zurückgegriffen werden. Der Käufer ist somit auch dann nicht rechtlos gestellt, wenn sich das Kaufrecht als nicht einschlägig er-

---

[344] Emmerich, in: MünchKomm-BGB, § 311, Rn. 139.

[345] BGHZ 60, 221, 226; BGH, NJW 1981, 1035, 1036; zurückgehend auf Ballerstedt, AcP 151 (1951), 501, 507.

[346] Barnert, WM 2003, 416, 425.

[347] Häublein, NJW 2002, 388, 393.

[348] Gaul, ZHR 166 (2002), 35, 43; Gruber, MDR 2002, 433, 435; Triebel/Hölzle, BB 2002, 521, 532f.; Weiler, ZGS 2002, 249; Wunderlich, WM 2002, 981, 984; Wolf/Kaiser, DB 2002, 411, 414; Grigoleit/ Herresthal, JZ 2003, 118, 126; Schulze/Ebers, JuS 2004, 462, 463; Büdenbender, in: AnwKomm-BGB, § 437, Rn. 1; Canaris, in: Karlsruher Forum, S. 88; Grüneberg, in Palandt, § 311 BGB, Rn. 14; P. Huber, in: Huber/Faust, 14. Kap., Rn. 26; U. Huber, AcP 202 (2002), 179, 228f.; Haas, in: Haas/Medicus/Rolland/Schäfer/Wendtland, Kapitel 5, Rn. 262; Krebs, in: AnwKomm-BGB, § 311, Rn. 33; Oetker/Maultzsch, § 2, S. 72f.; Westermann, Schuldrecht 2002, S. 179; Vollkommer, in: Jauernig, § 311 BGB, Rn. 38; so auch bereits mit Einschränkungen zum RegE: Grigoleit, in: Schulze/Schulte-Nölke, S. 269, 290; im Ergebnis gleich Brox/Walker, BT, Rn. 140, für die ein Konkurrenzverhältnis aber gar nicht existiert, da die §§ 280 ff. BGB über das Gewährleistungsrecht, § 437 Nr. 3 BGB, Anwendung finden.

weist. Das Gesetz sanktioniert im letztgenannten Fall allerdings ausschließlich die Verletzung der Aufklärungspflicht und nicht die einer Vertragspflicht, weil ja letztere an den kaufrechtlichen Gewährleistungstatbestand gekoppelt ist.[349]

IV. Stellungnahme

Für die Spezialität des Kaufrechts sprechen zunächst gesetzessystematische Erwägungen. Auch wenn der Gesetzgeber die Konkurrenz nicht explizit in den Gesetzestext aufgenommen hat, kann dennoch aus dem Gesamtzusammenhang seiner Regelungen eine eindeutige Aussage gewonnen werden. Die Fallgruppen des § 311 Abs. 2 BGB wurden in den Abschnitt 3 des 2. Buches („Schuldverhältnisse aus Verträgen") eingestellt, während die kaufrechtlichen Regeln im Abschnitt 8 („Einzelne Schuldverhältnisse") zu finden sind. Diese einzelnen Schuldverhältnisse beinhalten demnach spezielle Regeln, die nur für das jeweilige Schuldverhältnis gelten und die generellen Vorgaben in den §§ 280 ff., 323 ff. BGB insoweit verdrängen.[350] Dies gilt trotz der Verweisung auf die allgemeinen Regeln, da es sich um zusätzliche und z.t. modifizierende Voraussetzungen handelt. Dem Charakter einer besonderen Regelung ist immanent, dass diese vorrangig zu prüfen ist, um den Sinn des Besonderen nicht zu konterkarieren.[351]

Zudem halten die gegen ein Spezialitätsverhältnis vorgebrachten Argumente einer genaueren Überprüfung nicht stand. Mit der Regelung des § 325 BGB wollten die am Gesetzgebungsverfahren Beteiligten keinesfalls das Verhältnis *c.i.c.*/Kaufrecht präjudizieren. Es kam ihm vielmehr darauf an, eine Unzulänglichkeit des früheren Rechts zu eliminieren[352] und den Gläubiger vor den Nachteilen eines voreiligen Rücktritts zu schützen.[353] Soweit die Voraussetzungen der §§ 280, 281 BGB vorliegen, kann er nun trotz eines bereits erklärten Rücktritts noch Schadensersatz statt der Leistung verlangen.[354] Ein Schadensersatzanspruch aus *c.i.c.*, der, sofern er sich nicht auf das Erfüllungsinteresse be-

---

[349] Es wurde bereits darauf hingewiesen, dass im Gewährleistungsfall regelmäßig die Vertragspflicht zur Verschaffung eines mangelfreien Kaufgegenstandes verletzt ist.
[350] Büdenbender, in: AnwKomm-BGB, vor § 433, Rn. 16.
[351] Medicus, Schuldrecht I, Rn. 36.
[352] Unter der früheren Rechtslage war nach allgemeiner Ansicht durch die Rücktrittserklärung aufgrund dessen Gestaltungswirkung die Geltendmachung von Schadensersatzansprüchen ausgeschlossen, vgl. nur BGHZ 88, 46, 48; BGH, NJW 1998, 3268: Heinrichs: in: Palandt, § 325 BGB a.F., Rn. 13; zum Meinungsstand: Otto, in: Staudinger, § 325 BGB, Rn. 97 ff.
[353] Begr. RegE, BT-Drucks. 14/6040, S. 188; ausführlich zum Wechsel zwischen den einzelnen Gläubigerrechten: Derleder, NJW 2003, 998, 1000, der auf weitere Komplikationen bei der Anwendung dieser Vorschrift hinweist. Der Wechsel zwischen Schadensersatz und Rücktritt bzw. Minderung gehört aber nicht zu den spezifischen Problemen des Unternehmenskaufes.
[354] Medicus, in: Haas/Medicus/Rolland/Schäfer/Wendtland, Kapitel 3, Rn. 109; zum Wechsel zwischen den Gläubigerrechten vgl. Derleder, NJW 2003, 998.

zog, bereits unter der alten Rechtslage als vom Bestand des Vertrages unabhängiger Anspruch auch bei einem Rücktritt geltend gemacht werden konnte,[355] stand dabei überhaupt nicht zur Debatte.

Zwar ergeben sich bei einem Vergleich zwischen der Gewährleistungshaftung des Verkäufers und der Haftung seines Beraters gegenüber dem Käufer zweifellos divergierende Verjährungsfristen, die sich jedoch nicht als Folge der BGB-Reform darstellen. Die aufgezeigten Haftungsunterschiede bestanden auch schon unter der alten Rechtslage, als ein Sachwalter über *c.i.c.* in der allgemeinen Verjährungsfrist von 30 Jahren haftete (§ 195 BGB a.f.), während im Kaufrecht nur sechs Monate galten (§ 477 BGB a.F.). Mit der nun erfolgten Annäherung der Fristen verliert dieses Argument eher an Geltungskraft. Wenn die abweichende Verjährung in den vergangenen 100 Jahren tatsächlich eklatante Wertungswidersprüche zwischen der Eigenhaftung des Sachwalters und der Gewährleistungshaftung des Verkäufers hervorgerufen hätte, wäre der Gesetzgeber wohl auch auf eine Egalisierung der Verjährungsfristen eingegangen. Offenbar erschöpft sich ein Vergleich zwischen der Haftung des externen Beraters und der des Verkäufers nicht allein in der unterschiedlichen Ausgestaltung der Verjährungsfristen, vielmehr unterscheiden sich beide Haftungskonzepte schon erheblich in ihrer Ausgangssituation. Schließlich besteht zwischen Verkäufer und Käufer ein explizit geschlossener Schuldvertrag, der ihre vertragliche Beziehung kennzeichnet. Zum Wirtschaftsprüfer oder Steuerberater des Verkäufers hat der Käufer keine ausdrückliche vertragliche Beziehung. Die Konstruktion einer schuldrechtlichen Verbindung über den Kunstgriff des besonderen Vertrauensverhältnisses, dessen Verletzung zu einer vertraglichen Haftung des Dritten führte, bezweckte, dem Käufer auch außerhalb des Deliktsrechts[356] den besonderen Schutz des Vertragsrechts zugute kommen zu lassen.[357] Dazu bedarf es aber einer besonderen Rechtfertigung, wie es im Gesetz durch die Terminologie „kann" in § 311 Abs. 3 BGB zum Ausdruck kommt.[358] Das Verhältnis zum Sachwalter ist daher nicht mit dem zum Vertragspartner zu vergleichen, mit dem eine explizite Sonderverbindung eingegangen wurde. Insofern kann konsequenterweise auch nicht von einer Privilegierung gesprochen werden. Der kürzeren Verjährungsfrist steht die verschärfte Haftung des Verkäufers gegenüber, die sich insbesondere im verschuldensunabhängigen Anspruch auf Nacherfüllung sowie dem Rücktritt und der Minderung manifestiert.[359] Der Sachwalter haftet

---

[355] BGH, NJW 1985, 2697, aus der Literatur vgl. nur Wiedemann, in: Soergel, vor § 275 BGB a.F., Rn. 253.

[356] In der Regel kommt nur ein Anspruch aus § 826 BGB in Betracht: grundlegend BGHZ 88, 67; BGH, NJW-RR 1991, 1241, jeweils m.w.N.

[357] Zur Entwicklung dieser allgemeinen Vertrauenshaftung zwischen Vertrag und Delikt vgl. Emmerich, in: MünchKomm-BGB, vor § 275 BGB a.F., Rn. 160 ff.

[358] Krebs, in AnwKomm-BGB, § 311, Rn. 47.

[359] Wolf/ Kaiser, DB 2002, 411, 419.

hingegen ausschließlich auf Ersatz des Vertrauensschadens und dies nur im Falle seines Verschuldens.

Die gleichen Erwägungen gelten für eine etwaige Privilegierung des Verkäufers gegenüber anderen Schuldnern, wie z.b. einem Dienstverpflichteten. Die kaufrechtliche Haftung kommt dem Verkäufer teilweise entgegen, teilweise belastet sie ihn auch. Sie ist eben auf die Bedürfnisse der Kaufvertragsparteien untereinander zugeschnitten, während sich das Verhältnis der Dienstvertragsparteien anders darstellt. Diesem kann auch durch die allgemeinen Regeln Rechnung getragen werden, ohne dass es eines speziellen „Dienstgewährleistungsrechtes" bedarf. Man sollte daher nicht per se von einer Privilegierung des Verkäufers durch das Kaufgewährleistungsrecht sprechen, sondern das differenzierte Regelungssystem im Ganzen im Auge haben.

Dann ist es auch wenig überzeugend, eine freie Konkurrenz mit der käuferfreundlichen Tendenz des neuen Kaufrechts zu begründen. Zwar ist zutreffend, dass mit der Schuldrechtsreform die Stellung des Käufers verbessert werden sollte,[360] doch folgt hieraus keinesfalls eine zusätzliche Aufwertung seiner Position im Wege einer weiteren vorvertraglichen Informationshaftung. Eher verlangt doch der Verkäufer nach einem Ausgleich für die Verschlechterung seiner Rechtsposition. Man kann nicht auf der einen Seite eine freie Konkurrenz zur *c.i.c.* mit der Vermeidung einer Privilegierung des Verkäufers aufgrund der verkürzten Verjährungsfrist begründen, auf der anderen Seite aber eine gestärkte Stellung des Käufers annehmen, die nicht durch ein Zurückdrängen der *c.i.c.* entwertet werden dürfe. Beide Argumente widersprechen sich. Wenn der Verkäufer schon durch eine Ausweitung der kaufrechtlichen Rechtsbehelfe und insbesondere der Schadensersatzhaftung bereits bei Fahrlässigkeit belastet wird, ist es nur recht und billig, ihm zumindest bei der Verjährungsfrist im Vergleich zu den allgemeinen Regeln entgegenzukommen, wobei sich diese immer noch als wesentlich länger erweist als unter der alten Rechtslage. Das käuferfreundliche Anliegen ist bereits den neuen Regeln immanent und darf nicht zu dem Missverständnis führen, noch weitere Vorzüge für den Käufer zu deduzieren.

Daneben können auch die dogmatischen Erwägungen nicht überzeugen, bedingen vielmehr die konträre Schlussfolgerung. Gerade weil die *c.i.c.*- Haftung die Verletzung einer vorvertraglichen Schutzpflicht sanktioniert und es im Gewährleistungsrecht um Vertragshaftung geht, besteht keine austauschbare oder sogar kumulative Haftung, sondern ein „aliud"- Verhältnis.[361] Mit dem Vertragsschluss schlagen sich die vorvertraglichen Aufklärungspflichtverletzungen direkt im Vertragsinhalt nieder, indem der Käufer nicht das bekommen hat, was er

---

[360] Vgl. hierzu nur die Erwägungsgründe der dem Gesetz zugrunde liegenden Verbrauchsgüterkaufrichtlinie, ABlEG Nr. L 171/ 12 vom 07.07.1999; vgl. auch Westermann, NJW 2002, 241.
[361] Lieb, in: MünchKomm-HGB, Anh. § 25, Rn. 73.

aufgrund des Vertrages erhalten sollte.[362] Der Vertragsschluss stellt insofern eine Zäsur dar! Die Erwartungen des Käufers sind nun durch den Vertrag geschützt, so dass es der Aufrechterhaltung des vorvertraglichen Schuldverhältnisses nicht mehr bedarf.[363] Das vorvertragliche Verhalten kann allenfalls noch als Auslegungshilfe herangezogen werden.[364] Die Korrektur des Vertrages über den vorvertraglichen Schadensersatzanspruch ist damit überflüssig und würde die Unterscheidung zur Haftung aus pflichtwidriger Vertragsrealisierung verwischen.[365] Erstere kommt nur außerhalb der gesetzlichen Spezialregelung zur Anwendung, wenn sich die vorvertragliche Pflichtverletzung gerade nicht im Vertrag realisiert.[366]

Schließlich liefert die Regelung der §§ 437, 438 BGB das entscheidende Argument für das Spezialitätsverhältnis. Diese sehen gerade für den Fall eines Mangels des Kaufgegenstandes enumerativ (§ 437 BGB) aufgeführte abgestufte Rechte vor, die ein differenziertes Verjährungssystem (§ 438 BGB) beinhalten. Alle Rechtsbehelfe des Käufers sind dadurch abschließend erfasst[367] und dürfen nicht durch einen direkten Rückgriff auf die Regeln des allgemeinen Schuldrechts umgangen werden.[368] Letztere sind nur über die (Rechtsgrund-) Verweisung des § 437 BGB anwendbar und dadurch kaufspezifischen Modifikationen und Erweiterungen ausgesetzt.[369] Insbesondere der Vorrang der Nacherfüllung würde durch die parallele Anwendung der vorvertraglichen Haftung unterlaufen.[370] Denn solange die Nacherfüllung noch zulässig und möglich ist (§§ 439, 275 BGB), darf dem Verkäufer sein Recht zur zweiten Andienung nicht genommen werden.[371] Dies wird sogar von *Häublein* anerkannt, indem er auch die vorvertragliche Schadensersatzhaftung unter den Vorbehalt der Nacherfüllung stellt.[372] Dieser Kunstgriff führt die gesamte Argumentation der Befürworter eines Nebeneinanders beider Haftungsregime ad absurdum. Es bedarf keiner dogmatischen Verrenkung, weil ein Nebeneinander im Gesetz eben nicht vorge-

---

[362] Willemsen, AcP 182 (1982), 515, 526; ähnlich Oetker/Maultzsch, § 2, S. 136 f.

[363] Grigoleit/Herresthal, JZ 2003, 118, 126; Wiedemann, in: Soergel, vor § 275 BGB a.F., Rn. 252.

[364] Lieb, in: MünchKomm-HGB, Anh. § 25, Rn. 75.

[365] Dies stellte zur alten Rechtslage bereits Lieb, in: MünchKomm-HGB, Anh. § 25, Rn. 60 ff. fest; zur neuen Rechtslage: Gaul, ZHR 2002, 35, 42; Medicus, Schuldrecht II, Rn. 109.

[366] Wiedemann, in: Soergel, vor § 275 BGB a.F., Rn. 249.

[367] Büdenbender, in: AnwKomm-BGB, § 437, Rn. 1 und 14.

[368] Wolf/Kaiser, DB 2002, 411, 419.

[369] Grigoleit/Herresthal, JZ 2003, 118, 120; Haas, in: Haas/Medicus/Rolland/Schäfer/Wendtland, Kapitel 5, Rn. 262; Oetker/Maultzsch, § 2, S. 73.

[370] Da es sich bei der Frage nach der Spezialität des Kaufrechts um ein grundsätzliches Problem handelt, kann an dieser Stelle noch außer Betracht bleiben, inwieweit beim Unternehmenskauf eine Nacherfüllung möglich und sinnvoll ist.

[371] Derleder, NJW 2004, 969, 974.

[372] Häublein, NJW 2003, 388, 393.

sehen ist! Auch ohne die Regelung des § 463 Satz 2 BGB a.f. stellen die §§ 433 ff. BGB eine abschließende Sonderregelung dar, die der Haftung des Verkäufers Grenzen zieht.[373] Welchen Sinn macht ein spezielles Kaufgewährleistungsrecht, wenn ein Verkäufer ohnehin wegen vorvertraglicher Informationshaftung aus den allgemeinen Regeln haftet? Folglich muss an der grundsätzlichen Sperrwirkung des Kaufrechts gegenüber § 311 Abs. 2 BGB festgehalten werden. Auf die allgemeine Verschuldenshaftung bei einer Verletzung der vorvertraglichen Pflichten ist nur ausnahmsweise zurückzugreifen, wenn sich das Gesetz einer besonderen Regelung enthält.

Daher ist, soweit sich die falsche Information, sei es durch Tun oder Unterlassen des Verkäufers, auf einen Umstand bezieht, der zugleich die kaufrechtliche Gewährleistungshaftung eingreifen lässt, nach Gefahrübergang[374] für eine Haftung aus c.i.c. bzw. §§ 311 Abs. 2, 241 Abs. 2, 280 Abs. 1 BGB kein Raum.[375] Gleiches muss aufgrund der Gleichstellung von Sach- und Rechtsmängeln entgegen der bisherigen Rechtsprechung[376] nun auch für Rechtsmängel gelten.[377] Eine Ausnahme von diesem Grundsatz mag allenfalls dann geboten sein, wenn der Verkäufer nicht den Schutz des Kaufrechts verdient, wie etwa bei einem arglistig handelnden Verkäufer.[378] Damit ergibt sich die Lösung der haftungsrechtlichen Verortung des Unternehmenskaufes also primär durch die Konkretisierung des speziellen kaufrechtlichen Gewährleistungstatbestandes. Sein Anwendungsbereich begrenzt zugleich die Reichweite der vorvertraglichen Haftung.

---

[373] U. Huber, in: Soergel, vor § 459 BGB a.F., Rn. 213.

[374] Vor Gefahrübergang kann es zu keinem Konkurrenzverhältnis kommen, da sich der Mangel des Kaufgegenstandes nach dem klaren Wortlaut der Vorschrift im Zeitpunkt des Gefahrüberganges bestimmt. Daher sind bis zum Gefahrübergang die §§ 280 ff., 320 ff. BGB direkt, ohne die Verweisung des § 437 BGB, anzuwenden.

[375] Genauso Gaul, ZHR 166 (2002), 35, 43; Gruber, MDR 2002, 433, 435 ff; Triebel/Hölzle, BB 2002, 521, 532f.; Weiler, ZGS 2002, 249; Wolf/Kaiser, DB 2002, 411, 414 ff.; Wunderlich, WM 2002, 981, 984 ff.; Grüneberg, in Palandt, § 311 BGB, Rn. 14; Büdenbender, in: AnwKomm-BGB, § 437, Rn. 1; P. Huber, in: Huber/Faust, 14. Kap., Rn. 26; U. Huber, AcP 202 (2002),179, 228f.; Grunewald, Festschrift für Huber, 291, 292; Jagersberger, S. 412 ff.

[376] BGH, NJW 2001, 2875.

[377] Brors, WM 2002, 1780, 1782; Grüneberg, in: Palandt, § 311 BGB, Rn. 14. Genauso ist aufgrund der umfassenden Regelung des Sach- und Rechtsmangels bei einem Irrtum über einen Rechtsmangel eine Anfechtung nach § 119 Abs. 2 BGB ausgeschlossen, vgl. Brors, WM 2002, 1780, 1781 m.w.N.

[378] Bei einem arglistig handelnden Verkäufer standen unter der alten Rechtslage Ansprüche aus c.i.c. neben Gewährleistungsansprüchen, vgl. BGH, NJW 1995, 2159, 2160; BGH, NJW-RR 1998, 1132, 1133; BGH, NJW 1999, 1404, 1405; ob diese Konkurrenz auch unter neuen Rechtslage besteht, ist noch nicht geklärt; dafür unter Hinweis auf die fehlende Schutzwürdigkeit des Verkäufers: Häublein, NJW 2003, 388, 392f.; Reinicke/Tiedtke, Rn. 861; P. Huber, in: Huber/Faust, 14. Kap., Rn. 29; Kulke, ZGS 2006, 412, 415; ablehnend insoweit Grüneberg, in: Palandt, § 311, Rn. 15; Schulze/Ebers, JuS 2004, 462, 463; Grüneberg, in: Bamberger/Roth, § 311 BGB, Rn. 79; Weiler, ZGS 2002, 249, 252

B. Die Anwendbarkeit der §§ 433 ff. BGB auf den Unternehmenskauf

Lex specialis derogat legi generali! Daher ist im Folgenden zu untersuchen, wann der speziellere kaufrechtliche Gewährleistungstatbestand eingreift und inwieweit die damit verbundenen Rechtsfolgen auch den spezifischen Besonderheiten des Unternehmenskaufes gerecht werden.

I. Die Regelung des § 453 Abs. 1 BGB als Ausgangspunkt

Wenn man sich unbefangen an die neuen kaufrechtlichen Vorschriften heranwagt, stellt man fest, dass § 433 BGB lediglich vom Kauf einer Sache spricht und somit für den Unternehmenskauf nichts hergibt. Der Schlüssel liegt vielmehr in der *„kryptischen"*[379] Vorschrift des § 453 Abs. 1 BGB: „Die Vorschriften über den Kauf von Sachen finden auf den Kauf von Rechten und sonstigen Gegenständen entsprechende Anwendung." In diesem simplen Satz steckt ein Großteil der Brisanz, die dem Thema Mängelgewährleistung beim Unternehmenskauf zuteil kommt. Im Folgenden soll daher die Bedeutung des § 453 Abs.1 BGB als Einfallstor für die Anwendung des Kaufrechts auf den Unternehmenskauf ieS untersucht werden. Dabei geht das Meinungsspektrum, welche Konsequenz aus dem Wortlaut dieser Norm zu ziehen sei, weit auseinander. Auf der einen Seite wird aus ihr für den Unternehmenskauf das Postulat der ausschließlichen Anwendung des Kaufrechts entnommen,[380] so dass für eine Haftung aus §§ 311 Abs. 2, 241 Abs. 2, 280 Abs. 1 BGB kein Raum mehr verbleibt.

Andererseits wird versucht, trotz § 453 Abs. 1 BGB für den Unternehmenskauf eine völlige Abkehr vom Kaufrecht zu begründen und alleine auf die vorvertragliche Haftung zurückzugreifen.[381] § 453 Abs. 1 betreffe nur die Rechtsfolgen und solle klarstellen, dass der Käufer eines Rechtes dieselben Gewährleistungsrechte habe wie der Sachkäufer, wobei für den Rechtskauf allein Rechtsmängel denkbar seien.[382] Die einzige Ausnahme sei in § 453 Abs. 3 BGB zu finden, wenn nämlich das Recht zum Besitz einer Sache berechtigt, so dass auch hinsichtlich der Sache das Gewährleistungsrecht eingreift.[383]

---

[379] Eidenmüller, ZGS 2002, 290.
[380] Gronstedt/Jörgens, ZIP 2002, 52, 53.
[381] U. Huber, AcP 202 (2002), 179, 226; Weitnauer, NJW 2002, 2511, 2514; Kindl, WM 2003, 409, 415.
[382] Büdenbender, in: AnwKomm-BGB, § 453, Rn. 6.
[383] U. Huber, AcP 202 (2002), 179, 230f.; Schellhammer, MDR 2002, 485, 488.

Richtigerweise wird vor einer nur vordergründigen Betrachtung gewarnt,[384] da die Anwendung des § 453 Abs. 1 BGB allein das Konkurrenzproblem zwischen *c.i.c.* und Kaufrecht nicht zu lösen vermag.

II. Das grundlegende Analogieproblem

In der Tat ist eine differenzierte Untersuchung erforderlich: Die Vorschrift des § 453 Abs. 1 BGB ist die Folge der neuen Regelungssystematik des Gesetzes. Während in der Grundnorm der §§ 433 ff. BGB a.f. ausdrücklich auch der Rechtskauf erwähnt wurde, hat man sich in der Neufassung der §§ 433 ff. BGB aus Gründen der Klarheit und Übersichtlichkeit zunächst auf die Regelung des Sachkaufs beschränkt.[385] Dadurch ist das Gesetz hinsichtlich anderer Kaufobjekte bewusst lückenhaft, was der Gesetzgeber mit § 453 Abs. 1 BGB explizit anerkennt. Damit stellt das Gesetz gleichzeitig eine Lösung zur Verfügung, um diese Lücke zu schließen, nämlich durch den Verweis auf die entsprechende Anwendung der Vorschriften über den Sachkauf, die ausweislich der Gesetzesmaterialien auch für den Unternehmenskauf gelten sollen.[386]

Diese Regelungstechnik ist dem BGB nicht unbekannt. Auch in der historischen Fassung von 1900 findet sich an verschiedenen Stellen eine bewusste lückenhafte Regelung, die durch die Anordnung der entsprechenden Anwendung anderer Normen behoben wird, so insbesondere für den Tausch in § 480 BGB (=§ 515 BGB a.F.) bzw. für die Grundschuld in § 1192 BGB. (vgl. auch §§ 445, 493, 515 BGB a.F.). Zur näheren Untersuchung lohnt daher ein Blick auf diese Vorschriften. Diese stellen Voraussetzungen auf, aufgrund derer eine Vergleichbarkeit zu den in Bezug genommenen Vorschriften gegeben ist. So erkennt man an § 493 a.F.: Die Ähnlichkeit, die die Anwendung der §§ 459 ff. BGB a.F. hervorrief, ist gegeben, wenn eine Sache veräußert oder belastet wird und dies gegen ein Entgelt erfolgt.[387] Für den Unternehmenskauf folgt daraus, dass eine Ähnlichkeit zum Sachkauf bereits dann besteht, wenn es sich um einen Gegenstand handelt, und dieser entgeltlich veräußert wird. Da ein Unternehmen weder Sache noch, zumindest beim *asset deal*, Recht ist, muss es sich demnach als Gegenstand erfassen lassen. Ein lapidarer Begriff wie Gegenstand, stellvertretend für ein komplexes wirtschaftliches Gebilde wie ein Unternehmen vermag begrifflich nicht vollumfänglich überzeugen, dennoch ergibt sich ausweislich der Regie-

---

[384] Zu Recht: Triebel/Hölzle, BB 2002, 521, 523; ähnlich Büdenbender, in: Dauner-Lieb/Büdenbender, S. 5, 23, der § 453 Abs, 1 BGB aber eine Indizwirkung für die Anwendung des Kaufrechts beimisst.

[385] RegBegr.; BT-Drucks. 14/6040, S. 568.

[386] RegBegr.; BT-Drucks. 14/6040, S. 242; anders aber U. Huber, AcP 202 (2002), 179, 210f., der es allein der Rechtsprechung überträgt, diese Lücke für den Unternehmenskauf aufzufüllen.

[387] Grunewald, in: Erman, § 493 BGB a.F., Rn. 1.

78

rungsbegründung ein derart weites Verständnis eines Gegenstandes,[388] durch den alle handelbaren Wirtschaftsgüter und explizit auch ein Unternehmen erfasst werden soll. Der Begriff Gegenstand wurde keineswegs erst mit der Schuldrechtsreform in das BGB eingeführt, sondern war auch bisher schon in vielen Vorschriften vorzufinden (vgl. nur §§ 90, 135 Abs. 1, 161 Abs. 1, 285, 256, 260 Abs. 1, 273 Abs. 2, 292 Abs. 1, 581 Abs. 1, 747 S.2, 816 Abs. 1, 2040 Abs. 1 BGB), allerdings nicht genauer konkretisiert. Nach allgemeiner Meinung setzt das Gesetz einen weiten Gegenstandsbegriff voraus, der Vermögensbestandteile aller Art erfasst.[389] Damit konnte bereits unter der alten Rechtslage das Unternehmen als Gegenstand verstanden werden.

Des Weiteren erfolgt der Erwerbsvorgang auch entgeltlich. Daher sind Unternehmen und Sache schon aufgrund der gesetzlichen Anordnung des § 453 Abs. 1 BGB vergleichbar, so dass auch der Kauf eines Unternehmens als einheitliche Gesamtheit grundsätzlich dem neuen Kaufrecht zu unterstellen ist.[390] Diese Regelungstechnik der Gleichschaltung von Sachkauf und Kauf von Rechten und anderen Gegenständen wirkt auf den ersten Blick geradezu elegant.[391] Zum einen ist damit festgestellt, dass ein Unternehmen als ganzes Gegenstand eines Kaufvertrages im Sinne des BGB ist und sich die primären Erfüllungsansprüche aus den §§ 433 ff. BGB ergeben.[392] Allerdings entfaltet die Regelung des § 453 Abs.1 BGB nur auf der obligatorischen Ebene Wirkung. Aufgrund des Abstraktionsprinzips tangiert die schuldrechtliche Einordnung nicht die Vertragserfüllung, so dass alle Vermögensgegenstände unter Beachtung des sachenrechtlichen Bestimmtheitsgrundsatzes weiterhin einzeln auf den Erwerber zu übertragen sind (Singularsukzession).[393]

Zum anderen muss mit der Inkorporation des Unternehmenskaufvertrages in das BGB-Kaufrecht auch die grundsätzliche Anwendung des kaufrechtlichen Gewährleistungsrechtes indiziert sein, da sich aus § 433 Abs. 1 Satz 2 BGB die Pflicht zur sach- und rechtsmängelfreien Übertragung ergibt. Doch folgt hieraus zwingend, dass immer dann, wenn der Gegenstand nicht den Erwartungen des Käufers gerecht wird, ausschließlich Kaufgewährleistungsrecht anwendbar ist und für die vorvertragliche Haftung kein Raum mehr besteht? Die Existenz der

---

[388] Begr. RegE, BT-Drucks. 14/6040, S. 569.
[389] Heinrichs, in: Palandt, vor § 90 BGB, Rn. 2; Michalski, in: Erman, vor § 90 BGB, Rn. 2; vgl. auch Creifelds, Rechtswörterbuch „Gegenstand".
[390] Wolf/Kaiser, DB 2002, 411 unter Bezug auf die Begr. zum RegE, BT-Drucks. 14/6040, S. 242; genauso Wunderlich, WM 2002, 983, 984.
[391] Eidenmüller, ZGS 2002, 290; Schellhammer, MDR 2002, 485, 487.
[392] So bereits Hommelhoff, S. 19; zur neuen Rechtslage ausdrücklich Gaul, ZHR 166 (2002), 35, 42 unter Bezug auf Begr. RegE, BT-Drucks. 14/6040, S. 208.
[393] Wolf/ Kaiser, DB 2002, 411; zu den Problemen bei der Erfüllung des Unternehmenskaufvertrages schon oben im 2. Kapitel unter B II 1.), Seite 15; zum Bestimmtheitserfordernis neuerdings auch Stiller, BB 2002, 2619, 2622f.

Pflicht zur mangelfreien Leistung darf nicht mit der Qualifizierung als Mangel des Unternehmens vermengt werden Nicht jede enttäuschte Käufererwartung führt zu einem Mangel des Kaufgegenstandes. Die Konsequenzen der Regelungssystematik, die sich für den Gegenstands- bzw. Unternehmenskauf aus dem Verweis auf das Kaufrecht ergeben und von den am Gesetzgebungsverfahren Beteiligten wohl nicht in allen Einzelheiten durchdacht wurden,[394] müssen nun genauer durchleuchtet werden:[395]

Es mutet schon merkwürdig an, dass mit einem Federstrich des Gesetzgebers ein viele Jahrzehnte währender Streit, ob nun das kaufrechtliche Gewährleistungsrecht oder die *c.i.c.* für Leistungsstörungen beim Unternehmenskauf die geeignete Haftungsgrundlage ist, entschieden sein soll. Die Gesetzesverfasser intendierten eine solche Entscheidung offensichtlich nicht. Mit § 453 Abs. 1 BGB werden die methodischen Voraussetzungen einer entsprechenden Anwendung aller Vorschriften über den Sachkauf auf den Kauf von sonstigen Gegenständen geöffnet. Hierzu liest man in der Regierungsbegründung: „Damit folgt die Vorschrift der Rechtsprechung, die schon heute die Vorschriften des Kaufvertragsrechts...auf die entgeltliche Übertragung von Unternehmen...anwendet."[396] Es soll somit nur festgeschrieben werden, was auch bisher Stand der Rechtsprechung war. Der BGH hatte sich, wie eingangs dargestellt, für die analoge Anwendung der §§ 459 ff. BGB a.F. auf den Unternehmenskauf ausgesprochen, aber keine Folgerungen daraus gezogen, wie weit die Gemeinsamkeiten überhaupt gehen, obwohl man durchaus erkannte, dass diese auf den Unternehmenskauf nicht ohne weiteres passten. Statt sich dem Problem über die Vergleichbarkeit zwischen Sache und Unternehmen zu nähern, wurde es in den Tatbestand der §§ 459 ff. BGB a.F. verschoben, indem das Unternehmen zwar im ganzen mit einer Sache gleichgestellt, die Anwendung des Kaufrechts aber über ein enges Tatbestandsverständnis umgangen wurde. Dadurch hat man die Prämisse der grundsätzlichen Anwendbarkeit der §§ 459 ff. BGB a.F. eher in ihr Gegenteil verkehrt. Das eigentliche Analogieproblem trat so leider in den Hintergrund.[397] Die entscheidende Frage, die aber zur alten Rechtslage nur von wenigen Autoren angesprochen wurde,[398] muss nämlich lauten, wie weit die Ähnlichkeit zwi-

---

[394] Ähnlich Fischer, DStR 2004, 276.

[395] Zwar hatte bereits der Bundesrat, BT-Drucks. 14/ 6857, in seiner Stellungnahme zum RegE auf die Schwierigkeiten der pauschalen Verweisung des § 453 Abs. 1 BGB, insbesondere im Fall des Rechtskaufs hingewiesen und weiteren Regelungsbedarf gesehen (S. 29), dem der Rechtsausschuss des Bundestages in seiner Stellungnahme aber widersprach, BT-Drucks. 14/7052, S. 198.

[396] Begr. RegE, BT-Drucks. 14/6040, S. 242.

[397] Hüffer, in: Staub: GrossKomm-HGB, vor § 22, Rn. 41, wies unter Hinweis auf die ersten Entscheidungen des RG zurecht darauf hin, dass im Ausgangspunkt ein Analogieproblem besteht.

[398] Hüffer, in: Staub: GrossKomm-HGB, vor § 22, Rn. 49; Zimmer, NJW 1997, 2345, 2349.

schen Sache und Unternehmen geht, um die entsprechende Anwendung zu rechtfertigen, und bei welchen Sachverhalten die Unterschiede so groß sind, dass eine Analogie nicht mehr tragbar ist. Bei einem komplexen Vertragsge-genstand wie einem Unternehmen mag es Situationen geben, in denen die An-wendung des Kaufrechts naheliegend und interessengerecht ist, es kann aber auch Situationen geben, wo dies zu realitätsfernen Lösungen führt und somit eine Analogie zu versagen ist.[399] Eine Analogie kann eben nur so weit reichen, wie die Vergleichbarkeit zwischen geregeltem und ungeregeltem Fall.[400]

Indem in den Gesetzesmaterialien nun auf die Worte des BGH Bezug genom-men wird, machen es sich die am Gesetzgebungsverfahren Beteiligten einfach. Mit § 453 Abs. 1 BGB ist die grundlegende Ähnlichkeit zwischen Sachen und anderen Kaufgegenständen wie Rechten und Unternehmen hinsichtlich ihrer rechtlichen Behandlung festgeschrieben. Der Anwendungsbefehl des Gesetzes ist für die Rechtsanwender verbindlich. Diese Normen sollen immer dann pas-sen, wenn die Leistung des Veräußerers nicht vertragsgemäß ist.[401] Hieran mag sich Kritik entzünden, doch ist das Ergebnis angesichts des klaren Gesetzeswort-lauts zu respektieren. Daher geht es fehl, an dieser Stelle weiter über die Unter-schiede zwischen Sache und Unternehmen zu diskutieren. Für die praktische Anwendung des Gesetzestextes sind solche Überlegungen nicht fruchtbar. Mit § 453 BGB und den dazugehörigen Gesetzesmaterialien ist das „ob" der ent-sprechenden Anwendung des Kaufrechts auf den Unternehmenskauf gesetzlich normiert.[402] Soweit sich Stimmen in der Literatur wegen mangelnder Vergleich-barkeit gegen die generelle Anwendung des kaufrechtlichen Gewährleistungs-rechts beim Unternehmenskauf ausgesprochen hatten,[403] ist diesen damit durch den neuen Wortlaut des Gesetzes die dogmatische Grundlage entzogen.[404] § 453 Abs. 1 BGB betrifft sowohl die Einordnung als Vertragstyp als auch das Ge-währleistungsregime. Die weitere Ausgestaltung der entsprechenden Anwen-dung ist dann allerdings dem Rechtsanwender überlassen, dem eine flexible Anwendung im Einzelfall ermöglicht wird.[405] Die Folgen, die sich aus den verbleibenden Unterschieden ergeben, sind erst bei der konkreten Anwendung,

---

[399] So differenzierend und gegen eine pauschale Gleichsetzung explizit Zimmer, NJW 1997, 2345, 2349f.
[400] Larenz, S. 381.
[401] Wunderlich, WM 2002, 983, 984; Haas, in: Haas/Medicus/Rolland/Schäfer/Wendtland, Kapitel 5, Rn. 545.
[402] Knott, NZG 2002, 249, 250; Lieb, in: MünchKomm-HGB, Anh. § 25, Rn. 61.
[403] Grundlegend Baur, BB 1979, 381, 386 und Canaris, ZGR 1982, 395, 397 ff.
[404] Dies betont ausdrücklich Wunderlich, WM 2002, 981, 984 f.
[405] Haas, in: Haas/Medicus/Rolland/Schäfer/Wendtland, Kapitel 5, Rn. 525.

dem „wie", zu berücksichtigen. Auch viele Stimmen in der bisherigen Literatur sind auf diesen Unterschied nicht hinreichend eingegangen.[406] Dadurch ist die Versuchung groß, wenn man schon um die grundsätzliche Anwendung des Kaufrechts nicht herumkommt, dieses durch ein restriktives Tatbestandsverständnis wieder zu umgehen. Doch ist stets die gesetzgeberische Grundentscheidung, die von einer hinreichenden Vergleichbarkeit zwischen Sachkauf und Unternehmenskauf ausgeht, um so bei Leistungsstörungen im verstärkten Maße auf das Kaufrecht zu rekurrieren, zu berücksichtigen. Diese darf nicht dadurch konterkariert werden, dass man den Tatbestand des kaufrechtlichen Gewährleistungsrechts so eng auslegt, dass dieses zugunsten der allgemeinen Regeln zurückgedrängt wird. Einem solchem Vorgehen müsste die Feststellung vorgeschaltet sein, dass sich ein Unternehmen durch derartige Besonderheiten auszeichnet, die sich von der Beschaffenheit einer Sache so weit unterscheiden, dass darüber auch mit der entsprechenden Anwendung nicht hinwegzukommen ist.[407]

Somit kann man § 453 Abs.1 BGB einen ambivalenten Regelungsgehalt entnehmen: Auf der einen Seite wird eine grundlegende Entscheidung für und damit eine stärkere Bindung an das Kaufrecht getroffen, auf der anderen Seite gleichzeitig Freiraum geschaffen für vielfältige Interpretationsmöglichkeiten der entsprechenden Anwendung. Eine Richtungsentscheidung für das Kaufrecht ist mit der Norm nicht verbunden.

III. Die Ausgestaltung der entsprechenden Anwendung

Von der Frage, ob das BGB- Kaufrecht auf den Unternehmenskauf grundsätzlich Anwendung finden soll, ist die Frage, wie die Vorschriften der §§ 433 ff. BGB tatsächlich entsprechend anzuwenden sind, zu unterscheiden. Es geht im Folgenden nicht mehr um das grundsätzliche „ob" der Anwendung der §§ 433 ff. BGB, sondern lediglich um das „wie".

Dabei darf man aber nicht so weit gehen, dass man im Gesetzestext anstelle „Sache" einfach „Recht" oder „Unternehmen" denkt. Wenn im Gesetzestext unter bestimmten Voraussetzungen die entsprechende Anwendung anderer Vorschriften angeordnet wird, wird hierdurch keinesfalls eine schlichte Rechtsfolgenverweisung ausgedrückt.[408] Sachkauf und Unternehmenskauf sollen gerade

---

[406] Triebel/Hölzle, BB 2002, 521, 531, weisen immerhin darauf hin, dass offen bleibt, wann die Vorschriften „passen".

[407] Lieb, in: MünchKomm-HGB, Anh. § 25, Rn. 71.

[408] So zur ähnlichen Vorschrift des § 445 BGB a.F.: Köhler, in: Staudinger, § 445 BGB a.F., Rn. 12.

nicht immer die gleiche rechtliche Behandlung erfahren. Dann hätte man sich den Hinweis auf die *entsprechende* Anwendung sparen können. Es würde auch zu sinnwidrigen Ergebnissen führen, wird in § 447 Abs.1 BGB anstatt „Sache" „Gegenstand" oder „Unternehmen" gesetzt. Nur die Sache als beweglicher Gegenstand ist einer Versendung fähig. Daher kann eine Vorschrift wie § 447 BGB sowohl auf den Kauf von sonstigen Gegenständen als auch auf den Rechtskauf überhaupt keine, auch keine „entsprechende" Anwendung finden. Auch kann § 453 Abs. 1 i.V.m. § 433 Abs. 1 BGB nicht derart verstanden werden, dass ein Recht zu übergeben oder zu übereignen ist. Ein Recht kann nicht übergeben, sondern lediglich begründet oder übertragen werden. Die entsprechende Anwendung ist vielmehr dahingehend zu verstehen, dass es in der technisch möglichen Art verschafft wird.[409] Das Unternehmen kann ebenfalls nicht im Ganzen übertragen werden, sondern jeder einzelne Gegenstand ist nach seinen eigenen gesetzlichen Regeln zu übertragen.

In der Methodenlehre bedeutet eine entsprechende Anwendung, dass „die einzelnen Elemente des durch die Verweisung geregelten und desjenigen Tatbestandes, auf dessen Rechtsfolgen verwiesen wird...miteinander so in Beziehung zu setzen sind, dass den jeweils nach ihrer Funktion, ihrer Stellung im Sinnzusammenhang des Tatbestandes gleich zu erachtenden Elementen die gleiche Rechtsfolge zugeordnet wird".[410]

Für den hier zu betrachtenden Fall bedeutet dies, dass Tatbestand und Rechtsfolgen zunächst so zu lesen sind, als handele es sich um einen Sachkauf. Diese sind dann auf den Unternehmenskauf zu übersetzen, indem man sich fragt, welche Änderung sich aus der Tatsache ergibt, dass statt einer Sache ein Unternehmen verkauft wird.

Somit dürfen nicht alle Vorschriften unhinterfragt auf den Unternehmenskauf übertragen werden. Der Zweck der gewählten Regelungstechnik besteht vielmehr darin, durch eine nur „entsprechende" Anwendung den Besonderheiten des im Gesetz nicht ausdrücklich geregelten Falles Rechnung zu tragen. Die entsprechende Anwendung der in Bezug genommenen Vorschriften darf nur insoweit erfolgen, wie sie nach Inhalt und Rechtsfolge mit der Eigenart des betreffenden Geschäftes, vorliegend also dem Kauf eines Unternehmens, vereinbar ist, ggf. sind Anpassungen erforderlich.[411] Bei einer nicht vergleichbaren Interessenlage kommt eine entsprechende Anwendung nicht in Betracht und der Analogieschluss ist in nicht zulässig.[412]

---

[409] Schellhammer, MDR 2002, 485, 488.
[410] Larenz, S. 250.
[411] So zu § 445 BGB a.F. Köhler, in: Staudinger, § 445 BGB a.F., Rn. 12 und zu § 493 a.F. Putzo, in: Palandt, § 493 a.F., Rn. 3.
[412] Wunderlich, WM 2002, 981, 984.

Durch eine solche allgemeine Regelung entzieht sich der Gesetzgeber einer Einzelregelung und delegiert die nähere Ausgestaltung auf den jeweiligen Rechtsanwender. Dadurch wird er seiner Aufgabe, die rechtlichen Rahmenbedingungen zu setzen, zwar nur bedingt gerecht. Andererseits kann der Versuch, durch das Gesetz Klarheit zu schaffen, auch leicht zu Missverständnissen führen, wie sich an der Diskussion zur ursprünglichen Fassung des § 444 BGB gezeigt hat.[413]

Der Gesetzgeber hat es sich, was den Unternehmenskauf betrifft somit einfach gemacht, indem er dem Rechtsanwender einen breiten Ausgestaltungsspielraum eröffnet. Inwieweit die einzelnen Vorschriften unter Berücksichtigung der Vergleichbarkeit zwischen Sache und Unternehmen anwendbar sind, wurde durch den pauschalen Verweis auf die „entsprechende Anwendung" offen gelassen, was den Freiraum schafft, den Besonderheiten des jeweiligen Kaufgegenstandes Rechnung zu tragen und die Vorschriften mit den Modifizierungen anzuwenden, die ihrer Sachgesetzlichkeit entsprechen.[414] Die Übertragung der Vorschriften hat jeweils kaufgegenstandsspezifisch[415] zu erfolgen unter der Fragestellung, welche Besonderheiten sich daraus ergeben, dass es sich gerade nicht um eine Sache handelt. Unsachgemäße Gleichsetzungen sind zu vermeiden.[416] Der Schlüssel für die Reichweite der kaufrechtlichen Vorschriften ist daher erst bei der Ausfüllung des Tatbestandes zu finden.[417] Dort besteht ein neues Subsumtionsproblem.[418]

Wenn beim Sachkauf die Pflicht zur mangelfreien Leistung verletzt wird, soweit die Sache einen Sachmangel (§ 434 BGB) oder Rechtsmangel (§ 435 BGB) hat, folgt aus § 453 Abs. 1 BGB i.V.m. § 433 Abs. 1 Satz 2 BGB für den Kauf eines Unternehmens, dass der Käufer dieses mangelfrei zu übertragen hat. Der Verkäufer begeht eine Pflichtverletzung, wenn das Unternehmen, denn dieses ist in seiner Gesamtheit ja Kaufgegenstand, einen Rechtsmangel (§ 435 BGB) oder einen Sachmangel (§ 434 BGB), besser gesagt Gegenstandsmangel oder sogar Unternehmensmangel, hat. Die Abgrenzung zwischen Unternehmens-Sachmangel und -Rechtsmangel kann im Einzelfall schwierig sein, ist aber im Ergebnis aufgrund der identischen Rechtsfolgen (§ 433 Abs. 1 Satz 2 BGB) ohnehin obsolet, wenn jedenfalls eine der beiden Mangelkategorien vorliegt. Daher wird der Fokus im Weiteren auf der Konkretisierung des Unternehmensmangels liegen.

---

[413] Vgl. dazu im 3. Kapitel unter B II.), Seite 57.

[414] Haas, in: Haas/Medicus/Rolland/Schäfer/Wendtland, Kapitel 5, Rn. 545.

[415] Eidenmüller, ZGS 2002, 290.

[416] Larenz, S. 251.

[417] Dies kritisierte an der BGH- Rechtsprechung zur alten Rechtslage Zimmer, NJW 1997, 2345, 2349.

[418] So bereits Hüffer, in: Staub: GrossKomm-HGB, vor § 22, Rn. 49,

IV. Zwischenbilanz

Das Gesetz schreibt nunmehr mit § 453 Abs. 1 BGB die Ansicht der bisherigen Rechtsprechung fest, beim Unternehmenskauf den Interessenausgleich zwischen Käufer und Verkäufer primär durch die analoge Anwendung des kaufrechtlichen Gewährleistungsrechtes aufzulösen. Dies begegnet methodisch keinen Bedenken und ist auch sachgerecht. Bei jeder Kritik an den einzelnen Regelungen des Kaufrechts muss immer auch die Alternative betrachtet werden: Eine Abkehr vom Kaufrecht beim Unternehmenskauf würde bedeuten, das diesem am nächsten liegende Schuldverhältnis zu ignorieren. Es wird nicht ernsthaft bezweifelt, dass es sich bei einem Unternehmenskaufvertrag um einen Kaufvertrag im Sinne des § 433 BGB handelt mit der daraus resultierenden Pflicht zu einer mangelfreien Leistung. Wird diese Pflicht nicht erfüllt, ist auch hier zuerst die rechtliche Lösung zu suchen. Die Intention der Schuldrechtsreform lag ja auch gerade darin, die Rechtslage zu vereinfachen.

So wenig man die kaufrechtliche Haftung als völlig ungeeignet für den Unternehmenskauf verwerfen darf, so wenig kann aus § 453 Abs. 1 BGB die generelle Weichenstellung für das Kaufrecht entnommen werden. Die mit der Neufassung des Schuldrechts entfachte Diskussion greift zu kurz, wenn die Frage darauf reduziert wird, „ob" die gesetzlichen Vorschriften zur Haftung bei Vertragsverhandlungen (§§ 311, 280 ff. BGB) oder aber die kaufrechtlichen Mängelgewährleistungsvorschriften zur Anwendung kommen sollen, wenn ein verkauftes Unternehmen nicht der bei den Verhandlungen gegebenen Darstellung des Verkäufers entspricht. Beide Regelungsbereiche haben ihren eigenständigen Anwendungsbereich. Für die Vorschriften der §§ 433 ff. BGB ergibt sich dies schon der in § 453 Abs. 1 BGB enthaltenen Verweisung. Damit steht außer Frage, dass beim Kauf von „sonstigen Gegenständen" wie Unternehmen, Mängelgewährleistungsrecht eingreifen kann. Gleichzeitig kann aber auch nicht in Frage gestellt werden, dass es Fälle gibt, in denen allein die in § 311 Abs. 2 BGB kodifizierten Grundsätze über die Haftung aus *culpa in contrahendo* eingreifen können: Die §§ 434 ff. BGB können in den durch die Verweisung des § 453 Abs. 1 BGB einbezogenen Fällen nicht weiter reichen als in ihrem originären Anwendungsbereich, nämlich beim Verkauf einer Sache.[419] Hier aber ergibt sich eindeutig aus dem Gesetzestext, dass eine Haftung für Angaben, die sich auf andere Umstände als die Beschaffenheit der Sache bei Gefahrübergang oder beeinträchtigende Rechte Dritter iSd § 435 BGB beziehen, nicht aus dem Mängelgewährleistungsrecht hergeleitet werden kann. § 453 Abs. 1 BGB ordnet ja nicht die generelle Anwendung des Gewährleistungsrechts auf den Unternehmenskauf an, sondern stellt diese über die entsprechende Anwendung der §§

---

[419] Haas, in: Haas/Medicus/Rolland/Schäfer/Wendtland, Kapitel 5, Rn. 546, formuliert umgekehrt: Die Anwendung der allgemeinen Vorschriften kann nicht weitergehend zugelassen werden als im unmittelbaren Geltungsbereich des Sachkaufes.

434, 435 BGB unter den Vorbehalt des Mangels. Eine solche Erkenntnis ist nicht gerade überraschend, wie sich in folgender Exemplifizierung manifestiert: Man denke sich den klassischen Gebrauchtwagenkauf zwischen Händler und Verbraucher ohne Ausschluss der Mängelrechte: Sind die Bremsen defekt, kann kein Zweifel an einem Sachmangel bestehen. Es ist aber auch denkbar, dass der Verkäufer als Voreigentümer eine bestimmte Person X angegeben hat, tatsächlich der Wagen aber mal im Eigentum von Y stand. Es gehört sicherlich nicht zur gegenwärtigen Beschaffenheit des Autos, dass es sich früher einmal im Eigentum einer bestimmten Person befand. Folglich liegt kein Sachmangel des Autos vor und der Weg zur vorvertraglichen Informationshaftung ist eröffnet. Da aber nicht jede falsche Information vor Vertragsschluss notwendigerweise einen Anspruch aus *c.i.c.* begründen soll, ist die Voraussetzung eines Schadens ein notwendiges Korrektiv. Nur wenn der Käufer für den Wagen einen höheren Preis bezahlt hat, weil dieser gerade aus der Hand von X kam, liegt auch ein Schaden vor.

Die Abgrenzung der Regelungsbereiche der §§ 434 ff. BGB einerseits und der §§ 311 Abs. 2, 241 Abs. 2, 280 Abs. 1 BGB andererseits kann beim Unternehmenskauf nur in prinzipiell gleicher Weise erfolgen wie im originären Anwendungsbereich des Mängelgewährleistungsrechts: Es sind die Tatbestandsmerkmale der Beschaffenheit des Kaufgegenstandes (§ 434 BGB) und der Rechte Dritter (§ 435 BGB), die die Grenze des Anwendungsbereiches der Norm abstecken.[420] Innerhalb dieser Grenzen beansprucht das Mängelgewährleistungsrecht als speziellere Regelung den Vorrang – jenseits der Grenze kommen dagegen §§ 311 Abs. 2, 241 Abs. 2, 280 Abs. 1 BGB zur Anwendung. Dies schadet keinesfalls der Rechtssicherheit, sondern wurde von den Gesetzesverfassern bewusst gewollt![421] Sonst hätte die *c.i.c.* gar nicht ins Gesetz aufgenommen werden müssen bzw. gerade die Fälle der Informationshaftung hätte man aus den Fallgruppen der *c.i.c.* ausschließen können. Die beim Unternehmenskauf denkbaren vielschichtigen Störungen entziehen sich der Erstarrung im kaufrechtlichen Gewährleistungssystem und können sinnvollerweise nur mit einem zweispurigen Haftungssystem erfasst werden,[422] das mit sinnvollen Abgrenzungskriterien voneinander zu unterscheiden sind. Wie schon eingangs ausgeführt, gibt es eine Vielzahl von Fällen, in denen das Unternehmen nicht mit den Erwartungen bei Vertragsschluss übereinstimmt. Diese können nicht über einen Kamm geschert werden, indem ausschließlich das Kaufrecht bzw. die vorvertragliche Informationshaftung der *c.i.c.* zur Anwendung gelangt. Die Rechtssicherheit und Berechen-

---

[420] Hierauf weist wohl zurecht auch Eidenmüller, ZGS 2002, 290, 295 hin, wenn er den Beschaffenheitsbegriff beim Unternehmenskauf nicht bis ins Unkenntliche verwischen möchte.

[421] Den Nachteil einer zweigeteilten Rechtsordnung sehen Barnert, WM 2003, 416, 421; Gruber, MDR 2002, 433, 434, 437, sowie zur alten Rechtslage Willemsen, AcP 182 (1982), 516, 528 ff.

[422] Barnert, WM 2003, 416, 425.

barkeit der Haftung wird erst dann beeinträchtigt, wenn es an einer klaren Abgrenzungslinie fehlt, die eine Zuordnung zum Kaufrecht oder zur *c.i.c.* ermöglicht. Wird die Entscheidung *c.i.c.* oder Kaufrecht von schwammigen Konturen abhängig gemacht, um in jedem Einzelfall ein sachgerechtes Ergebnis zu erhalten, wurde nichts aus den Unzulänglichkeiten unter der alten Rechtslage gelernt. Daher muss die vorvertragliche Informationshaftung so in das gesetzliche Gesamtgefüge eingepasst werden, dass Abgrenzungsprobleme zu anderen Regeln auf ein Minimum reduziert werden.

C. Die kaufrechtlichen Gewährleistungsregeln der §§ 433, 434 BGB

Aufgrund der gerade festgestellten Spezialität der §§ 433 ff. BGB kann die Abgrenzungslinie zwischen der vorvertraglichen Informationshaftung gemäß §§ 311 Abs. 2, 241 Abs. 2, 280 Abs. 1 BGB und dem Kaufrecht nur durch den kaufrechtlichen Gewährleistungtatbestand determiniert werden.

Der Unternehmensmangel ergibt sich aus einem Vergleich der tatsächlichen Beschaffenheit mit der Soll-Beschaffenheit. Letztere bestimmt sich nach den in § 434 BGB genannten Kriterien. Dabei müssen drei Tatbestandsmerkmale erfüllt sein: Es muss sich erstens um ein Merkmal handeln, was dem Grunde nach zur Beschaffenheit eines Unternehmens gehört, dieses muss zweitens den Zustand bei Gefahrübergang kennzeichnen und drittens muss es auch Eingang in den Vertrag gefunden haben, nämlich kraft ausdrücklicher Vereinbarung (§ 434 Abs. 1 Satz 1 BGB), subsidiär aufgrund der vertraglich vorausgesetzten Verwendung (§ 434 Abs. 1 Satz 2 Nr. 1 BGB), aus der sich mittelbar eine bestimmte Soll-Beschaffenheit ergibt, oder letztlich aufgrund Zugehörigkeit zur gewöhnlichen Verwendung (§ 434 Abs.1 Satz 2 Nr. 2 BGB), wodurch auf einen objektiven Maßstab Bezug genommen wird.

Ob also das Kaufrecht überhaupt zur Anwendung kommt, hängt zunächst maßgeblich davon ab, ob die Störung zur Beschaffenheit des Unternehmens gezählt werden kann. Bildlich gesprochen: Wenn der Mangel das Tor zum Gewährleistungsrecht darstellt, ist die Beschaffenheit der Schlüssel.[423] Die Entscheidung über die Anwendung der an § 434 BGB anknüpfenden Mängelrechte des § 437 BGB wird über die Konkretisierung des Terminus Beschaffenheit gesteuert, wie es unter der alten Rechtslage über das Tatbestandsmerkmal „Eigenschaft" geschah. Somit verlagert sich das Problem der richtigen Haftungsgrundlage für den Unternehmenskauf primär auf die Frage, was das Gesetz unter Beschaffenheit versteht.

---

[423] Eidenmüller, ZGS 2002, 290, 295.

I. Der Begriff der Beschaffenheit als zentrales Tatbestandsmerkmal

Der Terminus „Beschaffenheit" nimmt die aus dem alten Kaufrecht bekannten Begriffe Fehler und Eigenschaft auf. Die Anwendung des kaufrechtlichen Gewährleistungsrechts hängt maßgeblich davon ab, wie weit der Kreis der Umstände gezogen wird, die zur Beschaffenheit des Unternehmens gehören.[424] Je nach Auslegung kann die Haftung begründet, aber auch begrenzt und dadurch auf andere Rechtsinstitute verlagert werden.[425] Im Rahmen der Mängelgewährleistung kommt diesem Tatbestandsmerkmal somit die zentrale Bedeutung zu.[426] Nur innerhalb des Bereiches „Beschaffenheit" können dem Käufer (ausschließlich) die in § 437 BGB genannten Rechte zustehen, außerhalb könnte er sich auf die allgemeine Haftung aus §§ 280 Abs. 1, 241 Abs. 2, 311 Abs. 2 BGB berufen.

Beschaffenheit ist mit dem tatsächlichen Zustand der Sache gleichzusetzen und umfasst damit in erster Linie die physischen Merkmale.[427] Für ein Unternehmen ergibt sich der tatsächliche Zustand aus seinem sachlichen Substrat. Der Wert einer Sache, und das gilt im besonderen Maße für ein Unternehmen, bei dem als wirtschaftliches Gebilde die physischen Merkmale eher geringe Bedeutung haben, wird aber auch durch die Beziehungen zur Umwelt beeinflusst. So hängt z.B. der Wert eines Grundstücks maßgeblich von dessen Lage ab. Unter der alten Rechtslage wurde dieser Prämisse, wie bereits erwähnt, dadurch Rechnung getragen, dass der Fehler- und Eigenschaftsbegriff auch Umweltbeziehungen umfasste, soweit sie in der Sache dauerhaft angelegt waren und ihren Wert beeinflussten, mithin an die physischen Merkmale anknüpften.[428]

Unter der neuen Rechtslage muss nun die Frage aufgeworfen werden, inwieweit an dieser Konkretisierung festzuhalten ist, bzw. der neue Beschaffenheitsbegriff ostentativ oder restriktiv auszulegen ist. Beim Unternehmenskauf liegt das Hauptproblem insbesondere darin, inwieweit die Restriktionen bei fehlerhaften Angaben im Jahresabschluss weiterhin Geltung beanspruchen.

Im Gesetz wurde die Frage, wie weit die Beschaffenheit eines Kaufgegenstandes zu verstehen ist, bewusst offen gelassen und der Auslegung durch die Rechtswissenschaft und Rechtsprechung überlassen. Diesen verbleibt damit ein gestalterischer Spielraum.[429] Das hat in den ersten Stellungnahmen zum neuen Kaufrecht zu vielfältigen Interpretationen des Beschaffenheitsbegriffs geführt.

---

[424] Faust, in: Bamberger/Roth, § 453 BGB, Rn. 29.

[425] Eidenmüller, ZGS 2002, 290, 295.

[426] Weidenkaff, in: Palandt, § 434 BGB, Rn. 9.

[427] Weidenkaff, in: Palandt, § 434 BGB, Rn.10.

[428] Vgl. nur Putzo, in: Palandt, § 459 BGB a.F., Rn. 8; Westermann, in: MünchKomm-BGB, § 459 BGB a.F., Rn. 18, m.w.N.

[429] Wunderlich, WM 2002, 981, 985.

1. Meinungsüberblick

Der Ausgangspunkt beim Versuch einer Begriffskonkretisierung lag in der Rechtsprechung zu den §§ 459 ff. BGB a.f. Hier wurde zwischen einem Fehler im Sinne von § 459 Abs. 1 BGB a.f., einer zugesicherten Eigenschaft nach § 459 Abs. 2 BGB a.f. und Merkmalen, die außerhalb dieser beiden Kategorien lagen, differenziert.

Ein Fehler lag bei einem für den Käufer ungünstigen Abweichen der Ist- von der Sollbeschaffenheit vor. Letztere bestimmte sich durch die physischen Beschaffenheitsmerkmale der Kaufsache sowie allen gegenwärtigen, tatsächlichen, rechtlichen, sozialen und wirtschaftlichen Beziehungen der Sache zur Umwelt, sofern sie von gewisser Dauer sind und in der Sache selbst ihren Grund haben, ihr anhaften.[430] Die Eigenschaft im Sinne von § 459 Abs. 2 BGB wurde hingegen von der Rechtsprechung etwas weiter gefasst, diese brauchten der Sache nicht ohne weiteres anzuhaften, jedoch für eine gewisse Dauer einen Bezug zur Sache aufweisen und für den Käufer erheblich sein.[431] Mängel der Kaufsache, die sich nicht unter § 459 BGB a.f. subsumieren ließen, lösten die allgemeinen Rechte aus, insbesondere die *c.i.c.* Dies vorausgeschickt haben sich zur Konkretisierung des Tatbestandsmerkmals „Beschaffenheit" im neuen Kaufrecht drei wesentliche Strömungen entwickelt.

Zum Teil wird ein enges Begriffsverständnis vertreten, so dass zur Beschaffenheit nur die Merkmale gehören, die auch bisher einen Fehler des Kaufgegenstandes begründeten.[432] Ein solches restriktives Verständnis schließt also neben den physischen Beschaffenheitsmerkmalen nur die tatsächlichen und rechtlichen Beziehungen der Sache zur Umwelt ein, wenn sie der Sache als solcher auf Dauer anhaften.[433] Andere Umstände, gleichwohl sie als Eigenschaft iSv § 119 Abs. 2 BGB anzusehen sind, fallen nicht in den Anwendungsbereich des Sachmängelrechts.[434] Für ein derartiges Verständnis spricht, dass der im Gesetz neu verankerte Begriff Beschaffenheit bereits durch die bisherigen Rechtsprechung konkretisiert wurde, so dass man nun auf diese zurückgreifen müsse, da eine sachliche Änderung mit dem neu kodifizierten Sachmangelbegriff nicht verbunden sei.[435] Durch das Erfordernis des Anhaftens und der Dauerhaftigkeit wird

---

[430] BGH, NJW 2001, 65, m.w.N.; zu Einzelfragen vgl. U. Huber, in: Soergel, § 459 BGB a.F., Rn. 25 ff.

[431] BGHZ 88, 130, 134f.; BGHZ 87, 302, 307. Für eine Gleichsetzung von Beschaffenheit und Eigenschaft hingegen ein Großteil der Literatur, vgl. U. Huber, in: Soergel, § 459 BGB a.F., Rn. 39; zusammenfassend: Grigoleit/Herresthal JZ 2003, 118, 122.

[432] U. Huber, AcP 202 (2002), 179, 227; Schellhammer, MDR 2002, 241, 243. In diese Richtung gehend ist wohl OLG Hamm, NJW-RR 2003, 1360, 1361 zu verstehen.

[433] Zur alten Rechtslage BGH, NJW 1994, 2230; BGH, NJW 1992, 1384; jeweils m.w.N.

[434] U. Huber, AcP 202 (2002), 179, 226.

[435] U. Huber, AcP 202 (2002), 179, 228, so wohl Teichmann, ZfBR 2002, 13, 14.

die Beschaffenheit des Kaufgegenstandes eingeengt und ermöglicht eine elastische Handhabung. Störungen, die man nicht dem Kaufrecht unterstellen möchte, können ohne weiteres ausgeschlossen werden und über die in § 311 Abs. 2 BGB kodifizierte *c.i.c.* gelöst werden.

Bezogen auf den Unternehmenskauf bedeutet dies, dass falsche Jahresabschlussangaben im Hinblick auf die Ertragsfähigkeit des Unternehmens keine Beschaffenheit darstellen. Da sich die zusicherungsfähige Eigenschaft des § 459 Abs. 2 BGB a.F. im Gesetz nicht mehr wieder findet, können Falschangaben im Gegensatz zur bisherigen Rechtsprechung keinen Mangel des Unternehmens begründen.[436] Werden derartige Umstände ausdrücklich „zugesichert", handelt es sich um eine Garantieübernahme im Sinne von § 276 Abs. 1 Satz 1 BGB.[437] Im Einzelfall ist eine schwierige Abgrenzung, ob das Merkmal dem Unternehmen anhaftet oder nicht, vorprogrammiert.[438] Mit einem derartig engen Beschaffenheitsbegriff würden folglich wesentliche Teilbereiche der Verkäuferhaftung aus dem Kaufrecht ausscheiden.

Des Weiteren wird ein erweiterter Beschaffenheitsbegriff vertreten, der sich an den zusicherungsfähigen Eigenschaften der alten Rechtslage orientiert,[439] sofern man, wie die Rechtsprechung, eine Differenzierung befürwortete. Die Merkmale müssen dem Kaufgegenstand zumindest für eine bestimmte Zeit anhaften und für seinen Wert oder aus sonstigen Gründen für den Käufer von Bedeutung sein.[440] Die Beschaffenheit deckt sich dann mit den Eigenschaften im Sinne von § 119 Abs. 2 BGB. Hierunter wurden nach allgemeiner Meinung neben den auf der natürlichen Beschaffenheit beruhenden Merkmalen auch die tatsächlichen oder rechtlichen Verhältnisse und Beziehungen zur Umwelt, sofern sie in der Sache selbst ihren Grund haben und nach der Verkehrsanschauung für die Wertschätzung oder Verwendbarkeit von Bedeutung sind, verstanden.[441]

---

[436] U. Huber, AcP 202 (2002), 179, 225f.; Schellhammer, MDR 2002, 485, 488f; Grigoleit/Herresthal, JZ 2003, 118, 125; Rieble, in: Dauner-Lieb/Konzen/Schmidt, S. 137, 152; ähnlich Eidenmüller, ZGS 2002, 290, 295.

[437] U. Huber, AcP 202 (2002), 179, 225.

[438] Dies versucht U. Huber, AcP 202 (2002), 179, 226 ff., zu umgehen, indem er für den Bereich des Unternehmenskaufes durch ein noch engeres Verständnis der Beschaffenheit den Anwendungsbereich des Kaufrechts auf Null reduziert.

[439] Jaques, BB 2002, 417, 418; Weitnauer, NJW 2002, 2511, 2513f.; Kindl, WM 2003, 409, 411; Häublein, NJW 2003, 388, 389f.; Weidenkaff, in: Palandt, § 434 BGB, Rn. 10 ff; Oetker/Maultzsch, § 2, S. 39; Schimmel/Buhlmann, S. 108, wobei letztere auch die Möglichkeit einer extensiveren Auslegung andeuten; ähnlich Eidenmüller, ZGS 2002, 290, 295, der eine „maßvolle Ausweitung" des bisherigen Eigenschaftsbegriff befürwortet.

[440] Schimmel/Buhlmann, S. 108 unter Anknüpfung an Putzo, in: Palandt, § 459 BGB a.F., Rn. 20.

[441] Vgl. nur Heinrichs, in: Palandt, § 119 BGB, Rn. 24.

Der Unterschied zum engen Beschaffenheitsbegriff liegt in den geringeren Anforderungen an den Sachbezug. Für letztgenannte Ansicht spricht, dass die Neufassung des Sachmangelbegriffes die Unterscheidung zwischen Fehler und Eigenschaft hinfällig macht, so dass beides im neuen Begriff der Beschaffenheit aufgehe.[442] Merkmale, die allein auf äußere Umstände zurückzuführen sind, gehören auch nach dieser Ansicht nicht zur Beschaffenheit des Kaufgegenstandes.[443] Da fehlerhafte Angaben im Jahresabschluss nach der alten Rechtslage lediglich über einen längeren Zeitraum und nur im Fall einer Zusicherung einer Eigenschaft gleichgestellt waren, sind mehrjährige Jahresabschlüsse zumindest bei einer Vereinbarung als Beschaffenheit des Unternehmens anzusehen.

Schließlich wird auch ein extensives Verständnis von Beschaffenheit vertreten.[444] Danach gehört alles, was für die Parteien bei der Beschreibung des Kaufgegenstandes von Bedeutung ist, insbesondere die Angaben im Jahresabschluss eines Unternehmens, zu seiner Beschaffenheit. Wie die körperlichen Merkmale, beeinflussen gerade auch die tatsächlichen, wirtschaftlichen, sozialen oder rechtlichen Beziehungen der Sache zur Umwelt, unabhängig von einem konkreten Sachbezug den Wert des Kaufgegenstandes.[445] Dies ist logische Konsequenz aus der Verankerung des subjektiven Fehlerbegriffs. Sogar nur kurzfristige Merkmale und Besonderheiten des Kaufgegenstandes machen seine Beschaffenheit aus.[446] Wenn alle unrichtigen Angaben über den Kaufgegenstand zum Kaufgewährleistungsrecht führen, wird der Anwendungsbereich der vorvertraglichen Aufklärungspflichten entsprechend stark eingeschränkt, da letztere hinter das spezielle Kaufrecht zurücktreten. Offen bleibt, wo letztlich die Grenze zu ziehen ist.

Aus dem dreigliedrigen System möglicher Mängel unter der alten Rechtslage wird somit ein dualistisches. Entweder geht es um die Beschaffenheit des Unternehmens oder um Merkmale, die außerhalb der Beschaffenheit stehen und damit nicht die Anwendung des Kaufgewährleistungsrechtes auslösen. Diese diametral entgegengesetzten Ansichten zum neuen Beschaffenheitsbegriff manifestieren, wie umstritten dessen Konkretisierung ist. Nachfolgend soll das Begriffsverständnis aus dem Gesetz heraus entwickelt werden.

---

[442] Begr. RegE, BT-Drucks. 14/6040, S. 212.

[443] Saenger, in: HK-BGB, § 434 BGB, Rn. 9.

[444] Gaul, ZHR 166 (2002), 35, 46; Gronstedt/Jörgens, ZIP 2002, 52, 55; Gruber, MDR 2002, 433, 436; Knott, NZG 2002, 249, 251; Triebel/Hölzle, BB 2002, 521, 525; Wolf/Kaiser, DB 2002, 411, 412; Berger, JZ 2004, 276, 278; Schulze/Ebers, JuS 2004, 462, 463; Schröcker, ZGR 2005, 63, 76; Schmidt, BB 2005, 2763, 2765; Haas, in: Haas/Medicus/Rolland/Schäfer/Wendtland, Kapitel 5, Rn. 98; Reinicke/Tiedtke, Rn. 309 ff.; Brox/Walker, BT, Rn. 15; Fritzen, S. 33 ff.; Holzapfel/Pöllath, Rn. 409.

[445] Seibt/Reiche, DStR 2002, 1135, 1138; Schröcker, ZGR 2005, 63, 77; P. Huber, in: Huber/Faust, 12. Kapitel, Rn. 23; Ehmann/Sutschet, § 7 III 2 a (S. 196); Thiessen, S. 189 ff..

[446] Wolf/Kaiser, DB 2002, 411, 412.

2. Plädoyer für einen weiten Beschaffenheitsbegriff

Wie bei allen Gesetzen muss man sich auch beim Schuldrechtsmodernisierungs-gesetz das Tatbestandsverständnis mit Hilfe der üblichen juristischen Ausle-gungsmethoden erschließen. Dabei sind bei der Auslegung des Begriffs Be-schaffenheit auch die jeweiligen Konsequenzen für den Unternehmenskauf zu berücksichtigen, da § 434 BGB primär auf den Sachkauf zugeschnitten ist. Zwar erlaubt die bloß entsprechende Anwendung auch eine restriktivere Handhabung des Beschaffenheitsbegriffs, sofern es sich um ein Unternehmen handelt, doch ist es der Rechtssicherheit keineswegs förderlich, denselben Begriff im jeweils anderen Kontext auch anderes auszulegen. Auch bei einer entsprechenden An-wendung müssen hinreichend scharfe Konturen des Begriffes erkennbar sein. Die aus einer bestimmten Auslegung jeweils resultierenden Rechtsfolgen müs-sen dabei stets im Hinterkopf behalten werden, ohne dadurch den Verdacht einer interessengeleiteten Auslegung nähren zu wollen. Schließlich zeichnet sich das beste Haftungssystem dadurch aus, dass es mit dem Gesetzeswortlaut im Ein-klang steht und interessengerechte Ergebnisse zutage bringt!

a) richtlinienkonforme Auslegung

Bei der Auslegung ist vorrangig zu untersuchen, inwieweit diese durch höher-rangige Normen beeinflusst wird. Die Wahrung der „Einheit der Rechtsord-nung" erfordert, dass bei der Konkretisierung einer niederrangigen Norm die inhaltlichen Vorgaben der höherangigen Norm beachtet werden.[447] Letztere gibt den Rahmen vor, innerhalb dessen sich die Auslegung ersterer zu vollziehen hat.[448] Zu den für das deutsche einfache Recht vorrangigen Regeln gehören auch die Richtlinien der europäischen Gemeinschaft.[449] Dies führt bei der Auslegung von Paragraphen, die in Vollzug einer EU- Richtlinie erlassen wurden, zum Grundsatz der richtlinienkonformen Auslegung, wonach die Auslegung, die der Richtlinie am nächsten kommt, zu bevorzugen ist.[450] Die endgültige Entschei-dung über die Auslegung der Richtlinie ist nach Art. 234 EGV dem EuGH im Wege des Vorabentscheidungsverfahrens vorbehalten, dessen Entscheidung für den nationalen Gesetzgeber insoweit präjudizierend ist.

---

[447] Zu diesem Prinzip vgl. insbesondere Engisch, Die Einheit der Rechtsordnung (1935); Zip-pelius, S. 49.

[448] Brechmann, S. 27.

[449] Der Vorrang des Gemeinschaftsrechts ergibt sich aus der mit dem Beitritt verbundenen Beschränkung der Souveränität der Mitgliedsstaaten (Art. 23 Abs. 1 Satz 2 GG) und ist Vor-aussetzung für die Funktionsfähigkeit der Gemeinschaften, vgl. Schweitzer, Rn. 46f., m.w.N.; dazu auch das grundlegende Urteil des EuGH, Slg. 1964, 1251, 1269.

[450] EuGH, NJW 1994, 921; EuGH, NJW 1994, 2473; BGH, NJW 1993, 1594; vertiefend zur richtlinienkonformen Auslegung: Brechmann; jüngst auch Canaris, Festschrift für Bydlinski, 47 ff.

aa) Problem der richtlinienkonformen Auslegung eines nationalen Tatbestandsmerkmals außerhalb des Anwendungsbereiches der Richtlinie

Wie schon mehrfach erwähnt, basieren die kaufrechtlichen Regeln des Schuldrechtsmodernisierungsgesetzes auf der EG-Richtlinie zum Verbrauchsgüterkauf.
Zwar war der Terminus Beschaffenheit auch schon unter der alten Rechtslage
ein prägendes Element des Sachmängelrechts, doch wurde er nun in Folge der
Umsetzung der Verbrauchsgüterkaufrichtlinie explizit in das Gesetz aufgenommen und nimmt den Aussagegehalt der Richtlinie zum Mangel auf. Daher ist er
grundsätzlich richtlinienkonform auszulegen.[451] Allerdings ist die Richtlinie in
sachlicher Hinsicht auf Kaufverträge über Verbrauchsgüter und persönlich auf
Verträge zwischen einem Verbraucher als Käufer und einem Unternehmer als
Verkäufer beschränkt, Art. 1 VerbrgütKaufRiL. Der Unternehmenskauf gehört
demnach, wie schon konstatiert, nicht zum Anwendungsbereich der
Verbrauchsgüterkaufrichtlinie. Da aber wesentliche Elemente der Richtlinie ihre
Umsetzung in den für alle Kaufverträge geltenden Vorschriften erfahren haben,
beansprucht die Richtlinie nicht nur für den Verbrauchsgüterkauf, sondern u.a.
auch für den Unternehmenskauf Geltung. Der deutsche Gesetzgeber hat Sachverhalte, die vom Anwendungsbereich der Richtlinie eigentlich nicht erfasst
sind, freiwillig den Vorgaben des Gemeinschaftsrechtes unterstellt.[452] Ein solches Phänomen, was im deutschen Recht häufiger anzutreffen ist,[453] wird als
überschießende Umsetzung einer Richtlinie bezeichnet.[454] An der gemeinschaftsrechtlichen Zulässigkeit einer überschießenden Umsetzung bestehen keine Zweifel.[455] Die damit verbundenen Konsequenzen hinsichtlich des Gebotes
der richtlinienkonformen Auslegung auch bei Sachverhalten außerhalb des Anwendungsbereichs der Richtlinie und die Frage der Zuständigkeit des EuGH für

---

[451] A.A.offenbar U. Huber, in: Karlsruher Forum, S. 143, der sich allein an der bisherigen
Rechtsprechung zu § 459 Abs. 1 BGB a.F. orientieren möchte und der Richtlinien keinen genauen Aussagegehalt zumisst.
[452] Sehr lehrreich zu den Komplikationen beim nationalen Umsetzungsakt: Roth, in: Grund-
mann/Medicus/Rolland, § 8 (S. 113 ff.).
[453] Vgl. die Umsetzung der Gesellschaftssteuerrichtlinie 69/355/EWG; der Richtlinien zum
Umwandlungsgesetz 78/855/EWG und 82/891/EWG, abgedruckt bei Lutter, Europäisches
Unternehmensrecht, S. 131 ff., 199 ff.; der Richtlinien zum Bilanzrecht 78/660/EWG,
83/349/EWG, 84/253/EWG, alle abgedruckt bei Lutter, aaO., S. 147 ff., 207 ff., 229 ff.; der
Publizitätsrichtlinie 68/151/EWG, abgedruckt bei Lutter, aaO., S.104 ff.
[454] Habersack/Mayer, JZ 1999, 913, 914. Differenzierend Riehm, JZ 2006, 1035, 1036f. Bei
der überschießenden Umsetzung ist zwischen der erweiternden Umsetzung hinsichtlich des
Anwendungsbereichs und der modifizierenden Umsetzung hinsichtlich des Regelungsinhalts
zu unterscheiden. Bei Umsetzung der Verbrauchsgüterkaufrichtlinie wurde eine erweiternde
Umsetzung vorgenommen.
[455] Jedenfalls die erweiternde Umsetzung ist gemeinschaftsrechtlich nicht zu beanstanden,
Riehm, JZ 2006, 1035, 1036.

das Vorabentscheidungsverfahren nach Art. 234 EGV sind jedoch noch nicht abschließend geklärt.

Der EuGH hat einerseits eine richtlinienkonforme Auslegung und somit seine Zuständigkeit im Vorabentscheidungsverfahren selbst dann bejaht, wenn der fragliche Sachverhalt durch die Richtlinie zwar gar nicht geregelt wird, der nationale Gesetzgeber bei der Richtlinienumsetzung jedoch diese Sachverhalte mit denen, die von der Richtlinie betroffen sind, gleichgesetzt und die innerstaatlichen Rechtsvorschriften so insgesamt an das EG- Recht angepasst hat.[456] Einer gespaltenen Auslegung ist die Gefahr inhärent, dass die außerhalb des Gemeinschaftsrecht vorgenommene Auslegung auf Sachverhalte Einfluss nimmt, die innerhalb des Gemeinschaftsrechts liegen, und dadurch die effektive Anwendung der gemeinschaftsrechtlichen Vorgaben konterkariert wird.[457] Andererseits negierte der EuGH in anderen Verfahren eine Pflicht zur richtlinienkonformen Auslegung bei einem Sachverhalt außerhalb des Gemeinschaftsrechts.[458] Gegen eine Kompetenzerweiterung des EuGH sprechen in der Tat sowohl europarechtliche als auch verfassungsrechtliche Bedenken. Durch Art. 23 Abs. 1 Satz 2 GG kann Deutschland seine Staatsgewalt nur begrenzt an eine supranationale Organisation wie die EU abtreten, was sie durch den Beitritt auch getan hat. Nur innerhalb dieses Bereiches ist das von der EU erlassene Gemeinschaftsrecht einer uneingeschränkten Überprüfung durch die nationale Verfassungsgerichtsbarkeit entzogen.[459] Die letztinstanzlichen Entscheidung über die Auslegung von Rechtsbegriffen obliegt allein den EU-Rechtsprechungsorganen. Außerhalb dieses Bereiches können Entscheidungen der EU-Organe jedoch keinen Vorrang beanspruchen. Der Unternehmenskauf gehört nicht zum Anwendungsbereich der Richtlinie, ganz zu schweigen von der fehlenden Regelungskompetenz in den EG-Verträgen.[460] Folglich korrespondiert die Auslegungskompetenz des EuGH mit dem Anwendungsbereich der Richtlinie über den Verbrauchsgüterkauf.[461] Dieser kann sich originär keine Zuständigkeit anmaßen, die ihm primärrechtlich

---

[456] EUGH, Slg. 1990, I-3763, 3793, Tz. 36f.; EuGH, IstR 1997, 539; FG Hamburg, EFG 1999, 1022 f.; EuGH, JZ 2003, 413.

[457] Roth, in: Dauner-Lieb/Konzen/Schmidt, S. 25, 36.

[458] EuGH, Slg. 1997, I 4161, 4201, Rn. 32; EuGH, Slg. 1998, I 4695, 4725.

[459] BVerfGE 37, 271; BVerfGE 73, 399; BVerfGE 89, 155. Vgl. aber auch das Urteil zum Europäischen Haftbefehl des BVerfG, NJW 2005, 2289.

[460] Sogar die Europarechtliche Regelungsbefugnis hinsichtlich Verbrauchsgüter ist bezweifelt worden, vgl. nur Junker, DZWir 1997, 271, 275 ff.; Kircher, ZRP 1997, 290; Micklitz, EuZW 1997, 229; Wolf, RIW 1997, 899; letztlich aber im Hinblick auf Art. 95, 153 EGV zur Vereinheitlichung des Binnenmarktes und zur Erreichung eins hohen Verbraucherschutzniveaus wohl zu bejahen, dazu die Erwägungsgründe 1 - 6 der Richtlinie; i.ü. ist dieser Streit mit dem Inkrafttreten der Richtlinie obsolet.

[461] BFH, DStR 2000, 1176, 1179, zum ähnlich gelagerten Problem bei der Umsetzung der Bilanzrichtlinie 78/ 60/EWG, ABlEG Nr. L 222/11 durch das Bilanzrichtliniengesetz vom 19.12.1985 (BGBl. I, 2355).

nicht zusteht.[462] Eine autonome Verweisung der Mitgliedsstaaten auf europäische Rechtssetzungsakte ändert nicht den Charakter der Verweisung als rein nationales Recht.[463] Also kann das Europarecht keine richtlinienkonforme Auslegung für Regelungsbereiche, die dessen Kompetenz entzogen sind, vorschreiben, soweit im Anwendungsbereich der Richtlinie die Auslegung mit den entsprechenden Vorgaben im Einklang steht. Auch aus dem deutschen Recht ergibt sich kein zwingendes Gebot einer richtlinienkonformen Auslegung. Die autonome Schaffung von „europäisiertem" Recht, also Regeln, die sich nach dem Wunsch des deutschen Gesetzgebers an Vorgaben des Europarechts orientieren, obwohl dies nach den einschlägigen europarechtlichen Vorgaben nicht erforderlich wäre, darf vielmehr gerade nicht zu einer Verkürzung der Entscheidungskompetenzen der deutschen Gerichte, namentlich des Bundesverfassungsgerichts, führen.[464] Allein die obersten nationalen Gerichte entscheiden verbindlich über die Auslegung eines Rechtsbegriffes.

Daher mag eine gespaltene Auslegung einer einheitlichen Regelung (europarechtlicher Bereich und mitgliedstaatlicher Bereich) europarechtlich zulässig ein.[465] Doch sprechen schon praktische Gründe zur Förderung der Rechtssicherheit und Rechtseinheit gegen eine Spaltung.[466] Es kann nicht der gleiche Begriff im gleichen Paragraphen je nach Regelungskontext unterschiedlich ausgelegt werden. Zudem wird aus dem Rechtsstaatsprinzip des Art. 20 III GG das Gebot zur Klarheit und Bestimmtheit einer Norm abgeleitet. Diesem wird nicht mehr Genüge getan, soweit eine gespaltene Auslegung des nationalen Rechts zu unterschiedlichen Sachmängelbegriffen führt, je nachdem, ob der Anwendungsbereich der Richtlinie tangiert wird. Die damit verbundenen Komplikationen und Wertungswidersprüche zeigen sich im neuen Kaufrecht exemplarisch an den Regeln zum Händlerregress (§ 478 BGB).[467] Hier werden Vorgaben der Richtlinie für Verbrauchsgüterkaufverträge mit Nicht-Verbraucher- Kaufverträgen unmittelbar verbunden. Würde der Kaufgegenstand beim Verkauf an den Verbraucher nach richtlinienkonformer Auslegung als mangelhaft anzusehen sein, der Verkäufer beim Regress gegenüber seinem Lieferanten aber dem nationalen, von der Richtlinie nicht abhängigen Mangelbegriff unterliegen, weil es sich um einen Handelskauf handelt, der durch die Richtlinie nicht tangiert wird, würde der Verkäufer u.U. seiner Regressmöglichkeit gegenüber seinem Lieferanten

---

[462] Ähnlich Mayer/Schürnbrand, JZ 2004, 545, 548, die in diesem Zusammenhang auf das Prinzip der begrenzten Einzelermächtigung beim Handeln der Gemeinschaft hinweisen.

[463] Bärenz, DB 2003, 375; Grigoleit/Herresthal, JZ 2003, 118, 119.

[464] Habersack/Mayer, JZ 1999, 913, 920.

[465] Heinrichs, in: Palandt, Einleitung BGB, Rn. 36; Habersack/Mayer, JZ 1999, 913, 920; a.A.EuGH, Slg 1997, I 4161/4201.

[466] Dies wird auch von Habersack/Mayer, JZ 1999, 913, 921 anerkannt, die im übrigen der EuGH-Rspr. eher kritisch gegenüberstehen.

[467] Haas, in: Haas/Medicus/Rolland/Schäfer/Wendtland, Kapitel 5, Rn. 93.

beraubt. Die Zielrichtung des Gesetzes, den Zwischenhändler aus der „Regress-falle" zu ziehen, was sich auch in der komplizierten Verjährungsregelung beim Händlerregress zeigt, würde dadurch konterkariert. Dies verdeutlicht, dass eine gleichartige Auslegung im europarechtlichen und mitgliedschaftlichen Bereich zur Gewährleistung der Rechtssicherheit und Gerechtigkeit geboten ist. Die Fra-ge, ob ein Mangel vorliegt, darf nur einheitlich beantwortet werden. Die Geset-zesverfasser haben daher bei der Umsetzung der Verbrauchsgüterkaufrichtlinie bewusst auf einen gespaltenen Mangelbegriff, je nach Einordnung des Geschäf-tes, verzichtet.[468] Schließlich wurde sich auch aus gutem Grund für eine „große Lösung" mit einem stimmigen Gesamtsystem aus Verbrauchsgüterkauf und all-gemeinem Kauf und gegen ein eigenständiges Verbrauchsgüterkaufgesetz ent-schieden.[469] Die §§ 433 ff. BGB sind somit vom Standpunkt des nationalen Rechts her insgesamt unabhängig vom konkreten Anwendungsfall im Sinne der Richtlinie europarechtskonform zu interpretieren.[470] Auslegungsurteile des EuGH entfalten damit Präjudizwirkung auch für Entscheidungen der nationalen Gerichte, die den überschießenden Teil des Umsetzungsgesetzes betreffen.[471] Diese sind an einen einheitlichen Mangelbegriff gebunden.

Aus dem Postulat der einheitlichen Auslegung ergibt sich die Kompetenz des EuGH im Rahmen eines Vorabentscheidungsverfahrens gemäß Art. 234 EGV: Auch außerhalb des Anwendungsbereiches der Richtlinie ist eine Vorlagefrage an den EuGH durch das nationale Gericht statthaft, soweit bei einer überschie-ßenden Umsetzung von Richtlinien eine einheitliche Auslegung der nationalen Regelung geboten ist.[472] Nach ständiger Rechtsprechung des EuGH ist das Vo-rabentscheidungsverfahren gerade ein Instrument der Zusammenarbeit zwischen EuGH und den nationalen Gerichten.[473] Daher kann ein deutsches Gericht die Auslegungsfrage vom EuGH klären lassen. Die Zuständigkeit des EuGH ergibt sich aber lediglich derivativ aus der Entscheidung des nationalen Gerichts. Ob der Befugnis zur Vorlage auch eine Vorlagepflicht des letztinstanzlichen Ge-

---

[468] Begr. RegE, BT-Drucks. 14/6040, S. 210.

[469] Einzelheiten im 3. Kapitel unter A I 2.), Seite 46.

[470] Büdenbender, DStR 2002, 312, 314; Canaris, JZ 2003, 831, 837; Berger, JZ 2004, 276, 278; ähnlich Pfeiffer, ZGS 2002, 25, 26, der im Anschluss eine Prüfung vornimmt, ob eine Richtlinienvorgabe, die Ausdruck des Schutzbedürfnisses bei Verbraucherverträgen ist, im Interesse einer zügigen Abwicklung von Geschäften im Unternehmensverkehr zurücktreten muss. A.A. offenbar Mayer/Schürnbrand, JZ 2004, 545, 550, die dem nationalen Recht ein Verbot der Normspaltung nicht entnehmen können.

[471] Bärenz, DB 2003, 375, 376.

[472] EuGH, Slg. 1990, I, 3763; EuGH, IstR 1997, 539; FG Hamburg, EFG 1999, 1022 f.; so letztlich auch Habersack/Mayer, JZ 1999, 913, 921.

[473] EuGH, DB 1997, 1851, m.w.N.

richts gemäß Art. 234 Abs. 3 EGV entspricht, soll hier nicht weiter vertieft werden.[474] Diese Frage kann sich letztlich nur aus nationalem Recht beantworten.

bb) Anforderungen der Richtlinie

Die entscheidende Frage für den Unternehmenskauf lautet somit, ob auch in den Beziehungen des Kaufgegenstandes zur Umwelt, die außerhalb seiner physischen Merkmale liegen, oder sogar in fehlerhaften Jahresabschlüssen ein Mangel im Sinne der Richtlinie liegen kann. Dabei ist nicht weiter relevant, was der europäische Gesetzgeber nun genau unter „Beschaffenheit" verstanden hat. Der Terminus als solcher wird in der Richtlinie lediglich nebenbei in Art. 2 II lit. d VerbrgütKaufRil erwähnt. Aussagekräftiger ist der Begriff der „Vertragsmäßigkeit der Leistung" (Art.2 Abs. 1 VerbrgütKaufRil).[475] Sein Gegenstück, die Vertragswidrigkeit, entspricht im BGB die von der vertraglichen Vereinbarung abweichende Beschaffenheit der Sache, mit anderen Worten: der Mangel. Dieser darf daher nicht enger verstanden werden als der Terminus „Vertragsmäßigkeit" in der Richtlinie.[476] Obwohl sich der Richtliniengesetzgeber über die spezifischen Besonderheiten beim Unternehmenskauf keine Gedanken zu machen hatte, da er lediglich Verbrauchsgüter vor Augen hatte, spielt auch bei letzteren die Frage des Sachbezugs bei außerhalb der Sachsubstanz liegenden Merkmalen eine Rolle, so dass der Richtlinie diesbezüglich Vorgaben zu entnehmen sein müssen. Man denke an den in der Praxis bedeutsamen Gebrauchtwagenkauf. Die Anzahl der Voreigentümer bei einem KFZ ist ein für die Preisbildung entscheidender Umstand, der aber nicht als physisches Sachmerkmal angesehen werden kann. Einzelfragen zur Vertragsmäßigkeit der Ware, insbesondere Anforderungen an den Sachbezug, lässt die Richtlinie jedoch offen.[477] In Art. 2 Abs. 2 VerbrgütKaufRil werden verschiedene Kriterien zur Bestimmung der Vertragsmäßigkeit genannt. Diesen ist eine Beschränkung auf Merkmale, die einen besonderen Sachbezug aufweisen oder von gewisser Dauer sein müssen, vom

---

[474] Die Vorlagepflicht besteht unstreitig für ein letztinstanzliches Gericht im Anwendungsbereich der Verbrauchsgüterkaufrichtlinie, vgl. Art. 234 Abs. 3 EGV, für einen von der Richtlinie nicht erfassten Fall ist dies jedoch streitig und wurde durch den EuGH bisher nicht ausdrücklich entschieden; deutsche Gerichte, vornehmlich in steuerrechtlichen Entscheidungen, haben dies bisher verneint: BFH, GmbHR 1999, 362, 363:"allein das nationale Gericht entscheidet über die Notwendigkeit der Vorlage", vgl. auch BFH, DStR 2000, 1176, 1178; aus der Literatur: Habersack/Mayer, JZ 1999, 913, 920; Pfeiffer, ZGS 2002, 25, 27; allgemein zur Vorlagepflicht und den Folgen ihrer Verletzung Kokott/Henze/Sobotta, JZ 2006, 633 ff.
[475] Nach Staudenmayer, in: Grundmann/Medicus/Rolland, § 3 (S. 34) wurde dieser Begriff gewählt, weil es sich hierbei um einen modernen Begriff handelt, mit dem Abgrenzungsprobleme in den nationalen Rechtsordnungen vermieden werden können.
[476] Grigoleit/Herresthal, JZ 2003, 118, 120; auch für Flessner, in: Grundmann/ Medicus/ Rolland, § 14 (S. 237) besteht inhaltlich keine Divergenz.
[477] Lehr/Wendel, EWS 1999, 321, 322.

Wortlaut her nicht zu entnehmen.[478] Zur Beschreibung einer Sache sind nicht nur physische und der Sache dauerhaft anhaftende Merkmale tauglich.[479] Auch der Verwendungszweck kann durch Unweltbeziehungen beeinflusst werden. Es ist die logische Konsequenz aus der von der Richtlinie beabsichtigten Stärkung der Vertragsfreiheit,[480] alle von den Parteien vereinbarten Umstände in den Mangelbegriff einzubeziehen, die sie für die Qualität der Sache als bedeutsam erachten. Hierfür spricht auch die mit einer Richtlinie intendierte Rechtsvereinheitlichung innerhalb der EU. Diese würde konterkariert, wenn ein ausländischer Verbraucher trotz eines scheinbar angepassten Gesetzeswortlautes erst durch umfangreiche Literaturrecherche oder das kostspielige Einholen von Rechtsrat sicher sein kann, ob ein bestimmtes Merkmal noch zu den nach deutschem Recht vereinbarungsfähigen Beschaffenheitsmerkmalen gehört.[481]

Andererseits wird aber in Art. 2 Abs. 2 lit. b VerbrgütKaufRil auf eine Probe oder ein Muster Bezug genommen. Ein Vergleich zu dessen Beschaffenheit kann nur physische Merkmale einbeziehen. Auch ist der Richtlinie die Grundtendenz immanent, sich um eine Parallelität zum UN- Kaufrecht, insbesondere auch zu Art. 35 CISG, zu bemühen, so dass dieses als Auslegungshilfe herangezogen werden kann.[482] Art. 35 Abs.1 CISG erfasst nach allgemeiner Meinung nur die tatsächlichen und rechtlichen Anforderungen, die einen Bezug zur Sache aufweisen und vertraglich vereinbart wurden.[483] Damit folgt das UN-Kaufrecht wohl eher einem restriktiveren Beschaffenheitsbegriff und beschränkt sich auf Merkmale, die einen qualifizierten Sachbezug aufweisen.

Folglich kann der Verbrauchsgüterkaufrichtlinie keine eindeutige Tendenz hinsichtlich eines restriktiveren oder ostentativen Beschaffenheitsbegriffes entnommen werden, die besseren Argumente sprechen jedoch für eine erweiternde Auslegung. Auf eine Konkretisierung des der Richtlinie innewohnenden Mangelbegriffes und den damit einhergehenden Konsequenzen für den nationalen Beschaffenheitsbegriff könnte allerdings verzichtet werden, wenn die Vorgaben

---

[478] Canaris, in: Karlsruher Forum, S. 59; Berger, JZ 2004, 276, 278; Häublein, NJW 2003, 388, 390, für den somit ein Widerspruch zwischen Richtlinie und bisheriger BGH-Rechtsprechung besteht; vgl. auch Lehmann, JZ 2000, 280, 282, der aber zugleich konzediert, dass ein solcher Schluss nicht zwingend ist.

[479] Von Gierke/Paschen, GmbHR 2002, 457, 462; Schulze/Ebers, JuS 2004, 462, 463; ähnlich Schröcker, ZGR 2005, 63, 76.

[480] Reich, NJW 1999, 2397, 2398 unter Berufung auf Erwägungsgründe 7 der Richtlinie.

[481] Hierauf macht Schmidt, BB 2005, 2763,2765 Aufmerksam.

[482] Staudenmayer, NJW 1999, 2393, 2394; ders., in: Grundmann/Medicus/Rolland, § 3 (S. 34); insbesondere zu Art. 35 CISG: Ehmann/Rust, JZ 1999, 853, 856; Lehr/Wendel, EWS 1999, 321, 322; Micklitz, EuZW 1999, 485, 486; einen Vergleich der Richtlinie zum UN-Kaufrecht zieht Magnus, in: Grundmann/Medicus/Rolland, § 6 (S. 79 ff.).

[483] Salger, in: Witz/Salger/Lorenz, Art. 35 CISG, Rn. 8; von „anhaften" spricht Magnus, in: Honsell, Art. 35 CISG, Rn. 3.

derselben im deutschen Recht auch unabhängig vom Kaufrecht erfüllt wären. Der nationale Gesetzgeber hat bei der Richtlinienumsetzung lediglich zu beachten, dass sich der Regelungsgehalt der Richtlinie auch im nationalen Recht widerspiegelt, wobei ihm jedoch die Auswahl der Form und Mittel freigestellt sind.[484]

Die Richtlinie schreibt zwingend vor, dass dem Käufer bei Vertragswidrigkeit des Kaufgegenstandes bestimmte Rechte, u.a. Nacherfüllung und Minderung (Art. 3 VerbrgütKaufRil), zustehen müssen. Der europäische Gesetzgeber hat jedoch nicht entschieden, dass sich diese Rechte zwingend aus dem nationalen Kaufrecht ergeben müssen. Es würde mit anderen Worten keinen Widerspruch zur Richtlinie darstellen, wenn sich die geforderten Käuferrechte auch aus der Haftung für vorvertragliche Pflichtverletzungen im Sinne des bisherigen *c.i.c.* (§§ 311 Abs. 2, 241 Abs. 2, 280 Abs. 1 BGB) ergeben würden. Die Vorgaben der Richtlinie sind dann unabhängig von der konkreten Auslegung des Beschaffenheitsbegriffes in § 434 BGB gewahrt.

Das hängt allerdings davon ab, ob die für den Käufer in der Richtlinie vorgesehenen Rechte der Nacherfüllung sowie des Rücktritts und der Minderung auch von einem Vertretenmüssen des Verkäufers abhängig gemacht werden können, denn Ansprüche aus §§ 311 Abs. 2, 241 Abs. 2, 280 Abs. 1 BGB setzen ein solches beim Schuldner voraus.[485] Zwar ist der Richtlinie nicht eindeutig zu entnehmen, ob dem Verkäufer eine *culpa*-Haftung oder eine Garantiehaftung auferlegt wird.[486] Naheliegender, da auch im UN- Kaufrecht vorzufinden, ist die verschuldensunabhängige Verpflichtung des Verkäufers, dem Mangel abzuhelfen.[487] Dieser entspricht nur der verschuldensunabhängige Nacherfüllungsanspruch sowie das verschuldensunabhängige Recht zur Minderung und zum Rücktritt. Würden Fälle im Anwendungsbereich der Richtlinie nicht über die §§ 433 ff. BGB, sondern über die vorvertragliche Informationshaftung geregelt, blieben dem Käufer diese Rechte vorenthalten, da sie vom Verschulden des Verkäufers abhängig wären.[488] Wegen der Möglichkeit des Entlastungsbeweises des § 280 Abs. 1 Satz 2 BGB kann auch die Verschuldensvermutung die strengeren Haftungsvoraussetzungen nicht egalisieren. Zudem entspricht § 475 BGB dem in der Richtlinie enthaltenen Postulat der Unabdingbarkeit der Verbraucherrechte, wonach insbesondere die in § 437 BGB benannten Rechte dem Verbraucher zwingend zustehen müssen. § 475 BGB ist jedoch nur bei einem Mangel des Kaufgegenstandes eröffnet und damit von der Reichweite des Be-

---

[484] Schweitzer, Rn. 344.

[485] Dabei wird hier vorausgesetzt, dass dem Käufer bei einer vorvertraglicher Informationspflichtverletzung sowohl Rücktritt als auch Minderung kraft Naturalrestitution zustehen.

[486] Honsell, JZ 2001, 278, 279.

[487] Schäfer/Pfeiffer, ZIP 1999, 1829, 1830.

[488] Canaris, in: Karlsruher Forum, S. 60.

schaffenheitsbegriffes abhängig. Rechte des allgemeinen Leistungsstörungsrechtes wie die Haftung aus §§ 311 Abs. 2, 241 Abs. 2, 280 Abs. 1 BGB sind von der Schranke des § 475 BGB gar nicht erfasst.[489] Somit wird eine ordnungsgemäße Umsetzung der Richtlinie nur über die kaufrechtlichen Vorschriften erreicht.

Daher bestimmt der europarechtliche Mangelbegriff auch die Auslegung des nationalen kaufrechtlichen Sachmangelbegriffes. Zwingende Vorgaben können aus dem europarechtlichen Kontext allerdings nicht abgeleitet werden. Eine endgültige Klärung darüber, ob der europarechtliche Mangelbegriff auf Merkmale beschränkt ist, die ihren Grund in der körperlichen Beschaffenheit der Sache haben, wird wohl erst nach einem Urteil des EuGH zu erwarten sein.[490]

b) grammatikalische Auslegung

Soweit sich aus den übergeordneten Normen keine zwingende Interpretation ergibt, ist am Anfang jeder Auslegung der Wortlaut zu untersuchen. Dieser zieht der Ausdehnung des Begriffes eine feste Grenze.[491] Naturgemäß wird die Beschaffenheit in erster Linie durch physische Merkmale des Kaufgegenstandes festgelegt. Zur Frage, ob Umweltbeziehungen und Angaben im Jahresabschluss dazu gehören, gibt der Wortlaut nicht viel her. Ein spezifisch juristischer Bedeutungsgehalt ist Beschaffenheit nicht immanent. Statt von der Beschaffenheit bei Gefahrübergang kann man im allgemeinen Sprachgebrauch auch vom aktuellen Zustand der Sache sprechen.[492] In § 434 Abs. 1 Satz 3 BGB liest man: „Zu den Beschaffenheiten gehören auch Eigenschaften..." Dies kann zum einen bedeuten, dass Beschaffenheit und Eigenschaften synonym zu verstehen sind, wobei dadurch nicht geklärt wird, was Eigenschaften sind, sofern man nicht auf die Rechtsprechung zu §§ 119 Abs. 2, 459 Abs. 2 BGB a.F. zurückgreifen möchte.[493] Andererseits ist es aufgrund des Wortes „auch" denkbar, dass neben Eigenschaften noch andere Merkmale die Beschaffenheit ausmachen können, mithin Beschaffenheit weiter geht als Eigenschaft.[494] Eine solche Deutung ist mit dem allgemeinen Sprachgebrauch durchaus vereinbar. Des Weiteren verlangt der Wortlaut, anders als der frühere § 459 Abs. 1 BGB, nicht mehr, dass die Sache mit einem Fehler „behaftet" sein muss, so dass der Schluss auf einen quali-

---

[489] Berger, JZ 2004, 276, 279.

[490] Lehmann, JZ 2000, 280, 282.

[491] BGHZ 46, 74, 76; U. Huber, AcP 202 (2002), 179, 228; Larenz, S. 305 ff.

[492] Auch der BGH spricht in BGHZ 90, 198, 202 von „Zustand".

[493] Dies vermuten Grigoleit/Herresthal, JZ 2003, 233, 237, da eine Wiederholung vermieden werden soll. Keinesfalls soll Eigenschaft von Beschaffenheit abgegrenzt werden.

[494] Wolf/Kaiser, DB 2002, 411, 412; von Gierke/Paschen, GmbHR 2002, 457, 462; dieses Verständnis gewinnt wohl auch Gaul, ZHR 166 (2002), 35, 46.

fizierten Sachbezug nicht mehr zwingend ist.[495] Allerdings erfordert jede Beschaffenheit einen Bezugspunkt, eine isolierte Interpretation ist nicht möglich. Es handelt sich immer um die Beschaffenheit von etwas, nämlich des jeweiligen Kaufgegenstandes.[496] Ein Umstand, der mit dem Kaufgegenstand nichts zu tun hat, ist nicht seine Beschaffenheit. Letztere verlangt zumindest eine Bezug zwischen Kaufgegenstand und mangelbegründenden Umstand. Wenn sich der Mangelbegriff auf der Basis des subjektiven Fehlerbegriffs auf alle Abweichungen von der vertraglichen Vereinbarung erstrecken sollte, hätte man auf den Begriff Beschaffenheit auch verzichten können, ihm käme dann keinerlei Unterscheidungskraft mehr zu.[497] Damit ist eine stark extensive Auslegung nicht vom Wortlaut gedeckt. Vielmehr ist ein Bezug zum Kaufgegenstand erforderlich. Dieser ist jedoch bei Umweltmängeln in der Regel vorhanden. Sie ergeben sich aus der Beziehung der Sache zur Umwelt. Auch die Angaben im Jahresabschluss beziehen sich auf den Kaufgegenstand Unternehmen.

Bei der Analyse des Wortlautes sprechen die bessere Argumente somit zwar für eine extensivere Auslegung als bisher, allerdings ist die klare Grenze da erreicht, wo es an einem spezifischen Bezug zum Kaufgegenstand fehlt. Eine genaue Aussage über die Reichweite der Beschaffenheit eines Unternehmens lässt der Wortlaut jedoch nicht zu.

c) systematische Auslegung

Bei der systematischen Auslegung wird die zu konkretisierende Norm im Zusammenhang mit anderen Bestimmungen untersucht.[498] Auch hieraus ergeben sich Anhaltspunkte, welche Kriterien für die Beschaffenheit des Kaufgegenstandes relevant sind.

Einer der Grundpfeiler des neuen Leistungsstörungsrecht besteht darin, die Mangelfreiheit des Kaufgegenstandes zur primären Erfüllungspflicht des Verkäufers anzuheben. Mit Hilfe der gewährleistungsrechtlichen Beschaffenheitsvereinbarung wird die Leistungspflicht des Verkäufers festgelegt.[499] Dadurch wird die Erfüllungspflicht mit dem Gewährleistungsrecht verknüpft.[500] Die Vereinbarung der vertraglichen Leistungspflichten ist jedoch Kernbestand der grundrechtlich geschützten Privatautonomie der Parteien (§ 311 Abs. 1 BGB).[501]

---

[495] Buck, in: Westermann, Schuldrecht 2002, S. 121.
[496] Auf diesen Bezug zwischen Beschaffenheit und Zustand des Kaufgegenstandes weisen ausdrücklich Kindl, WM 2003, 409, 411 und Canaris, in: Karlsruher Forum, S. 61 u. 65 hin.
[497] Grigoleit/Herresthal, JZ 2003, 118, 123; Kindl, WM 2003, 409, 411.
[498] Zippelius, § 10, III (S. 48).
[499] Knott, NZG 2002, 249, 251.
[500] Zimmer/Eckhold, Jura 2002, 145, 146.
[501] Starck, in: v. Mangoldt/Klein/Starck, Art. 2 GG, Rn. 136, m.w.N.

Eine Einschränkung ist somit nur in engen Grenzen zulässig, wie die §§ 134, 138 BGB und § 306 BGB a.F. zeigen. Das Gesetz sanktioniert lediglich die Pflichtverletzung, legt jedoch nur in engen Grenzen das jeweilige Pflichtenprogramm fest. Dieses steuern die Parteien über ihre gemeinsamen Vereinbarungen.[502] Daher muss denknotwendig jedes nachteilige Abweichen vom vereinbarten Leistungsprogramm bei konsequenter Anwendung des subjektiven Fehlerbegriffes auch einen Sachmangel begründen.

Der Kontext der übrigen mit der Schuldrechtsreform verbundenen Änderungen im BGB betont sogar eine Stärkung der Privatautonomie, was sich nicht zuletzt an der Aufhebung des § 306 BGB a.f. manifestiert. Damit führt die anfängliche Unmöglichkeit nun nicht mehr zur Nichtigkeit des Vertrages (insoweit klarstellend § 311a Abs. 1 BGB). Die Parteien können sich sogar über den Verkauf einer Sache mit solchen Beschaffenheiten einigen, die objektiv gar nicht vorliegen. Dies war ihnen bisher durch die Rechtsordnung verwehrt. Hieraus ergibt sich dann als „*Argumentum a majore ad minus*", dass es erst recht möglich sein muss, eine Beschaffenheit, die dem Kaufgegenstand tatsächlich, wenn auch nicht dauerhaft, anhaftet, zu vereinbaren.[503] Wenn den Parteien durch eine restriktive Auslegung des Beschaffenheitsbegriffs nur ein kleines Spektrum aller zur Beschreibung des Kaufgegenstandes tauglichen Merkmale zugestanden wird, läuft die beabsichtigte Stärkung der Privatautonomie ins Leere.[504] Daher bedingt eine Ausweitung der Privatautonomie auch eine Ausweitung der vereinbarungsfähigen Beschaffenheit des Kaufgegenstandes.

Zudem ergibt sich aus dem Gesetz für die bisherige Differenzierung zwischen fehlerbegründenden Beschaffenheitsmerkmalen und zusicherungsfähigen Eigenschaften kein Anhaltspunkt mehr. In „Beschaffenheit" gehen nun beide Begriffe auf.[505] Dies ergibt sich aus §§ 443, 444 BGB, der die bisherige Eigenschaftszusicherung als Beschaffenheitsgarantie mit im wesentlichen identischen Rechtsfolgen übernimmt.[506] Eine Einengung des Beschaffenheitsbegriffs war mit der

---

[502] Schulte-Nölke, ZGS 2002, 72, 73.

[503] Von Gierke/Paschen, GmbHR 2002, 457, 463.

[504] Triebel/Hölzle, BB 2002, 521, 525; Reinicke/Tiedtke, Rn. 310; Schulze/Ebers, JuS 2004, 462, 463.

[505] Gronstedt/Jörgens, ZIP 2002, 52, 54; Eidenmüller, ZGS 2002, 290, 295; Wolf/Kaiser, DB 2002, 411, 412; Weidenkaff, in: Palandt, § 434 BGB, Rn. 12; Faust, in: Bamberger/Roth, § 434 BGB, Rn. 21; Büdenbender, in: Dauner-Lieb/ Büdenbender, S. 5, 29 f.; P. Huber, in: Huber/Faust, 12. Kap., Rn. 23.

[506] Begr. RegE, BT-Drucks. 14/6040, S. 132 und 212 f.; vgl. auch die Beschlussempfehlung des Rechtsausschusses, BT-Drucks. 14/7052, S. 197; sowie die Gegenäußerung der Bundesregierung zur Stellungnahme des Bundesrates, BT-Drucks. 14/6857, S. 61; diesen folgend: Amann/Brambring/Hertel, S. 14 u. S. 77; Wolf/Kaiser, DB 2002, 411, 412. Zwar wird in § 434 Abs. 1 Satz 3 BGB erneut der Begriff Eigenschaft benutzt, dieser dient jedoch lediglich der Wiedergabe von Art. 2 Abs. 2 lit. d VerbrKriLi.

Neufassung nicht bezweckt.[507] Ebenso lässt sich § 443 BGB entnehmen, dass die Beschaffenheit des Kaufgegenstandes nicht von einer bestimmten Dauer abhängig ist, gleichgültig ob kurz oder lang, so dass auch nur momentane Eigenarten des Gegenstandes von seiner Beschaffenheit erfasst sind.[508] Daher muss aus systematischen Erwägungen sowohl vom Kriterium des Anhaftens als auch von dem der Dauer zukünftig Abstand genommen werden.[509]

Des Weiteren ging die klare Intention des Reformgesetzgebers dahin, das geltende Recht zu vereinfachen.[510] Dies schlägt sich darin nieder, dass im Zusammenhang mit der Schuldrechtsreform Fallgruppen, die bisher nicht über das Kaufrecht gelöst wurden, nun als Sachmangel aufgefasst werden, wie die Montagemängel (§ 434 Abs. 2 BGB), öffentliche Werbeaussagen des Herstellers (§ 434 Abs. 1 Satz 2 BGB), die „*Aliud*"- Lieferung und die Mankolieferung (§ 434 Abs. 3 BGB). Auch eine fehlerhafte Montageanleitung führt zu einem Sachmangel des Kaufgegenstandes, obwohl die Anleitung dem Kaufgegenstand kaum anhaftet. Aus den übrigen Mangelkriterien des § 434 BGB ist daher zu entnehmen, dass dem Kaufrecht ein breiterer Anwendungsraum zugedacht wurde. Nicht zuletzt § 434 Abs. 3 BGB dokumentiert den Vereinfachungsgedanken, da die mitunter schwierige Abgrenzung zwischen „*peius*" und „*aliud*" unter der alten Rechtslage zukünftig hinfällig wird. Sogar bei der Lieferung eines völlig anderen Kaufgegenstandes, ist das kaufrechtliche Gewährleistungsrecht mit dessen besonderen Voraussetzungen einschlägig. Damit ist es jedoch nicht vereinbar, wenn infolge eines engen Beschaffenheitsbegriffes die Lieferung einer den Vertragserwartungen nicht entsprechenden Sache, die dieser aber immer noch eher entspricht als die Lieferung eines völlig anderen Kaufgegenstandes (= „*aliud*"), aus dem Kaufrecht verdrängt und allein der vorvertraglichen Haftung aus §§ 311 Abs. 2, 241 Abs. 2, 280 Abs. 1 BGB überantwortet würde. Die Vereinfachungsintention des Gesetzgebers würde so in ihr Gegenteil verkehrt und schwierige Abgrenzungsfragen provozieren. Aus dem systematischen Zusammenhang des neu geregelten Kaufrechts ergibt sich daher, dass für ein von den §§ 433 ff. BGB abweichendes Sonderrecht in Form der *c.i.c.* (§§ 311 Abs. 2, 241 Abs. 2, 280 Abs. 1 BGB) kein Bedarf besteht.[511] Somit spricht die systematische Auslegung für eine Ausweitung des Mangelbegriffes.

Gleichzeitig setzt das systematische Verständnis einem extrem extensiven Beschaffenheitsbegriff insoweit Grenzen, als sich die Kriterien des § 434 Abs. 1

---

[507] Eidenmüller, ZGS 2002, 290, 295.
[508] Eidenmüller, ZGS 2002, 290, 295; Wolf/Kaiser, DB 2002, 411, 412; im Ergebnis auch Faust, in: Bamberger/Roth, § 434 BGB, Rn. 27.
[509] Im Ergebnis ebenso Fritzen, S. 36f.; für das Kriterium der Dauerhaftigkeit jedoch Jagersberger, S. 136f.
[510] Vgl. nur die Begr. zum RegE, BT-Drucks. 14/6040, S. 97 f.
[511] Schröcker, ZGR 2005, 62, 80.

Satz 2 BGB nur durch Umstände definieren, die sich auf die Kaufache selbst beziehen.[512] Denn ein Verwendungszweck oder eine gewöhnliche Verwendung wird nur durch Faktoren determiniert, die im Zusammenhang mit dem Kaufgegenstand stehen. Daher dürfen bei der Konkretisierung der vereinbarungsfähigen Beschaffenheit nicht die übrigen Sätze des § 434 Abs. 1 BGB übersehen werden, so dass ein Umstand, der in keinem Zusammenhag zum Kaufgegenstand steht, auch nicht als dessen Beschaffenheit anzusehen ist.

Als Ergebnis der systematischen Untersuchung ist daher festzuhalten:

Das Tatbestandsmerkmal Beschaffenheit ist extensiver zu interpretieren als noch zu § 459 Abs. 1 BGB a.F. Ein Korrektiv der Dauerhaftigkeit oder des Anhaftens ist zukünftig obsolet. Jedes Merkmal muss noch insoweit im Zusammenhang zum Kaufgegenstand stehen, als es auch zur Beschreibung der vertraglich vorausgesetzten oder üblichen Verwendung taugt.

d) historische Auslegung

Durch die historische Auslegung wird die Entstehungsgeschichte der Norm in die Untersuchung miteinbezogen. Diese ergibt sich aus den Materialien zum Gesetz, insbesondere der Regierungsbegründung.[513]

Zunächst stellt sich aber die Frage, inwieweit sich hieraus verbindliche Kriterien für die Auslegung des Gesetzes ableiten lassen. Teilweise wird die Relevanz darauf reduziert, ein schon anderweitig gewonnenes Auslegungsergebnis lediglich zu verifizieren.[514] Andererseits soll die Entstehungsgeschichte gleichwertig zu den anderen Auslegungsregeln stehen.[515] Festzuhalten ist, dass Aussagen in den Gesetzesmaterialien keine endgültige Bindung des Rechtsanwenders erzeugen können.[516] Gleichzeitig stellen sie aber mehr als einen „bloßen Diskussions-

---

[512] Faust, in: Bamberger/Roth, § 434 BGB, Rn. 30; anders wohl Wolf/Kaiser, DB 2002, 411, 412, für die sich die fehlende Eignung im Sinn von § 434 Abs. 1 Satz 2 Nr. 1 BGB auch aus sonstigen äußeren Umständen ergeben kann.

[513] Dazu gehört in erster Linie die Begründung des RegE, BT-Drucks. 14/6040, der trotz einiger Detailänderungen in seiner Grundstruktur und in seinen Grundentscheidungen später Gesetz wurde; ferner kann auch auf den Diskussionsentwurf (abgedruckt bei Krebs, DB-Beilage Nr. 14/2000, 1 ff.), die Konsolidierte Fassung (abgedruckt bei Canaris, JZ 2001, 499), die Stellungnahme des Bundesrates zum RegE, BT-Drucks. 14/6857, S. 6 ff; die Gegenäußerung der Bundesregierung hierzu, BT-Drucks. 14/6857, S. 42 ff. sowie die Beschlussempfehlung des Rechtsausschusses, BT- Drucks. 14/7052 zurückgegriffen werden.

[514] BVerfGE 1, 299, 312; BGHZ 33, 321, 330.

[515] BGHZ 3, 162; BGHZ 17, 266; BGHZ 46, 74, 80, m.w.N.; BVerfGE 11, 126, 130.

[516] Heinrichs, in: Palandt, Einleitung BGB, Rn. 37; U. Huber, AcP 202 (2002), 179, 232; Gruber, MDR 2002, 433, 437.

beitrag"[517] dar. Die Materialien erläutern den Gesetzeszweck und haben bei der Auslegung des Gesetzestextes ein hohes, aber nicht verbindliches Gewicht.[518] Dies ergibt sich schon aus den Grundsätzen der Gewaltenteilung. Im demokratischen Rechtsstaat obliegt dem Parlament die Gesetzgebung. Die Judikative kann sich über Entscheidungen des Gesetzgebers nicht dadurch hinwegsetzen, dass Äußerungen der Exekutive herangezogen werden.[519]

Die Materialien zum Gesetz enthalten sich leider einer genaueren Konkretisierung. Zwar ist es zu bedauern, dass an einer zentralen Stelle des Gesetzgebungsvorhabens keine Farbe bekannt wurde, doch muss auch berücksichtigt werden, dass eine starre Definition von Beschaffenheit dem Gesetzesverständnis nicht unbedingt förderlich ist. Mit dem Verzicht auf eine allgemeingültige Legaldefinition schafft das Gesetz für die Rechtsprechung den nötigen Freiraum, um das Gesetz auch in der Zukunft zeitgemäß anzuwenden und die nötige Einzelfallgerechtigkeit zu gewährleisten.

Nachdrücklich sei davor gewarnt, vorschnelle Folgerungen aus der Regierungsbegründung zu ziehen. Diese lässt sich weder im Sinne einer extensiven noch einer restriktiven Auslegung interpretieren. Namentlich ist den Materialien nicht zu entnehmen, dass es unerheblich sei, ob der betreffende Zustand von Dauer sei bzw. außerhalb des Kaufgegenstandes liege.[520] Dies wird vielmehr ausdrücklich offen gelassen: „Insbesondere soll nicht entschieden werden..."[521] Genauso wenig kann auch die Zugrundelegung des subjektiven Fehlerbegriffs[522] auf eine Eingrenzung der Beschaffenheit im Sinne der bisherigen Rechtsprechung verstanden werden.[523] Dies kann nur bedeuten, dass der Vergleich zwischen Soll- und Ist-Beschaffenheit maßgeblich ist, er sagt aber nichts über die Beschaffenheit als solche aus. Eine enge Auslegung iSd § 459 Abs. 1 BGB a.F. war mit dem Terminus „Beschaffenheit" gerade nicht beabsichtigt.[524]

---

[517] U. Huber, AcP 202 (2002), 179, 232, der sich darauf beruft, dass die Materialien nicht Gegenstand der parlamentarischen Abstimmung des Gesetzgebers waren. Ebenso offensichtlich Grigoleit/Herresthal, JZ 2003, 118, 126.

[518] Canaris, in: Karlsruher Forum, S. 144 f., für den die Zustimmung im Parlament auch die Begründung des Regierungsentwurfes umfasst.

[519] Zippelius, § 10, II (S. 46).

[520] Dies behaupten aber Dauner-Lieb/Thiessen, ZIP 2002, 108, 110 unter Bezug auf die Begr. zum RegE, BT-Drucks. 14/6040, S. 213.

[521] Begr. RegE, BT-Drucks. 14/6040, S. 213. Auf diesen Widerspruch weist auch Häublein, NJW 2003, 388, 390 hin.

[522] Begr. RegE, BT-Drucks. 14/6040, S. 80 und 210.

[523] Hierauf bezieht sich das OLG Hamm, NJW-RR 2003, 1360, vgl. auch Weidenkaff, in: Palandt, § 434 BGB, Rn. 11f.; Westermann, in: MünchKomm-BGB, § 434, Rn. 5. Gegen eine solche Interpretation Schmidt, BB 2005, 2763.

[524] Ohne nähere Begründung: Gruber, MDR 2002, 433, 435, Fn. 25; ähnlich Schröcker, ZGR 2005, 63, 76.

Auch lässt sich nichts daraus herleiten, dass als Beispiel für eine Beschaffenheit nach § 433 Abs. 1 Satz 3 BGB der Kraftstoffverbrauch eines Autos genannt wird.[525] Diese Aussage darf nicht in dem Sinne missverstanden werden, die Gesetzesverfasser beabsichtigten, vom Erfordernis des Sachbezugs Abstand zu nehmen.[526] Auch unter der alten Rechtslage konnte sich für den BGH der Kraftstoffverbrauch als Fehler des Autos auswirken.[527] Hierin zeigt sich lediglich die Inkonsistenz der bisherigen Rechtsprechung. Wieso haftet der Benzinverbrauch dem Auto als solchen an, Umsatzangaben dem Unternehmen aber nicht? Gleiches gilt bei unrichtigen Eintragungen im KFZ- Brief, die ebenfalls einen Fehler begründen können.[528] Dies verdeutlicht nur die schwierigen Abgrenzungsfragen, die mit einem solchen Korrektiv verbunden sind. Anhaltspunkte für die zukünftige Auslegung ergibt eine solche Bemerkung nicht, wenngleich man dem Gesetzgeber zumindest das Eröffnen der Möglichkeit einer vom früheren Recht abweichenden Auslegung nicht absprechen darf.[529]

Dem Unternehmenskauf als solchen werden nur wenige Zeilen gewidmet: Diesen ist immerhin zu entnehmen, dass die am Gesetzgebungsverfahren Beteiligten eine Ausdehnung des Anwendungsbereiches des Gewährleistungsrechts beabsichtigt zu haben scheinen, wenn sie darauf verweisen, dass die Gründe, die den BGH beim Unternehmenskauf zum Ausweichen auf die *c.i.c.* veranlasst haben, mit der Neuregelung weitgehend entfallen seien.[530] Diese Überlegung wurde auch in der Literatur aufgegriffen und als Argument dafür fruchtbar gemacht, dass sich der Anwendungsbereich des gesetzlichen Gewährleistungsrechts unter der neuen Rechtslage erweitern wird.[531]

Indes kann mit einer solch kurzen Passage keine endgültige Entscheidung über die Haftungsverortung beabsichtigt gewesen sein.[532] Schließlich lehnt sich das neue Kaufrecht wie die Richtlinie am UN-Kaufrecht an,[533] welches den Mangel-

---

[525] Begr. RegE, BT-Drucks. 14/6040, S. 214.

[526] So aber Gaul, ZHR 166 (2002), 35, 46.

[527] BGHZ 132, 55.

[528] OLG Hamm, NJW 1953, 386, vgl. aber auch BGH, NJW 1953, 1505.

[529] Von Gierke/Paschen, GmbHR 2002, 457, 462.

[530] Begr. RegE, BT-Drucks. 14/6040, S. 242, ausdrücklich wird auf das neue Nachbesserungsrecht, dem neuen Schadensersatzanspruch bereits bei Fahrlässigkeit und die neue Verjährungsregelung hingewiesen; zur Kritik an dieser Einschätzung: Huber, AcP 202 (2002), 179, 231.

[531] Eidenmüller, ZGS 2002, 290, 295; Knott, NZG 2002, 249, 251; Seibt/Reiche, DStR 2002, 1135, 1138; zu weitgehend Gaul, ZHR 166 (2002), 35, 46.

[532] Gruber, MDR 2002, 433, 435.

[533] Vgl. RegBegr, BT-Drucks. 14/6040, S. 92 f., das Schuldrechtsmodernisierungsgesetz beruht auf den Vorgaben der Schuldrechtskommission aus dem Jahre 1992, die sich ihrerseits auch am UN-Kaufrecht orientierte, BMJ, Abschlußbericht der Kommission zur Überarbeitung des Schuldrechts, S. 19 f.

begriff auf sachbezogene Merkmale beschränkt und ein restriktives Verständnis nahe legt. Eindeutige Indizien gibt somit die historische Auslegung nicht her!

e) teleologische Auslegung

Endlich muss man sich auch der Teleologie des § 434 BGB als Einlasskriterium zum kaufrechtlichen Gewährleistungsrecht widmen. Die Auslegung der Vorschrift ist eng verknüpft mit dem Ziel, das das Gesetz mit einem speziellen Kaufgewährleistungsrecht verfolgt.

Dazu bedarf es einer umfassenden Analyse statt sich auf kurzsichtige Schlussfolgerungen zu beschränken. Auf der einen Seite kann eine extensive Auslegung des Beschaffenheitsbegriffs nicht ausschließlich mit dem Argument gerechtfertigt werden, dass die Gründe, die unter der alten Rechtslage zum Ausweichen auf die *c.i.c.* zwangen, nun weggefallen sind.[534] Der Abgrenzung zwischen Kaufrecht und *c.i.c.* lagen zwar in der Tat weniger dogmatische Erwägungen zugrunde als ein Bemühen um interessengerechte Ergebnisse,[535] so dass der rechtspolitische Anreiz, dem Kaufrecht auszuweichen, nun zum großen Teil verloren gegangen ist. Doch kann die Lösung des Problems nicht darauf reduziert werden, eine bestimmte Haftungskonzeption allein mit der Umgehung eines unliebsamen Regelungsmodells zu erklären. Die Prüfung der Sachgerechtigkeit der Rechtsfolgen ist eine sinnvolle Kontrollüberlegung, kann jedoch eine dogmatische Begründung kaum ersetzen.

Auf der anderen Seite kann der Verweis auf die Vertragspraxis kaum als ausschlaggebendes Argument für einen restriktiven Beschaffenheitsbegriff und damit eine stärkere Berücksichtigung der in §§ 311 Abs. 2, 241 Abs. 2, 280 Abs. 1 BGB kodifizierten *c.i.c.* herangezogen werden.[536] Auch wenn die rechtsberatende Praxis in ihren autonomen Vertragswerken das Kaufrecht ausschließt und

---

[534] In Erinnerung zu rufen ist insbesondere die Annäherung (aber nicht Angleichung) der unterschiedlichen Verjährungsfristen bei der *c.i.c.* und den §§ 434 ff. BGB sowie die Schaffung eines kaufrechtlichen Schadensersatzanspruches bereits bei Fahrlässigkeit, der wie bei der *c.i.c.* flexibel mittels § 254 BGB gekürzt werden kann; daneben bietet das breit gefächerte Rechtsfolgensystem des neuen Kaufrechts eine große Flexibilität und Anpassungsfähigkeit; zsfs.: Gaul, ZHR 166 (2002), 35, 43 ff. Diese Argumentation nimmt die Regierungsbegründung auf, BT- Drucks. 14/6040, S. 242; ihr folgend Gronstedt/Jörgens, ZIP 2002, 52, 53; Gaul, ZHR 166 (2002), 35, 42; Wolf/Kaiser, DB 2002, 411, 412; Triebel/Hölzle, BB 2002, 521, 525; Knott, NZG 2002, 249, 251; Gruber, MDR 2002, 433, 436; Seibt, DStR 2002, 1135, 1137 f.; Faust, in: Bamberger/Roth, § 434 BGB, Rn. 21; für die zumindest eine noch restriktivere Auslegung dadurch nicht gangbar ist.

[535] Begr. RegE, BT-Drucks. 14/6040, S. 211 f.; Honsell, in: Staudinger, § 459 BGB a.F., Rn. 37; Hiddemann, ZGR 1982, 435, 437; Zimmer, NJW 1997, 2345, 2347.

[536] Hierin sieht aber U. Huber, AcP 202 (2002), 179, 210 ff. das entscheidende Argument gegen die Anwendung der kaufrechtlichen Gewährleistung beim Unternehmenskauf.

durch Abgabe selbständiger Garantien des Verkäufers flankiert mit einer „*culpa*"- Haftung als Auffanglösung ersetzt,[537] kann das keine zwingende Vorgabe für die Auslegung des positiven Rechts sein. Wer aus der Vertragsgestaltung Rückschlüsse auf die Gesetzesanwendung zieht, verkürzt die Regelungskompetenz des Gesetzgebers und verwischt die Verantwortlichkeiten im demokratischen Rechtsstaat. Ein dispositiver Gesetzestext ermöglicht den Parteien, unabhängig vom Gesetzestext eigene Regelungen zu entwickeln. Der Gesetzgeber hat diesen Freiraum bewusst geschaffen. Dann kann von ihm aber im Umkehrschluss nicht verlangt werden, sich nun selbst an den daraus resultierenden Entwicklungen in der Praxis zu orientieren.

Die Annäherung der Rechtsfolgen der kaufrechtlichen und quasivertraglichen Haftung lenkt die Aufmerksamkeit vielmehr auf das eigentliche Problem: Welche Merkmale eines Kaufgegenstandes, insbesondere bei einem Unternehmen die so praxisrelevanten Fälle der fehlerhaften Angaben in Jahresabschlüssen, müssen sich aus dem Sinn und Zweck der Vorschrift als Beschaffenheit desselben darstellen und kaufrechtlich abzuwickeln sein.[538] Die Teleologie der Vorschrift und damit einhergehend die Konkretisierung des Beschaffenheitsbegriffs erhellen sich primär aus ihrem originären Anwendungsbereich, die dann über § 453 Abs. 1 BGB auf andere Kaufgegenstände zu übertragen sind.

Die §§ 433 ff. BGB sind im originären Anwendungsbereich auf den Sachkauf zugeschnitten. Das Charakteristikum einer Sache ist die körperliche Wahrnehmbarkeit (§ 90 BGB). Diese Prämisse zieht sich durch das gesamte Gewährleistungsrecht. Die Beschaffenheit einer Sache ist ohne weiteres mit den menschlichen Sinnen erfassbar. Daher steht es auch völlig unstreitig, dass negative Abweichungen von der physischen Beschaffenheit stets einen Sachmangel begründen.[539] Daneben knüpft die Vorschrift des § 442 Abs. 1 BGB an die körperliche Struktur der Sache als solche an, indem die Gewährleistungsrechte des Käufers ausgeschlossen werden, wenn er Kenntnis vom Mangel hatte. Eine solche Kenntnis bzw. die grob fahrlässige Unkenntnis setzt die Untersuchungsmöglichkeit beim Käufer voraus, was wiederum auf der körperlichen Wahrnehmbarkeit beruht. Zwar kann der Käufer über bestimmte Mängel auch durch Dritte unterrichtet werden, doch handelt es sich dabei um einen Ausnahmefall. Die Gesetzesverfasser hatten den Regelfall der vorherigen Untersuchung vor Augen, was sich nicht zuletzt an der Regelung des § 437 BGB a.F. zeigte. Falls nämlich, wie beim Rechtskauf, eine vorherige Untersuchung mangels visueller Wahrnehmbarkeit nicht möglich ist, ordnete der Gesetzgeber im Gegensatz zu § 306 BGB a.F. eine verschuldensunabhängige Haftung des Verkäufers für den Bestand des

---

[537] So U. Huber, AcP 202 (2002), 179, 210 ff.

[538] Hierauf weist auch Weitnauer, NJW 2002, 2511, 2512 zurecht hin.

[539] Grigoleit/Herresthal, JZ 2003, 118, 124 sprechen insoweit vom paradigmatischem Anwendungsfall für den Beschaffenheitsbegriff.

Rechts an. Somit setzt § 442 BGB ebenfalls eine körperliche Struktur des Kaufgegenstandes voraus.

Gleiches gilt für § 438 Abs. 2 BGB, der zur Bestimmung des Verjährungsbeginns auf die Ablieferung der Sache abstellt, die ebenfalls die Körperlichkeit derselben impliziert. Zu diesem Zeitpunkt erlangt der Käufer die Sache in seine Gewalt und kann potentielle Mängel durch die Untersuchung der Sache erkennen. Daher muss der Käufer ab diesem Zeitpunkt im Gegenzug für die verschuldensunabhängige Haftung des Verkäufers auf Rücktritt und Minderung auch den Lauf der Verjährungsfrist hinnehmen.[540]

Die Verknüpfung mit der Körperlichkeit der Sache beim Sachkauf legt damit Reichweite und Grenzen des Beschaffenheitsbegriffs im originären Anwendungsbereich weiter fest. Das aufgrund der systematischen Analyse gewonnene Postulat hinsichtlich eines extensiven Verständnisses wird dahingehend weiter konkretisiert, dass zur Beschaffenheit einer Sache alle Merkmale gehören, die sich aus ihrem physischen Zustand ergeben. Darunter fällt nicht nur die Sachsubstanz, sondern auch alle an die Kaufsache nur mittelbar anknüpfenden Gegebenheiten, sofern diese sich aus der körperlichen Struktur der Sache heraus erschließen lassen und einen Bezug zu ihr aufweisen. Nicht zur Beschaffenheit der Sache gehören hingegen Umstände, die sich nicht auf die Sache beziehen, sondern ausschließlich auf eine Partei, Dritte oder Umstände außerhalb von ihr.[541] Während z.B. die planungsrechtliche Bebaubarkeit eines Grundstücks an seine Lage und damit an dessen körperliche Struktur in der Umwelt anknüpft, gilt dies umgekehrt für steuerliche Abschreibungsmöglichkeiten in der Person des Verkäufers nicht. Daher ist ersteres ein Beschaffenheitsmerkmal,[542] letzteres unstreitig nicht. Genauso zählt die Person des Künstlers bei einem Gemälde zu dessen Beschaffenheit, jedoch fehlt es an einem Bezug zur körperlichen Struktur und somit an einem Beschaffenheitsmerkmal, wenn der Verkäufer angibt, gleiche Gemälde desselben Künstlers befänden sich in bestimmten Museen.[543]

Ein extensives Verständnis wird zudem dadurch bestätigt, wenn bei der teleologischen Interpretation des Tatbestandsmerkmals „Beschaffenheit" auch der Zweck des gesamten Sonder-Kaufrechts berücksichtigt wird. Das besondere Kaufgewährleistungsrecht findet seine Rechtfertigung in der Ausbalancierung des Interessengegensatzes zwischen Käufer und Verkäufer, indem es die aus dem Abschluss eines Kaufvertrages resultierenden Risiken zwischen den beiden Parteien aufteilt, um die Äquivalenz zwischen empfangenem Gegenstand und bezahltem Preis sicherzustellen. Das natürliche Interesse des Verkäufers geht

---

[540] Wolf/Kaiser, DB 2002, 411, 419.
[541] Schmitt, BB 2005, 2763, 2765f.
[542] Ständige Rechtsprechung zur alten Rechtslage, vgl. BGH, NJW 1979, 2200, 2201; BGH, NJW 1986, 1605; BGH, NJW-RR 1987, 457; BGHZ 117, 159, 162; jeweils m.w.N.
[543] Beispiel bei Berger, JZ 2004, 276, 277.

dahin, einen möglichst hohen Kaufpreis zu erzielen, gleichzeitig aber nur geringe Zusagen über den Zustand des Verkaufsobjektes zu machen und bei einer Fehlerhaftigkeit desselben innerhalb eines nur kurzen Zeitraums haftbar gemacht werden zu können. Dagegen will der Käufer nur einen geringen Kaufpreis zahlen, umfassende Garantiezusagen des Verkäufers erhalten und diesen in einer möglichst langen Frist in Haftung nehmen können.

Den so grob umrissenen Interessengegensatz nimmt das Gewährleistungsrecht auf, indem es dem Käufer primär in Form der Nacherfüllung einen verschuldensunabhängigen Anspruch auf die mangelfreie Leistung zuspricht und ihm sekundär das Recht zu Rücktritt bzw. Minderung gibt. Die Einstandspflicht des Verkäufers folgt daraus, dass er dem Käufer eine bestimmte Leistung verspricht, für die er einen entsprechenden Preis fordert. Da sich der Kaufgegenstand in seinem Einflussbereich befand, hat er das Risiko der Mangelhaftigkeit zu tragen. Der Käufer zahlt diesen Preis, weil er, der den Kaufgegenstand nicht so genau kennt wie der Verkäufer, davon ausgehen kann, dass die Leistung des Verkäufers dessen bei Vertragsschluss getätigten Angaben entspricht oder zumindest bestimmte objektiven Kriterien einhält. Da sich der Kaufpreis auf den Zustand der Mangelfreiheit bezieht, ist der Käufer in seiner berechtigten Erwartung mangelfreier Ware zu schützen.[544] Weicht die tatsächliche Leistung des Verkäufers von der versprochenen ab, realisiert sich das typische Risiko eines Kaufvertrages. Der gezahlte Kaufpreis ist nicht mehr gerechtfertigt und die infolge des Mangels eingetretene Störung der subjektiven Äquivalenz zwischen Leistung und Gegenleistung ist unabhängig von einem Verschulden des Verkäufers zu egalisieren. Nur die weitergehende Einstandspflicht für Schäden beim Käufer ist an das Vertretenmüssen des Verkäufers gekoppelt (§§ 437 Nr. 3, 280 ff. BGB). Als Ausgleich für diese garantiemäßige Haftung des Verkäufers werden alle Rechte einer verkürzten, an objektive Kriterien anknüpfende, Verjährungsfrist unterstellt (§ 438 BGB). Innerhalb dieser Frist hat der Käufer den Mangel zu erkennen, so dass vom ihm erhöhte Aufmerksamkeit verlangt wird, was insoweit auch sachgerecht ist. Denn der Kaufgegenstand ist vom Risiko- und Einflussbereich des Verkäufers in den des Käufers übergegangen. Hieraus rechtfertigt sich auch die objektive Verjährung, da sich die Feststellung von Beschaffenheitsmängeln im Gegensatz zu Störungen, die gar nicht an den Gegenstand anknüpfen, nach längerer Zeit mitunter schwierig gestaltet.[545] Dadurch können Beweisschwierigkeiten vermieden und der Rechtsfrieden schnell wiederhergestellt werden.[546] Daneben wird auf diesem Weg auch das allgemeine marktwirtschaftliche Bedürfnis eines raschen Warenumsatzes gefördert.

---

[544] Honsell, in: Staudinger, vor § 459 BGB a.F., Rn. 3.
[545] BGH, WM 1974, 51, 52.
[546] U. Huber, in: Soergel, § 477 BGB a.F., Rn. 2, m.w.N.

Das Gewährleistungsrecht sichert damit die von den Parteien angenommene Gleichwertigkeit von Leistung und Gegenleistung ab. Diese ist beim Kauf dadurch gefährdet, dass der Käufer einen Kaufgegenstand aus dem Risiko- und Einflussbereich eines anderen erwerben will. Die Entscheidung zum Kauf und zur Höhe des Kaufpreises ergibt sich aus der Zusammenfassung aller wertbildenden Faktoren des Kaufgegenstandes, die durch dessen Beschaffenheit beeinflusst werden.[547] Dann muss umgekehrt auch jedes Merkmal, welches sich auf die Entscheidung über den Kauf und die Kaufpreishöhe auswirkt, auch als Beschaffenheit vereinbar sein.[548] Abweichende Vorstellungen über die wertbildenden Faktoren führen zu einer Störung des Äquivalenzverhältnisses, die über das Kaufrecht zu bereinigen ist. Somit korrespondieren wertbildende Umstände und Mängelhaftung, soweit erstere in den Vertrag einbezogen sind.[549] Der Wert einer Sache wird nicht nur durch die ihr physisch anhaftenden Merkmale determiniert, sondern auch durch andere Umstände wie etwa Umweltbeziehungen. Paradigmatisch sei an dieser Stelle die Anzahl der Voreigentümer bei einem Auto genannt. Diese tangieren nicht die Sachsubstanz, jedoch den Wert des KFZ. Daher sind Falschangaben zur Anzahl der Voreigentümer kaufrechtlich abzuwickeln, um das vertraglich ausgehandelte Äquivalenzverhältnis wiederherzustellen. Damit liefert die Frage, ob das Merkmal für den Wert des Kaufgegenstandes genauso aussagekräftig ist wie die physischen Merkmale, das entscheidende Abgrenzungskriterium bei außerhalb der Sachsubstanz liegenden Umständen. Es kommt für die Reichweite des Beschaffenheitsbegriffes und damit für die Anwendung der kaufrechtlichen Gewährleistungshaftung darauf an, dass einerseits die Störung in der Sphäre des Verkäufers begründet ist und andererseits die Störung das Äquivalenzverhältnis tangiert, so dass dem Käufer ein verschuldensunabhängiger Anspruch auf Wiederherstellung der Gleichwertigkeit von Leistung und Gegenleistung zuzugestehen ist, sei es durch Nacherfüllung, Minderung oder sogar Rücktritt. Diese ergeben sich ausschließlich aus den §§ 433 ff. BGB, da Ansprüche aufgrund fehlerhafter vorvertraglicher Information (§§ 311 Abs. 2, 241 Abs. 2, 280 Abs. 1 BGB) wegen der Möglichkeit des Entlastungsbeweises nach § 280 Abs. 1 Satz 2 BGB nicht den gleichen Schutz gewährleisten.

Hingegen können die mit einem Kauf verbundenen allgemeinen wirtschaftlichen Risiken und die bei jedem Schuldvertrag denkbaren Störungen nicht zu gewährleistungsrechtlichen Ansprüchen führen. Es macht keinen Unterschied, ob der Verkäufer seine Ware verspätet liefert oder der Werkunternehmer seine Arbeitsleistung zu spät erbringt. Genauso gehört das Risiko der Insolvenz eines Vertragspartners zu den allgemeinen Risiken des Wirtschaftsverkehrs. Auch verbleibt das Verwendungsrisiko in der Zukunft beim Käufer. Ändert sich das

---

[547] Dies wird explizit von Grigoleit/Herresthal, JZ 2003, 118, 121 konstatiert.
[548] Ähnlich Hommelhoff, S. 70.
[549] Auf das Problem der Vereinbarung wird noch zurückzukommen sein.

Marktumfeld plötzlich derart, dass der Kaufgegenstand nicht verwendbar ist, kann hierfür nicht der Verkäufer in Regress genommen werden.[550]

f) Zwischenergebnis

Die Auslegung des Terminus Beschaffenheit hat gezeigt, dass das überkommene Begriffsverständnis aufzugeben ist. Der neue Beschaffenheitsbegriff ist insoweit extensiv zu interpretieren, als er neben den körperlichen Merkmalen des Kaufgegenstandes alle Merkmale umfasst, die sich auf dessen Wert auswirken und einen Bezug zu ihm aufweisen. Dies gilt unabhängig davon, wie stark dieser ist und von welcher Dauer. Zwischen Störung und Kaufgegenstand muss ein derartiger Zusammenhang bestehen, dass sich das typische Risiko eines Kaufvertrages realisiert. Gleichzeitig kann keim umfassender Schutz für beliebige Falschangaben des Verkäufers vor Vertragsschluss gewährt werden. Einer grenzenlosen Privatautonomie ist dadurch Einhalt zu gebieten, dass es den Parteien nicht obliegt, jedes beliebige Merkmal zur Beschaffenheit anzuheben, sondern lediglich alle auf Basis eines weiten Beschaffenheitsbegriffs existierenden Merkmale zu vereinbaren. Egal, wie stark die Privatautonomie betont wird, der Mangel kann sich nur aus der Beschaffenheit der verkauften Sache ergeben.[551] Hier zieht das Gesetz eine deutliche Grenze. Den Parteien steht der Inhalt der Beschaffenheitsvereinbarung frei, aber nicht der Begriff Beschaffenheit als solcher. Daher ist die Haftung wegen vorvertraglicher Informationsverletzung auch nicht vollends ihres Anwendungsbereiches beraubt, sondern hat genau dort ihre Existenzberechtigung, wo der Beschaffenheitsbegriff aufhört.

3. Folgen für den Unternehmenskauf

Die besondere Struktur eines Unternehmens bedingt, dass es der körperlichen Wahrnehmung nur beschränkt zugänglich ist, weil es zum einen aus einer Vielzahl an Sachen und zum anderen aus diversen unkörperlichen Gegenständen besteht, wobei gerade letzteren bei der Wertbestimmung besonderes Gewicht zuteil wird. Der Käufer hat kaum eine Möglichkeit, das Unternehmen auf seinen Zustand im Gesamten zu untersuchen. Er ist vielmehr wesentlich auf Informationen des Verkäufers angewiesen, um den Zustand des Unternehmens einschätzen und eine Entscheidung über den Kauf treffen zu können.[552] Allein der Verkäufer hat die Kenntnisse bzw. ihm stehen eher die Möglichkeiten offen, diese

---

[550] Hingegen kann der Käufer auf seine Gewährleistungsrechte zurückgreifen, wenn der Kaufgegenstand nicht der vertraglich vorausgesetzten Verwendung genügt, wie etwa bei der fehlenden Eignung, diesen an einem bestimmten Ort aufzustellen. Dann handelt es sich zweifellos um eine Beschaffenheit des Kaufgegenstandes.
[551] Oetker/Maultzsch, § 2, S. 39.
[552] U. Huber, AcP 202 (2002), 179, 180.

zu erlangen. Die Enttäuschung der berechtigten Erwartungen und Vorstellungen des Käufers über den wirtschaftlichen Zustand des Kaufgegenstandes ist die unmittelbare Konsequenz aus seinem Informationsdefizit. Hätte er bereits vorher alle Informationen gehabt, wäre eine Enttäuschung schon denknotwendig ausgeschlossen.

Das Informationsgefälle zwischen Käufer und Verkäufer ist ein Charakteristikum des Unternehmenskaufes im Gegensatz zum Sachkauf unter Anwesenden.[553] Aufgrund des besonderen informationellen Ungleichgewichts werden auch in der jüngsten Rechtsprechung des BGH dem Unternehmensverkäufer gesteigerte Aufklärungspflichten auferlegt.[554] Das zentrale Rechtsproblem beim Unternehmenskauf ist damit ein Informationsproblem.[555] Diesem muss auch im Rahmen der Gewährleistungshaftung Rechnung getragen werden.

a) Vollständige Abkehr vom Kaufrecht?

Zum Teil wird daher die Ansicht vertreten, dass bei unkörperlichen Kaufgegenständen wie einem Unternehmen die Rechtfertigung für die Anwendung des Kaufrechts fehle und sich stattdessen in den Regeln über die Verletzung vertragsabschlussbezogener Aufklärungspflichten aus §§ 311 Abs. 2, 241 Abs. 2 BGB die für den Unternehmenskauf bevorzugte Rechtsgrundlage befinde.[556] Die Vielschichtigkeit eines Unternehmens erfordere eine stärkere Selbstinformation des Käufers und eine Beschränkung der Verkäuferhaftung unter Berücksichtigung seiner Möglichkeiten. Der Verkäufer könne nicht für etwas einstehen, was er gar nicht zu verantworten habe. Umgekehrt erwarte der Käufer keine garantiemäßige Haftung des Verkäufers für alle denkbaren Mängel, sondern lediglich, dass die Informationen des Verkäufers sorgfältig und ohne vermeidbare Fehler ermittelt wurden.[557] Nur soweit der Verkäufer eine Falschinformation zu vertreten habe, sollen ihn die Haftungsfolgen treffen.[558]

Während sich aus dem Kaufrecht nach erfolgloser Fristsetzung der Rücktritt oder die Minderung ohne Rücksicht auf das Verschulden des Verkäufers am Mangel ergibt, kann bei der vorvertraglichen Informationshaftung der Rücktritt nur im Wege des Schadensersatzes auf Grundlage der Naturalrestitution (§ 249 Abs. 1 BGB) verlangt werden, was ein Verschulden des Verkäufers voraus-

---

[553] U. Huber, AcP 202 (2002), 179, 180; zustimmend: Eidenmüller, ZGS 2002, 290, 295.

[554] BGH, NJW 2001, 2163, 2164; BGH, NZG 2002, 298, 300; BGH, DStR 2002, 1098, 1100.

[555] U. Huber, AcP 202 (2002), 179, 180.

[556] U. Huber, AcP 202 (2002), 179, 225 ff.; Eidenmüller, ZGS 2002, 290, 295; Grigoleit/Herresthal, JZ 2003, 118, 121 und 124.

[557] U. Huber, AcP 202 (2002), 179, 215f.

[558] U. Huber, AcP 202 (2002), 179, 215f.

setzt.[559] Aus diesem Grund könne nur die als „culpa"- Haftung konzipierte c.i.c. der §§ 311 Abs. 2, 241 Abs. 2, 280 Abs. 1 BGB den besonderen informationsasymmetrischen Strukturen eines Unternehmenskaufes gerecht werden, so dass das Kaufrecht beim Unternehmenskauf keine[560] bzw. nur in engen Grenzen[561] Anwendung finden könne.

Eine solche Schlussfolgerung impliziert, dass zum einen die fehlende Körperlichkeit des Kaufgegenstandes ausschließlich mit einer verschuldensabhängigen Haftung im Sinne der §§ 311 Abs. 2, 241 Abs. 2, 280 Abs. 1 BGB einhergehen kann und zum andere dass das Kaufrecht überhaupt nicht auf ein Informationsgefälle zugeschnitten ist. Beide Annahmen mögen nicht zu überzeugen:

Die Materie erhellt sich bereits durch einen Vergleich der Ausgestaltung des BGB unter der alten und der neuen Rechtslage: Unter dem bis zum 31.12.2001 geltenden BGB wurde die Rechtfertigung der sich für den Rechtskauf aus §§ 434, 437 BGB a.F. ergebenden Garantiehaftung des Verkäufers für den Bestand eines Rechts in der mangelnden visuellen Wahrnehmbarkeit desselben gesehen.[562] Die ratio legis erachtete den Käufer als wesentlich schutzwürdiger als den Verkäufer, weil ersterer auf die Angaben des Verkäufers vertrauen müsse.[563] Denn ein Rechtskäufer kann sich noch nicht einmal davon überzeugen, dass sein erworbenes Recht überhaupt existiert, ganz zu schweigen von etwaigen Mängeln. Zudem gestattet die Rechtsordnung dem Käufer eines Rechts nur in Ausnahmefällen einen gutgläubigen Erwerb. Insoweit verkennt die unterschiedliche Schutzbedürftigkeit von Käufer und Verkäufer beim Rechtskauf, wer aufgrund der fehlenden körperlichen Struktur nur eine Verschuldenshaftung des Verkäufers für angemessen hält. Wenn dem Verkäufer Kenntnisse über die tatsächlichen Gegebenheiten des Rechts fehlen, so dass dessen Haftung unbillig erscheint, muss dies erst recht für den unwissenden Käufer gelten. Ersterem standen immerhin Informationsmöglichkeiten zu, da sich das Recht in seiner Sphäre befand. Insofern folgt aus der Unkörperlichkeit des Kaufgegenstandes beim Rechtskauf eher eine Garantiehaftung des Verkäufers. Daher kann die Argumentation über die fehlende Wahrnehmbarkeit des Unternehmens nicht die Vorteilhaftigkeit der vorvertraglichen Informationshaftung begründen. Die Aufhebung des § 437 BGB a.F. hat diese ursprüngliche gesetzgeberische Intention zwar zunichte gemacht, doch wird in der Wissenschaft auf anderem Wege eine Garan-

---

[559] Ob die Regelung des § 324 BGB wegen des Verweises auf § 241 Abs. 2 BGB auch einen verschuldensunabhängigen Rücktritt im Rahmen des § 311 Abs. 2 BGB ermöglicht, wie es Oetker/Maultzsch, § 2, S. 143 offenbar annehmen, erscheint mehr als zweifelhaft, wird aber an späterer Stelle noch diskutiert.
[560] So U. Huber, AcP 202 (2002), 179, 226 ff.
[561] Eidenmüller, ZGS 2002, 290, 295.
[562] Köhler, in: Staudinger, § 437 BGB a.F., Rn. 4, m.w.N.
[563] Medicus, SchuldR II, Rn. 150.

tiehaftung des Verkäufers für den Bestand des Rechtes zu begründen versucht.[564] Tatsächlich sprechen gewichtige Argumente dafür, dem Käufer eines
unkörperlichen Gegenstandes einen verschuldensunabhängigen Schadensersatzanspruch hinsichtlich der Verität eines Rechtes zu gewähren, da sich an seiner
erhöhten Schutzbedürftigkeit insofern nichts geändert hat. Inwieweit diese Auffassung mit dem Gesetzestext in Einklang zu bringen ist,[565] wo doch das Gesetz
das Verschuldensprinzip offenbar zur Leitentscheidung bei Schadensersatzansprüchen erhoben und dies über § 453 Abs. 1 BGB auch für den Rechts- und
Gegenstandskauf explizit bestätigt hat, muss hier nicht entschieden werden. Entscheidend ist, dass jeder Käufer, ob einer Sache, eines Rechts oder eines anderen
Gegenstandes, unabhängig vom Verschulden des Verkäufers, bei einem Mangel
zurücktreten (§§ 437 Nr. 2, 323 ff. BGB) oder den Kaufpreis mindern kann (§§
437 Nr. 2, 441 BGB). Wenn nun der Unternehmenskauf aus dieser Grundkon-
zeption ausgeschlossen wird, weil man mit *Huber*[566]die Selbstinformation des
Käufers stärker betont, wird man auch andere Schuldverhältnisse benennen können, bei denen ein verschuldensunabhängiger Rücktritt ebenfalls unangebracht
sein soll. Dadurch würde die gesetzgeberische Grundentscheidung schleichend
ausgehöhlt. Gerade einem Rechtskäufer muss zumindest der Rücktritt vom
Kaufvertrag auch dann zugestanden werden, wenn selbst der Verkäufer vom
Mangel keine Kenntnis hatte. Das Recht stammt schließlich aus dem Einflussbereich des Verkäufers. Die Verkehrsfähigkeit von Rechten, auf der insbesondere
die ständig wachsende „*Factoring*"- Branche aufbaut, wäre erheblich eingeschränkt, wenn der Käufer seinen Kaufpreis nicht zurückerhielte, obwohl ihm
das Recht nicht wirksam verschafft wurde. Aus seiner Sicht wäre es mehr als
unbillig, ihn auf das Verschulden des Verkäufers zu verweisen.

Daher kann die fehlende visuelle Wahrnehmbarkeit eine ausschließlich ver-
schuldensabhängige Rücktrittshaftung kaum begründen, sondern spricht eher für
das Gegenteil, wie es für den Rechtskauf gerade illustriert wurde. Gleiches muss
dann auch für den Unternehmenskauf gelten. Der Hinweis auf die besondere
Interessenlage des Unternehmenskaufes kann daher den alleinigen Rückgriff auf
die vorvertragliche Informationshaftung aus §§ 311 Abs. 2, 241 Abs. 2, 280
Abs. 1 BGB nicht tragen.

---

[564] Da Rücktritt und Minderung wie beim Sachkauf ohnehin verschuldensunabhängig sind,
geht es nur um eine verschuldensunabhängige Schadensersatzpflicht. Dafür unter Rückgriff
auf den Inhalt des Schuldverhältnisses bereits zum DiskE Zimmer, in: Ernst/Zimmermann, S.
191, 194; bestätigend Zimmer/Eckhold, Jura 2002, 145, 146; ähnlich Amann/Brambring/Her-
tel, S. 177, die sich auf den Gedanken der Beschaffungsschuld beziehen; anders offenbar die
RegBegr, BT-Drs. 14/6040, S. 202. Vgl. auch Windel, ZGS 2003, 466, 468, der für jeden
Einzelfall die Prüfung einer tatsächliche Garantieübernahme verlangt.
[565] Windel, ZGS 2003, 466, 469 warnt davor, die bewusste Abschaffung des § 437 BGB a.F.
offen zu konterkarieren.
[566] U. Huber, AcP 202 (2002), 179, 217f.

b) Informationsasymmetrie in der Rechtsordnung

Mit der ungleichen Informationsverteilung zwischen den Vertragspartnern und der damit einhergehenden Reichweite und Grenzen vertragsabschlussbezogener Aufklärungspflichten hat sich unlängst *Holger Fleischer* in seiner Habilitationsschrift „Informationsasymmetrie im Vertragsrecht"[567] befasst. Dabei verfolgt er einen interdisziplinären Ansatz, der das Schuldrecht in einen makrojuristischen Kontext stellt und die gesamtwirtschaftlichen Auswirkungen dabei stärker betont. Da der Unternehmenskauf in besonderer Weise in einem marktwirtschaftlichen Umfeld eingebettet ist, lassen sich aus den Ausführungen *Fleischers* auch Erkenntnisse zur Lösung des Problems gewinnen, ob allein unter dem Blickwinkel der ungleichen Informationsverteilung die Haftung des Unternehmensverkäufers weiterhin durch die nun in § 311 Abs. 2 BGB kodifizierten Grundsätze der *c.i.c.* dominiert wird oder im verstärkten Maße auf das kaufrechtliche Gewährleistungsregime rekurriert werden kann. Denn das rechtliche Problem darf nicht zur Ausblendung des ökonomischen Sachverhalts führen.

Die Aussagen *Fleischers* gründen auf der Prämisse, dass ein unterschiedlicher Wissensstand zwischen den Vertragspartnern im Rahmen der Vertragsanbahnung ein integraler Bestandteil *marktwirtschaftlicher* Austauschprozesse ist.[568] Das Informationsdefizit auf Käufer-Seite kann einzig allein durch den Verkäufer bereinigt werden, der in der Regel einen Wissensvorsprung und auch einen Wissenserlangungsvorsprung hat, da er zu allen Informationen über den Kaufgegenstand leichteren Zugang hat. Das unbegrenzte Bedürfnis des Käufers nach Informationen steht damit kontradiktorisch zum Interesse des Verkäufers, möglichst wenig Informationen preiszugeben, um seine gute Verhandlungsposition zu erhalten. Die asymmetrische Informationsverteilung ist somit unmittelbare Folge der widerstreitenden Interessen von Käufer und Verkäufer. Während sich aus dem Gebot der Fairness ableitet, dem Käufer zu seinem persönlichen Schutz ein bestimmtes Maß an Informationen zu gewähren, dürfen im Gegenzug auch die Grundgedanken der Marktwirtschaft, wie Eigenverantwortung und Vertragsfreiheit, nicht vergessen werden. Nur die Parteien bestimmen den Inhalt des Vertrages und es gebührt der Eigeninitiative des Käufers, sich die für ihn nötigen Informationen zu beschaffen. Hieraus erschließen sich auch die Grenzen seiner Informationsrechte.

Ein Vertragsschluss unter vollständiger und symmetrisch verteilter Information widerspricht damit den Prinzipien der Marktwirtschaft. Ein gewisses Informationsgefälle ist unabdingbare Voraussetzung der die Funktionsfähigkeit der Märkte.[569] Ohne den Anreiz, sich selbst einen Informationsvorsprung zu erarbeiten

---

[567] Fleischer, Informationsasymmetrie im Vertragsrecht.

[568] Fleischer, S. 1.

[569] Fleischer, S. 576 ff.

und diesen auf dem Markt wirtschaftlich zu verwerten, läuft der einer Marktwirtschaft immanente Leistungsgedanke ins Leere.[570] Aus diesem Grund ist die Ausnutzung des Sonderwissens auch in gewissen Grenzen zulässig und es kann kein grenzenloses Informationsrecht gewährt werden.[571] Ein allumfassendes Informationsrecht einer Partei würde dem Prinzip der Selbstverantwortung und der Privatautonomie zuwiderlaufen. Denn bei einer umfassenden Information besteht kein Raum zum eigenverantwortlichen Auftreten im Rechtsverkehr, da die Übernahme von Verantwortung mit dem Eingehen von Risiken korreliert.

An dieser Stelle hat der Gesetzgeber anzusetzen, um die besser informierte Partei zur Preisgabe eines Teils ihres Wissensvorsprungs zu verleiten.[572] Dadurch werden sowohl die Informationsverantwortlichkeiten marktrational zugeordnet als auch der Leistungsaustausch gefördert. Eine Volkswirtschaft ist darauf angewiesen, dass die ausgetauschten Leistungen in der Hand des jeweiligen Erwerbers wertvoller sind als in der Hand des Veräußerers.[573] Das Interesse an der jeweiligen Gegenleistung und die damit verbundenen Chancen setzen den Marktprozess erst in Gang. Dabei schlägt sich das Risiko, einen Kaufgegenstand mit bis dato unbekannten Mängeln zu erwerben, selbstredend im Kaufpreis nieder. Je größer die mit dem Kauf verbundenen Risiken sind, desto weniger wird ein Käufer bereit sein, zu zahlen und desto geringere Anforderungen sind an die Informationspflichten des Verkäufers zu stellen, so dass diese beispielsweise bei Spekulationsgeschäften ganz entfallen.[574] Andernfalls können ihm besondere Chancen auch dazu verleiten, einen deutlichen höheren Kaufpreis zu zahlen. In Erinnerung zu rufen sind die unglaublichen Kaufpreise für Unternehmen während des Börsenbooms Ende der 90´er Jahre. Hier standen Kaufpreis und Wert in keinerlei Verhältnis, ausschlaggebend war allein die Chance auf zukünftige Gewinne.

Informationsdisparitäten manifestieren sich im Jahresabschluss bei einem Unternehmenskauf – sowohl auf der Passiv-Seite der Bilanz, z.B. in Form nichtbilanzierter Verbindlichkeiten als auch auf der Aktiv-Seite, wenn eine Maschine mit einem zu hohem Wert angesetzt wurde – genauso aber auch beim alltäglichen Sachkauf oder bei einem Dienstvertrag. Wenn der Arbeitnehmer den Anforderungen am Arbeitsplatz nicht gewachsen ist, resultiert das doch auch aus der mangelnden Information des Arbeitgebers über die Leistungsfähigkeit des

---

[570] Fleischer, S. 187.

[571] Fleischer, S. 187.

[572] Dies kann durch die Androhung öffentlicher Sanktionen wie Straf- oder Bußgeldvorschriften aber auch vertraglicher Sanktionen wie Schadensersatzansprüche erfolgen.

[573] Fleischer, S. 180. Denn beide Parteien haben insoweit das gleiche Interesse, dass das Geschäft zustande kommen soll.

[574] Emmerich, in: MünchKomm-BGB, § 311, Rn. 101; Hefermehl, in: Soergel, § 123 BGB, Rn. 14.

Arbeitnehmers. Ungleiche Informationsverantwortlichkeiten sind damit kennzeichnend für ein marktwirtschaftliches System, aber keinesfalls nur für den Unternehmenskauf.

Der ungleichen Informationsverteilung wird demzufolge in vielen Vorschriften der Rechtsordnung explizit oder implizit Rechnung getragen, wie sich an den in diversen Spezialgesetzen bestehenden gesetzlichen Aufklärungspflichten zeigt. So wird beispielsweise über die Regeln zum Insiderhandel der §§ 12 ff. WpHG im Wege der Androhung eines Straf- oder Bußgeldverfahrens die Ausnutzung eines Informationsvorsprunges untersagt.[575]

Das Paradigma der Informationshaftung stellt sicherlich die *praeter legem* entwickelte und nun in §§ 311 Abs. 2, 241 Abs. 2 BGB kodifizierte *c.i.c.* dar, deren Grundstruktur auch in den speziellen Ausprägungen der Informationshaftung, wie z.B. bei der allgemeinen zivilrechtlichen Prospekthaftung, übernommen wurde.[576] Diese bürdet der besser informierten Partei Informationspflichten auf, die im Laufe der Zeit durch Rechtsprechung und Lehre verbreitert und vertieft wurden, ohne jedoch eine allumfassende Informationspflicht des Verkäufers zu begründen! Über die Regelung des § 311 Abs. 2 BGB stellen die Aufklärungspflichten nun die wichtigste Ausprägung des allgemeinen Pflichtenrahmens des § 241 Abs. 2 BGB im Zuge der Vertragsverhandlungen dar,[577] weil sie gerade aus dem Informationsgefälle zwischen den Parteien resultieren.[578] Eine Verletzung dieser Pflichten zieht einen Schadensersatzanspruch des Käufers nach sich. Dabei sind zwei Konstellationen zu unterscheiden: Zum einen hat der Verkäufer, der seinem Gegenüber freiwillig Informationen preisgibt, sei es auch auf Nachfrage des Käufers, redlich vorzugehen und daher nur zutreffende Informationen zu geben. Zum anderen hat er bei besonderen Umständen auch von sich aus ungefragt über den Kaufgegenstand aufzuklären. Inwieweit man in diesem Zusammenhang von Mitteilungspflichten, Aufklärungspflichten, Offenbarungspflichten oder schlicht Informationspflichten spricht, ist eher Ausdruck des eigenen Sprachgefühls denn juristischer Konkretisierungen.[579] Das grundlegende Problem in diesem Zusammenhang, das in der Jurisprudenz schon seit jeher umstritten ist, besteht darin, wann und in welchem Umfang eine Aufklärungspflicht einer Partei während der Vertragsverhandlungen anzunehmen ist. Dabei wird

---

[575] Die Insiderüberwachung wurde zuletzt durch das Anlegerschutzverbesserungsgesetz vom 28.10.2004, BGBl. I, 2630 erweitert. Zu den Insiderregeln vgl. insbesondere Assmann/Schneider, vor § 12 WpHG und §§ 12 ff. WpHG mit umfangreichen Nachweisen.

[576] Zur spezialgesetzlichen Prospekthaftung nach dem VerkProspG und der Ausdehnung auf den sog. grauen Kapitalmarkt durch das Anlegerschutzverbesserungsgesetz vgl. Schäfer, ZGR 2006, 40 ff.; Heisterhagen, DStR 2006, 759; Benecke, BB 2006, 2597; jeweils m.w.N.

[577] Zusammenfassend unter Bezug auf die neue Rechtslage: Emmerich, in: MünchKomm-BGB, § 311, Rn. 94 ff., m.w.N.

[578] Dauner-Lieb, in: AnwKomm-BGB, § 311, Rn. 31.

[579] Zur Terminologie zusammenfassend Breidenbach, S. 4.

üblicherweise auf folgende allgemeine Formel verwiesen: Zwar hat sich grundsätzlich jede Partei selbst über die Risiken und Chancen des beabsichtigten Vertragsschlusses zu informieren,[580] doch soweit bestimmte Umstände ausschließlich einer Partei bekannt sind und diese gleichzeitig für die andere Partei von
wesentlicher Entscheidungserheblichkeit sind, besteht eine Informationspflicht
der besser informierten Partei.[581] Dabei ist auch zu berücksichtigen, inwieweit
der Verkäufer erwarten darf, dass der Käufer ihn nach denjenigen ihm unbekannten Umständen fragt, die für seine Entscheidung bedeutsam sind, oder ob
der Käufer erwarten kann, dass der Verkäufer solche Umstände von sich aus offen legt.[582]

So hat *Breidenbach* folgende Kriterien in einem beweglichen System, das dem
jeweiligen Einzelfall anzupassen ist, konkretisiert: der Informationsbedarf des
einen Teils, die Informationsmöglichkeit des anderen Teils und dessen Funktion
oder Rolle.[583] Im Ergebnis ist der Informationsbedarf einer Partei umso stärker,
je größer das intellektuelle oder wirtschaftliche Übergewicht der anderen Partei
ist.[584] Zu ähnlichen Ergebnissen kommt auch *Fleischer*, der zwischen dem In-
formationsgegenstand, den Voraussetzungen in der Person des Informations-
pflichtigen und den Voraussetzungen in der Person des Informationsberechtigten
differenziert.[585] Das Schuldrechtsmodernisierungsgesetz hat trotz der Kodifizierung der *c.i.c.* in § 311 Abs. 2 BGB dieses Problem nicht aufgegriffen, sondern
sich mit Hilfe des Verweises auf den wenig aussagekräftigen Pflichtenrahmen
des § 241 Abs. 2 BGB einer Konkretisierung verweigert.[586] Eine Erörterung ü-
ber die Informationspflichten des Unternehmensverkäufers tangiert aber nicht
die Thematik dieser Arbeit, sondern das Augenmerk ist darauf zu legen, ob die
Regelung über vorvertragliche Pflichtverletzungen dem Wissensunterschiede
zwischen den Vertragsparteien am besten gerecht wird. §§ 311 Abs. 2, 241 Abs.
2 BGB ist in Verbindung mit der Schadensersatzverpflichtung des § 280 Abs. 1
BGB zweifellos die Zielsetzung immanent, ein Wissensgefälle zwischen den
Vertragspartnern zu nivellieren. Aus der nun erfolgten Kodifizierung ist aber
kein Indiz für die Bedeutung der Vorschrift im Rahmen der Informationshaftung
abzuleiten, da diese auch im Zusammenhang mit den übrigen vielfältigen Änderungen im Leistungsstörungs- und Gewährleistungsrecht gesehen werden muss.

---

[580] BGH, ZIP 1994, 944, 945; BGH, NJW 1997, 3230.
[581] BGH, NJW 1979, 2243; BGH, NZG 1998, 506, 507; BGH, NJW 2000, 803, 804.
[582] U. Huber, AcP 202 (2002), 179, 217.
[583] Breidenbach, S. 116 ff.
[584] Breidenbach, S. 116 ff.
[585] Fleischer, S. 576 ff.
[586] Krebs, in: AnwKomm-BGB, § 241, Rn. 6; Medicus, in: Haas/Medicus/Rolland/Schäfer/
Wendtland, Kap. 3, Rn. 198 ff.

Neben der *c.i.c.* wird den Informationsdisparitäten noch in vielen anderen Vorschriften unserer Rechtsordnung zumindest implizit Rechnung getragen. So dient die Vorschrift des § 123 BGB der Wahrung der freien Selbstbestimmung eines Vertragspartner und sichert diesem dadurch ein Mindestmaß an zutreffender Informationen.[587] Auch die kaufrechtlichen Vorschriften nehmen auf die Informationsasymmetrie zwischen den Vertragspartnern Bezug.[588] Sie sind für *Fleischer* funktionell als Surrogat der Aufklärungspflichten anzusehen und eine wichtige Säule der gesetzlichen Informationstatbestände.[589] Zwar wird dies an der Garantiehaftung des § 459 BGB a.f. bzw. §§ 433, 434 BGB nicht auf den ersten Blick deutlich, da diese Normen primär mit der Sicherung des subjektiven Äquivalenzprinzips in Verbindung gebracht werden, doch weisen sie indirekt auch Informationsverantwortlichkeiten zu, wobei der Ausgleich des Informationsdefizits beim Käufer von der individuellen Kenntnis des Verkäufers unabhängig ist. Damit wird aus der Sicht des Käufers ein Informationsproblem auf für ihn angenehmste Art und Weise gelöst:[590] Er hat sein Defizit nicht auf eigene Initiative auszugleichen, sondern übergibt das Informationsrisiko und insbesondere auch die Informationslast dem Verkäufer.[591] So wird letzterem der Einwand des Nichtwissens abgeschnitten und er sogar zur Informationsbeschaffung verpflichtet, um seine Haftungsrisiken zu verringern.[592] Diese Informationsverteilung ist auch sachgerecht, da der Kaufgegenstand aus seinem Einflussbereich stammt und er somit eingehende Kontroll- bzw. Informationsmöglichkeiten besitzt.[593]

Die informationsökonomische Tendenz des Kaufrechts kann zudem aus den §§ 476, 477 BGB a.F. entnommen werden, die bei einem Wissensgefälle die Möglichkeit der privatautonomen Steuerung der Haftung zurücknehmen.[594] Diese Regelungen sind nun in § 438 Abs. 3 BGB und § 444 BGB aufgegangen.

Das kaufrechtliche Anliegen der Informationsverteilung wird exemplarisch an § 442 BGB (= § 460 BGB a.F.) verdeutlicht. Hier wird der Blick auf den Käufer gelenkt, indem seine Selbstinformationsobliegenheit hervorgehoben wird.[595] Wenn er alles weiß und die Informationen somit deckungsgleich sind, existiert keine Informationsasymmetrie und damit unter Informationsgesichtspunkten auch kein Anlass für eine Haftung des Verkäufers.[596] Die zutreffende Informati-

---

[587] Hefermehl, in: Soergel, § 123 BGB, Rn. 1, m.w.N.

[588] Explizit für die Neuregelung stellt dies Schulte-Nölke, ZGS 2002, 72, 77 fest.

[589] Fleischer, S. 234 und S. 239

[590] Fleischer, S. 469.

[591] Fleischer, S. 470.

[592] Fleischer, S. 470.

[593] Grigoleit/Herresthal, JZ 2003, 118, 121.

[594] Fleischer, S. 240.

[595] Fleischer, S. 470.

[596] Im Ergebnis ebenso Goldschmidt, ZIP 2005, 1305, 1309.

on durch den Verkäufer befreit diesen von seinem Haftungsrisiko. Es ist nun Sache des Käufers, aus seinen Informationen die richtigen Schlüsse zu ziehen, indem er eine Kaufpreisreduzierung oder eine Mängelbeseitigung aushandelt. Eine Rückausnahme ist nur in dem Fall geboten, dass der Verkäufer seinen Informationsvorsprung zu Lasten des Käufers ausnutzen möchte, indem er arglistig Umstände vorspiegelt bzw. verschweigt. *Fleischer* sieht die Berechtigung des § 442 BGB in einer herkömmlichen mikrojuristischen Funktion wie auch in einer makrojuristischen.[597] Unstreitig liegt der Vorschrift eine besondere Ausprägung des Verbots widersprüchlichen Verhaltens zugrunde (= mikrojuristisch). Der Käufer, der einen Kaufgegenstand in Kenntnis eines Mangels erwirbt, darf nicht später unter Berufung auf diesen Mangel seine Gewährleistungsrechte geltend machen dürfen. Daneben leitet *Fleischer* auch eine ökonomische Begründung her: § 442 BGB hilft, unnötige Kosten und Risiken zu vermeiden, die durch Vertragsdurchführung und anschließender Gewährleistung anfallen würden.[598] So werden die Sicherheit und Leichtigkeit des marktwirtschaftlichen Austauschprozesses gewährleistet und die Transaktionskosten gemindert.[599]

Nicht näher eingegangen werden braucht auf § 463 Satz 2 BGB a.F., der, wie die verwandte Vorschrift des § 123 BGB ebenfalls einen weiteren Fall ungleicher Wissensverteilung dokumentiert, nun aber zugunsten einer allgemeine Fahrlässigkeitshaftung aufgehoben wurde.

Damit ist deutlich geworden, dass auch die kaufrechtlichen Vorschriften der Informationsasymmetrie zwischen den Parteien Rechnung tragen, wenn auch auf andere Art und Weise als die vorvertragliche Informationshaftung. Sowohl durch eine Garantiehaftung wie im Kaufrecht als auch durch die „*culpa*"- Haftung im Sinne der *c.i.c.* wird das Informationsgefälle zwischen den Parteien berücksichtigt. So wie sich aus §§ 311 Abs. 2, 241 Abs. 2 BGB die Pflicht der besser informierten Vertragspartei ergibt, die andere über alle vertragswesentliche Umstände aufzuklären, statuiert auch das Kaufrecht durch §§ 434, 442 BGB indirekt eine solche Pflicht: Denn ein über die Mängel informierter Vertragspartner kann keine Gewährleistungsansprüche herleiten! Der Verkäufer begrenzt sein Haftungsrisiko, indem er auf alle nachteiligen Eigenschaften hinweist.[600] Wahrscheinlich wird er sogar wirtschaftlich zu einer genauen Untersuchung gedrängt, um den Käufer auch über nachteilige Beschaffenheiten zu informieren.[601] Mit anderen Worten kann der Verkäufer also unabhängig von der Rechtsgrundlage der Mängelhaftung durch gezielte Information seines Ver-

---

[597] Fleischer, S. 474 ff.
[598] Fleischer, S. 476 f.
[599] Fleischer, S. 475.
[600] Schulte-Nölke, ZGS 2002, 72, 74; Pfeiffer, ZGS 2002, 23, 31f.
[601] Schulte-Nölke, ZGS 2002, 72, 77.

tragspartners vorbeugen. Beide Haftungskonzepte unterscheiden sich insofern, als die Garantiehaftung zusätzlich das Informationsbeschaffungsrisiko auf den Verkäufer verlagert. Dieser haftet unabhängig von seiner individuellen Kenntnis für seinen nur potentiellen Informationsvorsprung.

Da aber nicht jede falsche Information zu einem Sachmangel führt, ist das Kaufrecht lediglich ein Unterfall der allgemeinen Informationshaftung. Es gibt solche Informationspflichtverletzungen, die zur kaufrechtlichen Haftung führen und solche, die ausschließlich als vorvertragliche Pflichtverletzung angesehen werden können. Daraus resultiert für die Informationshaftung beim Unternehmenskauf ein zweispuriges Haftungssystem. Unter dem Gesichtspunkt der Informationshaftung ist zu fragen, ob der Verkäufer das Risiko unrichtiger unternehmensbezogener Informationen unabhängig von seiner eigenen Kenntnis zu tragen hat oder ob gegen ihn explizit ein Schuldvorwurf zu erheben ist, um dem Käufer den Rücktritt vom Kaufvertrag zu ermöglichen.

Allein das Argument, es gehe beim Unternehmenskauf um eine Haftung für falsche Information, kann daher keinen Ausschlag für das eine oder andere Haftungskonzept geben. Obwohl beim Unternehmenskauf die Informationsdisparitäten stärker zum Ausdruck kommen als beim Sachkauf, darf hieraus kein Zurückdrängen des kaufrechtlichen Mängelrechts gefolgert werden. Denn auch jeder Mangel in der körperlichen Struktur beruht auf einem vorherigen Informationsmangel, was *Huber* anerkennt, wenn er auch Sachmängel explizit als Folge fehlerhafter Information einordnet.[602] Daher ist unter dem Aspekt der Informationshaftung eine Abkehr vom Kaufrecht nicht herzuleiten.

c) Stellungnahme

Ein Augleich der ungleichen Informationsverteilung zwischen den Vertragspartnern hat vielmehr unabhängig vom konkreten Kaufgegenstand in erster Linie im Kaufrecht zu erfolgen. Gerade die Merkmale, die den Informationsvorsprung des Verkäufers im Hinblick auf den Kaufgegenstand ausdrücken, müssen auch unter den Beschaffenheitsbegriff subsumiert werden, da sie sich auf das Wertverhältnis auswirken.[603] Die Beschränkung auf die Körperlichkeit einer Sache muss in Verbindung mit § 453 Abs. 1 BGB relativiert werden. Die Anwendung der §§ 433, 434 BGB kann nicht auf physische Merkmale beschränkt werden. Wer nämlich versucht, alle anderen Störungsquellen, die sich nicht als physische Sachsubstanz erklären lassen, auszuscheiden und damit insbesondere die Haftungsfragen beim Unternehmenskauf außerhalb der kaufrechtlichen Regeln zu verorten, übersieht den Analogiebefehl, der das Unternehmen als sonstigen Ge-

---

[602] U. Huber, AcP 202 (2002), 179, 180.
[603] Grigoleit/Herresthal, JZ 2003, 118, 121.

genstand und das unkörperliche Recht ausdrücklich miteinbezieht![604] Wenn es nur auf die körperliche Wahrnehmbarkeit ankäme, wäre der Verweis des § 453 Abs. 1 BGB auf den Rechtskauf abwegig, ein Recht ist nie wahrnehmbar. Dadurch würde dem Gesetzgeber unterstellt, vom Rechtsanwender etwas unmögliches zu verlangen.[605]

Das im Rahmen der Tatbestandsauslegung festgestellte extensive Begriffsverständnis ist auf den Unternehmenskauf sinnvoll zu übertragen. Es kann nicht jede beliebige Angabe anlässlich des Kaufes gleich zu einer Beschaffenheit des Unternehmens führen. Vielmehr ist ein begrenzendes Zurechnungskriterium unverzichtbar. Aus den bisherigen Untersuchungen war festzuhalten, dass eine Beschränkung auf Merkmale von gewisser Dauer oder dem Unternehmen anhaftende Merkmalen abzulehnen ist. Auch aus teleologischer Perspektive erweisen sich solche Kriterien als nicht praktikabel, da die Konkurrenz zur *c.i.c.* dann von solch vagen Begriffen abhinge.[606] Einzelfallabhängige und kaum antizipierbare Abgrenzungsprobleme wären vorprogrammiert.[607] Eine starre Grenze verbietet sich schon aufgrund der Vielschichtigkeit möglicher Kaufgegenstände. Die rechtswissenschaftliche Diskussion zu § 459 BGB a.F. manifestiert anschaulich, dass es nie gelang, die Merkmale die eine für die Anwendung des Kaufgewährleistungsrechtes notwendige Nähe zum Kaufgegenstand aufwiesen von denen abzugrenzen, die zu weit vom Kaufgegenstand entfernt waren. Die damit verbundenen semantischen Friktionen sollten mit der Reform gerade vermieden werden. Daher muss es ausreichend sein, dass ein gewisser Bezug zum Unternehmen für eine Beschaffenheitsvereinbarung zu fordern ist.[608] Nur, aber auch schon dann, besteht eine derartige Verknüpfung zwischen Gegenstand und Störung, die mit den physischen Sachmerkmalen vergleichbar ist. Umgekehrt ist es nicht angebracht, den Verkäufer für Störungen, die keinen Bezug zum Unternehmen aufweisen, nach §§ 433 Abs. 1 S. 2, 434 BGB derart auf das Erfüllungsinteresse haften zu lassen, als wenn er seine geschuldete Hauptleistungspflicht nicht erbracht hätte.[609] Derartige Störungen müssen, unabhängig von ihrer Bedeutung für den Vertragsschluss, dem Risikobereich des Käufers zugeordnet

[604] Lieb, in: MünchKomm-HGB, Anh. § 25, Rn. 64.

[605] Lieb, in: MünchKomm-HGB, Anh. § 25, Rn. 71.

[606] Gruber, MDR 2002, 433, 437; Faust, in: Bamberger/Roth, § 434 BGB, Rn. 24.

[607] Ähnlich Berger, JZ 2004, 276, 277, der auf die Gefahr eines gespaltenen Leistungsstörungsrechtes hinweist, soweit man auf einen engen Beschaffenheitsbegriff abstellt.

[608] Canaris, in: Karlsruher Forum, S. 61f.; ähnlich Gaul, ZHR 166 (2002), 35, 37, der das Kaufrecht dann nicht anwenden will, wenn die Pflichtverletzung keinen Bezug zum Kaufgegenstand hat; später (S. 51) stellt er auf das Kriterium der Unmittelbarkeit ab, wobei eine genaue Konturierung leider unterbleibt. Vgl. auch Willemsen, AcP 182 (1982), 515, 545.

[609] Grigoleit/Herresthal, JZ 2003, 118, 123; Reinicke/Tiedtke, Rn. 311.

werden.[610] Hier kann sich der Käufer nur mit eigenständigen Garantiezusagen seitens des Verkäufers absichern.

Gegen eine Beschränkung auf einen objektiven Bezug zum Kaufgegenstand kann eingewandt werden, hierin liege ein Widerspruch zum subjektiven Fehlerbgriff, mit dem die Privatautonomie der Parteien gestärkt werden sollte. Dieser müsse es den Parteien erlauben, alles für sie relevante in den Mangelbegriff einzubeziehen. (= extrem extensive Auslegung).[611] Die „Emanzipation" der Vertragsparteien von einem durch objektive Merkmale beeinflussten Mangelbegriff würde durch einen restriktiven Beschaffenheitsbegriff unterlaufen.[612] Was bereits 1971 durch *Immenga*[613] festgestellt wurde, nämlich die Notwendigkeit, in einer zunehmend differenzierenden Geschäftswelt die kaufrechtliche Verantwortung für Mängel allein durch den Willen der Parteien begrenzen zu lassen, müsse zu Beginn des 21. Jahrhunderts erst Recht gelten!

Ein solch extrem extensives Verständnis verkennt die natürlichen Grenzen, denen der kaufrechtliche Mangelbegriff unterliegt. Würden auch gänzlich außerhalb des Kaufgegenstandes liegende Umstände in den Sachmangelbegriff einbezogen, wäre eine Differenzierung zwischen allgemeinem Leistungsstörungsrecht und besonderem Kaufgewährleistungsrecht nicht mehr erkennbar. Denn das Kaufrecht kann nur dann eröffnet sein, wenn es sich um eine Besonderheit des Kaufvertrages handelt.

Zum einen nimmt das Gesetz in § 434 Abs. 1 Satz 2 BGB selbst auf objektive Merkmale zur Bestimmung eines Sachmangels Bezug. Zum anderen gibt das Gesetz lediglich den tatbestandlichen Rahmen vor, in dem die Parteien ihre Privatautonomie ausnutzen können. Dieser Rahmen, also insbesondere der Beschaffenheitsbegriff, steht nicht zu ihrer Disposition. Der subjektive Beschaffenheitsbegriff des § 434 Abs. 1 Satz 1 BGB erlaubt es den Parteien nicht, jede Vereinbarung anlässlich des Kaufvertrages dem kaufrechtlichen Mängelrecht zu unterstellen, sondern nur solche, die sich auf eine Beschaffenheit beziehen.[614] Privatautonomie bedeutet nicht, dass die Parteien die Auslegung eines Tatbestandsmerkmals nach ihren Wünschen gestalten und bis ins Unkenntliche dehnen können. Die Privatautonomie setzt erst im umfangreichen Beschaffenheitsspektrum an, dem die Begriffsauslegung vorausgeht. Die Parteien haben es in

---

[610] Darauf weist zutreffend Canaris, in: Karlsruher Forum, S. 62 hin.

[611] Dies vertreten jedoch offenbar Seibt/Reiche, DStR 2002, 1135, 1138; Triebel/Hölzle, BB 2002, 521, 525; Wolf/Kaiser, DB 2002, 411, 412.

[612] Immenga, AcP 171 (1971), 1, 17.

[613] Immenga, AcP 171 (1971), 1, 18.

[614] Selbstverständlich können die Parteien ein eigenständiges Haftungsregime entwerfen, in dem sie bei allen Störungen die kaufrechtlichen Rechtsbehelfe für anwendbar erklären. Das hat dann aber nichts mit der privatautonomen Bestimmung der Beschaffenheit des Kaufgegenstandes zu tun, sondern liegt außerhalb des Kaufgewährleistungsrechts.

der Hand, aus einer Vielzahl möglicher Merkmale, die alle den notwendigen Sachbezug aufweisen, ihre Anforderungen an den Kaufgegenstand zu stipulieren. Dabei muss dem Verkäufer bewusst sein, dass sein Risiko umso höher ist, desto mehr Umstände in die Beschaffenheit einbezogen werden.[615] Entscheidend ist somit die Befugnis der Vertragspartner, durch ihr privatautonomes Handeln selbständig das mit der Sachmängelhaftung verbundene spezifische Risiko bestimmen zu können.[616] Mit anderen Worten können die Parteien jede Beschaffenheit vereinbaren, aber nicht jedes Merkmal zur Beschaffenheit machen! Daher ist es nicht widersprüchlich, einen subjektiven Beschaffenheitsbegriff über das objektive Merkmal des Bezuges zu begrenzen. Gleichzeitig ist einem extrem subjektivem Verständnis die Grundlage entzogen.

Daher kann jedes Merkmal eines Unternehmens, unabhängig von einer bestimmten Dauer, dessen Beschaffenheit ausmachen, soweit es in Bezug zu selbem steht und sich auf dessen Wert auswirkt.[617] Daraus folgt, dass sich die Beschaffenheit eines Unternehmens in erster Linie durch das sachliche und rechtliche Substrat bestimmt. Der Wert der einzelnen zum Unternehmen gehörenden Sachen schlägt sich in seiner Gesamtheit im Unternehmenswert nieder, beeinflusst zugleich auch den wirtschaftlichen Betrieb des Unternehmens. Daneben sind auch die unternehmensbezogenen Merkmale wie dessen Ruf für den Wert maßgeblich. Ein Käufer wird naturgemäß für ein als „Absteige" bekanntes Hotel weniger zahlen wollen als für eine Luxusherberge.[618]

Einer anderen Beurteilung bedürfen Merkmale, die in keiner Weise mit dem physischen Zustand des Kaufgegenstandes zusammenhängen,[619] weil sie etwa in der Personen begründet sind, wie es bei falschen Angaben über die Person des Verkäufers[620] oder seines Ehegatten[621] der Fall ist. Diese Falschangaben ändern nichts an der Beschaffenheit des Kaufgegenstandes.[622] Insoweit kann daher die kaufrechtliche Haftung nicht eingreifen. Gleiches gilt für Angaben über staatliche Fördermaßnahmen oder steuerliche Vergünstigungen,[623] deren Voraussetzungen in der Person des Käufers nicht vorliegen. Das Unternehmen als solches

---

[615] Hommelhoff, S. 71.
[616] Noch zur alten Rechtslage Immenga, AcP 171 (1971), 1, 15f., der i.ü. das Korrektiv des Anhaftens nur bei einem objektiven Fehlerverständnis für notwendig hält.
[617] Ebenso Schulze/Ebers, JuS 2004, 462, 463; Schröcker, ZGR 2005, 63, 78; Holzapfel/Pöllath, Rn. 409; Reinicke/Tiedtke, R. 310 f.
[618] RGZ 67, 86; BGH, NJW 1992, 2564.
[619] Faust, in: Bamberger/ Roth, § 434 BGB, Rn. 23.
[620] Ein kaufrechtlicher Mangel wurde zurecht abgelehnt, vgl. BGHZ 114, 263.
[621] BGH, NJW 1987, 909: Die Ehefrau des Verkäufers eröffnete ein Konkurrenzunternehmen in unmittelbarer Nähe, ein Anspruch aus *c.i.c.* wurde allerdings letztlich verneint!
[622] Thiessen, S. 192
[623] Wie unter der alten Rechtslage in BGHZ 79, 183, 186; BGHZ 111, 75, 78; BGHZ 114, 263, 266f.; BGH, WM 1990, 1210, 1211.

kann dann keinen Mangel haben.[624] Für das Kaufrecht wiederum ist jedoch dann Raum, wenn diese Voraussetzungen objektgebunden sind, also an das Unternehmen anknüpfen, denn dann wird implizit behauptet, dass Unternehmen habe die für die Vergünstigung notwendige Beschaffenheit.[625] Eine solche Differenzierung ist sinnvoll und sachgerecht.[626]

Eine Täuschung über mögliche kartellrechtliche Genehmigungsvorschriften hat ebenfalls keinen Bezug zum Kaufgegenstand und löst daher allenfalls eine Haftung aus §§ 311 Abs. 2, 241 Abs. 2, 280 Abs. 1 BGB wegen vorvertraglicher Informationspflichtverletzung aus.[627] Gerade hierbei zeigt sich, dass es nicht um die Beschaffenheit des Unternehmens geht. Kauft nämlich ein marktstarkes Unternehmen einen ebenfalls marktstarken Mitbewerber, so dass eine marktbeherrschende Stellung entsteht (§ 19 GWB), kann dies eine Untersagung durch das Bundeskartellamt gemäß §§ 32 ff. GWB nach sich ziehen; hat aber der Kauf keine Auswirkungen auf die Marktstruktur, etwa wenn ein kleiner Mitbewerber als Käufer auftritt oder bei Bildung eines Konglomerats, besteht kein Untersagungsgrund. Obwohl der Kaufgegenstand ein und derselbe ist, besteht das eine Mal ein Vertragshindernis, das andere Mal nicht! Daher steht dieses in keinem Zusammenhang mit dem Vertragsgegenstand, sondern liegt in den Parteien selbst begründet.

Folglich gebietet der Sinn und Zweck des § 434 BGB eine Beschränkung auf Merkmale, die sich nicht lediglich aus außerhalb der Kaufsache liegenden Umständen gründen. Zur Beschaffenheit gehören somit alle Umweltbeziehungen unabhängig von einer bestimmten Dauer, die wie die physische Merkmalen einer Sache mit diesem zusammenhängen.[628]

d) Insbesondere Angaben im Jahresabschluss

Was folgt aus vorangegangenen Ausführungen für die in der Vergangenheit besonders umstrittene Einordnung von fehlerhaften Angaben im Jahresabschluss eines Unternehmens? Unzweifelhaft entsprechen sie nicht den beim Sachkauf denkbaren Mängeln und stellen eine völlig andere Kategorie dar. Daher sieht das Gesetz in § 453 Abs. 1 BGB aus guten Gründen eine entsprechende Anwendung vor. Dadurch wird gerade der Weg zur Einbeziehung von weiteren gegenstandsspezifischen Angaben explizit eröffnet.

---

[624] Vgl. noch zur alten Rechtslage: BGHZ 111, 75, 78; BGHZ 114, 263, 266f.; BGH, NJW-RR 1990, 970.

[625] BGH, NJW 1999, 638.

[626] Im Ergebnis genauso Canaris, in: Karlsruher Forum, S. 65.

[627] Vgl. den ähnlich gelagerten Fall einer entgegenstehenden devisenrechtlichen Genehmigungspflicht in BGHZ 18, 248, 252.

[628] Faust, in: Bamberger/Roth, § 434 BGB, Rn. 22.

Eine unterschiedliche Beurteilung von Mängeln im Sachsubstrat und Angaben im Jahresabschluss würde verkennen, dass ein Unternehmen mehr ist als nur die Summe der einzelnen Sachen und Rechte. Dieser Mehrwert, der den Besonderheiten eines Unternehmens Rechnung trägt, kommt im Jahresabschluss zum Ausdruck.[629] Ein Unternehmen kann isoliert durch sein Substrat sinnvoll nicht erfasst werden, sondern muss unter Einbettung in sein wirtschaftliches Umfeld, in dem es agiert, beurteilt werden.

Unter der alten Rechtslage wurde zumeist zwischen den Zahlenangaben im Jahresabschluss als solchen und den daraus resultierenden Schlussfolgerungen für die Ertragsfähigkeit des Unternehmens differenziert.[630] Während erstere allenfalls eine Haftung aus *c.i.c.* zu begründen vermochten,[631] war letzteres, soweit die Angaben einen Zeitraum dokumentierten, der einen Schluss auf den wirtschaftlichen Erfolg zuließ, einer Eigenschaft gleichgestellt.[632] Wenn man dieser Ansicht der Rechtsprechung folgt und gleichzeitig berücksichtigt, dass Eigenschaft nun in Beschaffenheit aufgeht,[633] ist die auf den Angaben im Jahresabschluss beruhende Ertragsfähigkeit des Unternehmens einer Beschaffenheitsvereinbarung zugänglich, soweit die Jahresabschlüsse einen hinreichend langen Zeitraum dokumentieren.[634] Doch ist die damit verbundene Unterscheidung zwischen den Werten im Jahresabschluss und dem daraus resultierendem Ergebnis nicht sachgerecht und vom BGH entgegen anderer Interpretationen im Schrifttum[635] auch explizit nie gefordert worden. Umgekehrt wurde den einzelnen Angaben im Jahresabschluss die Zusicherungsfähigkeit ausschließlich aus dem Grunde aberkannt, als sie keinen Schluss auf die Ertragsfähigkeit zuließen.[636] Daher erwies sich die Ertragsfähigkeit des Unternehmens quasi als Anknüpfungspunkt, um Jahresabschlussangaben unter qualifizierten Voraussetzungen in die kaufrechtliche Gewährleistungshaftung einzubeziehen.

---

[629] Büdenbender, in: Dauner-Lieb/Büdenbender, S. 5, 32.

[630] Auf die verwirrende Unterscheidung zwischen den einzelnen Angaben im Jahresabschluss und der Ertragsfähigkeit des Unternehmens machen zurecht Grigoleit/Herresthal, JZ 2003, 118, 125, Fn. 64 Aufmerksam

[631] So offenbar unter Bezug auf BGH, WM 1970, 819, 821; BGH, NJW 1977, 1538, 1539; BGH, NJW 1995, 1547f.; BGH, NJW-RR 1996, 429; BGH, NJW 1999, 1404, 1405.

[632] Immenga, AcP 171 (1971), 1, 12.

[633] Gronstedt/Jörgens, ZIP 2002, 52, 54; Eidenmüller, ZGS 2002, 290, 295; Wolf/Kaiser, DB 2002, 411, 412; Weidenkaff, in: Palandt, § 434 BGB, Rn. 12; Faust, in: Bamberger/Roth, § 434 BGB, Rn. 21; Büdenbender, in: Dauner-Lieb/ Büdenbender, S. 5, 29 f.; P. Huber, in: Huber/Faust, 12. Kap., Rn. 23.

[634] Buck, in: Westermann, Schuldrecht 2002, S. 121; Weitnauer, NJW 2002, 2511, 2513f., der einen Schluss auf die Ertragsfähigkeit nur bei Jahresabschlüssen über eine längere Dauer als möglich ansieht; unterhalb dieser Schwelle die *c.i.c.* anwenden möchte.

[635] Namentlich U. Huber, AcP 202 (2002), 179, 189.

[636] BGH, NJW 1977, 1538, 1539; BGH, NJW 1995, 1547, 1548.

Auf Basis des extensiven Beschaffenheitsbegriffes der neuen Rechtslage ist ein solches Korrektiv der hinreichenden Dauer obsolet geworden.[637] Alle gegenstandsbezogenen Merkmale unabhängig von einer bestimmten Dauer und insbesondere auch ein einmaliger Jahresabschluss sind als Konkretisierung der Beschaffenheit des Unternehmens anzusehen.[638] Gerade beim Unternehmenskauf lässt sich die im Einzelfall ausreichende Dauer der vorgelegten Jahresabschlüsse nur schwerlich festlegen. Vielmehr werden gerade börsennotierte Unternehmen in zunehmendem Maße anhand kurzfristiger Ergebnisse, wie Quartalsberichterstattungen, beurteilt. Schon hieraus lassen sich für die Bewertung eines Unternehmens aussagekräftige Daten gewinnen. Diese in den USA schon lange verbreitete Praxis hat sich im Zuge der Globalisierung nun auch in Deutschland durchgesetzt, was dazu führt, dass unternehmerische Entscheidungen eher im Hinblick auf die nächste quartalsmäßige Beurteilung denn auf eine langfristige Entwicklung hin getroffen werden.[639] Vor dieser Wirklichkeit verschließt sich, wer für die rechtliche Anerkennung als Beschaffenheitsmerkmal eine mehrjährige Dokumentation der Jahresabschlüsse fordert.[640]

Zudem hängen Zahlenangaben im Jahresabschluss und Ertragsfähigkeit eng zusammen; die von der im Vertrag vereinbarten abweichende tatsächliche Ertragsfähigkeit hat ihre Ursache in den fehlerhaften Angaben des Verkäufers in den Jahresabschlüssen der letzten Jahre.[641] Warum soll die Zahlenbasis keine Beschaffenheit sein, ein auf dieser gründender Schluss schon? Daher ist die Verortung jeder falschen Jahresabschlussangaben im Kaufrecht dogmatisch überzeugender und vermittelt größere Rechtssicherheit.

Der erforderliche Bezug zum Unternehmen kann einem Jahresabschluss nicht abgesprochen werden.[642] Die in ihm enthaltenen Angaben sind der zahlenmäßige Ausdruck eines bestimmten Unternehmenszustandes.[643] Im Jahresabschluss wird das vom Unternehmen im vergangenen Geschäftsjahr erzielte Ergebnis dokumentiert. Dieses wird durch mehrere Faktoren beeinflusst, zum einen durch das persönliche Geschick des Unternehmers bzw. seiner Geschäftsführung, zum anderen durch äußere Einflüsse wie die konjunkturelle Situation und letztlich aber auch durch dem Unternehmen selbst innewohnende Faktoren, wie seinem

---

[637] Eidenmüller, ZGS 2002, 290, 295; Wolf/Kaiser, DB 2002, 411, 412; im Ergebnis auch Faust, in: Bamberger/Roth, § 434 BGB, Rn. 27; a.A. Jagersberger, S. 149f.

[638] Canaris, Handelsrecht, § 8, Rn. 31; Wolf/Kaiser, DB 2002, 411, 414.

[639] Büdenbender, in: Dauner-Lieb/Büdenbender, S. 5, 34.

[640] Büdenbender, in: Dauner-Lieb/Büdenbender, S. 5, 34.

[641] Auf diesen Ursache- Wirkung- Zusammenhang weist Kindl, WM 2003, 409 hin.

[642] Willemsen, AcP 182 (1982), 515, 545.

[643] Dies gesteht auch Hüffer ein, der i.ü. bei Jahresabschlussangaben unter der alten Rechtslage die *c.i.c.* bevorzugte, vgl. Staub, GrossKomm- HGB, 983, vor § 22, Rn. 49 ff.

Betriebsstandort, seinem Kundenkreis etc.[644] Ob die außerhalb des Unternehmens liegenden Faktoren das Ergebnis mehrheitlich getragen haben oder eher die im Unternehmen selbst begründeten Faktoren, kann von Fall zu Fall erheblich divergieren. Selbst die beste unternehmerische Begabung nützt nichts, wenn dem Unternehmen die entsprechenden Betriebsmittel fehlen. Genauso wird ein gut aufgestelltes Unternehmen auch bei einer schlechten Unternehmensführung noch akzeptable Ergebnisse aufweisen. Zwar mögen Umsatzzahlen im besonderen Maße von der Konjunktur abhängig sein, doch kann die innere Struktur eines Unternehmens dazu beitragen, dass geringere Umsatzerlöse infolge schlechterer Rahmenbedingungen durch eine Senkung der Kosten kompensiert werden. Allein die Tatsache, dass *auch* die Fähigkeiten des Verkäufers über den Erfolg mitentschieden haben, machen Jahresabschlüssen nicht zu einem unternehmensfremden Faktor. Vielmehr ist die persönliche unternehmerische Betätigung durch die im Unternehmen angelegten materiellen und immateriellen Möglichkeiten begrenzt.[645] Auch wenn das Unternehmensergebnis durch das Geschick des Inhabers mitbestimmt wurde, ist der Verkäufer nicht berechtigt, falsche Zahlen, auf denen jede Einschätzung des Unternehmens durch den Käufer basiert, vorzulegen.

Zwar sind Angaben im Jahresabschluss anders als physische Merkmale einer Sache nicht im Wege eines technisch-naturwissenschaftlichen Beschreibungsvorgangs zu ermitteln, sondern unterliegen komplexen rechtlichen Bewertungsregeln, die erhebliche Beurteilungsspielräume einräumen.[646] Dennoch gibt es eindeutige gesetzliche Vorschriften, die Ermessensspielräume des Bilanzierenden klar begrenzen. Richtschnur sind die in § 238 Abs. 1 Satz 1 HGB genannten Grundsätze ordnungsgemäßer Buchführung (GoB).[647] Diese sind zum Teil lediglich als Gewohnheitsrecht anerkannt, im Bereich des Jahresabschlusses wurden jedoch auch eine Vielzahl der Grundsätze explizit in das HGB aufgenommen. Soweit das Gesetz Lücken aufweist oder Spielräume eröffnet, werden diese über

---

[644] Müller, ZHR 147 (1983), 501, 521; für Hommelhoff, S. 68, enthält das Unternehmen auf jeden Fall eine sachliche und eine personelle Komponente.

[645] Hommelhoff, S. 73.

[646] Grigoleit/Herresthal, JZ 2003, 118, 125.

[647] Vgl. hierzu grundlegend Förschle, in: Beck Bil-Komm., § 243 HGB, Rn. 1 ff. Auch wenn im Rahmen dieser Arbeit von der Rechnungslegung nach HGB ausgegangen wird, macht es in der Sache keinen Unterschied, wenn ein Unternehmen seinen Jahresabschluss nach den international gebräuchlichen Regeln der *International Accounting Standards* (IAS) bzw. den *International Financial Reporting Standards* (IFRS) aufstellt. Mit dem Bilanzrechtsreformgesetz vom 04.12.2004 (BGBl. I, 3166) wurde die Einführung internationaler Rechnungslegungsstandards in das deutsche Recht geregelt. Zudem haben aufgrund der EU-Verordnung EG Nr. 1606/2002 vom 19.7.2002 (ABlEG Nr. L 243, S. 1) kapitalmarktorientierte Unternehmen in der EU den Konzernabschluss seit dem 01.01.2005 nach den IAS- bzw. IFRS-Grundsätzen aufzustellen. Einen Vergleich zur Rechnungslegung nach HGB findet sich bei Schmid, DStR 2005, 80.

die GoB geschlossen.[648] Innerhalb eines solchen gesetzlichen Rahmens sind die Angaben im Jahresabschluss wie physische Merkmale einer Sache objektivierbar und den Kategorien „zutreffend" bzw. „nicht zutreffend" zugänglich.[649]

Um kein verfälschtes Bild über die Lage des Unternehmens zu vermitteln, ist besonders der Grundsatz der Ansatz- und Bewertungsstetigkeit (§ 252 Abs. 1 Nr. 6 HGB) von großer Bedeutung.[650] Der Verkäufer darf demnach die vom Gesetz eröffneten Bewertungswahlrechte nicht ohne Grund von einem zum anderen Jahr wechseln, um die Vergleichbarkeit der vergangenen Jahresabschlüsse zu erhalten.

Des Weiteren kommt auch bei Angaben im Jahresabschluss der kaufrechtliche Äquivalenzgedanke zum Tragen. Gerade aus den im Rahmen der Vertragsverhandlungen vorgelegten Jahresabschlüssen bestimmen die Parteien den Wert des Unternehmens und letztlich auch den Kaufpreis.[651] Diese Angaben erheben sich beim Unternehmenskauf zu den entscheidenden wertbildenden Faktoren,[652] denen sogar eine größere Relevanz zuteil wird als dem Unternehmenssubstrat. Es gehört zu den zentralen Aufgaben des betrieblichen Rechnungswesens, Außenstehende und somit auch potentielle Käufer über die wirtschaftliche Situation des Unternehmens zu informieren.[653] Der Jahresabschluss liefert Angaben über Ertrag und Umsatz im abgelaufenen Geschäftsjahr (Gewinn- und Verlustrechnung) sowie über alle Aktiva und Passiva, einschließlich der Höhe der Verbindlichkeiten (Bilanz). Dadurch gewährleistet der Jahresabschluss neben der Buchführung (§ 238 HGB), aus der die für die Aufstellung erforderlichen Informationen hervorgehen, einen Einblick in die Lage des Unternehmens.[654] Werden entgegen den Bilanzierungsgrundsätzen nicht alle Verbindlichkeiten bilanziert, ist der vorgelegte Jahresabschluss unzutreffend.[655] Der Wert des Unternehmens fällt niedriger aus als vom Verkäufer auf Basis des Jahresabschlusses versprochen. Daher ist der Jahresabschluss bzw. die Kette mehrerer Jahresabschlüsse

---

[648] Ballwieser, in: MünchKomm-HGB, § 238, Rn. 22.

[649] Für den Bereich der *c.i.c.* bestand seit BGH, NJW 1970, 653 ff. kein Zweifel, dass ein objektiver Verstoß gegen die GOB feststellbar ist, auch wenn die Grenzen zwischen unzulässiger und noch im Rahmen liegender Überbewertung mitunter fließend sind.

[650] Winkeljohann/Geißler, in: Beck Bil-Komm., § 252 HGB, Rn. 55.

[651] Von Gierke/Paschen, GmbHR 2002, 457, 462.

[652] Lieb, in: Festschrift Gernhuber, 259, 265; dies erkennt sogar der BGH an: BGH, WM 1974, 51, BGH, NJW 2001, 2163, 2164.

[653] Neben der Rechenschaftslegung gegenüber Dritten dienen die Bilanzierungsvorschriften der §§ 238 ff. HGB auch der Beweissicherung und Selbstinformation des Kaufmanns und der Berechnung der gesellschaftsrechtlichen Vermögens- und Gewinnverteilung, vgl. Ballwieser, in: MünchKomm-HGB, § 238, Rn. 1 sowie Forster, in: Adler/Düring/Schmaltz, § 238 HGB, Rn. 33 ff.

[654] Forster, in: Adler/Düring/Schmaltz, § 242 HGB, Rn. 4.

[655] Lieb, in: MünchKomm-HGB, Anh. § 25, Rn. 85.

beim Unternehmenskauf genauso für den Wert von Bedeutung wie die allgemein anerkannten Beschaffenheitsmerkmale beim Sachkauf. Folglich beeinflusst der Jahresabschluss bzw. die Kette mehrerer Jahresabschlüsse die von den Parteien vorausgesetzte Äquivalenz von Leistung und Gegenleistung und ist als Beschaffenheitsmerkmal anzusehen. Dadurch wird letztlich auch den wirtschaftlichen Realitäten Rechnung getragen. Eine juristische Auslegung, die die maßgeblichen betriebswirtschaftlichen Größen eines Unternehmens als Beschaffenheit ablehnt, ist für einen Ökonomen nicht nachvollziehbar und wirklichkeitsfremd.[656]

Die Garantiehaftung auf die Richtigkeit dieser Angaben ist auch nicht deshalb unangemessen, weil der Verkäufer den Jahresabschluss teilweise gar nicht selbst, sondern mit Hilfe eines Wirtschaftsprüfers bzw. Steuerberaters erstellt hat. Zum einen sind nach §§ 238 ff. HGB die Bilanzen persönliche Erklärungen des Kaufmanns, der beim *asset deal* identisch mit dem Verkäufer ist,[657] wie der BGH zu den §§ 38 ff. HGB a.F. zutreffend entschieden hat.[658] Mit der Unterzeichnung übernimmt der Kaufmann die Verantwortung für die Richtigkeit und Vollständigkeit des unterschriebenen Abschlusses.[659] Die Zahlen im Jahresabschluss stammen aus seinem Einflussbereich. Für das Zahlenmaterial im Jahresabschluss hat er daher genauso einzustehen wie für die körperliche Struktur einer Sache, unabhängig davon, ob ihm an den unzutreffenden Angaben ein Verschulden trifft. Inwieweit ihm hinsichtlich der falschen Zahlen ein Vertretenmüssen iSd §§ 276, 278 BGB vorzuwerfen ist, steht auf einem anderen Blatt und tangiert nur die Schadensersatzhaftung.

In jedem Fall ist dem Käufer das Verlangen nach Nacherfüllung bzw. Rücktritt/Minderung zuzugestehen. Dies entspricht bei Angaben, die der Verkäufer aus seiner Sphäre entnimmt, der Sachgerechtigkeit. Warum soll der Erwerber das Risiko für Falschangaben tragen, die in der Sphäre des Verkäufers entstanden sind?[660] Dem Käufer nur bei Nachweis eines Verschuldens auf Verkäuferseite ein (dogmatisch fragwürdiges) Minderungsrecht zuzubilligen, setzt die Schutzbedürftigkeit an der falschen Stelle an. Schon aus diesem Grund sind die Angaben im Jahresabschluss als eine Beschaffenheit des Unternehmens anzusehen.[661]

---

[656] Büdenbender, in: Dauner-Lieb/Büdenbender, S. 5, 32.

[657] Anders beim *share deal*, wo die unternehmenstragende Gesellschaft den Jahresabschluss zu erstellen hat, Verkäufer der Gesellschaftsanteile jedoch der Anteilseigner ist.

[658] BGH, WM 1974, 51, 52.

[659] Forster, in: Adler/Düring/Schmaltz, § 245 HGB, Rn. 1, m.w.N.

[660] Hommelhoff, S. 70.

[661] Im Ergebnis ebenso: Dauner-Lieb/Thiessen, ZIP 2002, 108, 110; Wolf/Kaiser, DB 2002, 411, 414; Gaul, ZHR 166 (2002), 35, 46 ff.; Gronstedt/Jörgens, ZIP 2002, 52, 54 f.; Knott, NZG 2002, 249, 251.

Natürlich rechtfertigt nicht jede Enttäuschung des Käufers über die Erträge des Unternehmens die Annahme eines Mangels. Zieht der Käufer aus den zutreffenden Angaben die falschen Schlüsse und erwartet höhere Ergebnisse, kann er seine Enttäuschung nicht auf den Verkäufer abwälzen. Es liegt in der Natur der Sache, dass sich der Käufer ein höheres Gewinnerzielungspotential als sein Vorgänger zutraut.

Darüber hinaus darf auch die Verzahnung zwischen Bilanz und Substratmangel nicht übersehen werden. Denn die Angaben im Jahresabschluss hängen mit den physischen Merkmalen des Unternehmens zusammen, weil sich ohne das Sachsubstrat gar keine Umsätze erzielen lassen! Der Jahresabschluss kann quasi als Ergebnis des sachlichen und rechtlichen Substrats angesehen werden. Das Sachsubstrat spiegelt sich damit auch in der Bilanz wider. Ist eine Maschine defekt, also ein Substratmangel, und wurde eine Abschreibung in der Bilanz unterlassen, ist letztere fehlerhaft. Genauso kann auch ein gravierender Mangel im Unternehmenssubstrat ohne Auswirkungen sein, wenn dieser bereits in den bilanziellen Rückstellungen berücksichtigt wurde.[662] Folglich kann auch ein bestimmter Jahresabschluss als Beschaffenheit des Unternehmens vereinbart werden.

4. Ergebnis

Für den Unternehmenskauf folgt hieraus, dass die Beschaffenheit des Unternehmens durch das sachliche und rechtliche Substrat genauso wie durch die Unternehmenskennzahlen im Jahresabschluss wie auch durch andere unternehmensbezogene Merkmale konkretisiert wird, da ihnen alle ein Bezug immanent ist und ihnen eine Bedeutung für den Wert des Unternehmens nicht abgesprochen werden kann. Insbesondere ist ein einmaliger Jahresabschluss bereits ausreichend. Auf Ersatzkriterien wie die Ertragsfähigkeit, die sich erst mittelbar aus den Zahlen ergeben, muss nicht mehr abgestellt werden. Erst außerhalb der so verstandenen Unternehmensbeschaffenheit kann sich eine Haftung aufgrund einer vorvertraglichen Informationspflichtverletzung ergeben.

II. Der Gefahrübergang als maßgeblicher Zeitpunkt

Die Frage nach dem Anwendungsbereich des kaufrechtlichen Gewährleistungsrechts greift zu kurz, wenn man den Fokus allein darauf richtet, was dem Grunde nach zur Beschaffenheit eines Unternehmens gehört. Auf Basis des gerade vertretenen erweiterten Beschaffenheitsbegriffs führte dies zu einer unangemessenen Ausdehnung des kaufrechtlichen Gewährleistungsrechts. Denn aus dem Tatbestand des § 434 Abs. 1 Satz 1 BGB folgt, dass Beschaffenheit zwar eine

---

[662] U. Huber, in: Soergel, § 433 BGB a.F., Rn. 31.

notwendige, aber keinesfalls hinreichende Bedingung für die Anwendung der §§ 433 ff. BGB ist. Das Beschaffenheitsmerkmal muss gerade auch bei Gefahrübergang zum Unternehmen gehören. Entscheidend ist damit die Konnexität zwischen Störung und Gefahrübergang. Mit anderen Worten: es muss sich um eine gegenwärtige Beschaffenheit handeln. Dies entspricht auch den Interessen von Verkäufer und Käufer. Für letzteren ist es nur von Relevanz, ob eine Maschine bei Gefahrübergang defekt ist, war sie dies vor einem Jahr und ist sie nun repariert, ist der Vorfall für den aktuellen Zustand obsolet! Die Äquivalenz von Leistung und Gegenleistung wird dadurch nicht tangiert, sondern lediglich die Entschließungsfreiheit des Käufers, welche nicht durch das Kaufrecht geschützt wird.[663] Der Verkäufer hingegen möchte nur die Gewährleistung für die Beschaffenheit der Sache bei Gefahrübergang übernehmen.

Diese Restriktion der Gewährleistungshaftung des Verkäufers für die Beschaffenheit ist logische Folge der Gefahrtragungsregeln (§§ 446, 447 BGB), die die Risikobereiche von Käufer und Verkäufer trennen. Eine Verschlechterung des Kaufgegenstandes nach Gefahrübergang soll den Verkäufer nicht um seinen Kaufpreis bringen, wenn er diese nicht zu vertreten hat.[664]

Daher war unter der früheren Rechtslage eine Eigenschaft, die dem Kaufgegenstand erst zukünftig innewohnen soll genauso wenig zusicherungsfähig wie ein solches Beschaffenheitsmerkmal nun vereinbarungsfähig ist.[665] Denn hinsichtlich der zukünftigen Entwicklung ist die Interessenlage eine andere. Während es bei den gegenwartsbezogenen Aussagen in der Hand des Verkäufers liegt, deren Richtigkeit abzusichern, da das Unternehmen bisher in seinem Einflussbereich geführt wurde, hat er auf die zukünftige Entwicklung keinerlei Einfluss mehr. Diese wird allein durch den Käufer geprägt. Daher ist es nicht angebracht, den Verkäufer einer Vertragsrückabwicklung auszusetzen, die er nicht verursacht hat. Im Rahmen des Gewährleistungsrechts können zukünftige Merkmale nur relevant werden, wenn sie in ihren Ursprüngen bereits bei Gefahrübergang angelegt waren.[666] Genauso können bloß vorübergehende Merkmale aus der Vergangenheit, die keine bleibenden Spuren am Kaufgegenstand hinterlassen, keine gegenwärtige Beschaffenheit desselben sein.[667]

Im originären Bereich des Sachkaufs ergibt sich hieraus kein weiterer Diskussionsbedarf: Vergangenheitsbezogene Angaben ohne Auswirkung auf den gegenwärtigen Zustand der Sache tangieren das Äquivalenzverhältnis nicht. Beim Unternehmenskauf wird es aber wesentlich komplizierter. Während das Unterneh-

---

[663] Nach allgemeiner Meinung wird diese durch § 123 BGB geschützt, vgl. BGHZ 51, 141, 147.

[664] U. Huber, in: Soergel, § 459 BGB a.F., Rn. 78.

[665] U. Huber, in: Soergel, § 459 BGB a.F., Rn. 188.

[666] Fleischer, S. 333 zum ähnliche gelagerten Problem bei § 123 BGB.

[667] U. Huber, in: Soergel, § 459 BGB a.F., Rn. 148.

menssubstrat und unternehmensbezogene Mängel wie z.b. ein guter Ruf noch auf den Gefahrübergang projiziert werden können, stellen die für den Unternehmenskauf spezifischen Angaben im Jahresabschluss einen Sonderfall dar. Dieser wurde zu einem bestimmten Zeitpunkt in der Vergangenheit, nämlich zum Schluss eines Geschäftsjahres erstellt (§ 242 HGB). Erweisen sich diese Zahlen im Nachhinein als unzutreffend, liegt der Fehler zweifellos in der Vergangenheit. Daher stellt sich die Frage, inwieweit derartige Angaben die Beschaffenheit des Unternehmens bei Gefahrübergang beschreiben können.

1. Keine gegenwärtige Beschaffenheit

Auf der einen Seite wird aus der Vergangenheitsbezogenheit der Jahresabschlussangaben gefolgert, dass das Kaufrecht, welches eine Haftung nur für den Zustand bei Gefahrübergang auszulösen vermag, hierauf nie anzuwenden und die §§ 311 Abs. 2, 241 Abs. 2, 280 Abs. 1 BGB die allein taugliche Anspruchsgrundlage für den Käufer seien.[668] Hierfür ist anzuführen, dass zum einem dem zu einem früheren Zeitpunkt erstelltem Jahresabschluss schon die Bestimmung fehlt, den Zustand eines Unternehmens zu einem erst zukünftigen Gefahrübergang festzulegen. Bei Feststellung des Jahresabschlusses konnte niemand wissen, wann dieser einmal zur Grundlage eines Unternehmenskaufes wird.

Zum anderen könne mit falschen Zahlenangaben, die sich auf Stichtage oder Perioden in der Vergangenheit beziehen, kein Sollzustand bei Gefahrübergang versprochen werden.[669] Die Zahlen im Jahresabschluss haben sich bereits mit Ende des Geschäftsjahres erledigt und seien damit ohne Relevanz für den späteren Gefahrübergang.[670] Den Parteien sei zudem bewusst, dass die früheren Zahlen bei Gefahrübergang nicht mehr zutreffen können.[671] Daher seien diese nicht als gegenwärtige Beschaffenheit einzuordnen.[672] Einen gegenwärtigen Bezug kann man diesen Zahlen allenfalls abgewinnen, wenn sie Merkmale manifestieren, die in die Gegenwart fortwirken. Zwar ziehen die Parteien aus den vergangenen Zahlen Rückschlüsse auf den aktuellen Zustand, insbesondere auf die Ertragsfähigkeit des Unternehmens. Doch beruhen diese alleine auf subjektiven

---

[668] U. Huber, AcP 202 (2002), 179, 224; Grigoleit/Herresthal, JZ 2002, 118, 125; Fischer, DStR 2004, 276, 278; Faust, in: Bamberger/Roth, § 453 BGB, Rn. 30.

[669] U. Huber, AcP 202 (2002), 179, 224.

[670] Faust, in: Bamberger/Roth, § 434 BGB, Rn. 26; sowie § 453 BGB, Rn. 30.

[671] Fischer, DStR 2004, 276, 278.

[672] Widersprüchlich: Faust, in: Bamberger/Roth, § 434 BGB, Rn. 26, für die es zum einen bei falschen Kennzahlen um einen typischen Fall der Willensbeeinflussung geht, dem allein über die Regeln der *c.i.c.* Rechnung getragen wird; zum anderen wird den Parteien zugestanden, diese Angaben durch Vereinbarung zu einer gegenwärtigen Beschaffenheit aufzuwerten; deutlicher Faust, in: Bamberger/Roth, § 453 BGB, Rn. 30, wonach fehlerhafte Unternehmenskennzahlen in der Vergangenheit allein eine Haftung aus *c.i.c.* begründen können.

Erwägungen, eine objektiv zwingende Abhängigkeit des Unternehmenszustandes von bestimmten Zahlen in der Vergangenheit kann es nicht geben. Dazu ist ein Unternehmen von zu vielen äußeren Faktoren abhängig. Bricht die Konjunktur plötzlich ein, haben auch die in den vergangenen Jahren stetig gestiegenen Umsätze keinen Wert. Selbst eine Kette mehrerer aufeinanderfolgender Jahresabschlüsse erlaubt keinen zwingenden Rückschluss auf die Ertragsfähigkeit. Aufgrund der Unberechenbarkeit der wirtschaftlichen Entwicklung können Angaben im Jahresabschluss den aktuellen Zustand des Unternehmen bei Gefahrübergang nicht in gleicher Weise kennzeichnen wie die physischen Merkmale bei einer Sache.[673]

Insofern ist die Lage anders als beim Kauf eines Unfallwagens. Ein früherer Unfall führt nicht deshalb zu einem Mangel des Wagens, weil der Unfall in der Vergangenheit liegt, sondern weil er den gegenwärtigen Wert beeinflusst. Der Wagen ist auch heute noch ein Unfallwagen. Der Makel des Unfalls bleibt dem Wagen trotz Reparatur anhaften, da das Sachsubstrat nun ein anderes ist. Das Geschehen in der Vergangenheit bildet die Basis für die gegenwärtige Beschaffenheit *„unfallfrei"*. Es besteht eine zwingende Abhängigkeit zwischen dem damaligen Ereignis und dem gegenwärtigen Zustand. Vergangene Ereignisse können damit zwar grundsätzlich in die Gegenwart fortwirken, bei Jahresabschlüssen einer vergangenen Periode ist das jedoch nicht der Fall.

Da ein fehlerhafter Jahresabschluss nicht zur Beschaffenheit des Unternehmens bei Gefahrübergang gehört, kann das kaufrechtliche Gewährleistungsrecht unabhängig von der Auslegung des Beschaffenheitsbegriffs tatbestandlich nicht eingreifen. Damit wird für unzutreffende Angaben im Jahresabschluss allein aus der vorvertraglichen Informationshaftung der §§ 311 Abs. 2, 241 Abs. 2, 280 Abs. 1 BGB gehaftet.

2. Gegenwärtige Beschaffenheit

Vom gegenteiligen Standpunkt aus gehören auch Angaben in einem früheren Jahresabschluss zur Beschaffenheit des Unternehmens bei Gefahrübergang und führen damit zur Anwendung des kaufrechtlichen Gewährleistungsrechts.[674] Das Argument, dass es sich hierbei um eine dem Sachkauf fremde Kategorie handelt und daher nicht in das Kaufrecht hineinpasse, geht schon auf Grundlage des § 453 Abs. 1 BGB fehl. Das Gesetz öffnet mit seinem Anwendungsbefehl das

---

[673] Grigoleit/Herresthal, JZ 2003, 118, 125.

[674] Noch zur alten Rechtslage: Willemsen, AcP 182 (1982), 515, 545 f.; zur neuen Rechtslage Schröcker, ZGR 2005, 63, 78; Schmidt, BB 2005, 2763, 2766; Fritzen, S. 42.

Kaufrecht auch für Merkmale, denen beim Sachkauf etwas Vergleichbares fehlt. Hierin liegt gerade das Wesen der entsprechenden Anwendung.[675] Mit den – formal aus der Vergangenheit stammenden – Angaben wird schon deshalb eine Aussage über den Zustand bei Gefahrübergang getroffen, weil andernfalls kaum zu erklären wäre, warum in der Praxis die Entscheidung über den Kauf und die genaue Höhe des Kaufpreises auf Basis der vergangenen Jahresabschlüsse getroffen wird. Wer nämlich den Angaben im Jahresabschluss aufgrund des Stichtages in der Vergangenheit den Charakter einer gegenwärtigen Beschaffenheit abspricht, muss sich dem Widerspruch stellen, warum diese Zahlen für die Bestimmung des Kaufpreises eine erhebliche Bedeutung haben und immer wieder Anlass zu (schieds-) gerichtlichen Auseinandersetzungen geben.[676] Auch ein in der Vergangenheit liegendes Geschehen steigt zu einer gegenwärtigen Beschaffenheit auf, wenn es sich auf den Zeitpunkt des Gefahrübergangs auswirkt.[677] Umgekehrt ist es für den Kaufentschluss und den Kaufpreis unerheblich, welchen Zustand der Kaufgegenstand früher einmal hatte, solange er zum Zeitpunkt des Gefahrübergangs mit dem vertraglich versprochenen korrespondiert. Die erforderliche Verbindung zur Gegenwart ergibt sich für die Jahresabschlussangaben daraus, dass die Parteien aus ihnen Rückschlüsse ziehen, denen Einfluss auf die Kaufentscheidung und den Kaufpreis zuteil wird.[678] Soweit sich diese Angaben außerhalb des gesetzlich zugelassenen Bewertungsspielraums als unzutreffend erweisen, haben die Parteien in der Gegenwart einen falschen Schluss gezogen. Damit wirken auch die aus der Vergangenheit herrührenden Daten bis auf den Gefahrübergang fort. Dabei nehmen die Parteien bewusst in Kauf, dass die Aussagekraft im Hinblick auf die Ungewissheit der zukünftigen wirtschaftlichen Entwicklung und der unternehmerischen Fähigkeiten des Erwerbers mit Unsicherheiten belastet ist, so dass die von ihnen gezogenen Rückschlüsse entsprechend zu relativieren sind.[679]

Zudem werden die Angaben im Jahresabschluss zur Bilanzanalyse verwendet. Denn die auf Basis der vergangenen Jahresabschlüsse durchgeführte Bilanzanalyse dient gerade als Information über die *gegenwärtige* wirtschaftliche Lage des Unternehmens.[680] Beispielsweise wird aus dem Cash Flow die Innenfinanzierungskraft eines Unternehmens abgeleitet. Ebenfalls von Relevanz bei der Bilanzanalyse ist die Lagerdauer, die sich als Quotient aus dem Bestand an Waren

---

[675] Lieb, in: MünchKomm-HGB, Anh. § 25, Rn. 64.

[676] Aus der Rechtsprechung zur früheren Rechtslage: BGH, NJW 1970, 653, 655; BGH, NJW 1977, 1538, 1539; BGH, NJW 1995, 1547, 1548.

[677] Allgemeine Meinung, vgl. nur U. Huber, in: Soergel, § 459 BGB a.F., Rn. 188, m.w.N.

[678] Willemsen, AcP 182 (1982), 515, 546; einschränkend Jagersburger, S. 147,die einen solchen Rückschluss nur bei einer Kette mehrerer Jahresabschlüsse zulässt.

[679] Willemsen, AcP 182 (1982), 515, 546.

[680] Baetge, DB 2002, 2281, der im weiteren die Verfahren der Bilanzanalyse beschreibt.

und Fertigungserzeugnissen und dem Umsatz, multipliziert mit 365 ergibt. Eine hohe Lagerdauer bzw. eine in den letzten Jahren ständig steigende weist auf Absatzprobleme oder ein unwirtschaftliches Lagerwesen hin, weshalb dem Unternehmen ein geringerer wirtschaftlicher Wert beigemessen wird. Die Ergebnisse der Bilanzanalyse betreffen den Zeitpunkt des Gefahrübergangs. Daher dienen die in der Vergangenheit liegenden Jahresabschlüsse als Basis für die Vereinbarung einer gegenwärtigen Beschaffenheit des Unternehmens.

3. Stellungnahme

Das formale Bezugsdatum eines Jahresabschlusses steht in einem Spannungsverhältnis zu seiner materiellen Aussagekraft in der Gegenwart. Befindet man sich zum gegenwärtigen Zeitpunkt t = 0, besagt ein Jahresabschluss zu t = -5 formal, dass damals z.b. ein Umsatz in Höhe x erzielt wurde (Gewinn- und Verlustrechnung) und Verbindlichkeiten in Höhe y bestanden (Bilanz). Dieser Sachverhalt liegt unzweifelhaft in der Vergangenheit und wurde dort auch abgeschlossen. Doch der Jahresabschluss erschöpft sich nicht allein in dieser Aussage. Denn dadurch würde man wiederum der Relevanz, die dem Jahresabschluss im Rahmen der Vertragsverhandlungen zuteil wird, nicht gerecht.[681] Die vergangenheitsbezogenen Angaben illustrieren die Entwicklung der Kaufsache, wie sie sich zum Zeitpunkt des Gefahrübergangs darstellt.[682] Entscheidend ist auf Basis des dem Kaufrecht immanenten Äquivalenzgedankens die Verknüpfung des früheren Jahresabschlusses mit dem gegenwärtigen Vertragsschluss.

Der Leistungsaustausch zwischen den Parteien erfolgt auf Grundlage der angenommenen Gleichwertigkeit ihrer jeweiligen Leistungen. Der Wert des Kaufgegenstandes schlägt sich in einem entsprechendem Kaufpreis nieder. Damit ist aber keine objektive Gleichwertigkeit gemeint, da die Preisfindung zwischen den Parteien maßgeblich von den Markverhältnissen abhängt.[683] Bezahlt der Käufer einen den objektiven Wert übersteigenden Preis, drückt sich darin die Knappheit des jeweiligen Kaufgegenstandes verbunden mit dem besonderen Erwerbsinteresse des Käufers aus, so dass der höhere Preis durch den aus dem Erwerb erwarteten Nutzen kompensiert wird. Auf der Grundlage des Vertrages besteht aus Sicht der Parteien die Äquivalenz zwischen ihren jeweiligen Leistungen.

Die Entscheidung, ob überhaupt gekauft wird und zu welchem Preis dies erfolgt, wird aufgrund des gegenwärtigen Wertes des Kaufgegenstandes getroffen, der sich auf Grundlage aller gegenwärtigen wertbildenden Merkmale ergibt. Kommt es zu einer Störung der subjektiven Äquivalenz, beruht diese auf einem von den

---

[681] Vgl. zur Bedeutung der Unternehmensbewertung Beisel/Klumpp, 3. Kapitel, Rn. 1 ff.

[682] Schmidt, BB 2005, 2763, 2765.

[683] Fischer, in: Hölters, Teil II, Rn. 44; ähnlich Hommelhoff, S. 80.

Parteivorstellungen abweichendem tatsächlichen Wert, der wiederum auf falschen Angaben zu den wertbildenden Faktoren beruht. Diese Äquivalenzstörung wird durch das kaufrechtliche Gewährleistungsrecht aufgefangen, welches sich ausschließlich auf gegenwärtige Beschaffenheiten bezieht. Dann müssen alle Faktoren, die sich auf den gegenwärtigen Wert des Kaufgegenstandes auswirken, auch einen Gewährleistungsgrund und damit eine gegenwärtige Beschaffenheit desselben darstellen. Diesbezüglich besteht kein Unterschied zwischen Sachkauf und Unternehmenskauf. Der Wert eines KFZ wird z.B. durch seine PS-Stärke beeinflusst. Entspricht die vertraglich vereinbarte nicht der tatsächlichen PS-Stärke, ist ein gegenwärtiger wertbildender Faktor betroffen und das Auto hat unstreitig einen Sachmangel.

Die Verknüpfung zwischen dem Jahresabschluss und dem Wert des Unternehmens erklärt, warum die vergangenen Jahresabschlüsse in der Praxis eine derart herausragende Bedeutung haben. Für den Unternehmenskauf folgt hieraus die Frage, auf welcher Grundlage der gegenwärtige Wert eines Unternehmens bestimmt wird. Dazu ist auf die Lehre von der Unternehmensbewertung zu rekurrieren, die eines der Hauptprobleme in der Betriebswirtschaftslehre darstellt. [684]

Der Unternehmenswert kann sich auf zwei grundlegend verschiedene Arten bemessen: Zum einen aus der Summe aller Einzelwirtschaftsgüter (Substanzwertmethode) und zum anderen aus dem zukünftigen Nutzen, den der Erwerber mit dem Unternehmen ziehen wird (Ertragswertmethode). Daneben gibt es noch Kombinationen aus beiden Verfahren, die den Unternehmenswert zwischen den Extrempositionen ansiedeln. Zu nennen sind in diesem Zusammenhang die sog. Praktiker- oder Mittelwertmethode,[685] die Übergewinnmethode[686] oder das Stuttgarter Verfahren.[687]

Der Substanzwert ergibt sich aus dem Wert der einzelnen Vermögensgegenstände abzüglich der Verbindlichkeiten[688] und ist somit als Summe der gegenwarts-

---

[684] Bellinger/Vahl, S. 32; weiterführende Nachweise zum Themenkomplex Unternehmensbewertung finden sich bei Barthel und Peemöller.

[685] Grundlegend Schmalenbach, der den Durchschnitt aus Ertragswert und Substanzwert ansetzt. Dieses Verfahren besitzt in der Praxis keine Bedeutung mehr, da es vom Institut der Wirtschaftsprüfer schon 1983 verworfen wurde, vgl. Sieben, in: Handwörterbuch der Betriebswirtschaft, III, 4315, 4322.

[686] Vgl. hierzu Fischer, in: Hölters, Teil II, Rn. 207 f.

[687] Piltz, S. 39 f. und S. 221 ff. Das Stuttgarter Verfahren dient zur Bewertung von Anteilen nicht börsennotierter Kapitalgesellschaften, da sich ein Marktpreis aus Verkäufen nicht feststellen lässt, § 11 Abs. 2 BewG; Zusammenfassend Fischer, in: Hölters, Teil II, Rn. 209 ff., der auch auf die grundlegenden Mängel dieses Verfahrens hinweist. Grundsätzliche Kritik am Stuttgarter Verfahren übte jüngt das BVerfG im Beschluss zur Verfassungswidrigkeit der Erbschaftssteuer, BVerfGE 117, 1 ff.

[688] Bellinger/Vahl, S. 115; Fischer, in: Hölters, Teil II, Rn. 143 ff.

138

bezogenen Einzelwerte zu interpretieren.[689] In der Wissenschaft hat die Substanzwertmethode seit Mitte der 1980´er Jahre zugunsten des Ertragswertverfahren immer mehr an Bedeutung verloren. Dieser Entwicklung hat auch der BGH in seiner Rechtsprechung Rechnung getragen und sich für die Unternehmensbewertung im Wege des Ertragswertverfahrens ausgesprochen,[690] was vom BVerfG ebenfalls nicht beanstandet wurde.[691] Damit ist das betriebswirtschaftliche Bewertungsverfahren auch in der Rechtswissenschaft als verbindlich anzusehen. Eine solche Bewertungsmethode basiert auf der Annahme, dass der Wert eines Unternehmens von dem subjektiven Nutzen bestimmt wird, den seine Eigentümer aus ihm ziehen können.[692] Dieser ergibt sich aus der Diskontierung der zukünftig zu erwartenden Erträge aus dem betriebsnotwendigen Vermögen auf den gegenwärtigen Zeitpunkt.[693] Der Vorteil der Ertragswertmethode ist darin zu sehen, dass auf den zukünftigen Nutzen abgestellt wird, der für einen auf die Fortführung des Unternehmens bedachten Käufer eher von Interesse ist als der Wert der gegenwärtigen Substanz. Hierin drückt sich erneut aus, dass ein Unternehmen mehr ist als die Summe der Einzelbestandteile. Das Ertragswertverfahren ist damit das für die meisten Bewertungsfälle geeignetste Verfahren.[694]

Der Wert und dadurch indirekt auch der Kaufpreis ist sowohl vom Kapitalisierungsfaktor als auch von der Prognose der zukünftigen Erträge abhängig. Ersterer spiegelt das mit dem Kauf verbundene Risiko wider. Der Kalkulationszins wird umso höher anzusetzen sein, je größer das Risiko ist. Die Ertragsprognose wiederum kann sich nur im Wege der Schätzung ergeben. Die hierfür maßgeblichen Kennziffern werden zum Großteil den Jahresabschlüssen der Vergangenheit entnommen. In der Praxis wird aufgrund der vergangenen Zahlen ein jährlich gleichbleibender Durchschnittsbetrag angesetzt (sog. Pauschalmethode).[695]

---

[689] Sieben, in: Handwörterbuch der Betriebswirtschaft, III, 4315, 4327.
[690] BGH, BB 1995, 1789; BGH, NJW 1985, 192, 193.
[691] BVerfG, DB 1999, 1693, 1695f.
[692] WP-Handbuch 2002, Rn. 3.
[693] Seetzen, WM 1994, 45, 46; WP-Handbuch 2002, Rn. 50; teilweise wird auch von den zukünftigen Netto- Auszahlungen oder den Auszahlungsüberschüssen oder schlicht von Gewinnen gesprochen, in der Sache macht dies keinen Unterschied; Fischer, in: Hölters, Teil II, Rn. 168; vgl. auch das praktische Beispiel zur Bewertung bei Bellinger/Vahl, S. 115.
[694] Sieben, in: Handwörterbuch der Betriebswirtschaft, III, 4315, 4327.
[695] Fischer, in: Hölters, Teil II, Rn. 177; daneben wird auch, teilweise als Ergänzung, die analytische Methode angewandt, bei der aber eine größere Gefahr von Fehleinschätzungen besteht, im Einzelnen: Hölters aaO. Neben den reinen Zahlenangaben gewinnen auch qualitative Aspekte bei der Unternehmensbewertung immer mehr Einfluss. So wird sich ein schlechtes Betriebsklima oder ein schlechtes Image des Unternehmens als qualitative Faktoren in absehbarer Zeit auch quantifizierbar im Jahresabschluss niederschlagen können; vertiefend zu den qualitativen Aspekten und zur Entwicklung einer diesbezüglichen *Balanced Scorecard* Volk, DStR 2005, 752.

Aus dem so ermittelte Unternehmenswert wird dann der Kaufpreis kalkuliert.[696] Nicht ohne Grund hat die Unternehmensbewertung durch die Ertragswertmethode einen ihrer Hauptanwendungsfälle beim Unternehmenskauf, um sowohl Käufer als auch Verkäufer eine Entscheidungsgrundlage darüber zu verschaffen, ob und zu welchem Gegenwert sie den Leistungsaustausch durchführen wollen.

Das Argument, dass die früheren Zahlen am Tag des Gefahrübergangs nicht mehr zutreffen,[697] greift daher zu kurz. Das ist den Parteien bewusst. Denn es geht nicht darum, dass das Unternehmen zum Verkaufszeitpunkt noch die früheren Gewinne einbringen kann, sondern um die wirtschaftlichen Folgerungen, die den früheren Zahlen bezogen auf den Zeitpunkt des Gefahrübergangs innewohnen. So wie die physischen Merkmale einer Sache für die Bestimmung des Wertes von fundamentaler Bedeutung sind,[698] gilt dies für die früheren Jahresabschlüsse bei einem Unternehmen. Da letztere zur Berechnung des Kaufpreises herangezogen werden, stellen sie konsequenterweise auch eine gegenwärtige Beschaffenheit des Unternehmens dar.[699] Vor dem Hintergrund, dass sich der Kaufpreis gerade am Umsatz- und Ertragswert des Unternehmens bemisst, ist der Jahresabschluss sogar von größerer Relevanz als das Unternehmenssubstrat.[700] Die Angaben im Jahresabschluss lassen nach übereinstimmender Vorstellung der Parteien Rückschlüsse auf die weitere Entwicklung des Unternehmens und die Erwartungen des Marktes und damit auf den gegenwärtigen Zustand zu.[701] Der Aussagegehalt wird dabei umso höher, je länger die Kette aufeinanderfolgender Jahresabschlüsse ist[702] und extreme Jahresergebnisse sowie außerordentliche Aufwendungen oder Erträge iSd § 277 Abs. 4 HGB ausgeschieden werden, so dass die einzelnen Jahre auch unterschiedlich gewichtet werden können.[703] Ein bestimmter Mindestzeitraum ist jedoch nicht erforderlich, schon ein einmaliger Jahresabschluss muss ausreichend sein. Da der Terminus Beschaffenheit, wie schon konstatiert, eine Beschränkung auf eine bestimmte Dauer nicht zwingend erfordert,[704] kann nicht das Kriterium der Dauerhaftigkeit über den Umweg der Gegenwärtigkeit wieder eingeführt werden.

Unabdingbare Voraussetzung ist jedoch, dass die Angaben im Jahresabschluss als Basis zur Bestimmung des Unternehmenswertes und des Kaufpreises auch zutreffend waren. Mit falschen Angaben wird ein gegenwärtiger wertbildender Faktor manipuliert, der zu einem von den Parteivorstellungen abweichenden Un-

---

[696] Fischer, in: Hölters, Teil II, Rn. 184.
[697] So aber Fischer, DStR 2004, 276, 278.
[698] Grigoleit/Herresthal, JZ 2003, 118, 125.
[699] Von Gierke/Paschen, GmbHR 2002, 457, 462.
[700] Merkt, BB 1995, 1041, 1045.
[701] Willemsen, AcP 182 (1982), 515, 546.
[702] Gaul, ZHR 166 (2002), 35, 49, der leider offen lässt, wie lang die Kette sein sollte.
[703] Fischer, in: Hölters, Teil II, Rn. 178.
[704] Haas, in: Haas/Medicus/Rolland/Schäfer/Wendtland, Kapitel 5, Rn. 549.

ternehmenswert und dadurch zu einer Störung des Äquivalenzverhältnisses führt. Der Jahresabschluss zum vergangenen Stichtag ist demnach die Basis für eine gegenwartsbezogene Aussage.[705]

Zwar muss die Aussagekraft im Hinblick auf die zukünftige konjunkturelle Entwicklung und die unternehmerischen Fähigkeiten des Erwerbers relativiert werden,[706] ist aber immerhin aussagekräftiger als ein völliger Verzicht[707] und kein Grund, die Freiheit der Parteien über die Bestimmung der Reichweite des Kaufrechgewährleistungsrechts zu beschneiden. Die „Treffsicherheit" der Angaben ist zudem von der jeweiligen Branche abhängig. Defensive Unternehmen, wie z.b. aus dem Versorgungsbereich sind weniger anfällig für äußere Störungen als die konjunkturabhängige Stahlbranche. Inwieweit die vorgelegten Jahresabschlüsse objektiv tatsächlich eine zwingende Schlussfolgerung zulassen, ist unerheblich. Im Rahmen des subjektiven Beschaffenheitsbegriffs können die Parteien Merkmale einbeziehen, die objektiv zur Wertbestimmung ungeeignet sind, aber aus Sicht ihres übereinstimmenden subjektiven Wertempfinden sehr wohl maßgeblich sind, soweit es sich noch um gegenstandsbezogene Merkmale handelt. Zu einem vom subjektiven Fehlerbegriff geprägten Kaufrecht passt es nicht, die Parteien vor dieser Entscheidung zu bevormunden. Auch bei anderen Kaufgegenständen kann aus Sicht der Parteien ein bestimmter Umstand wertbildend sein, der unter anderem Blickwinkel vielleicht völlig unerheblich ist.

Die Grenze zur gegenwärtigen Beschaffenheit ist erst überschritten, wenn es um die zukünftige Entwicklung des Unternehmens geht, denn hierin kann keine Beschaffenheit bei Gefahrübergang liegen.[708] Mit einer Prognose über zukünftige Umsätze oder Gewinne übernimmt der Verkäufer keine Gewähr dafür, dass diese Zahlen auch in Zukunft erreicht werden. Seine Haftung erschöpft sich im Zustand des Unternehmens bei Gefahrübergang. Das wirtschaftliche Risiko in der Zukunft hat naturgemäß der Käufer zu tragen (= Verwendungsrisiko).[709] Es ist dem Verkäufer unbenommen, für die Höhe eines bestimmten zukünftigen Ergebnisses einstehen zu wollen, obwohl er derartige Angaben im Regelfall eher vermeiden wird. Damit wird aber nicht das kaufrechtliche Gewährleistungsrecht

---

[705] Faust, in: Bamberger/Roth, § 434 BGB, Rn. 26.

[706] Dies gesteht auch Willemsen, AcP 182 (1982), 515, 546 ein.

[707] Haas, in: Haas/Medicus/Rolland/Schäfer/Wendtland, Kapitel 5, Rn. 549.

[708] Schröcker, ZGR 2005, 63, 78; a.A. offensichtlich Berger, JZ 2004, 276, 278, der auch zukünftige Entwicklungen als tauglichen Gegenstand einer Beschaffenheitsvereinbarung ansieht. Für Schmidt BB 2005, 2763, 2765 drückt die Vereinbarung zukünftiger Umstände das Potential der Kaufsache aus. Dieses lässt sich dann jedoch auch auf eine gegenwärtige Beschaffenheit zurückführen.

[709] Dieses kann nur in Ausnahmefällen über die Grundsätze über den Wegfall der Geschäftsgrundlage (§ 313 BGB) abweichend verteilt werden. Schmidt, BB 2005, 2763, 2767 nimmt zwar die Vereinbarungsfähigkeit auch von zukünftigen Umständen an, relativiert dies aber dadurch, dass das Nichterreichen ein zu Lasten des Käufer gehendes Risiko darstellt.

angesprochen, das sich nur auf eine bestimmte Beschaffenheit bei Gefahrübergang bezieht. Für eine zukünftige Entwicklung kann nur durch einen gesonderten selbständigen Garantievertrag eingestanden werden. Die Abgabe einer solchen Erklärung ist nach den Umständen des Einzelfalls durch Auslegung zu ermitteln (§§ 133, 157 BGB). Maßgeblich ist der erkennbare Wille der Parteien, für einen über die bloße Vertragsmäßigkeit der Ware hinausgehenden Erfolg einstehen zu wollen.

4. Ergebnis

Die Parteien berechnen auf Basis der Zahlen in früheren Jahresabschlüssen den gegenwärtigen Wert und Kaufpreis des Unternehmens. Dazu müssen die Zahlen innerhalb des gesetzlich zugelassenen Spielraums zutreffend sein. Sie sind die entscheidenden wertbildenden Faktoren eines bestimmten Unternehmens. Daher müssen diese eine Beschaffenheit des Unternehmens bei Gefahrübergang ausdrücken.

III. Beschaffenheit als Vertragsbestandteil

Ein Merkmal, das als gegenwärtige Beschaffenheit des Unternehmens angesehen werden kann, wird nur dann zur geschuldeten Soll-Beschaffenheit erhoben, wenn es auch Eingang in den Vertrag gefunden hat. Hierzu sieht § 434 BGB ein abgestuftes Regelungssystem vor: die ausdrücklich vereinbarte Beschaffenheit, die vertraglich vorausgesetzte konkludent vereinbarte Beschaffenheit und die gewöhnliche Beschaffenheit.

Nur durch die Einbeziehung des konkreten Merkmals in den Vertrag steigt die bloß deklaratorische Bedeutung zum wertbildenden Merkmal auf.

1. Die ausdrücklich vereinbarte Beschaffenheit

Vorrangig ist die vereinbarte Beschaffenheit (§ 434 Abs. 1 Satz 1 BGB) maßgeblich. Dazu müssen bestimmte Beschaffenheitsmerkmale vertraglich festgelegt werden, um die Beschaffenheitsvereinbarung auf ein rechtsgeschäftliches Fundament zu stellen.[710] Nach den allgemeinen Grundzügen der Rechtsgeschäftslehre erfordert dies eine Willensübereinstimmung der Parteien hinsichtlich des Beschaffenheitsmerkmals.[711] Zwar sind an die Vereinbarung, anders als an die Zusicherung unter der alten Rechtslage (§ 459 Abs. 2 BGB a.F.), keine

---

[710] Allgemeine Ansicht: vgl. nur Weidenkaff, in: Palandt, § 434 BGB, Rn. 15; Brox, Allgemeiner Teil, Rn. 76.

[711] Grigoleit/Herresthal, JZ 2003, 233; allgemein zur vertraglichen Einigung der Parteien: Brox, Allgemeiner Teil, Rn. 76.

hohen Anforderungen zu stellen. Eine verbindliche Beschreibung des Zustandes, die den Rechtsbindungswillen des Verkäufers hinreichend zum Ausdruck bringt, und die Billigung durch die Gegenpartei sind ausreichend. Am einfachsten geschieht dies naturgemäß, wenn die Parteien sich über den Unternehmenskauf in einer Vertragsurkunde geeinigt haben und die Vereinbarung der Beschaffenheit ausdrücklich in diesem Vertrag erfolgt.[712] Doch ist der Unternehmenskauf grundsätzlich an keine besondere Form gebunden. Daher stellt sich die Frage, ob neben einer in der Vertragsurkunde fixierten Beschaffenheit noch mündliche Nebenabsprachen in Betracht kommen und welchen Anforderungen diese unterliegen. Gegen weitere Nebenabreden zu einem schriftlichen Vertragswerk sprechen keine Einwände. Wählen die Parteien freiwillig die Schriftform, sind sie nicht gezwungen, alle Beschaffenheitsvereinbarungen in die Urkunde aufzunehmen.[713] Auch eine konkludente Willensübereinstimmung ist möglich, sofern sie sich nach den allgemeinen Regeln der Auslegung ergibt.[714] Jedoch wird nicht jede vom Verkäufer irgendwann einmal erteilte Information gleich zur vertraglich geschuldeten Soll- Beschaffenheit, sondern nur die in den Geschäftswillen des Verkäufers aufgenommenen Angaben.[715] So kann es kaum ausreichen, wenn allein der Käufer seine Vorstellungen äußert, ohne dass der Verkäufer hierauf eingeht.[716] Dann fehlt es unstreitig an einer Willensübereinstimmung. Die Abgrenzung ist insbesondere dann schwierig, wenn der Verkäufer im Vorfeld des Vertragsschlusses, wie z.B. im Rahmen der *due diligence*- Prüfung Angaben macht oder bestimmte Zahlen aus den Jahresanschlüssen des Unternehmens vorlegt, ohne dass diese später ausdrücklich in die Vertragsurkunde aufgenommen wurden. In einem solchen Fall wird zum Teil vertreten, dass die bloße Einsicht in die Bilanzen nicht den Anforderungen einer Beschaffenheitsvereinbarung genügen könne, da es an einer Willensübereinstimmung fehle.[717] Eine bloße Vorlage von Unterlagen habe keinen Erklärungswert, zumal bei einem Unternehmenskauf an eine bloß konkludente Vereinbarung in Anbetracht der Haftungsfolgen erhöhte Anforderungen zu stellen seien.[718]

Doch ist es nach den Regeln der Rechtsgeschäftslehre maßgeblich, welcher Erklärungswert dem Verhalten nach normativer Auslegung (§§ 133, 157 BGB)

---

[712] Weitnauer, NJW 2002, 2511, 2514.

[713] Faust, in: Bamberger/Roth, § 434 BGB, Rn. 40.

[714] Die Begr. zum RegE, BT-Drucks. 14/6040, S. 213 nennt explizit eine konkludente Übereinstimmung; zur Abgrenzung zu der nach dem Vertrag vorausgesetzen Verwendung vgl. den nächsten Gliederungspunkt.

[715] Barnert, WM 2003, 416, 423.

[716] A.A. offensichtlich Berger, JZ 2004, 278, 283, der es als ausreichend für eine rechtsgeschäftliche Vereinbarung ansieht, dass der Käufer seine besonderen Erwartungen zum Ausdruck bringt und der Verkäufer diesen nicht widerspricht.

[717] Weitnauer, NJW 2002, 2511, 2514.

[718] Weitnauer, NJW 2002, 2511, 2514.

immanent ist. Der Inhalt der Erklärung bestimmt sich danach, wie der Erklärungsempfänger sie nach Treu und Glauben und der Verkehrssitte unter Berücksichtigung aller Umstände des Einzelfalls verstehen musste.[719] Legt der Verkäufer im Rahmen der konkreten Vertragsverhandlungen einen Jahresabschluss vor, wird damit aus Käufersicht erklärt, den Jahresabschluss zur Verhandlungsgrundlage zu machen.[720] Der Käufer kann diesem Verhalten keinen anderen Erklärungswert beimessen. Nimmt er den Jahresabschluss billigend in Empfang, wird er zum Vertragsbestandteil und dient als Basis der Kaufpreisberechnung. Auch dem Verkäufer muss klar sein, dass durch die Vorlage und Entgegennahme der Jahresabschlüsse diese für den Kaufentschluss Bedeutung gewinnen.[721] Zudem sind Jahresabschlüsse einer Kapitalgesellschaft und einer kapitalistischen Personenhandelsgesellschaft dem Handelsregister einzureichen und die Information hierüber im Bundesanzeiger zu veröffentlichen (§ 325 Abs. 1 HGB) bzw. haben große Kapitalgesellschaften den Jahresabschluss direkt im Bundesanzeiger zu veröffentlichen (§ 325 Abs. 2 HGB). Für kleinere und mittlere Gesellschaften sind Erleichterungen vorgesehen (§§ 326, 327 HGB). Die Offenlegung macht die Rechnungslegung der Gesellschaften für die Allgemeinheit zugänglich, so dass sich jeder Interessierte ein Bild über die Gesellschaft machen kann.[722] Es bedarf daher keines expliziten Mitwirkungsaktes des Verkäufers, um diese Unterlagen einzusehen. Übergibt er dennoch von sich aus einen oder mehrere Jahresabschlüsse, kann diesem Verhalten kein anderer Erklärungswert zugebilligt werden als die in den Jahresabschlüssen enthaltenen Angaben in die vertraglich geschuldete Soll-Beschaffenheit einbeziehen zu sollen. Daher kann auch durch die bloße Vorlage bestimmter Daten über das Unternehmen seitens des Verkäufers eine Beschaffenheitsvereinbarung begründet werden, wobei es wie stets in der Rechtsgeschäftslehre auf die Umstände des Einzelfalls ankommt..

Auf einem anderen Blatt steht dann jedoch das Beweisproblem.[723] Gemäß der allgemeinen Beweisregel ist jede Partei für den Tatbestand der ihr günstigen Rechtsnorm in der Beweislast.[724] Der Käufer hat daher die Mangelhaftigkeit und damit auch die Vereinbarung der Beschaffenheit zu beweisen.[725] Wenn er sich diesbezüglich auf eine mündliche Nebenabrede zu einer schriftlichen Vertrags-

---

[719] Ständige Rechtsprechung, vgl. BGHZ 47, 75, 78; BGH, NJW 1990, 3206; BGH, NJW 1992, 1446.

[720] Seibt/Reiche, DStR 2002, 1135, 1138; Wolf/Kaiser, DB 2002, 411, 417; Ein abweichender Erklärungswert ist dem Verhalten erst dann zuzumessen, wenn es noch an einer am konkreten Vertragsgegenstand orientierten Verhandlung fehlt.

[721] BGH, WM 1974, 51.

[722] Fehrenbacher, in: MünchKomm-HGB, § 325, Rn. 4.

[723] Oetker/Maultzsch, § 2, S. 40.

[724] Allg. Meinung, vgl. nur Thomas, in: Thomas/Putzo, vor § 284 ZPO, Rn. 23 m.w.N.

[725] Hieran hat sich gegenüber der alten Rechtslage nichts geändert, vgl. nur Weidenkaff, in: Palandt, § 434 BGB, Rn. 57 ff.

urkunde beruft, gerät er in Konflikt zur Beweislastregel des § 416 ZPO. Dieser erstreckt den Beweis nur auf die in der Vertragsurkunde enthaltenen Erklärungen, für welche die Vermutung der Vollständigkeit und Richtigkeit gilt.[726] Die Beweislast für außerhalb der Urkunde liegende Tatsachen liegt bei der Partei, die sich darauf beruft.[727] Folglich sind mündliche Nebenabreden über die Beschaffenheit neben dem schriftlichen Kaufvertrag zwar zulässig, werden aber nur schwer zu beweisen sein.

Indem das Hauptaugenmerk auf dem Nachweis der Vereinbarung liegt, wird die mitunter schwierigere Frage überflüssig, inwieweit die falschen Angaben den Käufer überhaupt zum Kauf bewogen haben Auf die Kausalität, dass genau dieser falsche Jahresabschluss für den Kaufentschluss des Käufers von Bedeutung war, kommt es letztlich gar nicht an.[728] Ein solcher schwer zu führende Nachweis wäre jedoch Voraussetzung eines Schadensersatzanspruchs aus §§ 311 Abs. 2, 241 Abs. 2, 280 Abs. 1 BGB. Für das Kaufrecht ist die Vereinbarung als Beschaffenheit maßgeblich, unabhängig davon, inwieweit für den Käufer gerade diese Zahlen von besonderer Wichtigkeit waren.

Problematisch wird es, wenn der Unternehmenskaufvertrag ausnahmsweise formbedürftig ist, die Beschaffenheitsvereinbarung aber nicht der Form genügt. Gemäß § 311b BGB (= § 313 BGB a.F.) bedarf ein Vertrag der auf die Veräußerung/den Erwerb eines Grundstücks gerichtet ist, der notariellen Beurkundung.[729] Soweit ein grundsätzlich formfreier Vertrag eine formbedürftige Einzelverpflichtung beinhaltet, resultiert hieraus die Formbedürftigkeit des gesamten Vertrages.[730] Dem Formerfordernis unterfallen nach allgemeiner Meinung nicht nur die eigentliche Leistung und Gegenleistung („*essentialia negotii*"), sondern auch alle sonstigen Abreden, die für die Parteien regelungsbedürftig waren und somit zum Vertragsinhalt wurden.[731] Daraus folgte zur früheren Rechtslage, dass der Unternehmenskaufvertrag, soweit zum zu übertragendem

---

[726] BGH, NJW 1999, 1702; Hartmann, in: Baumbach/Lauterbach/Albers/Hartmann, § 416 ZPO, Rn. 7; Leipold, in: Stein/Jonas, § 416 ZPO, Rn. 9.

[727] BGH, NJW 2002, 3164.

[728] Allein maßgeblich ist die Tatsache, dass ein Mangel vorliegt, weil die tatsächliche Beschaffenheit von der vereinbarten Beschaffenheit abweicht; für Ansprüche aus Aufklärungspflichtverletzung muss die Kausalität zwischen der fehlerhaften Aufklärung und dem daraus resultierenden ungünstigen Vertragsschluss festgestellt werden, vgl. BGH, ZIP 1994, 944, 946.

[729] Inwieweit sich aus § 311b Abs. 3 BGB eine Formbedürftigkeit des Unternehmenskaufvertrages ergeben könnte, wurde bisher in Rechtsprechung und Wissenschaft nur rudimentär behandelt. Vgl. zu diesem Komplex neuerdings Böttcher/Grewe, NZG 2005, 950, 953f., die eine Formbedürftigkeit ablehnen, wenn eine einzelne Aufstellung der „*assets*" im Vertrag erfolgt.

[730] Palm, in: Erman, § 125 BGB, Rn. 4.

[731] RGZ 97, 220; RGZ 112, 68; BGH, WM 1970, 476; BGH, NJW-RR 1989, 189; jeweils m.w.N.

Sachsubstrat ein Grundstück gehörte, ebenfalls der notariellen Beurkundung bedurfte, und zwar dem gesamten Inhalt nach einschließlich etwaiger vertraglich zugesicherter Eigenschaften.[732] Das Formerfordernis konnte zudem nicht durch eine Abtrennung des Grundstücks aus dem restlichen Unternehmenssubstrat umgangen werden, da sich die Beurkundungspflicht aus dem Grundstückskaufvertrag auch auf den übrigen Unternehmenskaufvertrag erstreckt, wenn beide eine rechtliche Einheit bilden.[733] Das setzt eine gegenseitige Abhängigkeit dergestalt voraus, dass die Vereinbarungen nach dem Willen der Parteien nur zusammen gelten sollen.[734] Allein die Tatsache, dass auch ein Grundstück übertragen werden soll, genügt zwar noch nicht zur Bejahung des rechtlichen Zusammenhangs,[735] doch ist die Fortführung eines Unternehmens ohne das zum Betriebsvermögen gehörende Grundstück sinnlos. Daher bilden der Vertrag über das Grundstück und der über das Unternehmen eine Einheit, so dass wiederum der gesamte Vertrag formbedürftig ist.[736] Eine solche extensive Interpretation der Formvorschriften wurde unter der alten Rechtslage von niemandem ernsthaft in Frage gestellt.

Die Übertragung dieser Auffassung auf die neue Gewährleistungssystematik hätte zur Folge, dass immer dann, wenn auch ein Grundstück zum Unternehmensvermögen hinzugehört, der gesamte Vertrag und insbesondere alle Vereinbarungen über Beschaffenheiten des Unternehmens, die zumindest als Nebenabrede zum Unternehmenskaufvertrag zu qualifizieren sind, auch notariell beurkundet werden müssen.[737] Andernfalls ist die Beschaffenheitsvereinbarung gemäß § 125 BGB nichtig. Gemäß § 139 BGB folgt hieraus in der Regel auch die Gesamtnichtigkeit, da die Parteien den Vertrag ohne Beschaffenheitsvereinbarungen zumindest nicht mit dem gleichen Inhalt geschlossen hätten. Damit stünde der gesamte Vertrag regelmäßig am Rande der Nichtigkeit, wenn zum Unternehmen auch ein Grundstück gehört und bestimmte Unternehmensbeschaffenheiten außerhalb der Formerfordernisse vereinbart würden. Der mit den Formvorschriften verfolgte Zweck, nämlich die Förderung der Rechtssicherheit,[738] würde konterkariert. Die Parteien könnten nicht absehen, ob ein Gericht die formlose Vereinbarung bejaht und daher für nichtig erklärt einschließlich der

---

[732] BGH, WM 1973, 612, 613; BGH, NJW-RR 1990, 1161.

[733] Vgl. nur Grüneberg, in: Palandt, § 311b BGB, Rn. 32.

[734] BGHZ 97, 252; BGHZ 101, 396; BGH, NJW 1987, 1069; in anderen Entscheidungen wird die Formel „miteinander stehen und fallen" benutzt: BGH, WM 1966, 588; BGHZ 76, 49; ähnliche Bedeutung hat auch „gegenseitige Abhängigkeit": BGH, WM 1971, 618, 619; RGZ 97, 221. Kritisch zu diesen Kriterien Hermanns, ZIP 2006, 2296, 2299.

[735] BGH, MDR 1979, 469.

[736] Wiesbrock, DB 2003, 2311.

[737] Faust, in: Bamberger/Roth, § 434 BGB, Rn. 40; Haas, in: Haas/Medicus/Rolland/Schäfer/Wendtland, Kapitel 5, Rn. 95; Reinicke/Tiedtke, Rn. 315.

[738] Medicus, Allgemeiner Teil, Rn. 613.

Auswirkungen auf den Gesamtvertrag oder von vornherein eine formlose Vereinbarung ablehnt. In beiden Fällen fehlt es an der intendierten Festlegung der Sollbeschaffenheit. Dem Käufer würden daher besondere Sorgfaltsanforderungen obliegen, damit alle ihm wichtig erscheinenden Merkmale auch Eingang in die Vertragsurkunde finden und er nicht im Nachhinein unversehens schutzlos gestellt wäre. Noch gravierender wären die Folgen, wenn bereits alle Kunden über den Inhaberwechsel informiert worden wären und sich danach die Nichtigkeit herausstellen würde. Wenn nun eine der Parteien den Vertragsschluss reut, ist auch eine formwahrende Neuvornahme so gut wie ausgeschlossen. Derartige Konsequenzen des Dogmas zum Umfang des Formerfordernisses begegnen im Hinblick auf die zunehmende Bedeutung von Beschaffenheitsvereinbarungen, die von den Gesetzesverfassern mit der Neuregelung bewusst gefördert werden, erheblichen Bedenken. Den rigiden Folgen eines Formverstoßes ist Abhilfe zu schaffen.

Dazu kann auf die anerkannten Grundsätze zur alten Rechtslage zurückgegriffen werden. Obwohl sich das Formgebot grundsätzlich auf den gesamten Vertrag mit allen seinen Nebenabreden erstreckte, war es ebenfalls allgemein anerkannt, dass das Formerfordernis auch für einen durch Auslegung konkretisierten Vertragsinhalt gewahrt ist, wenn der so ermittelte Inhalt andeutungsweise in der Vertragsurkunde Ausdruck gefunden hat (Andeutungstheorie),[739] soweit der Vertragsinhalt auf diese Weise nicht unzulässig erweitert wird.[740] Eine bestimmte Beschaffenheitsvereinbarung wäre demnach formwahrend niedergelegt, wenn diese zumindest angedeutet ist. Um § 434 Abs. 1 Satz 2 Nr. 2 BGB bei formbedürftigen Verträgen nicht jeglicher Bedeutung zu berauben, muss eine derartige formwahrende Andeutung der üblichen Beschaffenheit bereits mit Nennung des Vertragsgegenstandes erfolgen.[741] Denn diese wird sicherlich nicht explizit in die Vertragsurkunde aufgenommen, gleichzeitig kann aber auch beim Grundstückskauf nicht auf eine solche Auffanglösung verzichtet werden. Daher kann die vereinbarte Soll-Beschaffenheit als Grundlage der Gewährleistungshaftung gar nicht dem Formerfordernis genügen. Gleiches gilt für § 434 Abs. 1 Satz 2 Nr. 1 BGB, der im Ergebnis dogmatisch als konkludente Vereinbarung einzuordnen ist. Hier reicht auch die Nennung des Verwendungszwecks, um ein daraus resultierendes Beschaffenheitsspektrum anzudeuten.[742] Daher unterliegt der Verkäufer in diesen Fällen auch ohne konkrete formwahrende Angaben zum Unternehmen der spezifischen Gewährleistungshaftung.

---

[739] Ständige Rspr. seit RGZ 59, 219; BGH, NJW 1969, 133.
[740] BGHZ 77, 301, 304.
[741] Grigoleit/Herresthal, JZ 2003, 233, 239; zum alten Recht Huber, in: Soergel, § 459 BGB a.F., Rn. 70.
[742] Oetker/Maultzsch, § 2, S. 41.

Wenn nun aber der Tatbestand des § 434 Abs. 1 Satz 1 BGB, der als Synonym für eine stärkere Eigenverantwortung der Parteien steht und dem im Rahmen des Gewährleistungstatbestandes die größte Relevanz zuteil wird, sich bei formbedürftigen Verträgen als „Fallstrick" für die Umsetzung des Parteiwillens erweisen kann, wird die restriktive Auslegung der Formvorschriften zum dogmatischen Bumerang. Was als Stärkung der Privatautonomie gedacht war, führt bei formbedürftigen Verträgen zu einer Diskriminierung des Parteiwillens. Selbst der schriftlich, aber ohne notarielle Beurkundung, von beiden Parteien niedergelegte Wille, dass dem Unternehmen eine bestimmte Beschaffenheit zukommt, wäre bedeutungslos und führt den Vertrag vielmehr noch in die Nähe der Gesamtnichtigkeit! Soweit man nicht zur Gesamtnichtigkeit gelangt, sind die Parteien auf die wie auch immer geartete übliche Beschaffenheit verwiesen. Das Gesetz würde die Partein an der Durchsetzung ihrer privatautonomen Absichten hindern. Die Parteiautonomie wird über den Normzweck hinaus eingeengt, was gerade nicht der Intention des Reformgesetzgeber entspricht. Daher ist es naheliegend, bereits mit Benennung des Kaufgegenstandes auch alle Vereinbarungen über dessen Beschaffenheit als hinreichend angedeutet anzusehen. Die Haftung des Verkäufers für die Beschaffenheit des Unternehmens tritt als Folge des Kaufvertrages ein, gleichwohl ob eine bestimmte Beschaffenheit explizit vereinbart wurde oder lediglich auf die übliche Beschaffenheit Bezug genommen wird. Denn für alle drei Tatbestände sind identische Rechtsfolgen vorgesehen! Damit ist bei einem formbedürftigen Vertrag eine bestimmte Soll-Beschaffenheit auch dann geschuldet, wenn die Merkmale außerhalb der notariellen Vertragsurkunde ohne Beachtung der Form vereinbart wurden. Auf einem anderen Blatt steht allerdings wiederum die schon angesprochene Beweisbarkeit der entsprechenden Vereinbarungen.

Des Weiteren muss der Zweck der Formvorschriften, gerade des § 311b BGB, in Erinnerung gerufen werden. Denn die Teleologie des Formerfordernisses gibt geeignete Hinweise über die Auslegung und Fortbildung der Vorschrift. Jede Erweiterung des Formgebotes muss auch vom Sinn und Zweck gedeckt sein. Der Normzweck des § 311b BGB liegt in einem Schutz vor Übereilung, einer Warn-, Beweis und Gültigkeitsfunktion sowie in der Gewährleistung der sachkundigen Beratung durch den Notar.[743] Dies ist erforderlich, da die Verpflichtung zur Übertragung von Grundeigentum von enormer wirtschaftlicher Tragweite ist und auch steuerrechtliche Folgen mit sich zieht.[744] Daher soll man wertvollen Grundbesitz nicht ohne ausführliche Belehrung und Beratung durch

---

[743] Allgemeine Meinung, vgl. nur Medicus, Allgemeiner Teil, Rn. 614; Grüneberg, in: Palandt, § 311b BGB, Rn. 2.

[744] Wenngleich die in den Motiven vorgebrachte Argumentation im Hinblick auf die soziale Bedeutung des Grundeigentums für die Sesshaftigkeit der Bevölkerung in der heutigen Arbeitswelt, wo man in den seltensten Fällen sein ganzes Leben an einem Arbeitsplatz verbringt, eher nicht mehr tragbar ist. Vgl. Mot. II, S. 190.

eine fachkundige Person (Notar) veräußern oder erwerben. Daneben dient die notarielle Beurkundung des Verpflichtungsgeschäft im Hinblick auf die Auflassung der Klarstellung und Beweissicherung (§ 925a BGB).

Auf dieser Basis ist nun im Hinblick auf das Formerfordernis der Beschaffenheitsvereinbarungen zwischen dem Grundstückskauf und dem Unternehmenskauf zu differenzieren. Ersterer ist schon vom Wortlaut her formbedürftig. Die Erstreckung der Form auf alle Nebenabreden und insbesondere auf die Beschaffenheitsvereinbarungen ergibt sich daraus, dass der Veräußerer nur dann vor unüberlegten Dispositionen geschützt werden kann, wenn der Notar über alle Vertragsbedingungen, die Leistung und Gegenleistung beeinflussen, einschließlich der vereinbarten Beschaffenheiten aufklären kann.[745] Denn das Grundstück steht im Vordergrund des gesamten Geschäftes. Dadurch lässt sich zwar der bereits angesprochene Widerspruch zwischen der erleichterten Einbeziehung der im Vertrag angedeuteten üblichen Beschaffenheit und der mit dem Formzwang verbundenen Verkehrserschwerung bei privatautonomen Beschaffenheitsvereinbarungen nicht erklären.[746] Im Ergebnis wird ein solcher Nachteil aber durch den Vorteil der umfangreichen Beratung und Belehrung überwogen. Daher kann mit beachtlichen Gründen für den Grundstückskauf auch eine der Form genügende Beschaffenheitsvereinbarung verlangt werden, auch wenn es hier keiner weiteren Vertiefung bedarf.

Anders stellt sich die Sachlage hingegen beim Unternehmenskauf dar. Die Beweisbarkeit der Vereinbarungen über die Beschaffenheit des Unternehmens liegt nicht im öffentlichen Interesse. Beweis- und Klarstellungsfunktion tangieren allein das Grundstück, welches in der Vertragsurkunde genau zu bezeichnen ist. Es ist Sache der Parteien für die Beweisbarkeit ihrer Beschaffenheitsvereinbarungen Sorge zu tragen. Gerade unter dem neuen Schuldrecht steht die Beschreibung der Verkäuferpflichten im Mittelpunkt der Vertragsgestaltung.[747] Andernfalls werden sie in dem Rahmen, in dem es eine solche gibt, auf die objektive Standardbeschaffenheit verwiesen. Insoweit reicht die Beurkundung allein des das Grundstück betreffenden Vertragsteils, wozu auch etwaige vereinbarte Beschaffenheiten des Grundstücks selbst gehören, um der Beweisfunktion Rechnung zu tragen.

Des Weiteren ist zu beachten, dass nach der Systematik des BGB Rechtsgeschäfte grundsätzlich formfrei abgeschlossen werden dürfen. Kaufgegenstand beim Unternehmenskauf ist das Unternehmen als solches und nicht die Summe seiner Teile. Zum Unternehmen kann ein Grundstück dazugehören wie diverse andere körperliche und unkörperliche Vermögensgegenstände. Der Vertrag ver-

---

[745] Häsemeyer, S. 189.
[746] Medicus, Allgemeiner Teil, Rn. 613; Wufka, in: Staudinger, § 313 BGB a.F., Rn. 5.
[747] Schulte-Nölke, ZGS 2002, 72, 74.

pflichtet gerade nicht zum Erwerb oder zur Veräußerung eines Grundstücks mit allen Nebenfolgen, sondern zum Erwerb/zur Veräußerung eines Unternehmens (was rechtstechnisch beim *asset deal* nur im Wege der Einzelübertragung aller zum Unternehmen gehörenden Gegenstände erfolgen kann). Mit § 453 Abs. 1 BGB erkennt das Gesetz ausdrücklich auch das Unternehmen als selbständigen Gegenstand eines Kaufvertrages an. Eine besondere Form wurde hierfür jedoch nicht vorgesehen. Daher ist der Unternehmenskaufvertrag de lege lata gar nicht beurkundungspflichtig. Die notarielle Beurkundung könnte sich allenfalls aus einer analogen Anwendung des § 311b Abs. 1 BGB ergeben. Doch zum einen ist die Analogiefähigkeit von Ausnahmevorschriften mehr als problematisch.[748] Zum anderen liegt dem Unternehmenskauf eine andere Interessenlage als dem Grundstückskauf zugrunde. Das Bedürfnis nach Aufklärung über die wirtschaftliche Tragweite des Geschäfts besteht bei einem Unternehmenskauf nicht. Wer ein Unternehmen führt oder beabsichtigt, dies zukünftig zu tun, dem sind die wirtschaftlichen Folgen bewusst. Das Unternehmen mit all seinen körperlichen und unkörperlichen Werten ist gemeinhin wesentlich wertvoller als ein dazugehöriges Grundstück. Es bedarf daher weder eines Schutzes vor Übereilung noch muss eine Partei vor etwas gewarnt werden. Es mag auch beim Grundstückskauf Fälle geben, wo beide Parteien einer Beratung nicht bedürfen. Doch in einem solchen Fall ist schon aus Gründen der Rechtssicherheit am eindeutigen Gesetzeswortlaut festzuhalten, wohingegen die Erweiterung des Anwendungsbereiches von der zugrundeliegenden Interessenlage gedeckt sein muss. Aus diesem Grunde kann sich eine Formbedürftigkeit des Unternehmenskaufes nicht aus einer analogen Anwendung des § 311b Abs. 1 BGB ergeben.

Auch stellt es eine Überdehnung des Formerfordernisses dar, wenn die Formbedürftigkeit der Veräußerung eines einzelnen Vermögensgegenstandes zur Beurkundung des gesamten Unternehmenskaufvertrages einschließlich aller Beschaffenheitsvereinbarungen führen würde. Dann würde einem Gegenstand die Hauptrolle zugewiesen, der nach dem Willen der Parteien nur eine Nebenrolle spielen sollte. Der Zweck des Vollständigkeitsgrundsatzes bei der Beurkundung eines Grundstückskaufvertrages besteht darin, gerade solche Nebengeschäfte in die Formpflicht einzubeziehen, die aus Sicht des formpflichtigen Rechtsgeschäftes dazugehören.[749] Es gehört aber nicht das Unternehmen zum Grundstück, sondern vielmehr das Grundstück zum Unternehmen. Ersteres macht in der Regel nur einen Bruchteil des gesamten Unternehmensvermögens aus, da zum Unternehmen eine Vielzahl körperlicher und unkörperlicher Werte gehören.[750] Zwi-

---

[748] BGHZ 11, 135, 143; BGHZ 4, 219, 222.

[749] Mertens, JZ 2004, 431, 432.

[750] Schließlich werden auf dem Grundstück auch Maschinen zur Produktion eingesetzt bzw. Mitarbeiter in die Wertschöpfung eingeschaltet. Ein Unternehmen, das fast ausschließlich aus einem Grundstück besteht, wird wohl nur bei Grundstücksverwaltungsgesellschaften anzutreffen sein.

schen den Beschaffenheitsvereinbarungen hinsichtlich des Unternehmens und der Verpflichtung zur Übertragung des Grundstücks besteht ausschließlich der Zusammenhang, dass beide Bestandteil des Unternehmenskaufvertrages sind. Das Beurkundungserfordernis hinsichtlich des Grundstücks strahlt nicht auf die Beschaffenheitsvereinbarungen hinsichtlich des Unternehmens aus. Denn letztere beziehen sich auf das Unternehmen und nicht auf das Grundstück. Die Gewährleistungshaftung des Verkäufers knüpft allein an den Zustand des Unternehmens an, das durch die zugrundeliegenden Beschaffenheitsvereinbarungen geprägt wird. Auch ohne eine solche würde er im Rahmen des § 434 Abs. 1 Satz 2 BGB haften. Daher ist eine Ausdehnung des Formerfordernisses über das Grundstück und etwaige vereinbarte Beschaffenheiten des Grundstücks hinaus auf alle weiteren Vereinbarungen undifferenziert und dem Sinn und Zweck des Formzwangs nicht Rechnung tragend.[751]

Des Weiteren lässt sich nun auch die rechtstechnische Unterscheidung zwischen *asset deal* und *share deal* einordnen. *Asset* und *share deal* stellen zwei grundverschiedene Gestaltungsweisen des wirtschaftlich gleichen Sachverhalts dar. In beiden Fällen geht es den Erwerb des Unternehmens.

Werden die Mitgliedschaftsrechte an einer Personengesellschaft veräußert, sieht das Gesetz keine besondere Form vor. Hierin manifestiert sich erneut der Grundsatz der Formfreiheit. Gleiches gilt sogar dann, wenn das Gesellschaftsvermögen überwiegend aus Grundstücken besteht, obwohl sich dadurch mittelbar auch die Rechtszuständigkeit beim Grundstück ändert, es sei denn die Personengesellschaft wird bewusst zur Umgehung der Formvorschrift eingesetzt.[752] Also ist der Unternehmenskauf im Wege des *share deal*, soweit es sich um Anteile an einer Personengesellschaft handelt, an keine besondere Form gebunden. Gleiches gilt für die Übertragung von Aktien. Anders ist es jedoch, wenn die Gesellschaft in Form der GmbH betrieben wird. Zwar unterliegt eine Veräußerung der Geschäftsanteile nicht der Form des § 311b BGB, unabhängig wie stark der Grundbesitz in der Gesellschaft ausgeprägt ist. Allerdings ist im Fall der Veräußerung von GmbH- Geschäftsanteilen § 15 Abs. 4 Satz 1 GmbHG einschlägig, der die Verpflichtung zur Abtretung der notariellen Beurkundung unterwirft, die sich dann auf den gesamten Vertrag einschließlich aller Nebenabreden erstrecken soll.[753] Zur Begründung wird zumeist pauschal auf die Erwägungen zu § 313 BGB a.F. verwiesen,[754] insbesondere zum Vollständigkeitsgrund-

---

[751] Sigle/Maurer, NJW 1984, 2657.
[752] BGHZ 86, 367. Vgl. auch OLG Frankfurt am Main, NZG 2008, 19: Die Veräußerung von Anteilen an einer BGB-Gesellschaft, die Anteile an einer GmbH hält, bedarf keiner notariellen Beurkundung.
[753] So die ganz h.M., vgl. Baumbach/Hueck, § 15 GmbHG, Rn. 30; Walz/Fembacher, NZG 2003, 1134, 1141; jeweils m.w.N.
[754] Nachweise bei Sigle/Maurer, NJW 1984, 2657, 2659.

satz, ohne diesen einer gründlichen Reflektion zu unterziehen und sich mit den beachtlichen Gegenargumenten auseinanderzusetzen.[755] Bei einer genauen Untersuchung der Vorschrift wird man sich wohl eher gegen den Vollständigkeitsgrundsatz aussprechen müssen. Das entscheidende Gewicht zur Bestimmung der Reichweite des Formzwangs lässt sich dem rechtspolitischen Zweck der Vorschrift entnehmen. Denn die Formvorschrift im GmbHG verfolgt andere Ziele als § 311b BGB. Im Vordergrund steht die Verhinderung des spekulativen Handels mit Geschäftsanteilen.[756] Die GmbH als Rechtsform bietet die Vorteile der beschränkten Haftung wie bei einer Aktiengesellschaft ohne gleich die kostspielige und umständliche Gründung derselben durchführen zu müssen. Dabei gingen die historischen Gesetzesverfasser davon aus, dass anders als bei der von der Person der Anteilseigner unabhängigen Aktiengesellschaft die an der GmbH beteiligten Personen nicht wechseln bzw. nur unter besonderen Umständen ein Wechsel in der Gesellschafterstellung erfolgen wird. Daher sollen GmbH- Anteile nicht wie Aktien an einem Markt gehandelt werden.[757] Um einen solchen Markt, der dann schnell auch spekulative Züge annehmen kann, gar nicht erst entstehen zu lassen, hat der Gesetzgeber zum einen davon abgesehen, GmbH-Anteile in einem Wertpapier zu verbriefen und zum anderen die Übertragung dadurch erschwert, dass sowohl das Verpflichtungs- (§ 15 Abs. 4 GmbHG) als auch das Verfügungsgeschäft der notariellen Form bedarf (§ 15 Abs. 3 GmbHG). Ob diese in den Gesetzesmaterialien von 1892 zum Ausdruck kommende Intention[758] in einer veränderten Welt überhaupt noch zeitgemäß ist, steht auf einem anderen Blatt.[759] Der Veräußerer und Erwerber sollen jedenfalls nicht zu einer ausführlichen Beratung über die Tragweite des Geschäftes gedrängt werden, dies haben Personen, die aus wohlüberlegten Gründen und unter dem Erfordernis der notariellen Beurkundung (§ 2 Abs. 1 Satz 1 GmbHG) eine GmbH gegründet haben wohl auch nicht nötig. § 15 Abs. 4 Satz 1 GmbHG ist daher nicht eine Warn-/Beratungsfunktion immanent, die vor der Veräußerung/des Erwerbs eines wertvollen Vermögensgegenstandes durch Einschaltung der Urkundsperson wahrgenommen werden soll. Statt dessen folgt aus der bereits angesprochenen Erschwernisfunktion, dass neben der Verpflichtung zur

---

[755] Dies stellt Heidenhain, NJW 1999, 3073, 3074 fest; ähnlich Sigle/Maurer, NJW 1984, 2657.

[756] BGH, NJW 1994, 3227, 3229; BGH, NJW 1996, 3338, 3339; BGH, NJW 1999, 2594, 2595, jeweils m.w.N.; zustimmend Schlüter, in: Festschrift Bartholomeyczik, 359, 365; sowie Baumbach/Hueck, § 15 GmbHG, Rn. 29.

[757] BGHZ 13, 49, 51.

[758] Vgl. hierzu die amtliche Begründung zum GmbHG in: Sten. Berichte über die Verhandlungen des Reichstages, 8. Legislaturperiode, I. Session, 1890/ 1892, 5. Analgeband, S. 3724, 3737.

[759] Diese Frage wirft aus guten Gründen Wiesbrock, DB 2002, 2311, 2315 auf.

notariellen Beurkundung der Abtretung nach § 15 Abs. 3 GmbHG[760] bereits im Vorfeld beim obligatorischen Vertrag eine zweite Barriere anzusetzen ist. Daher verbietet es die divergierende Interessenlage beider Vorschriften den zu der einen Norm entwickelten Vollständigkeitsgrundsatz auf die andere zu übertragen.[761]

Zudem vermag die § 15 Abs. 4 Satz 1 GmbHG zugrunde liegende Erschwernisfunktion keine über die Verpflichtung zur Abtretung hinausgehende Beurkundung aller Nebenabreden zu rechtfertigen.[762] Der Wortlaut bezieht sich nur auf die „Vereinbarung" der Verpflichtung zur Abtretung. Dem Normzweck ist ausreichend genüge getan, wenn die ausschließlich Verpflichtungserklärung vom Notar beurkundet wird.[763] Das Beurkundungserfordernis für alle weiteren Vereinbarungen ist dann unerheblich und außerhalb des Schutzbereiches der Norm.[764] Der Vorschrift wäre sonst die Zielrichtung immanent, privatautonomes Handeln generell zu erschweren.[765]

Auch der Hinweis, der Vollständigkeitsgrundsatz fördere die Rechtssicherheit verfängt nicht. Nebenabreden zu einem GmbH-Anteilskaufvertrag sind nicht schutzwürdiger als andere Absprachen. Vielmehr stellt das Erfordernis der vollständigen Beurkundung eine „Tyrannei" der Praxis dar und behindert die Verwirklichung des autonomen Willens der Vertragsparteien.[766] Wird eine Nebenvereinbarung zum Verpflichtungsgeschäft bewusst oder unbewusst nicht beurkundet, ist regelmäßig das gesamte obligatorische Rechtsgeschäft nichtig (§§ 125, 139 BGB). Daher bleibt bei jedem Beurkundungsvorgang eine erhebliche

---

[760] Diese dient zugleich auch einer Beweisfunktion, damit Zweifel und Unklarheiten an der Abtretung nicht auftreten können und der Erwerber seine Berechtigung gegenüber der Gesellschaft dokumentieren kann, vgl. bereits RGZ 164, 162, 170 sowie BGHZ 13, 49, 51f.

[761] Gleichwohl ziehen viele Autoren zur Begründung Entscheidungen heran, die zur BGB-Vorschrift ergangen sind, vgl. etwa Petzoldt, GmbHR 1976, 84. Dabei wird übersehen, dass die Rechtsprechung sich sogar ausdrücklich dagegen ausgesprochen hat, weitere mit § 311b BGB verfolgte Schutzzwecke auf die notarielle Beurkundung bei der Veräußerung von GmbH-Geschäftsanteilen zu übertragen, vgl. BGHZ 13, 49, 51; BGH, BB 1997, 1277, 1278; BGHZ 141, 207, 211f.; jeweils m.w.N.

[762] Hadding, ZIP 2003, 2133, 2138.

[763] Schlüter, in: Festschrift Bartholomeyczik, 359, 367; zustimmend Hadding, ZIP 2003, 2133, 2138, der auf den Unterschied zwischen dem Vertrag als Ganzen und der Vereinbarung als Bestandteil des Vertrages hinweist. Ausschließlich die Vereinbarung, in der sich die Parteien über die Verpflichtung zur Abtretung des Geschäftsanteils einigen, bedarf daher der notariellen Beurkundung; ähnlich Sigle/Maurer, NJW 1984, 2657, 2659; a.A. Walz/Fembacher, NZG 2003, 1134, 1142, für die eine teilweise Beurkundung wirklichkeitsfremd ist.

[764] Schlüter, in: Festschrift Bartholomeyczik, 359, 367.

[765] Sigle/Maurer, NJW 1984, 2657, 2659.

[766] Heidenhain, NJW 1999, 3073, 3077.

Rechtsunsicherheit zurück.[767] Schon aus diesem Grund ist für die Beurkundung von Verträgen über die Abtretung von GmbH- Anteilen vom Vollständigkeitsgrundsatz abzurücken.

Des Weiteren zeigt auch das Zusammenspiel mit § 15 Abs. 3 GmbHG, dass nur die Verpflichtung zur Abtretung der Form genügen muss. Gemäß § 15 Abs. 3 GmbHG bedarf die Abtretungserklärung als solche der notariellen Form. Es geht allein um das Erfüllungsgeschäft, für das der Vollständigkeitsgrundsatz ohnehin keine Relevanz hat. Die Berechtigung des § 15 Abs. 4 Satz 1 GmbHG ist darin zu sehen, dass unter systematischen Gesichtspunkten nicht formlos ein obligatorischer Anspruch auf formbedürftige Abtretung begründet werden kann.[768] Wenn aber § 15 Abs. 4 Satz 1 GmbHG einen Gleichlauf mit § 15 Abs. 3 GmbHG begründet, kann auch hier ebenfalls nur die obligatorische Abtretungsverpflichtung vom Formerfordernis erfasst sein. Zu einem Vollständigkeitsgrundsatz besteht keine Veranlassung. Daher ist § 15 Abs. 4 GmbHG nicht die Pflicht zur vollständigen Beurkundung des gesamten Vertragsinhalts zu entnehmen, sondern beschränkt diese Pflicht allein auf die Verpflichtung zur Abtretung.

Wenn sich also für den *share deal* kein besonderes Formerfordernis ergibt - bei Anteilen an einer Personengesellschaft schon kraft Gesetzes nicht, bei Anteilen an einer GmbH ist die notarielle Beurkundung auf die Verpflichtung zur Abtretung beschränkt - muss auch für den Unternehmenskauf im Wege des *asset deal* das Beurkundungserfordernis allein auf den das Grundstück betreffenden Vertragsteil beschränkt sein. Sonst liefe man der Zielrichtung des § 453 Abs. 1 BGB, ein Unternehmen als sonstigen Gegenstand zum Objekt eines Kaufvertrages anzuheben, zuwider. Denn der Unternehmenskauf als solcher bewirkt nur mittelbar eine Veränderung der Eigentumsverhältnisse am Grundstück. Eine Ausnahme ist allenfalls dann geboten, wenn der Kauf des Unternehmens den alleinigen Zweck hat, die gesetzliche Formvorschrift des § 311b BGB zu umgehen.[769] In allen anderen Fällen kann der Unternehmenskaufvertrag im Sinne des § 453 Abs. 1 BGB und können erst recht die Beschaffenheiten des Unternehmens, die nicht mit denen des Grundstücks identisch sind, formlos vereinbart werden.

Im Übrigen wird das gerade beschriebene Formproblem nur dann relevant, wenn sich ein nicht formwahrend niedergelegter Beschaffenheitsmangel zeigt, bevor das Grundstück ins Grundbuch eingetragen wurde. Denn mit Auflassung und

---

[767] Heidenhain, NJW 1999, 3073, 3074; Hadding, ZIP 2003, 2133, 2139 weist zutreffend darauf hin, dass jede Form des vorgenommenen Rechtsgeschäftes die Beweisbarkeit der Abreden und damit die Rechtssicherheit zu steigern vermag, es aber den Parteien frei stehen muss, sich dieser Form auch zu bedienen.
[768] Heidenhain, NJW 1999, 3073, 3076.
[769] BGHZ 86, 367, 371.

Eintragung im Grundbuch wird der Formmangel nach § 311b Abs. 1 Satz 2 BGB geheilt. Die Heilungswirkung erstreckt sich auf den gesamten Vertrag, also auch auf die bis dato formlose Beschaffenheitsvereinbarung, soweit die Willensübereinstimmung der Parteien noch fortbesteht.[770] Der Mangel wird sich aber in der Regel erst nach Vollzug des Kaufvertrages zeigen, so dass die etwaige Formnichtigkeit nun nicht mehr von Relevanz ist. Statt der Formfrage wird sich eher die Verjährungsfrage stellen, sowie natürlich erneut das Beweisproblem, da es bei der Vermutung der Vollständigkeit und Richtigkeit der Urkunde verbleibt.

2. Die nach dem Vertrag vorausgesetzte Verwendung des Unternehmens

Kann sich der Käufer nicht darauf berufen, die vom tatsächlichen Zustand bei Gefahrübergang abweichende Beschaffenheit sei ausdrücklich vereinbart worden, ist subsidiär nach § 434 Abs. 1 Satz 2 Nr. 1 BGB die Beschaffenheit maßgeblich, die sich aus der nach dem Vertrag vorausgesetzten Verwendung ergibt. Diese liegt im Grenzbereich zur vertraglichen Vereinbarung, da sich eine solche in der Regel konkludent durch Vertragsauslegung aus der Absprache über den Verwendungszweck (§§ 133, 157 BGB) ergeben wird.[771] § 434 Abs. 1 Satz 2 Nr.1 BGB hat demnach die Funktion einer Konkretisierung des objektiven Empfängerhorizonts, falls sich die vertragliche Vereinbarung nicht oder nur unter großem Aufwand nachweisen lässt, gleichzeitig aber dem Verkäufer die Qualitätsansprüche des Käufers erkennbar waren und somit eine konkludente Vereinbarung rechtfertigen.[772] Die maßgebliche Soll-Beschaffenheit ergibt sich dann mittelbar aus dem vereinbarten Verwendungszweck.

Vertraglich vorausgesetzt ist eine bestimmte Verwendung der Kaufsache erst dann, wenn Verkäufer und Käufer sie bei Kaufabschluss übereinstimmend erwarten;[773] die einseitig verborgene Erwartung des Käufers ist unerheblich.[774] Für den Unternehmenskauf hat diese Vorschrift jedoch nur eine geringe Bedeutung. Die Eignung zur im Vertrag vorausgesetzten Verwendung wird sich eher bei Alltagsgütern als Kaufgegenstand anbieten,[775] denn bei einem komplexen Vertragsgegenstand wie einem Unternehmen. Zwar verfolgt jeder Käufer beim Kauf einen bestimmten Verwendungszweck, der auch dem Verkäufer bewusst ist, nämlich eine wirtschaftliche Fortführung des Unternehmens ohne außergewöhnliche Risiken.[776] Doch ergeben sich hieraus nur wenige konkrete Beschaf-

[770] Weidenkaff, in: Palandt, § 434 BGB, Rn. 18.

[771] Büdenbender, DStR 2002, 361.

[772] Grigoleit/Herresthal, JZ 2003, 233, 234.

[773] BGH, NJW 1984, 2289; BGH, NJW 1987, 2511; jeweils m.w.N.

[774] Hierzu auch Grigoleit/Herresthal unter Bezug auf Art. 2 II lit. b der Verbrauchsgüterkaufrichtlinie, wonach der Verkäufer dem angestrebten Zweck zugestimmt haben muss.

[775] Weidenkaff, in: Palandt, § 434 BGB, Rn. 20; Brox/Walker, BT, Rn. 12.

[776] BGH, NJW 1970, 653, 655; Holzapfel/Pöllath, Rn. 410.

fenheitsmerkmale, soweit nicht die wirtschaftliche Überlebensfähigkeit völlig in Frage steht.[777] Keinesfalls kann der Verwendungszweck einen bestimmten Umsatz, eine genaue Eigenkapitalrendite oder andere aus dem Jahresabschluss ersichtlichen Kennziffern begründen. Denn mit unzutreffenden Zahlen im Jahresabschluss wird ein sinnvoller Gebrauch nicht eingeschränkt, sondern lediglich der Wert beeinflusst. Die vertragliche Verwendung wird kaum darin liegen, einen bestimmten Ertrag erwirtschaften zu können. Dazu ist der Unternehmenskauf zu sehr ein Risikogeschäft und auch von äußeren Faktoren abhängig. Folglich wird mittels einer Absprache über den Verwendungszweck nur in geringem Umfang eine bestimmte Soll-Beschaffenheit geschuldet. Auf die Fragen der Formbedürftigkeit wurde schon im Rahmen der obigen Ausführungen zur Andeutungstheorie eingegangen.

3. Die gewöhnliche Verwendung des Unternehmens

Sofern eine bestimmte geschuldete Beschaffenheit weder ausdrücklich vereinbart wurde noch sich aus dem Vertragszweck konkludent ableiten lässt, kann diese sich letztlich aus der gewöhnlichen Verwendung und der üblichen vom Käufer zu erwartenden Beschaffenheit nach § 434 Abs.1 Satz 2 Nr. 2 BGB ergeben Die Subsidiarität dieser „letzten Instanz" wird schon durch das Wort „sonst" im Vorgriff des § 434 Abs. 1 Satz 2 Nr. 2 BGB verdeutlicht.

a) Zielrichtung der gesetzlichen Regelung

Im kaufrechtlichen Gewährleistungsrecht muss auch dem Fall Rechnung getragen werden, dass nicht alle geschuldeten Beschaffenheiten ausdrücklich vereinbart werden. Dies gilt im besonderen Maße für die durch das „Hier" und „Jetzt" bestimmten Geschäfte des täglichen Lebens oder im auf den raschen Warenumsatz angelegten Handelsverkehr, wo häufig keine expliziten Beschaffenheiten vereinbart werden. Selbst wenn nach Treu und Glauben eine Offenlegung bestimmter nachteiliger Umstände zu erwarten war, wird mit einer unterlassenen Aufklärung keine Beschaffenheit vereinbart und folglich auch kein Sachmangel gemäß § 434 Abs. 1 Satz 1 BGB begründet.[778] Denn mit dem bloßen Schweigen werden keine rechtsgeschäftlichen Wirkungen erzeugt.[779] Die Anwendung der speziellen kaufrechtlichen Rechtsbehelfe kann sich aber nicht danach richten, ob die Parteien von der Möglichkeit einer Beschaffenheitsvereinbarung auch Gebrauch gemacht haben. Der Grundsatz der Privatautonomie, der sich im subjektiven Fehlerbegriff niederschlägt, verlangt zwar, dass in erster Linie die ver-

---

[777] Wagner, DStR 2002, 1400, 1404.

[778] Wagner, DStR 2002, 1400, 1404; Gaul, ZHR 166 (2002), 35, 48.

[779] Brox, Allgemeiner Teil, Rn. 89.

einbarte Beschaffenheit maßgeblich ist. Daneben müssen auch die aus der Art des Kaufgegenstandes resultierenden typisierten Erwartungen des Käufers kraft Gesetzes Eingang in den Vertrag finden.[780] So ist eine Kuh mit drei Beinen immer mangelhaft, selbst wenn sich die Parteien nicht über den Umstand „Vier Beine" geeinigt haben. Der Verkäufer muss auch in diesem Fall nach den kaufrechtlichen Regeln haften. Denn die im Kaufrecht ausbalancierte Informationsasymmetrie manifestiert sich auch und gerade dann, wenn der Verkäufer keine Aussagen macht bzw. die Parteien keine gesonderten Vereinbarungen treffen. Immer hat der Verkäufer naturgemäß mehr Informationen als der Käufer. Daher bestimmt sich die maßgebliche Soll-Beschaffenheit in diesem Fall nach der gewöhnlichen Verwendung (die sich in der Regel wohl auch mit der im Vertrag vorausgesetzten Verwendung deckt) und der üblichen Beschaffenheit, § 434 Abs. 1 Satz 2 Nr. 1 BGB, die der Käufer erwarten kann. Mit diesen drei Kriterien wird implizit der Maßstab der Standardbeschaffenheit in den Vertrag eingeführt, um die (nicht geäußerten) Erwartungen des Käufers über die kaufrechtliche Gewährleistungshaftung zu schützen.[781] Als Konsequenz wird der subjektive Mangelbegriff somit auf einen objektiven Kern zurückgeführt und gründet in der Prämisse, dass es letztendlich bei jedem Kaufgegenstand eine Standardbeschaffenheit geben muss.[782] Die objektiven Wertungskriterien stehen dabei nicht in Widerspruch zum ansonsten subjektiven Mangelbegriff. Wie bereits aufgezeigt, können sich Beschaffenheitsvereinbarungen der Parteien durch Auslegung ihres Verhaltens ergeben, welche sich nach Maßgabe des Empfängerhorizonts (§§ 133, 157 BGB) ebenfalls aus objektiven Kriterien ableitet.[783] Das Gesetz gibt quasi eine bestimmte Auslegungsmethode vor, um den Parteiwillen zu rekonstruieren. Somit wird beim Kauf ohne bzw. bei unvollständigen ausdrücklichen Beschaffenheitsvereinbarungen konkludent die „normale" bzw. Standardbeschaffenheit vereinbart. Die Form ist bereits durch die Nennung des Vertragsgegenstandes in der Vertragsurkunde gewahrt, da hierdurch die Normalbeschaffenheit hinreichend angedeutet wird.[784]

Im originären Anwendungsbereich Sachkauf erweist sich die Vorschrift als logische Fortführung der konkludenten Beschaffenheitsvereinbarung und bereitet keine besonderen Schwierigkeiten. Während jede zum täglichen Gebrauch bestimmte Sache eine Standardbeschaffenheit hat, ist dies bei einem Unternehmen eher problematisch.

---

[780] Grigoleit/Herresthal, JZ 2003, 118, 121; dies., JZ 2003, 233, 235.

[781] Grigoleit/Herresthal, JZ 2003, 233, 235.

[782] U. Huber, AcP 202 (2002), 179, 212.

[783] Grigoleit/Herresthal, JZ 2003, 118, 120.

[784] Grigoleit/Herresthal, JZ 2003, 233, 239; dazu bereits oben unter 1).

b) Standardbeschaffenheit bei einem Unternehmen?

Zwar stellt sich auch hier ein identisches Ausgangsproblem. Die Parteien können nicht alle denkbaren Umstände als geschuldete Soll-Beschaffenheit ausdrücklich in den Vertrag aufnehmen. Daraus resultiert beim Unternehmenskauf ebenfalls das Bedürfnis, die geschuldete Soll-Beschaffenheit nach objektiven Kriterien zu bestimmen. Doch setzt dies voraus, dass bei einem Unternehmen eine Normal- bzw. Standardbeschaffenheit existiert, die mangels expliziter Beschaffenheitsvereinbarungen bereits allein mit Abschluss des Kaufvertrages geschuldet wäre.

aa) Jedes Unternehmen lässt sich auf eine Standardbeschaffenheit zurückführen

Teilweise wird auch eine Standardbeschaffenheit eines Unternehmens, zumindest im bestimmtem Umfang, propagiert.[785] Man denke an eine Autowerkstatt ohne Hebebühne. Selbst ohne eine ausdrückliche Vereinbarung müssen die Betriebsmittel, die für den Betrieb einer Autowerkstatt erforderlich sind, vorhanden sein. Auch für den BGH lag ein Unternehmensmangel vor, wenn der Zustand der zum Unternehmen gehörenden Einzelgegenstände eine Fortführung des Unternehmens in Frage stellte.[786]

Ähnlich ist die Situation bei Angaben in früheren Jahresabschlüssen. Wenn Angaben im Jahresabschluss den Wert des Unternehmens und damit auch den Kaufpreis festlegen, muss sich aus ihnen auch eine Normalbeschaffenheit ableiten lassen können. Diese besteht zumindest in der wirtschaftlichen Überlebensfähigkeit des Unternehmens.[787] Denn jeder Käufer erwartet, in die Lage versetzt zu werden, die bisherige unternehmerische Tätigkeit möglichst ohne besondere Risiken fortzuführen.[788] Üblich muss dann zumindest die mit dem Jahresabschluss suggerierte Möglichkeit zur Erwirtschaftung angemessener Erträge zwecks Tilgung und Verzinsung des durch Zahlung des Kaufpreises investierten Kapitals sein.[789]

---

[785] Eidenmüller, ZGS 2002, 290, 295; Wunderlich, WM 2002, 981, 984, Fn. 42a; Holzapfel/Pöllath, Rn. 410f.; Canaris, Handelsrecht, § 8, Rn. 24; ähnlich Büdenbender, in: Dauner-Lieb/Büdenbender, S. 5, 36.

[786] BGH, NJW 1969, 184; BGH, NJW 1979, 33.

[787] Amann/Brambring/Hertel, S. 559.

[788] Hüffer, in: Staub, GrossKomm-HGB, vor § 22, Rn. 15.

[789] Lieb, Festschrift Gernhuber, 259, 265.

bb) Ein Unternehmen ist einer Standardbeschaffenheit nicht zugänglich

Nach anderer Meinung ist die Standardbeschaffenheit eines Unternehmens abzulehnen.[790]

Dies ergibt sich schon durch einen Rückgriff auf den früher vom Reichsgericht[791] vertretenen objektiven Fehlerbegriff. Grundlage dieser Auffassung war die Einteilung der Kaufgegenstände in Gattungen und Arten, die durch die Verkehrsauffassung bestimmt werden. Wich der Kaufgegenstand von seiner normalen Gattungsbeschaffenheit qualitativ ab, war er fehlerhaft.[792] Dieses Ergebnis muss auch für den neuen Sachmangelbegriff gelten, da der Maßstab der Standradbeschaffenheit letztlich auch auf einem Ähnlichkeits- bzw. Artvergleich fußt, der bei einem Unternehmen nicht möglich ist. Es ist einleuchtend, dass eine Kuh mit drei Beinen von der Beschaffenheit anderer Kühe negativ abweicht. Ein Unternehmen kann aber nicht in eine Gattung mit bestimmten Eigenschaften, insbesondere Umsatz- oder Gewinnzahlen eingeordnet werden.[793] Es entzieht sich der Einordnung unter eine bestimmte Kategorie, da jedes Unternehmen seine Eigenheiten hat.

Zudem verträgt sich die Individualität des Kaufgegenstandes Unternehmens nur in engen Grenzen mit der typisierten Betrachtung, die dem § 434 Abs. 1 Satz 2 Nr. 2 BGB zugrunde liegt.[794] Das liegt schon an den vielen Kennziffern, die bei der Einschätzung des Unternehmens von Relevanz sind: Aus dem Jahresabschluss sind Umsatz, Gewinn, Eigenkapitalquote, Verschuldensgrad, cash flow etc. ersichtlich, die Kette mehrerer Jahresabschlüsse dokumentiert die Umsatz- bzw. Ertragsentwicklung. Daneben kann auch eine Expertise zu Marktchancen oder Zukunftsperspektiven vorliegen. Diese vielfältigen Merkmale können nicht auf den gemeinsamen „Nenner" Standardbeschaffenheit gebracht werden. Jeder Käufer misst den Kennzahlen eine andere Priorität bei. Es liegt an ihm, seine Vorzüge in der Vertragsgestaltung über ausführliche Beschaffenheitsvereinbarungen abzusichern. Bei einem Unternehmen fehlen allgemeingültige Maßstäbe, die für eine bestimmte Standardbeschaffenheit herangezogen werden können, wie es bei jedem Sachkauf problemlos möglich ist.[795] Man kann nicht eine bestimmte Umsatzhöhe als üblich bezeichnen. Daher entzieht sich der Kaufgegenstand Unternehmen einer bestimmten Standardbeschaffenheit.

In der forensischen Praxis wird sich das Problem wesentlich einfacher darstellen: Beruft sich der Käufer auf einen Mangel, der aber nicht als vereinbarte Soll-

---

[790] Gaul, ZHR 166 (2002), 35, 48; U. Huber, AcP 202 (2002), 179, 212f.; Weitnauer, NJW 2002, 2511, 2514; Fischer, DStR 2004, 276, 278.

[791] Vgl. nur RGZ 67, 86, 88; RGZ 97, 351, 352.

[792] Knöpfle, NJW 1987, 801.

[793] So schon Immenga, AcP 171 (1971), 1, 7.

[794] U. Huber, AcP 202 (2002), 178, 212f.; Grigoleit/Herresthal, JZ 2003, 118, 125.

[795] BGH, ZIP 1994, 944, 946.

Beschaffenheit Eingang in den Vertrag gefunden hat, muss er beweisen, dass dieser Umstand zur üblichen Beschaffenheit eines Unternehmens gehört, was ihm kaum wird gelingen können.[796]

cc) Stellungnahme

Das Problem der fehlenden Standardbeschaffenheit wirkt sich auf die gesamte Legitimation des Kaufrechts beim Unternehmenskauf einschließlich des Konkurrenzverhältnis zur vorvertraglichen Informationshaftung aus. Statt sich auf eine pauschale Bewertung einzulassen, ist das Problem entsprechend dem vielschichtigen Vertragsgegenstand Unternehmen differenziert anzugehen.

Im Bereich der zum Unternehmen gehörenden Sachen und Rechte ist eine Normalbeschaffenheit zweifellos anzuerkennen. Ein Unternehmen, dem die zur Erfüllung des Unternehmenszwecks erforderlichen Betriebsmittel fehlen, ist der üblichen Verwendung nicht zugänglich.[797] Eine Autowerkstatt ohne Hebebühne ist weder gewöhnlich noch kann sie vom Käufer erwartet werden. Ebenso wenig entspricht es der üblichen Beschaffenheit, wenn die Gerüste eines Gerüstbauunternehmens Fehlbestände aufweisen.[798] Auch ist es als unüblich zu bewerten, wenn das Unternehmen kurz vor der Insolvenz steht und wirtschaftlich unter keinerlei Umständen überlebensfähig ist.[799] Allgemein entspricht ein Unternehmen nicht mehr der üblichen Standardbeschaffenheit, wenn es nicht zum Zweck der Erwirtschaftung von Erträgen in der bisherigen Weise fortgeführt werden kann.[800] Doch werden derartige offensichtliche Fälle nicht allzu oft auftreten. Anders ist es bei Angaben im Jahresabschluss. So sehr diese auch den gegenwärtigen Wert eines Unternehmens beeinflussen, kann es hierbei keine Standardbeschaffenheit geben. Jeder Käufer wertet die Zahlen anders. Zwar vergrößert ein hoher Verschuldensgrad das Insolvenzrisiko,[801] gleichzeitig bedingt ein hoher Verschuldensgrad eine Hebelwirkung hinsichtlich der Eigenkapitalrendi-

---

[796] Wunderlich, WM 2002, 981, 984, Fn. 42a, der zwar eine Standardbeschaffenheit in gewissem Umfang anerkennt, das Problem jedoch in der Beweisbarkeit sieht.

[797] So ausdrücklich BGH, NJW 1969, 184; BGH, NJW 1979, 33.

[798] BGH, NJW 1979, 33.

[799] Wobei die Überlebensfähigkeit tatsächlich auf Ausnahmefälle zu beschränken ist, um nicht den wertenden Begriff „Überlebensfähigkeit" zum Einfallstor einer üblichen Beschaffenheit zu erheben. Im Ergebnis ebenso Weitnauer, NJW 2002, 2511, 2514; Fischer, DStR 2004, 276, 278; Schröcker, ZGR 2005, 62, 81.

[800] Holzapfel/Pöllath, Rn. 412; Lieb, in: MünchKomm-HGB, Anh. § 25, Rn. 66; Thiessen, S. 200.

[801] Der Verschuldensgrad bestimmt sich als Quotient zwischen dem Fremd- und dem Eigenkapital; die Überschuldung ist bei juristischen Personen nach § 19 InsO Grund zur Eröffnung des Insolvenzverfahrens.

te[802] und kann damit dem Käufer durchaus willkommen sein: Wird nämlich auf das insgesamt investierte Vermögen eine über dem Fremdkapitalzins liegende Rendite erzielt, nimmt die Eigenkapitalrendite einen um so größeren Wert an, je höher der Verschuldensgrad ist, da das Ergebnis nur mit einem geringen Anteil Eigenkapital erreicht wird. In gewisser Weise kann auch ein geringer Zahlungsmittelbestand nicht per se als unüblich bezeichnet und für kurze Zeit sogar bewusst in Kauf genommen werden. Aufgrund einer Expansion oder erheblicher Investitionen ist auch ein deutlich höherer Schuldenstand nicht als unüblich zu bezeichnen. Die Anforderungen und Erwartungen an den Jahresabschluss hängen vom konkreten Unternehmensgegenstand und der Risikobereitschaft des Käufers ab. Nicht jeder Unternehmenskäufer hat die gleichen typischen Erwartungen an Kennzahlen des letzten Jahresabschlusses. Daher kann es keinen üblichen Jahresabschluss bzw. auch keine übliche Struktur eines Jahresabschlusses geben. Folglich ist es unmöglich, in den praktisch wichtigsten Fällen der Jahresanschlussangaben auf einen objektiven gemeinsamen Nenner zu kommen. Soweit der Verkäufer also einen Jahresabschluss nicht mit dem Willen vorlegt, diesen zur Beschaffenheit des Unternehmens zu machen, stehen dem Käufer die kaufrechtlichen Mängelrechte nicht zur Verfügung. Die entsprechende Anwendung der §§ 433 ff. BGB ist daher im Bereich der gewöhnlichen Verwendung nicht mehr überzeugend.

Dem kann auch nicht dadurch abgeholfen werden, dass die Umstände, die nach §§ 241 Abs. 2, 311 Abs. 2 BGB zu einer Aufklärungspflicht des Verkäufers führen, als objektiver Beschaffenheitsmangel angesehen werden.[803] Dadurch werden vorvertragliche und vertragliche Haftungsinstitute in unzulässiger Weise vermischt. Während es bei § 434 Abs. 1 Satz 2 Nr. 2 BGB um die typisierten Erwartungen des Käufers an einen Kaufgegenstand geht, ist das Bestehen einer Aufklärungspflicht von den Umständen des Einzelfalls abhängig. Die in § 434 Abs. 1 Satz 2 Nr. 2 BGB angesprochenen Merkmale um die gewöhnliche Verwendung und die üblichen Beschaffenheit gründen auf der Prämisse, dass sich jeder Kaufgegenstand auf eine objektive Standardbeschaffenheit zurückführen lässt, was beim Sachkauf ohne weiteres möglich ist. Aufklärungspflichten lassen sich nicht anhand objektiver Kriterien bestimmen, sondern sind von der jeweiligen Situation abhängig. Zudem setzt eine Aufklärungspflicht voraus, dass sich der Verkäufer darüber Gedanken macht, welche Informationen für den Käufer von vertragswesentlicher Relevanz sein könnten. Der Verkäufer hat damit auf die Interessen des Käufers Rücksicht zu nehmen, wie es auch § 241 Abs. 2 BGB zum Ausdruck bringt. Die kaufrechtliche Gewährleistung geht jedoch davon aus, dass der Käufer die für ihn wichtigen Umstände zum Gegenstand einer Beschaffenheitsvereinbarung macht oder sich auf die objektive Standardbeschaf-

---

[802] Dies wird allgemein als „Leverage"- Effekt bezeichnet; Leverage = Hebelarm.
[803] Das schlägt Fritzen, S. 62f. vor; ähnlich Thiessen, S.381 ff.

fenheit verlässt. Daher lassen sich die vorvertraglichen Aufklärungspflichten nicht in die vertragliche Haftung integrieren.

Damit wird erneut die Frage nach dem Sinn der Anwendung des kaufrechtlichen Gewährleistungsrechtes beim Unternehmenskauf insgesamt virulent. Gerade bei kleineren Transaktionen, die sich durch ein verkürztes Vertragswerk auszeichnen, käme es mangels einer Standardbeschaffenheit kaum zu einer kaufrechtlichen Haftung, während bei größeren Transaktionen das gesetzliche Gewährleistungsrecht sowieso zumeist zugunsten eines kautelar-juristischen Modells abbedungen wird. Ist daher die Anwendung des Kaufrechts auf den Unternehmenskauf abzulehnen?[804]

Diese Schlussfolgerung vermag nicht zu überzeugen. Schließlich besagt eine eng begrenzte Standardbeschaffenheit nicht, dass auch Parteivereinbarungen dadurch untersagt sind.[805] Was nicht unter objektive Merkmale zu fassen ist, muss dadurch nicht zwangsläufig auch der subjektiven Vereinbarungsfähigkeit entzogen werden.[806] Vielmehr ist eine Beschaffenheitsvereinbarung gerade dann zulässig und ausreichend, wenn es eine gewöhnliche Verwendung und eine „typisierte Käufererwartung" nicht gibt.[807] Die Parteien sind nun in der Verantwortung, das jeweilige Pflichtenprogramm festzulegen.[808] Auch manche Sache können die Parteien durch bedeutend mehr Merkmale charakterisieren als lediglich die üblichen, ohne dass hieraus gleich die Ungeeignetheit der kaufrechtlichen Rechte gefolgert würde.[809] Der Kaufgegenstand Computer ist sicherlich bestimmten objektiven Standardeigenschaften zugänglich. Dazu gehört aber nicht eine bestimmte Festplattengröße. Auch mit einer geringeren als der erwarteten ist dieser voll einsatzfähig. Der Käufer kann sich nur absichern, indem er eine bestimmte Festplattenkapazität vereinbaren lässt oder zumindest eine bestimmte Gebrauchstauglichkeit im Vertrag festschreibt. Gleiches gilt für den Autokauf. Ob das Auto rot oder schwarz ist, spielt für eine übliche Beschaffenheit keine Rolle. Doch kann es dem Käufer gerade auf die schwarze Farbe ankommen. Soll er diese nicht mit dem Käufer vereinbaren können, weil die Farbe schwarz nicht zur üblichen Beschaffenheit eines Autos gehört? Es gibt sogar Kaufgegenstände, die einer objektiven Standardbeschaffenheit genauso wenig zugänglich sind wie Unternehmen. Wie soll man sich denn die übliche Beschaffenheit einer Briefmarken- oder Münzsammlung vorstellen?[810] Die Möglichkeit, eine Beschaffen-

---

[804] Dies folgert U. Huber aus dem Fehlen einer Standardbeschaffenheit bei einem Unternehmen, AcP 202 (2002), 179, 212f.
[805] Canaris, Handelsrecht, § 8, Rn. 24; Eidenmüller, ZGS 2002, 290, 295.
[806] Büdenbender, in: Dauner-Lieb/Büdenbender, S. 5, 35.
[807] Grigoleit/Herresthal, JZ 2003, 118, 125.
[808] Schulte-Nölke, ZGS 2002, 72, 73.
[809] Ähnlich Lieb, in: MünchKomm-HGB, Anh. § 25, Rn. 66.
[810] Beispiele bei Büdenbender, in: Dauner-Lieb/Büdenbender, S. 5, 35.

heitsvereinbarung zu treffen, fördert geradezu die privatautonome Vertragsgestaltung der Parteien.

Zudem werden weder die Interessen des Käufers noch die des Verkäufers beeinträchtigt. Wenn bei der Berechnung des Kaufpreises von einer bestimmten Erwartung ausgegangen wird, ist es Sache des Käufers, diese Kalkulationsgrundlagen auch Eingang in den Vertrag finden zu lassen, um die Beibehaltung der subjektiven Äquivalenz abzusichern. Es liegt in seinem Verantwortungsbereich, sich von seinem Vertragspartner verbindliche Angaben über für seine Kalkulation wichtige Eigenheiten des Unternehmens machen zu lassen.[811] Insofern ist der Käufer in der Pflicht, sein Informationsrisiko zu verringern, indem er konkrete Fragen stellt und seinen Vertragspartner zum Abschluss von Beschaffenheitsvereinbarungen verleitet.[812] Diese Eigenverantwortung ist ihm gerade bei einem Unternehmenskauf in erhöhtem Maße zuzumuten. Während sich der Sachkäufer noch auf eine bestimmte Standardbeschaffenheit verlassen können soll, muss der Unternehmenskäufer aus eigenem Antrieb tätig werden. Wenn der Käufer seine Erwartungen an den Vertragsgegenstand nicht mit dem Verkäufer vereinbart, kann er auch lediglich den Verkäufer im Rahmen der Standardbeschaffenheit in Haftung nehmen, soweit diese reicht. Der Käufer kann nicht eine bestimmte Umsatzhöhe erwarten, ohne sich diesbezüglich explizit vertraglich abzusichern. Daher muss er auf eine hohe Regelungsintensität im Vertrag drängen.

Der Verkäufer wiederum darf sich darauf verlassen, dass der Käufer sein Informationsanliegen zum Ausdruck bringt. Im Gegenzug hat er aber darauf zu achten, dass Angaben aus seiner Einflusssphäre auch zutreffend sind. Zu einer rechtsgeschäftlichen Vereinbarung kommt es nie ohne Mitwirkung des Verkäufers. Er hat den Geschäftswillen zu äußern, einen Jahresabschluss als Beschaffenheit des Unternehmens zu vereinbaren. So wie der Käufer eigenverantwortlich Informationen begehren muss, hat der Käufer eigenverantwortlich die Richtigkeit zu gewährleisten. Der Einwand, die Erstellung des Jahresabschlusses war Aufgabe der Wirtschaftsprüfer, muss ihm abgeschnitten werden. Die Risiken werden letztlich sachgerecht verteilt. Weigert sich der Verkäufer, eine bestimmte Auskunft zu geben, wird zwar keine Beschaffenheit vereinbart, doch kann der Käufer aus einer unterbliebenen Antwort seinerseits auf eigenes Risiko Schlüsse auf das Vorliegen oder Nichtvorliegen bestimmter Umstände ziehen.[813] Auf diesem Weg fügt sich die fehlende Standardbeschaffenheit in das Gesamtsystem der asymmetrischen Informationsverteilung ein. Die Abgrenzung des Kaufrechts von der vorvertraglichen Informationshaftung wird damit auf die Regeln über

---

[811] BGH, ZIP 1994, 944, 945.

[812] Zu den Kosten und Risiken, die mit der gezielten Befragung des Verkäufers verbunden sind, vgl. Mankowski, JZ 2004, 121 ff.

[813] Mankowski, JZ 2004, 121, 124.

den Vertragsschluss und den Empfängerhorizont des Käufers verlagert.[814] Nicht ausschließlich das Tatbestandsmerkmal „Beschaffenheit" entscheidet über die Reichweite des Kaufrechts, sondern die Vereinbarungsbereitschaft der Parteien. Wenn der Käufer sich nicht um die Vereinbarung bemüht oder aus dem fehlenden Vereinbarungswillen des Verkäufers keinen entsprechenden Schluss zieht, muss er sich ggf. auf den Nachweis einer Aufklärungspflicht und des Verschuldens des Verkäufers verlassen.

4. Konkretisierung durch Werbeaussagen

Zur Bestimmung der üblichen Beschaffenheit kann über § 434 Abs. 1 Satz 3 BGB auch auf öffentliche Äußerungen der Verkäuferseite Bezug genommen werden, die damit unter der neuen Rechtslage eine stärkere Beachtung finden. Der Tatbestand ist eher auf Verbrauchsgüter zugeschnitten. Die Relevanz dieser Neuregelung für die Belange des Unternehmenskaufes ist wohl mehr als gering.

Zwar wird teilweise angenommen, dass Äußerungen des Verkäufers oder seiner am Verkaufsprozess beteiligten Berater im Rahmen einer Pressekonferenz im Zusammenhang mit dem geplanten Verkauf derartige Aussagen darstellen können.[815] Gleiches gilt für Angaben der den Verkauf begleitenden Investmentbank, die sich z.B. auch in einem Informationsmemorandum anlässlich eines Auktionsverfahrens wieder finden können,[816] soweit dieses öffentlich geschieht.[817] Eine solche Übertragung auf den Unternehmenskauf steht zwar mit einem in europarechtskonformer Auslegung weit zu verstehen Begriff der Werbeaussagen, mit dem jede Erklärung, die sich auf das verkaufte Unternehmen bezieht, erfasst wird, noch in Einklang. Auch mag man diese Personen noch als Gehilfen des Verkäufers ansehen, da sie von diesem bewusst in den Verkaufsprozess eingeschaltet wurden.[818] Doch ist der Begriff der Werbung für den Bereich des Unternehmenskaufes erheblich einzuschränken.[819] Ein Unternehmen ist nicht Objekt der Werbung, wodurch zum Zwecke der Absatzförderung bestimmte Beschaffenheitsmerkmale in den Vordergrund gestellt werden, um die Kaufentscheidung zu beeinflussen.

Zudem werden durch ausführliche Beschaffenheitsvereinbarungen nach § 434 Abs. 1 Satz 1 BGB, sofern man die Systematik des Gesetzes befolgt, Werbeaussagen obsolet, da sich § 434 Abs. 1 Satz 3 BGB nur auf übliche Beschaffenhei-

---

[814] Barnert, WM 2003, 416, 423.

[815] Knott, NZG 2002, 249, 251.

[816] zum Auktionsverfahren: Picot, Mergers & Acquisitions, S. 21 ff.; ders., Unternehmenskauf, Teil I, Rn. 11 ff.; Hölters, Teil I, Rn. 139 ff.

[817] Seibt/Reiche, DStR 2002, 1135, 1139.

[818] Diese Einschränkung ergibt sich aus der Begr. zum RegE, BT- Drs. 14/6040, S. 214.

[819] Wunderlich, WM 2002, 981, 985.

ten nach § 434 Abs. 1 Satz 2 Nr. 2 BGB bezieht und damit einer Vereinbarung gegenüber subsidiär ist.[820] Eine solche Standardbeschaffenheit ist jedoch, wie gerade festgestellt, einem Unternehmen nur in sehr engen Grenzen zugänglich. Diesen systematischen Erwägungen kann man sich auch über die entsprechende Anwendung nicht entgegenstellen. Ohne eine Standardbeschaffenheit haben derartige Äußerungen keine Bedeutung.

5. Montagemängel

Eine nur geringe Relevanz wird auch den Montagemängeln bei einem Unternehmenskauf zuteil. Mit ein wenig Phantasie ist ein solcher in dem Fall denkbar, dass Inventar auf dem Grundstück des Verkäufers demontiert werden muss, um es beim Käufer wieder aufzubauen.[821]

Eine weitere Fallgruppe lässt sich über die von § 453 Abs. 1 BGB geforderte entsprechende Anwendung entwickeln. § 434 Abs. 2 Satz 1 BGB erhebt die Montage durch den Verkäufer zu einer Hauptpflicht. Wie die Montage zur Benutzung der Sache unabdingbar ist, ist es die Einweisung beim Unternehmenskauf. Der Käufer muss in die Betriebsstrukturen eingeführt werden, will er das Unternehmen erfolgreich weiterführen. Diese Besonderheit des Unternehmenskauf stellt eine Hauptpflicht des Verkäufers dar. Unterlässt der Verkäufer eine Einweisung, ist das Unternehmen u.U. genauso unbrauchbar wie bei erheblichen Mängeln im Substrat. Daher erscheint es naheliegend, eine fehlerhafte oder unterlassene Einweisung entsprechend § 434 Abs. S BGB einem Unternehmensmangel gleichzustellen.

6. Eigener Ansatz im Hinblick auf das Verhältnis zu Ansprüchen aus §§ 311 Abs. 2, 241 Abs. 2, 280 Abs. 1 BGB

Die vorangegangenen Ausführungen haben gezeigt, dass die Parteien auf Basis eines weiten Beschaffenheitsbegriffs dem Kaufgegenstand Unternehmen eine Vielzahl von gegenwärtigen Beschaffenheiten zuweisen können. Den vertraglich geschuldeten Zustand des Unternehmens bestimmen jedoch nur die Beschaffenheitsmerkmale, die Eingang in den Vertrag gefunden haben. Dies kann durch ausdrückliche oder konkludente Vereinbarung (§ 434 Abs. 1 Satz 1 und Satz 2 Nr. 1 BGB) geschehen oder in den dargestellten engen Grenzen der Standardbeschaffenheit (§ 434 Abs. 1 Satz 2 Nr. 2 BGB). Der weite Beschaffenheitsbegriffs gerät dann jedoch in ein Spannungsverhältnis zur eng auszulegenden Standardbeschaffenheit eines Unternehmens. Gerade im Bereich der Jahresabschlusszahlen sind die daraus resultierenden Komplikationen für den Anwen-

---

[820] Wunderlich, WM 2002, 981, 985.
[821] Beispiel bei Wunderlich, WM 2002, 981, 985.

dungsbereich der vorvertraglichen Informationshaftung aus §§ 311 Abs. 2, 241 Abs. 2, 280 Abs. 1 BGB mehr als nur theoretischer Natur.

Auf Grundlage der Spezialität des Kaufrechts sind die allgemeinen Vorschriften über die vorvertragliche Aufklärungspflichtverletzung unproblematisch dann anwendbar, wenn sich die Angaben des Verkäufers auf Merkmale beziehen, die nicht zur Beschaffenheit des Unternehmens gehören kann, wie etwa bei falschen Angaben über die Person des Verkäufers oder seines Ehegatten.[822] Dann stellt sich ohnehin keine Konkurrenzfrage.

Auf einem anderen Blatt steht aber das Problem der Reichweite der Sperrwirkung für die vorvertragliche Haftung, wenn das Kaufrecht zwar hätte eingreifen können, weil die Störung unter den Beschaffenheitsbegriff subsumiert werden kann, diese Beschaffenheit jedoch nicht als vertraglich geschuldete Soll-Beschaffenheit von den Parteien vereinbart wurde. Damit wird folgende Frage relevant: Wird der Rückgriff auf §§ 311 Abs. 2, 241 Abs. 2, 280 Abs. 1 BGB bereits dann gesperrt, wenn der aufklärungspflichtige Umstand Gegenstand einer Beschaffenheitsvereinbarung sein könnte oder erst, wenn er tatsächlich auch als Beschaffenheitsvereinbarung Eingang in den Vertrag gefunden hat?

Unter der alten Rechtslage war anerkannt, dass das Kaufrecht den Rückgriff auf die *c.i.c.* selbst dann untersagt, wenn die zusicherungsfähige Eigenschaft im Einzelfall nicht vereinbart wurde.[823] Auf dieser Grundlage, allerdings ohne eine vertiefte Auseinandersetzung mit den daraus folgenden Konsequenzen, wird auch zum neuen Beschaffenheitsbegriff vertreten, dass die vorvertragliche Informationshaftung bereits dann nicht anwendbar sei, wenn sich die fehlerhafte Aufklärung auf einen Umstand beziehe, der einer Beschaffenheitsvereinbarung zugänglich sei, unabhängig von der konkreten Vereinbarung im Einzelfall.[824] Daher sind auf dem Boden dieser Auffassung dem Käufer seine Rechte bereits verwehrt, wenn er ein Merkmal nicht zum Gegenstand einer Beschaffenheitsvereinbarung gemacht hat und es sich auch nicht über § 434 Abs. 1 Satz 2 BGB als Standardbeschaffenheit einordnen lässt. Der Käufer kann wegen des Umstands, der sein Vertrauen in den Kaufgegenstand enttäuscht hat, keine Rechte gegenüber dem Verkäufer geltend machen. Der Sachkäufer wird sich kaum in einem solchem Dilemma wieder finden, weil dieser aufgrund seiner typisierten Käufererwartung eine bestimmte Beschaffenheit zur üblichen Verwendung gemäß § 434 Abs. 1 Satz 2 Nr. 2 BGB als vertraglich geschuldet erwarten kann. Erfüllt die Kaufsache nicht die so bestimmte Soll-Beschaffenheit stehen dem Käufer auch ohne ausdrückliche Vereinbarung die Rechte aus § 437 BGB zu und der Weg zu einer vorvertraglichen Haftung ist gesperrt. Legt der Käufer auf

---

[822] Siehe oben unter Fußnote 620 und 621.

[823] BGHZ 60, 319, 323; BGH, NJW 1992, 2564; BGHZ 114, 266.

[824] Grüneberg, in: Palandt, § 311 BGB, Rn. 14; Huber, in: Huber/Faust, 14. Kapitel, Rn. 26: „Vereinbarungsfähiges Beschaffenheitsmerkmal".

bestimmte Beschaffenheitsmerkmale wert, die über die Standardbeschaffenheit hinausgehen, hat er diese mit dem Verkäufer vertraglich zu vereinbaren, sei es ausdrücklich oder sei es konkludent mittels der vertraglich vorausgesetzten Verwendung. Das Problem der Merkmale, die zwar dem Grunde nach eine gegenwärtige Beschaffenheit des Kaufgegenstandes ausmachen, gleichzeitig aber nicht zur Standardbeschaffenheit gehören und auch nicht von den Parteien vereinbart wurden, ist daher beim Sachkauf nicht relevant. Daher besteht insoweit kein Anlass, das Dogma der Sperrwirkung des Kaufrechts zu überdenken.

Anders ist die Situation wie gezeigt beim Unternehmenskauf, wo viele Merkmale denkbar sind, die mit einem weiten Beschaffenheitsbegriff in Einklang stehen und damit vereinbarungsfähig sind, gleichzeitig jedoch nicht zur Standardbeschaffenheit gehören. Obwohl das zweifellos existierende Informationsgefälle einen sachgerechten Käuferschutz verlangt, kann die Rechtsordnung diesen Schutz nicht bieten. Das Kaufrecht kann nicht schützen, weil es an einem Tatbestandsmerkmal fehlt, die vorvertragliche Haftung darf nicht schützen, weil grundsätzlich der Schutz durch das Kaufrecht vorrangig ist. Das Spannungsfeld aus der Kombination eines weiten Beschaffenheitsbegriffs einerseits und einer nur in engen Grenzen existierenden Standardbeschaffenheit andererseits, das sich gerade beim Unternehmenskauf in besonderer Weise manifestiert, wurde in den bisherigen Stellungnahmen zu diesem Komplex – soweit ersichtlich – nicht hinreichend gewürdigt.

Als Ausweg erscheinen drei Möglichkeiten denkbar: Erstens könnte vom Spezialitätsdogma des Kaufrechts abgerückt werden, so dass die vorvertragliche Informationshaftung und das Kaufgewährleistungsrecht immer nebeneinander anwendbar wären.[825] Diese Konstruktion ist jedoch dogmatisch äußerst fragwürdig und wurde bereits widerlegt.[826] Zweitens könnte für Mängel beim Unternehmenskauf das Kaufrecht insgesamt für unanwendbar erklärt werden, so dass ausschließlich die c.i.c. eingriffe.[827] Auch ein solches Modell wurde bereits mit beachtlichen Gründen verworfen.[828] Als dritte Möglichkeit verbleibt, den Umfang der Sperrwirkung zu überdenken. Ein Rückgriff auf die vorvertragliche Informationshaftung ist nur insoweit gesperrt, als das spezielle Kaufgewährleistungsrecht auch tatsächlich tatbestandlich eingreift.[829] Im Umkehrschluss besteht

---

[825] Jaques, BB 2002, 417, 418; Westermann, NJW 2002, 241, 247; Barnert, WM 2003, 416, 424f.; Häublein, NJW 2003, 388, 391 ff.; Emmerich, in: MünchKomm-BGB, § 311, Rn. 138; Faust, in: Bamberger/Roth, § 437 BGB, Rn. 181.

[826] Zu den beachtlichen Gegenargumenten vgl. oben unter A, Seite 71.

[827] So insbesondere Huber, AcP 202 (2002), 179, 225 ff.

[828] Vgl. dazu die Ausführungen unter C I. 3.), Seite 112 ff.

[829] Dies setzt auch der Ansatz von Fritzen, S. 62f. voraus, der jedoch eine Standardbeschaffenheit daraus bestimmt, welche Umstände eine Aufklärungspflicht des Verkäufers auslösen, so dass es auf das Konkurrenzverhältnis zur c.i.c. nicht mehr ankommt; im Ergebnis ebenso Thiessen, S. 381 ff.

für die vorvertragliche Informationshaftung dann und gerade dann Raum, wenn eine Beschaffenheit nicht in die vertragliche Abrede einbezogen worden ist, weil es an einer Vereinbarung fehlt und sich diese nicht als Standardbeschaffenheit erweist.[830] Die Sperrwirkung des Kaufgewährleistungsrechts hinsichtlich aller Umstände, die bei einer entsprechenden Vereinbarung einen Mangel hätten begründen können,[831] ist nur dann sachgerecht, soweit sich der Käufer auf seine typisierten Erwartungen einer Standardbeschaffenheit verlassen kann. Entweder der Käufer vertraut auf die Standardbeschaffenheit oder er vereinbart mit dem Verkäufer die darüber hinaus gehenden Beschaffenheitsmerkmale. Fehlt es jedoch an einer Standardbeschaffenheit, können Ansprüche aus § 311 Abs. 2 BGB nicht gesperrt sein, soweit deren weitere Voraussetzungen vorliegen. In diesem Fall ist nämlich keine bestimmte Beschaffenheit des Unternehmens vertraglich geschuldet. Ohne eine vertraglich geschuldete Beschaffenheit kann der Kaufgegenstand gar nicht negativ von einer Soll-Beschaffenheit abweichen, weil es letztere nicht gibt und somit eine solche nicht geschuldet wurde.[832] Es liegt gar kein Mangel vor, so dass das Gewährleistungsrecht schon vom Tatbestand her nicht eingreift und so auch die Sperrwirkung nicht trägt. Daher ist die Abkehr vom bisherigen Verständnis des Konkurrenzverhältnisses sinnvoll und sogar aus Gerechtigkeitsgründen dringend geboten.

Ferner muss auch berücksichtigt werden, aus welchen Gründen eine Beschaffenheitsvereinbarung unterblieben ist. Hat der Käufer schlicht nicht daran gedacht, kann ihm auch die vorvertragliche Informationshaftung aus §§ 311 Abs. 2, 241 Abs. 2, 280 Abs. 1 BGB außerhalb der Pflicht zur Aufklärung nicht weiterhelfen. Umgekehrt kann es dem Käufer nicht zum Nachteil gereichen, wenn die Vorlage der Jahresabschlussangaben durch den Verkäufer noch nicht die Schwelle einer rechtsgeschäftlichen Vereinbarung überschritten hat oder wenn er durch den Verkäufer derart in die Irre geführt wird, dass er auf eine Beschaffenheitsvereinbarung verzichtet.[833] Wäre nun auch der Rückgriff auf §§ 311 Abs. 2, 241 Abs. 2, 280 Abs. 1 BGB gesperrt, wäre dem Käufer jeglicher Rechtsschutz genommen, obwohl er zweifellos schutzbedürftig ist. Daher dürfen ihm nicht auch noch die Ansprüche aus *c.i.c.* genommen werden.[834] Wurde er bewusst in die Irre geführt, um von einer konkreten Beschaffenheitsvereinbarung abzusehen, liegt geradezu ein paradigmatischer Fall einer vorvertraglichen

---

[830] Schröcker, ZGR 2005, 62, 89; Canaris, Handelsrecht, § 8, Rn. 41; ähnlich Grigoleit/Herresthal, JZ 2003, 118, 126, für die es allerdings nur selten vorkommen kann, dass eine Beschaffenheit nicht in den Vertrag aufgenommen wurde, was auf einem restriktiven Beschaffenheitsverständnis beruht.
[831] Oetker/Maultzsch, § 2, S. 136; unklar Berger, JZ 2004, 276, 277.
[832] Canaris, in: Karlsruher Forum, S. 90.
[833] Canaris, in: Karlsruher Forum, S. 90; Canaris, Handelsrecht, § 8, Rn. 41.
[834] Canaris, in: Karlsruher Forum, S. 90, der auf derartige Ansprüche allerdings § 438 BGB analog anwenden will.

Pflichtverletzung vor. Gerade in einem solchen Fall ist das Informationsgefälle nicht durch die besonderen Vorschriften geregelt. Natürlich bleibt der Rückgriff auf die §§ 311 Abs. 2, 241 Abs. 2, 280 Abs. 1 BGB dann verwehrt, wenn der kaufrechtliche Anspruch wegen Verjährung oder eines Haftungsausschlusses nicht eingreift.[835]

Die Entscheidung über die Anwendung der kaufrechtlichen Gewährleistungshaftung wird somit noch stärker in die Verantwortung der Parteien gelegt. Das Kaufrecht kommt dem Käufer zwar insoweit entgegen als sich hieraus mittelbar eine Informationsbeschaffungspflicht des Verkäufers ergibt, beim Unternehmenskauf wird dieses Verhältnis jedoch insofern umgekehrt, weil außerhalb einer expliziten Beschaffenheitsvereinbarung kaum Raum für die strenge kaufrechtliche Haftung verbleibt. Daher ist gerade der Käufer angehalten, über für ihn wesentliche Umstände eine verbindliche Auskunft einzuholen, will er sich nicht auf die Verletzung möglicher Aufklärungspflichten verlassen, die zudem der Verkäufer auch zu vertreten haben muss. Ein solches Verschulden wird zwar vermutet, doch ist die Möglichkeit des Entlastungsbeweises nach § 280 Abs. 1 Satz 2 BGB zum Schutz des Verkäufers sachgerecht. Ein Unternehmen ist zu komplex, als dass er für alle vertragswesentlichen Umstände garantiemäßig einzustehen hat. Einigen sich die Parteien nicht über die für sie wesentlichen Merkmale, kommt darüber hinaus bei Umständen, die den Vertragszweck gefährden können, eine Haftung des Verkäufers nur unter Verschuldensgesichtspunkten aufgrund der vorvertraglichen Aufklärungspflichtverletzung in Betracht. Folglich können nur die gegenwärtigen Beschaffenheitsmerkmale, die tatsächlich vertraglich vereinbart wurden - sei es aufgrund ausdrücklicher oder konkludenter Beschaffenheitsvereinbarung sei es als über die Standardbeschaffenheit mittelbar vereinbartes Merkmal - und sich damit als Mangel des Kaufgegenstandes im Sinne der §§ 434, 435 BGB erweisen können, eine Sperrwirkung für die vorvertragliche Informationshaftung auslösen.[836] Alle übrigen Beschaffenheitsmerkmale, die auch nicht zur Standardbeschaffenheit zählen, drücken ebenfalls ein Informationsgefälle aus, welchem über die *c.i.c.* Rechnung zu tragen ist. Also behält diese ihren Anwendungsspielraum insbesondere in den Fällen, in denen beim Unternehmenskauf von einer expliziten Beschaffenheitsvereinbarung abgesehen wurde.

IV. Rechtsfolgen

Ergibt sich aus dem Vergleich der tatsächlichen Ist-Beschaffenheit des Unternehmens mit der geschuldeten Soll-Beschaffenheit eine für den Käufer negative Abweichung, mithin ein Mangel des Unternehmens, und liegen keine Aus-

---

[835] Oetker/Maultzsch, § 2, S. 135.
[836] Im Ergebnis ebenso Fischer, DStR 2004, 276, 277.

schlussgründe (z.B. § 442 Abs. 1 BGB) vor,[837] stehen dem Käufer die in § 437 BGB genannten Rechte zur Verfügung. Das aus der tatbestandlichen Untersuchung resultierende Plädoyer für eine zunehmende Bedeutung des Kaufrechts auch beim Unternehmenskauf wird durch das sachgerechte Rechtsfolgensystem noch untermauert, welches ohne größere Verrenkungen auch auf den Unternehmenskauf anwendbar ist. Verbleibende Schwierigkeiten bei der Anwendung der kaufrechtlichen Rechtsfolgen werden durch die ausdrücklich im Gesetz vorgesehene entsprechende Anwendung nun weitgehend vermieden. Teilweise kommen sie den Bedürfnissen des Unternehmenskaufes sogar entgegen.

1. Nacherfüllung

Der vorrangige Anspruch auf Nacherfüllung als modifizierter Erfüllungsanspruch[838] (§§ 437 Nr. 1 i.V.m. 439 BGB) ist im Rahmen des Sachkaufes bei einer nicht vertragsgemäßen Leistung zumeist der geeignete Rechtsbehelf. Er verhilft dem Käufer zu dem, was er eigentlich wollte, indem die Durchführung des ursprünglichen Vertrages vorrangig ist vor Sekundäransprüchen unter Aufhebung des primären Austauschverhältnisses. Einerseits ist der Erfüllungsanspruch durch die mangelhafte Leistung nicht gemäß § 362 Abs. 1 BGB erloschen, andererseits ist dieser nun gewährleistungsrechtlichen Besonderheiten unterworfen, die sich daraus rechtfertigen, dass mit der Annahme des Kaufgegenstandes durch den Käufer eine Vertrauensgrundlage auf die Beständigkeit des Leistungsaustausches geschaffen wurde.[839]

Die Möglichkeit der Nacherfüllung hat beim Unternehmenskauf jedoch nur einen geringen Anwendungsbereich.[840] Die Nacherfüllung im Wege der Lieferung eines mangelfreien Unternehmens (§§ 439 Abs. 1 Alt. 2 i.V.m. 453 Abs. 1 BGB) ist schon denknotwendig ausgeschlossen. Dabei mag dahingestellt bleiben, ob ein Anspruch auf Neulieferung beim Stückkauf überhaupt gegeben sein kann.[841] Teilweise wird dies in der Literatur vehement bestritten,[842] andere be-

---

[837] Umstritten ist, inwieweit eine unzureichende *due diligence* des Käufers als grobe Fahrlässigkeit im Sinne von § 442 Abs. 1 Satz 2 BGB anzusehen ist und ihm dadurch seine Gewährleistungsrechte verlustig gehen. Vgl. Müller, NJW 2004, 2196 ff., m.w.N. Zum Nacherfüllungsanspruch im neuen Kaufrecht insgesamt Schürholz.

[838] Haas, BB 2001, 1313; Schubel, JuS 2002, 313, 316; zu den praktischen Problemen beim Nacherfüllungsanspruch Ebert, NJW 2004, 1761; Oechsler, NJW 2004, 1825; Tiedtke/Schmitt, DStR 2004, 2016 und 2060.

[839] Oetker/Maultzsch, § 2, S. 75.

[840] Dies bedeutet jedoch nicht, dass es sich um einen „ungeeigneten Rechtsbehelf handelt, den bisher niemand vermisst hat", wie es U. Huber, AcP 202 (2002), 179, 232 suggeriert, a.A. Gronstedt/Jörgens, ZIP 2002, 52, 61, die dem Nacherfüllungsanspruch offenbar eine große Relevanz beimessen.

[841] Ausführlich zur Nachlieferung: Spickhoff, BB 2003, 589, 590; Bitter, ZIP 2007, 1881 ff.

schränken einen solchen Anspruch auf nach objektiven Gesichtspunkten vertretbare Kaufgegenstände,[843] nach einer weiteren Auffassung, die mittlerweile auch durch den BGH bestätigt wurde, ist die Nachlieferung zumindest dann möglich, wenn es sich aus Sicht der Parteien um einen ersetzbaren Kaufgegenstand handelt.[844] Das gekaufte Unternehmen ist einmalig, es gibt kein gleichartiges oder gleichwertiges anderes Unternehmen. Der Käufer will nur dieses (vorher in der Regel auch eingehend geprüfte) Unternehmen erwerben. Daher ist allenfalls eine Mängelbeseitigung möglich. (§§ 439 Abs. 1 Alt. 1 i.V.m. 453 Abs. 1 BGB). Bei Unternehmensmängeln, die auf Fehler im sachlichen oder rechtlichen Substrat zurückzuführen sind, begegnet die Nachbesserung zumindest keinen praktischen Schwierigkeiten.[845] Auf einem anderen Blatt steht aber die Frage, ob für den Käufer eine Mängelbeseitigung eventuell unzumutbar (§ 440 Satz 1 a.E. BGB) und damit ausgeschlossen ist. Auch für ihn ist eine Reparatur am Unternehmenssubstrat mit Zeit und Kosten verbunden. Genauso wird ihm an einer erneuten Einsichtnahme des Verkäufers in das erworbene Unternehmen nicht gelegen sein.[846] Daher haben die Parteien in der Regel kein Interesse an einer vorrangigen Nacherfüllung.[847] Soweit diese nicht schon aufgrund unverhältnismäßiger Kosten für den Verkäufer ausgeschlossen ist (§ 439 Abs. 3 BGB), ist für den Käufer eine Mangelbeseitigung unzumutbar gemäß § 440 Satz 1 BGB a.E., so dass er direkt auf die weiteren Rechtsbehelfe zugreifen kann.

Bei den in der Praxis wichtigsten Fällen der falschen Angaben im Jahresabschluss, etwa eine zu geringe Eigenkapitalausstattung oder bei nicht bilanzierten Verbindlichkeiten ist eine Mangelbeseitigung ebenfalls unmöglich im Sinne von §§ 435 Abs. 3, 275 Abs. 1 BGB, so dass der vorrangige Anspruch ins Leere läuft. Zwar mag die Nacherfüllung durch eine Berichtigung der Bilanz denkbar sein, doch wird nicht eine bestimmte Bilanz geschuldet, sondern ein Unternehmen, das gerade den bei Vertragsschluss ausgewiesenen Jahresabschlüssen entspricht. Die abgeschlossene Bewertungsperiode der Vergangenheit kann nicht nachträglich korrigiert werden. Daneben könnte auch an die Zahlung eines Geldbetrages gedacht werden, um die tatsächlichen Gegebenheiten der Bilanz

---

[842] Lorenz, JZ 2001, 742, 743f. (Fn. 12); Ackermann, JZ 2002, 378, 379; Pfeiffer, ZGS 2002, 25, 29; Schwab, JuS 2002, 1, 6; P. Huber, NJW 2002, 1004, 1006.
[843] LG Ellwangen, NJW 2003, 517; Bitter/Meidt, ZIP 2001, 2114, 2119; Kamanabrou, ZGS 2004, 57, 58 ff.; Pammler, NJW 2003, 1992, 1993; Ehmann/ Sutschet, S. 201.
[844] BGH, NJW 2006, 2839; bereits vorher in der Literatur Canaris, JZ 2003, 831, 835; Schulze/Ebers, JuS 2004, 462, 464; Oetker/Maultzsch, § 2, S. 93 f.
[845] Wunderlich, WM 2002, 981, 986; Gaul, ZHR 166 (2002), 35, 54; Büdenbender, in: Dauner-Lieb/Büdenbender, S.5,39; Haas, in: Haas/Medicus/Rolland/Schäfer/Wendtland, Kapitel 5, Rn. 551; befürwortend auch Klein-Benkers, NZG 2003, 903; Schröcker, ZGR 2005, 62, 82; Lieb, MünchKomm-HGB, Anh. § 25, Rn. 67; krit. U. Huber, AcP 202 (2002), 179, 232.
[846] Amann/Brambring/Hertel, S. 186.
[847] Roschmann, ZIP 1998, 1941, 1945; Knott, NZG 2002, 249, 252.

anzupassen.[848] Eine solche Form der Nacherfüllung liefe aber auf einen Schadensersatzanspruch hinaus, den das Gesetz unter den Vorbehalt des Vertretenmüssens gestellt hat.[849] Statt auch den Nacherfüllungsanspruch unter das Verschuldenserfordernis zu stellen,[850] ist es dogmatisch überzeugender, die Nacherfüllung als unmöglich (§ 275 Abs. 1 BGB) einzuordnen und ggf. erforderliche Zahlungen des Verkäufers an den Käufer über den Schadensersatzanspruch zu regeln.[851] Daher scheitert auch eine derartige Form der Mängelbeseitigung an den Wertungen des Gesetzes. Genauso werden sich unternehmensbezogene Mängel (man denke an den Musterfall des „schlechten Rufs") nicht beheben lassen.

Folglich ist der Nacherfüllungsanspruch für den Unternehmenskauf im Großteil der Fälle unpassend, was jedoch keine grundsätzliche Kritik am kaufrechtlichen Rechtsfolgensystem bedingt,[852] lässt sich doch der vorgeschaltete Anspruch auf Nacherfüllung dogmatisch sauber ausschließen, um auf die übrigen Rechtsbehelfe ausweichen zu können.

2. Rücktritt/Minderung

Soweit demnach eine Nacherfüllung ausscheidet, stehen dem Käufer das Recht zum Rücktritt respektive das zur Minderung zur Verfügung. Letztere ist, wie schon mehrfach konstatiert, der ideale Rechtsbehelf bei einem Unternehmenskauf, weil die durch die Schlechtleistung eingetretene Äquivalenzstörung durch Zahlung eines Ausgleichs für den Mangelunwert beseitigt wird, was sich gerade im allgemeinen Leistungsstörungsrecht nicht ohne weiteres erreichen lässt.[853] Die Rückzahlung des Minderungsbetrages aus der Differenz des bereits bezahlten Kaufpreises und dem durch die Gestaltungserklärung des Käufers geminderten Kaufpreis ergibt sich nach den Rücktrittsvorschriften (§§ 441 Abs. 4, 346 ff. BGB). Die Berechnung des Minderungsbetrages folgt aus § 440 Abs. 3 BGB, der die unter der alten Rechtslage bekannte und bewährte Formel wiedergibt. Daher bleibt auch nach der Minderung die Relation zwischen Kaufpreis und ob-

---

[848] Einen solchen Ansatz verfolgen Gronstedt/Jörgens, ZIP 2002, 52, 61.

[849] Wertenbruch, in: Dauner-Lieb/Konzen/Schmidt, S. 493, 504f.; Büdenbender, in: Dauner-Lieb/Büdenbender, S. 5, 39, der von einer Monetarisierung des Nacherfüllungsanspruchs spricht; vgl. auch Kindl, WM 2003, 409, 412 mit einem Beispiel, wo diese Zahlung einen möglichen Schadensersatzanspruch noch übertrifft; wobei noch zu klären sein wird, wie sich der Schadensersatz wegen Nichterfüllung bei Bilanzfehlern berechnet.

[850] Dies schlägt Kindl WM 2003, 409, 412 vor.

[851] Canaris, Handelsrecht, § 8, Rn. 33.

[852] Im Ergebnis ebenso Jagersberger, S. 156f.; Hingegen folgert U. Huber, AcP 202 (2002), 179, 232 aus der Ungeeignetheit der Nacherfüllung beim Unternehmenskauf die Abkehr vom Kaufrecht; ähnlich Wertenbruch, in: Dauner-Lieb/Konzen/Schmidt, S. 493, 504.

[853] Haas, in: Haas/Medicus/Rolland/Schäfer/Wendtland, Kapitel 5, Rn. 545.

jektivem Wert des Unternehmens erhalten. In der Praxis wird sich nun das Problem stellen, wie der auf das Unternehmen im ganzen durchschlagende Mangel des Einzelgegenstandes in Verhältnis zu dem über die Ertragsmethode festgestelltem Unternehmenswert zu setzen ist, denn letzterer ist von den Sachwerten unabhängig.[854] Doch tangiert diese Schwierigkeit eher die Wirtschaftsprüfung und ist daher nicht weiter zu vertiefen. Entscheidend ist, dass bei der Bewertung des objektiven Unternehmenswertes die gleiche Berechnung angewandt wird wie beim Vertragsschluss.

Alternativ zur Minderung kann der Käufer auch den Rücktritt vom Vertrag erklären. Mit der Rücktrittserklärung wandelt der Käufer das Schuldverhältnis in ein Rückgewährschuldverhältnis um, so dass der Verkäufer zur Rückzahlung des Kaufpreises Zug um Zug gegen Rückgabe des Unternehmens verpflichtet ist (§ 346 Abs. 1 BGB).

Da der Rücktritt im Ergebnis der Wandelung der alten Rechtslage entspricht, bleibt auch die Problematik der Rückabwicklung akut. Zum einen ist die Rückübertragung der mannigfachen Einzelwirtschaftsgüter beim *asset deal* im Hinblick auf den sachenrechtlichen Spezialitätsgrundsatz sehr aufwendig. Zum anderen ist das Unternehmen ein der Rückübertragung kaum zugänglicher Kaufgegenstand. Der Erwerber wird das Unternehmen innerhalb kurzer Zeit nach seinen Wünschen umgestalten oder in sein bereits vorhandenes Unternehmen eingegliedert haben, so dass es in den ursprünglichen Zustand nicht mehr zurückversetzt werden kann. Kunden und Mitarbeiter haben gewechselt, das betriebliche Angebot wurde erweitert oder reduziert. Des Weiteren erschöpft sich die Rolle eines Unternehmens nicht allein darin, Kaufgegenstand eines Kaufvertrages zu sein, sondern es hat darüber hinaus auch eine überragende Bedeutung für die gesamte Volkswirtschaft, so dass bei der juristischen Untersuchung die Funktion eines Unternehmens in einer marktwirtschaftlichen Wirtschaftsordnung nicht außer Acht gelassen werden darf.

Die unternehmerische Tätigkeit ist ein Grundpfeiler einer freiheitlichen Wirtschaftsordnung. Ein Unternehmen nimmt eine gesamtwirtschaftliche Funktion wahr, weil es einerseits Arbeitsplätze zur Verfügung stellt und andererseits in engen Geschäftsverbindungen mit seinen Lieferanten, Abnehmern und auch Kreditgebern steht. Eine Schwäche des Unternehmens wirkt sich zugleich auf die wirtschaftliche Lage seiner Vertragspartner und damit auch schnell auf das gesamtwirtschaftliche Gleichgewicht aus.[855] Zwar gehört es zu den allgemeinen wirtschaftlichen Risiken, den Anforderungen des Wettbewerbs nicht mehr gewachsen zu sein und daher aus dem Markt auszuscheiden, doch ist diese Gefahr im Zusammenhang einer Unternehmensübertragung auf einen neuen Träger be-

---

[854] Merkt, BB 1995, 1041, 1045.
[855] Ausführlich: Müller-Erzbach, ZHR 61 (1908), 357, 359 ff.

sonders groß, da sich dieser zumeist erst einarbeiten muss und die Ressourcen des Unternehmens noch nicht effektiv nutzen kann. Kunden haben u.U. zum neuen Inhaber weniger Vertrauen. Eine Übertragung auf einen neuen Inhaber schwächt somit die Position des Unternehmens im Markt, so dass es aus wettbewerbsfremden Gründen in Schwierigkeiten geraten kann. Es realisieren sich dann die spezifischen Risiken aus der Unternehmensübertragung. Die Insolvenz eines Unternehmens ruft unerwünschte Folgen in der gesamten Volkswirtschaft hervor, da Lieferanten und Kreditgeber hiervon betroffen sind, von einem Verlust der Arbeitsplätze ganz zu schweigen. Der Gesetzgeber kann diesen Auswirkungen nur zum Teil entgegenwirken, wie mit dem Insolvenzgeld für Arbeitnehmer. Bei einer erneuten Rückübertragung auf den früheren Inhaber als Folge der enttäuschten Erwartungen des Käufers kommt es sogar zu einer Kumulation dieser Gefahren, da ein ständiger Inhaberwechsel erhebliche Vertrauensverluste hervorruft. Neben den bei jedem Rücktritt entstehenden Zusatzkosten, sind bei einem Unternehmenskauf noch die aus der Einwirkung auf den Kaufgegenstand Unternehmen resultierenden volkswirtschaftlichen Kosten zu beachten. Daher ist aufgrund der gesamtwirtschaftlichen Nachteile die Rückabwicklung eines Unternehmenskaufvertrages möglichst zu vermeiden. Diesem Anliegen kommt das neue Kaufrecht entgegen, da es eine dreifache Abstufung enthält, die zu einem Vorrang der Minderung führt und erst auf der höchsten Stufe einen Rücktritt ermöglicht. Damit entspricht die gesetzliche Regelung den Vorgaben der Praxis, für die das absolute Minimum der Vertragsgestaltung im Ausschluss eines Rücktrittrechts besteht.[856]

Zunächst muss der Einzelmangel von einem derartigen Gewicht sein, dass überhaupt von einem Unternehmensmangel gesprochen werden kann. Sonst greift das Gewährleistungsrecht schon tatbestandlich nicht ein. Denn Bezugsgröße zur Bestimmung einer abweichenden Ist-Beschaffenheit ist das Unternehmen als solches.[857] Hinsichtlich des Einzelmangels stehen dem Käufer keine Gewährleistungsrechte zu. Dabei sind die Erwartungen von Käufer und Verkäufer im Rahmen der Vertragsauslegung gemäß §§ 133, 157 BGB zu berücksichtigen. Wie schon mehrfach erwähnt, wird kein vernünftig und besonnen denkender Käufer ein Unternehmen ohne jegliche Mängel erwarten.

Auf einer zweiten Stufe kommt nun das Korrektiv der Erheblichkeit ins Spiel, § 323 Abs. 5 Satz 2 BGB.[858] Die Interessenlage ist mit der beim Sachkauf ver-

---

[856] Büdenbender, in: Dauner-Lieb/Büdenbender, S. 5, 41

[857] Lieb, in: MünchKomm-HGB, Anh. § 25, Rn. 82.

[858] Entgegen Gaul ZHR 166 (2002), 35, 55 hat diese Einschränkung sehr wohl auch beim Unternehmenskauf Relevanz. Es macht nämlich einen Unterschied, ob ein Unternehmensmangel vorliegt, aber mangels Erheblichkeit der Rücktritt nach § 323 Abs. 5 Satz 2 BGB ausgeschlossen ist, oder ob schon ein Unternehmensmangel als solcher verneint wird, so dass noch nicht einmal die Minderung eingreift.

gleichbar. Wegen eines nur geringfügigen Mangels soll der Sachkäufer nicht zur Rückabwicklung berechtigt sein, sind doch seine Interessen durch das Minderungsrecht, den Nacherfüllungsanspruch und den kleinen Schadensersatzanspruch hinreichend geschützt. Eine Rückabwicklung stünde in keinem Verhältnis zu der geringen Bedeutung des Mangels, da sich dieser entweder mit wenig Aufwand beseitigen lässt bzw. kaum funktionelle oder ästhetische Beeinträchtigungen hervorruft.[859] Die Erheblichkeitsschwelle bei Unternehmensmängeln kann sicherlich höher angesetzt werden als bei anderen Kaufgegenständen, doch muss auf eine insgesamt einheitliche Auslegungslinie geachtet werden. Eine extensive Interpretation[860] des Erheblichkeitskriteriums würde auch auf andere Kaufgegenstände durchschlagen. Für die Erheblichkeit ist sowohl die Quantität der Einzelmängel als auch deren Qualität zu berücksichtigen. Ein Unternehmensmangel ist immer dann unerheblich, wenn mit dem Unternehmen die mit dem Erwerb verbundene Zielsetzung noch vollständig erreicht werden kann, weil sich der Mangel wirtschaftlich ohne weiteres ausgleichen lässt.[861] Kann der Unternehmensmangel diese Hürde nicht überspringen, ist der Käufer von vornherein auf die Minderung beschränkt. Auch wenn sicherlich nicht jeder Unternehmensmangel an der Erheblichkeit scheitert, ist die neue Regelung für den Unternehmenskauf deutlich von Vorteil und erlaubt eine flexiblere Rechtsanwendung. Aus diesem Grunde ist es durchaus hinnehmbar, dass nun auch die Minderung subsidiär ist.[862]

Auf einer letzten Stufe ist das Rücktrittsrecht noch weiter einzuschränken. Der von Willemsen[863] vorgeschlagene Weg der analogen Anwendung des § 468 Satz 2 BGB a.F. ist durch die Aufhebung der Vorschrift zwar nicht mehr gangbar. Doch im neu gefassten und vom Kaufrecht miteinbezogenem Rücktrittsrecht finden sich Anknüpfungspunkte, die eine Restriktion des Rücktrittsrechts ermöglichen. § 346 Abs. 2 BGB gibt selbst Tatbestände vor, in denen die Rückgabe des Unternehmens zugunsten einer Pflicht zum Wertersatz weitgehend ausgeschlossen ist.[864]

§ 346 Abs. 2 Satz 1 Nr. 1 BGB ist schon vom Wortlaut her nicht auf den Unternehmenskauf anwendbar. Zwar ist die Rückabwicklung mit enormen praktischen Schwierigkeiten verbunden und aus o.g. Gründen völlig ungeeignet, doch kann nicht von einer Unmöglichkeit kraft Natur des Erlangten gesprochen wer-

---

[859] Heinrichs, in: Palandt, § 281 BGB, Rn. 48.

[860] Gronstedt/Jörgens, ZIP 2002, 52, 62; Bedenken bei U. Huber, AcP 202 (2002), 179, 236, Fn. 192.

[861] Büdenbender, in: Dauner-Lieb/Büdenbender, S. 5, 43.

[862] Wunderlich, WM 2002, 981, 986. Zumal der vorgeschaltete Nacherfüllungsanspruch in den meisten Fällen sowieso ins Leere laufen wird.

[863] Willemsen, AcP 182 (1982), 515, 562 ff.

[864] Wolf/Kaiser, DB 2002, 411, 418.

den. Der Normzweck betrifft eher, wie auch bei der Vorgängervorschrift des §
346 Satz 2 BGB a.F., Gebrauchsvorteile und Dienstleistungen, die nicht auf die
Überlassung der Substanz gerichtet sind.[865]

§ 346 Abs. 2 Satz 1 Nr. 2 BGB schließt die Rückgewähr des Kaufgegenstandes
aus, soweit er verarbeitet oder umgestaltet wurde. An diesem Hebel muss für
den Unternehmenskauf angesetzt werden. Für die Begriffe der Verarbeitung und
Umbildung kann an die Rechtsprechung zu § 950 Abs. 1 BGB angeknüpft werden, die unter Bezugnahme auf die Verkehrsauffassung die spezifischen Belange
beim Unternehmenskauf berücksichtigt. Während beim Sachkauf unwesentliche
Änderungen noch nicht als Verarbeitung anzusehen sind,[866] um den Rücktritt
auszuschließen, ist diese Grenze beim Unternehmenskauf aus den schon dargestellten Gründen bedeutend früher erreicht. Maßgeblich ist, dass das Unternehmen schon nach kurzer Zeit unter Leitung des Käufers nicht mehr mit seinem
ursprünglichen Zustand vergleichbar ist und in diesen nicht mehr zurückversetzt
werden kann. Damit ist die Interessenlage vergleichbar zur Umgestaltung bzw.
Verarbeitung einer Sache.[867] Denn der Verkäufer ist davor zu schützen, zwar
den vollen Kaufpreis zurückzahlen zu müssen, im Gegenzug aber den Kaufgegenstand nicht mehr im selben Zustand wie bei Erfüllung des Vertrages zurück-
zuerhalten. Ein solches Bedürfnis besteht bei einem Unternehmen wie auch bei
einer Sache. Kann im Einzelfall eine „Umgestaltung" o.ä. nicht festgestellt werden, wird auch eine Rückübertragung zumindest unter wirtschaftlichen Gesichtspunkten keine Probleme hervorrufen.

§ 346 Abs. 2 Satz 1 Nr. 3 BGB wird beim Unternehmenskauf kaum Anwendung
beanspruchen. Das Unternehmen hat sich durch den neuen Unternehmensträger
sicherlich verändert, aber per se von einer Verschlechterung bzw. Untergang zu
sprechen, tut den Fähigkeiten des Käufers mehr als Unrecht.

Die Fälle des 346 Abs. 3 BGB, die eine Wertersatzpflicht wieder ausschließen,
werden beim Unternehmenskauf ohne Relevanz sein.[868] Die Wertersatzpflicht
muss aber entfallen, wenn der gebotene Schutz des Verkäufers unangebracht ist.
Das ist regelmäßig der Fall, wenn der Verkäufer arglistig handelte. Dann ist kein
Grund ersichtlich, ihm vor dem unzumutbaren Rücktritt zu schützen. Schließlich
besteht dann auch das Anfechtungsrecht.

Folglich kann aus § 346 Abs. 2 Satz 1 Nr. 2 BGB immer dann, wenn eine Rückübertragung für den Zustand des Unternehmens schädlich wäre, ein Ausschluss

---

[865] Hager, in: AnwKomm-BGB, § 346 BGB, Rn. 29; Lorenz/Riehm, Rn. 422.

[866] Zwar muss nicht unbedingt eine andere Sache entstehen, die bloße Reparatur reicht jedoch
keinesfalls, Gaier, WM 2002, 1, 9; Hager, in: AnwKomm-BGB, § 346 BGB, Rn. 35.

[867] Im Ergebnis ebenso Fritzen, S. 82; abweichend Büdenbender, in: Dauner-Lieb/Büden-
bender, S. 5, 41 f., der auf den Ausnahmecharakter der Vorschrift hinweist, die nicht zum
Regelfall beim Unternehmenskauf werden dürfte.

[868] Gaul, ZHR 166 (2002), 35, 57.

der Rückgewähr begründet werden. Der Rücktritt kann *de lege lata* zwar grundsätzlich erklärt werden, de facto jedoch ist die Rückgewähr der empfangenen Leistungen durch die Wertersatzverpflichtung verdrängt. Beide Rechnungsposten können gegeneinander zur Aufrechnung gestellt werden (§§ 387 ff. BGB). Der Käufer erhält den vollen Kaufpreis zurück, muss aber im Gegenzug Wertersatz leisten und das Unternehmen behalten.

Bei der Berechnung der Höhe des Wertersatzes ist nach § 346 Abs. 2 Satz 2 BGB die im Vertrag bestimmte Gegenleistung zugrunde zu legen. Diese Regelung wurde erst im Laufe des Gesetzgebungsverfahrens auf Anregung des Bundesrates eingefügt. Noch im Entwurf der Bundesregierung sollte nach § 346 Abs. 2 Satz 2 BGB-E die Gegenleistung an die Stelle des Wertersatzes treten.[869] In seiner Stellungnahme zum Regierungsentwurf hat der Bundesrat jedoch zu recht beanstandet, dass die strikte Orientierung an der Gegenleistung nicht passe, wenn es gerade infolge eines Mangels zur Rückabwicklung komme, weil dann das Äquivalenzverhältnis zwischen der mangelhaften Leistung und der an einer mangelfreien Leistung ausgerichteten Gegenleistung gestört sei.[870] Insofern können die Gegenleistung nur als Ausgangspunkt für die Berechnung des Wertersatzes dienen.[871] Doch auch in der nun Gesetz gewordenen Fassung wird der Wortlaut der Vorschrift als irreführend und zudem rechtspolitisch verfehlt angesehen.[872]

Erwirbt nämlich der Käufer eine Sache zu einem erhöhten Preis und geht diese nach Rücktrittserklärung zufällig unter, erhält er zwar seinen Kaufpreis zurück, muss aber in Höhe der ursprünglichen Gegenleistung Wertersatz leisten. Da beide Ansprüche verrechnet werden, erhält der Käufer im Ergebnis nichts. Der Verkäufer hingegen kann den Gewinn einstreichen, den er bei einer Rückgewähr in natura nicht erhalten hätte. Die Wertersatzpflicht führt folglich dazu, dass nicht wie mit dem Begriff Rückgewährschuldverhältnis eigentlich intendiert, der status quo ante hergestellt wird, sondern die Vertragsdurchführung zumindest wirtschaftlich teilweise aufrechterhalten bleibt. Das für eine Partei wirtschaftlich ungünstige Äquivalenzverhältnis kann trotz des Rücktritts nicht aufgelöst werden.[873]

Im Fall einer Schlechtleistung ist fraglich, inwieweit der mangelbedingte Minderwert die Höhe des Wertersatzes beeinflusst. Zum Teil wird § 346 Abs. 2 Satz 2 BGB derart ausgelegt, dass analog § 441 Abs. 3 BGB die Gegenleistung ge-

---

[869] Begr. RegE, BT- Drucks. 14/6040, S. 452.

[870] Stellungnahme des Bundesrates, BT- Drucks. 14/6857, S. 22, linke Spalte; dazu die zustimmende Antwort der Bundesregierung, S. 57.

[871] Stellungnahme des Bundesrates, BT- Drucks. 14/6857, S. 22, rechte Spalte.

[872] Brox, AT, Rn. 29; Hager, in: AnwKomm-BGB, § 346, Rn. 40; P. Huber, in: Huber/Faust, 10. Kapitel, Rn. 41.

[873] P. Huber, in: Huber/Faust, 10. Kapitel, Rn. 41.

mindert wird, so dass das privatautonom ausgehandelte Verhältnis auch nach Rücktritt/Wertersatz erhalten bleibt.[874] Andere vertreten ein Verständnis in Richtung einer absolut geminderten Wertersatzpflicht.[875] In diesem Fall wird vom Kaufpreis der objektive Mangelunwert abgezogen. Ist die Sache objektiv 1000 EUR wert, durch den Mangel aber nur 700 EUR und betrug der Kaufpreis 1200 EUR, betrüge die Höhe des Wertersatzes demnach (bei vollständiger Kaufpreisrückzahlung) 900 EUR. Über die Minderung beliefe sich der geminderte Kaufpreis nur auf 840 EUR. Für den Käufer ist in diesem Fall die Minderung vorteilhafter. Hat der Käufer hingegen zu einem günstigeren Preis erworben, stünde er durch den Rücktritt besser.[876] Wie sich nun der Wertersatz in Zukunft berechnen wird, ist ein Problem, das sich bei allen Kaufverträgen stellt und nicht auf den Kaufgegenstand Unternehmen beschränkt ist. Daher ist es an dieser Stelle nicht zu vertiefen und die weitere Diskussion abzuwarten. M.E. sprechen dennoch die besseren Argumente für die letztgenannte Auffassung. Denn würde auch beim Rücktritt/Wertersatz die Minderungsberechnung herangezogen, stünde dem Käufer statt ursprünglich zwei Rechten nur noch eines zur Verfügung.[877] Gegen ein solches Verständnis wird zwar eingewandt, der Wertersatz liefe dadurch auf einen (verschuldensunabhängigen) Schadensersatzanspruch hinaus![878] Will der Käufer das ursprüngliche Wertverhältnis beibehalten, kann er auch die Minderung erklären. Um aber einen Unterschied beider Rechtsbehelfe aufrecht zu erhalten, sollte sich im Fall der nicht geschuldeten Rückgewähr der Wertersatz nach der objektiv geminderten Gegenleistung richten. Dem Käufer bleibt damit ein Wahlrecht hinsichtlich seiner Rechte.

Für den Fall, dass objektiver Wert und Kaufpreis übereinstimmen, kommen beide Berechnungsmethoden zu identischen Ergebnissen. Im Ergebnis ruft § 346 Abs. 2 Satz 2 BGB damit bei einer Schlechtleistung jedenfalls einen Minderungseffekt hervor,[879] wie es auch der Intention des Bundesrates entsprach.

3. Schadensersatz

Kumulativ zum Rücktritt kann der Käufer auch Schadensersatz verlangen (§ 325 BGB).

---

[874] Gaier, WM 2002, 1, 9; Rolland, in: Haas/Medicus/Rolland/Schäfer/Wendtland, Kapitel 4, Rn. 49; P. Huber, in: Huber/Faust, 10. Kapitel, Rn. 42 u. 45.

[875] Gronstedt/Jörgens, ZIP 2002, 52, 62; Lorenz/Riehm, Rn. 425.

[876] Auf die damit verbundenen Probleme, wenn ein deutlich unter dem Verkehrswert liegender „strategischer" Preis gezahlt wird, machen Gronstedt/Jörgens, ZIP 2002, 52, 62 Aufmerksam.

[877] Gaul, ZHR 166 (2002), 35, 56.

[878] Kindl, WM 2003, 409, 413.

[879] Wunderlich, WM 2002, 981, 986; Gaul, ZHR 166 (2002), 35, 56, für den es offenbar als Nachteil anzusehen ist, dass dem Käufer von faktisch zwei Rechten lediglich eines bleibt.

Dabei ist für Schäden, die aus der Mangelhaftigkeit des Unternehmens resultieren, zu unterscheiden, ob das Unternehmen schon bei Vertragsschluss in einem solchem Zustand war, dass es die vereinbarte Beschaffenheit nie hätte erfüllen können, so dass im Hinblick auf die Pflicht zur mangelfreien Leistung anfängliche Unmöglichkeit vorliegt, oder ob die Verschlechterung des Unternehmenszustandes erst nach Vertragsschluss eintrat. Im ersten Fall ergibt sich ein Schadensersatzanspruch aus § 311a Abs. 2 BGB, im zweiten Fall aus den §§ 281, 283 BGB. Soweit es um Schadensersatz wegen Unmöglichkeit geht und das Leistungshindernis bereits vor Vertragsschluss bestand und unbehebbar war,[880] wird §§ 281, 283 BGB somit durch § 311a Abs. 2 BGB verdrängt. Der Sinn der Sondervorschrift besteht darin, dass bei einem anfänglichen Leistungshindernis der Schuldner gar keine Pflicht aus dem Schuldverhältnis verletzt haben kann. Denn das Leistungshindernis bestand bereits vor Inkrafttreten des Schuldverhältnisses. Dem Schuldner kann also nicht mehr vorgeworfen werden, nach Vertragsschluss ein Leistungshindernis herbeigeführt zu haben, sondern dass er eine Leistung versprochen hat, die bereits zu diesem Zeitpunkt nicht zu erbringen war. Insofern stellt § 311a BGB einen Spezialfall der *c.i.c.* dar: Der Schuldner hat den Vertrag unter Verletzung vorvertraglicher Informationspflichten geschlossen, nämlich bei Kenntnis oder vorwerfbarer Unkenntnis des Leistungshindernisses.[881]

In seinen praktischen Auswirkungen ist es unerheblich, ob §§ 281, 283 oder § 311a Abs. 2 Satz 1 BGB einschlägig ist, denn beide Vorschriften erlauben dem Käufer, den Ersatz seines positiven Interesses bzw. Nichterfüllungsschadens oder alternativ seiner vergeblichen Aufwendungen (§ 284 BGB) zu verlangen. Daher muss die Abgrenzung beider Anspruchsgrundlagen nicht weiter thematisiert werden. Im übrigen muss man sich bei allen theoretischen Erwägungen, ob nun das Leistungshindernis vor oder nach Vertragsschluss auftrat, für Fälle des Unternehmenskaufs vergegenwärtigen, dass im Regelfall von anfänglicher Unmöglichkeit auszugehen sein wird. Gerade der Jahresabschluss war schon bei Vertragsschluss unzutreffend. Der Gegenbeweis, dass er den fehlerhaften Jahresabschluss nicht hätte kennen können, wird dem Verkäufer eines Unternehmens nur schwerlich gelingen.

Bei anderen Schäden als solchen, die unmittelbar auf die Mangelhaftigkeit des Unternehmens zurückzuführen sind, insbesondere Mangelfolgeschäden und Be-

---

[880] Wobei es nicht immer feststellbar sein wird, ob das Leistungshindernis bei Vertragsschluss bestand oder erst danach eingetreten ist: Daher wird der Gläubiger sein Schadensersatzbegehren im Wege einer Wahlfeststellung auf § 311a Abs. 2 BGB oder auf § 283 BGB stützen müssen, von Wilmowsky, Jus- Sonderbeilage zu Nr. 1/2002, 11.

[881] Vollkommer, in: Jauernig, § 311a BGB, Rn. 5.

gleitschäden, ergibt sich der Schadensersatz direkt aus § 280 Abs. 1 BGB, wie der Umkehrschluss aus § 280 Abs. 3 BGB zeigt.[882]

a) Ersatz des Nichterfüllungsschadens

Zum einen kann der Gläubiger Schadensersatz statt der Leistung verlangen (§§ 281, 283 BGB). Er ist dann so zu stellen, wie er ohne die Pflichtverletzung stehen würde. Dies wird gemeinhin als positives Interesse verstanden. Hinsichtlich der Höhe des Anspruchs muss weiterhin zwischen dem großen und dem kleinen Schadensersatz differenziert werden.

Über den großen Schadensersatzanspruch[883] kann die Rückgabe des Unternehmens gegen Erstattung des vollen Nichterfüllungsschadens geltend gemacht werden. Die gleichen Erwägungen, die einen Ausschluss des Rücktrittsrechts tragen, müssen daher auch den großen Schadensersatzanspruch sperren, da dieser die Rückabwicklung des Vertrages beinhaltet,[884] vgl. § 281 Abs. 1 Satz 3 BGB. Soweit der Rücktritt nach obigen Ausführungen ausgeschlossen ist,[885] kann daher auch der große Schadensersatzanspruch nicht gewählt werden.

Im Regelfall wird somit lediglich der kleine Schadensersatz verlangt werden.[886] Im Gegensatz zur Minderung, bei der das Äquivalenzverhältnis durch die verhältnismäßige Herabsetzung des Kaufpreises beibehalten wird, ist im Wege des kleinen Schadensersatzes die Wertdifferenz zwischen mangelfreien und mangelhaften Gegenstand zu ersetzen.[887] Dies ist bei einem überhöhten Kaufpreis für den Käufer von Vorteil, im Gegenzug jedoch auch von einem Verschulden auf Verkäuferseite abhängig. Auf die Schwierigkeiten bei der Bewertung wurde bereits hingewiesen.

Unabhängig von der Form des Schadensersatzes ist an § 254 BGB (Mitverschulden des Käufers) zu denken, der beim verschuldensunabhängigen Schadensersatzanspruch des § 463 BGB a.F. nicht herangezogen werden konnte. Erneut wird eine größere Flexibilität ermöglicht ohne die Grunddogmatik zu erschüttern.

Erhebliches Haftungspotential für den Verkäufer besteht bei den fehlerhaften Jahresabschlussangaben. Denn mit diesen wurde, soweit sie als Unternehmensbeschaffenheit vereinbart wurden, ein Unternehmenswert versprochen, der mit

---

[882] Triebel/Hölzle, ZIP 2002, 521, 527.

[883] Dieser war bereits unter der alten Rechtslage anerkannt und wird nun durch § 281 Abs. 1 Satz 3 BGB implizit vorausgesetzt.

[884] Haas, in: Haas/Medicus/Rolland/Schäfer/Wendtland, Kapitel 5, Rn. 553.

[885] Vgl. soeben unter 2.)

[886] Ebenso Gaul, ZHR 166 (2002), 35, 60; Wunderlich, WM 2002, 981, 987.

[887] Zur Berechnung: BGHZ 108, 156, m.w.N.

dem auf den tatsächlichen Zahlen basierenden Wert nicht übereinstimmt. Die konkrete Höhe des Schadensersatzanspruches berechnet sich nach den Maßstäben zur Unternehmensbewertung, die auch schon zur Kaufpreisbestimmung herangezogen wurden, woraus ein erhebliches Konfliktpotential zwischen den Parteien resultieren kann, da beide Seiten eine für sich jeweils günstige Bewertung reklamieren werden.[888] Entscheidend ist jedoch, dass bei einer Bewertung anhand der Ertragswertmethode ein Vielfaches von dem Betrag geschuldet sein kann als bei der Bewertung anhand des Substanzwertes.[889] Denn im ersten Fall ist der Käufer über den Schadensersatz statt der Leistung so zu stellen, als entspräche der Unternehmenswert dem aufgrund der (zu hohen) Umsatz- und Ertragsangaben suggerierten Wert mit den daraus resultierenden Folgen für die Verzinsung des Eigenkapitals einschließlich des entgangenen Gewinns, was erheblich über einen Ausgleich für den geringeren Substanzwert liegen kann.[890] Unerheblich ist, ob der Vermögensschaden in der Gesellschaft behoben ist, z.B. indem der Differenzbetrag zwischen dem bilanzmäßig ausgewiesenen Gewinn und dem tatsächlichen Verlust eingezahlt wird.[891] Denn dem Käufer als Anspruchsberechtigten steht zum Ausgleich des bei ihm eingetretenen Vermögensnachteils ein Schadensersatzanspruch in Geld zu.[892] Für ihn kommt es darauf an, dass die auf Basis des unzutreffenden Jahresabschlusses gewonnenen Angaben über die nächsten Jahre auf den Tag des Vertragsschlusses abgezinst werden. Folglich steckt in der Vorlage fehlerhafter Jahresabschlüsse, die als Unternehmensbeschaffenheit Eingang in den Vertrag gefunden haben, eine nicht zu unterschätzende Haftungsgefahr für den Verkäufer.

b) Aufwendungsersatz

Der im Zuge der Schuldrechtsmodernisierung neu eingeführte § 284 BGB ermöglicht dem Gläubiger statt Ersatz seines Nichterfüllungsschadens,[893] die fehlgeschlagenen Aufwendungen ersetzt zu verlangen, die er im Vertrauen auf den Erhalt der Leistung gemacht hat und billigerweise machen durfte. Relevanz findet die Vorschrift beim Unternehmenskauf insbesondere dann, wenn sich der Käufer im Vertrauen auf die Mangelfreiheit des Unternehmens an anderer Stelle

[888] Hilgard, ZIP 2005, 1813, 1814f.

[889] Ähnlich für vertraglich übernommene Garantien Hilgard, ZIP 2005, 1813, 1816.

[890] Wolf/Kaiser, DB 2002, 411, 413; Gruber, MDR 2002, 433, 436; Gronstedt/Jörgens, ZIP 2002, 52, 62; Gaul, ZHR 166 (2002), 35, 58 ff.; Faust, in: Huber/Faust, 16. Kapitel, Rn. 7.

[891] BGH, NJW 1977, 1536.

[892] Hilgard, ZIP 2005. 1813, 1818.

[893] Jedoch kann der Gläubiger neben einem Anspruch auf Aufwendungsersatz einen Anspruch auf Schadensersatz neben der Leistung aus § 280 Abs. 1 BGB geltend machen, durch den Begleitschäden bzw. Mangelfolgeschäden kompensiert werden sollen, Lorenz, NJW 2004, 26, 28.

unternehmerisch engagiert, weil er mit Synergieeffekten rechnet.[894] Zu diesen Aufwendungen gehören ferner auch die Vertragskosten, die nach altem Recht durch § 467 Satz 2 BGB a.f. an den Rücktritt bzw. Wandelung gekoppelt waren. Nun können diese ausschließlich unter den Voraussetzungen des § 284 BGB ersetzt werden, d.h. ein verschuldensunabhängiger Anspruch auf Ersatz der Vertragskosten außerhalb des Schadensersatzrechts wurde aufgehoben. Aufgrund der an beiden Seiten der Transaktion beteiligten Vielzahl an Beratern konnten gerade beim Unternehmenskauf die Vertragskosten eine erhebliche Summe einnehmen.[895]

§ 284 BGB findet keine Anwendung, wenn dem Gläubiger schon nach allgemeinen Grundsätzen des Schadensersatzrechts nach § 249 Abs. 1 BGB ein Anspruch auf Ersatz des negativen Interesses zusteht. Dies gilt namentlich für Ansprüche aus §§ 311 Abs. 2, 241 Abs. 2, 280 Abs. 1 BGB.[896] Dafür steht § 284 BGB jedoch, anders als bei der vorvertraglichen Schadensersatzhaftung unter dem Vorbehalt der Erforderlichkeit. Ein Ersatz scheidet daher gerade dann aus, wenn diese Kosten auch ohne die Pflichtverletzung sich nicht amortisiert hätten. Ähnlich beim Nichterfüllungsschadens führt ein etwaiges Mitverschulden des Käufers zu einer Kürzung des Anspruchs (§ 254 BGB).

V. Verjährung

Mit der Neuregelung der Verjährungsfrist in § 438 BGB wurde eines der größten Probleme, die sich bei der Anwendung des Kaufgewährleistungsrechtes auf den Unternehmenskauf zeigten, angegangen. Die besondere kaufrechtliche Verjährung ersetzt die dreijährige Regelverjährung des § 195 BGB und gilt für alle Gewährleistungsansprüche, die auf die Schlechterfüllung des Vertrages zurückzuführen sind, unerheblich, ob Nacherfüllung verlangt wird, Rücktritt bzw. Minderung erklärt wird oder kumulativ Ersatz für Mangel- bzw. Mangelfolgeschäden geltend gemacht wird.[897]

Der Fristbeginn fällt auf den Zeitpunkt der Ablieferung, womit wie unter der alten Rechtslage an einen objektiven Umstand angeknüpft wird. Denn mit Ablieferung gehen die Kontrollmöglichkeiten auf den Käufer über. Die subjektive Anknüpfung für den Verjährungsbeginn in § 199 Abs. 1 Nr. 2 BGB ist mit dem

---

[894] Büdenbender, in: Dauner-Lieb/Büdenbender, S. 5, 46.
[895] Seibt/Reiche, DStR 2002, 1135, 1140; Triebel/Hölzle, DB 2002, 521, 527.
[896] Vgl. nur Heinrichs, in: Palandt, § 284 BGB, Rn. 3; Brors, WM 2002, 1780, 1782 will auch bei einem Anspruch aus vorvertraglicher Pflichtverletzung aus § 311 Abs. 2 BGB zum einen den Aufwendungsersatz an § 284 BGB und damit auch an die Voraussetzungen der §§ 280 Abs. 3, 281 bzw. des § 283 BGB koppeln, zum anderen die Vertragsaufhebung gemäß §§ 280, 249 BGB von der Wertung des § 282 BGB (Unzumutbarkeit) abhängig machen.
[897] Westermann, NJW 2002, 241, 250, m.w.N.

zentralen Anliegen einer schnellen Bereinigung möglicher Störungen nicht vereinbar, da diesem ein Element der Unsicherheit innewohnt.[898] Für den Unternehmenskauf wird hinsichtlich der Ablieferung teilweise auf den Betriebsübergang[899], teilweise auf die tatsächliche Einwirkungsmöglichkeit des Verkäufers[900] und zum Teil auch auf die Übertragung des unmittelbaren Besitzes an den Betriebsmitteln abgestellt.[901] Sachlich besteht zwischen all diesen Zeitpunkten kein Unterschied. Geht der Betrieb auf den Käufer über, hat er die tatsächliche Einwirkungsmöglichkeit wie auch den unmittelbaren Besitz an den Betriebsmitteln.

Hinsichtlich der Fristlänge differenziert § 438 Abs. 1 BGB zwischen 30 (Nr. 1), fünf (Nr. 2) oder zwei Jahren (Nr. 3). Da sich die dreißigjährige Frist ausschließlich auf Rechtsmängel des Kaufgegenstandes bezieht, die bei einem Unternehmen nur selten anzutreffen sind, ist die Bedeutung für den Unternehmenskauf nur marginal.

Vielmehr ist entgegen einzelnen Ansichten[902] die zweijährige Frist des § 438 Abs. 1 Nr.3 BGB anzuwenden. Eine solche Frist entspricht auch den Gepflogenheiten der Praxis.[903] Soweit sich Stimmen in der Literatur für die Anwendung der fünfjährigen Frist analog § 438 Abs. 1 Nr. 2 BGB aussprechen, da der Unternehmenskauf mit den Besonderheiten eines Bauwerkes vergleichbar sei,[904] ist dem entgegenzuhalten, dass die Frist des § 438 Abs. 1 Nr. 3 BGB die Regelfrist darstellt und die Ausnahmefälle eng auszulegen sind. Genauso wenig besteht eine ähnliche Interessenlage zwischen dem Kauf eines Unternehmens und dem eines Bauwerkes.

Selbst bei Falschangaben im Jahresabschluss ist die zweijährige Verjährungsfrist durchaus sinnvoll. Es kommt nicht darauf an, wann Fehler im Jahresabschluss mit Sicherheit aufgedeckt werden können. Auch Mängel an Sachen können sich teilweise erst nach mehr als zwei Jahren zeigen. Maßgeblich ist, dass in dieser Zeit ein angemessener Interessenausgleich herbeigeführt wird. Umsätze und Gewinne sind stark von der Person des Geschäftsinhabers abhängig und in Folge eines Inhaberwechsels zunächst rückläufig.[905] Daher muss hieraus nicht zwingend ein Mangel des Unternehmens folgen. Nach zwei Jahren sind diese An-

---

[898] Haas, in: Haas/Medicus/Rolland/Schäfer/Wendtland, Kapitel 5, Rn. 554.

[899] So die Begr. zum RegE, BT-Drs. 14/6040, S. 227.

[900] Wälzholz, DStR 2002, 500, 504.

[901] Gaul, ZHR 166 (2002), 35, 67.

[902] Vgl. etwa Grigoleit/Herresthal, JZ 2003, 118, 126.

[903] Vgl. M&A Market Trends Subcomittee of the Committee on Negotiated Acquisitions: In 95 % aller Unternehmenskaufverträge wird eine Verjährungsfrist von bis zu zwei Jahren vereinbart.

[904] Haas, in: Haas/Medicus/Rolland/Schäfer/Wendtland, Kapitel 5, Rn. 554.

[905] Wunderlich, WM 2002, 981, 990.

fangsschwierigkeiten jedoch bereinigt, so dass fehlerhafte Jahresabschlussangaben festgestellt werden können. Daher sind zwei Jahre eine akzeptable Länge.

Damit wird das Bedürfnis des Käufers, sein Interesse an der mangelfreien Leistung durchzusetzen, mit dem des Verkäufers, seine Verpflichtungen aus § 437 BGB zeitlich zu begrenzen, in Einklang gebracht.

Soweit die Gewährleistungsansprüche bereits verjährt sind, allerdings der Kaufpreis noch nicht geleistet wurde, kann der Käufer die Zahlung einredeweise verweigern, § 438 Abs. 4 Satz 2 BGB.[906] Im Gegenzug wird dem Verkäufer ein Rücktrittsrecht eingeräumt.

VI. Rügeobliegenheiten

Die besonderen Vorschriften über den Handelskauf (§§ 373 ff. HGB) sind weiterhin ohne Bedeutung für den Unternehmenskauf. Zwar ist dieser auch außerhalb einer Beteiligungsgesellschaft durchaus ein beidseitiges Handelsgeschäft (§§ 343, 345 HGB),[907] doch ist die Anwendung der §§ 373 ff. HGB auf Waren bzw. Wertpapiere (§ 381 HGB) beschränkt, was auf ein Unternehmen, jedenfalls beim Verkauf im Wege des *asset deal*, nicht zutrifft.[908] Auch eine analoge Anwendung auf den Kauf anderer Gegenstände ist abzulehnen. Im HGB fehlt eine dem § 453 Abs. 1 BGB entsprechende Vorschrift, obwohl im Zuge der Schuldrechtsreform sehr wohl an eine Anpassung des HGB gedacht wurde, wie sich u.a. in der Änderung des § 378 HGB zeigt.[909] Daher beschränken sich die §§ 373 ff. HGB bewusst auf den Kauf von Waren und Wertpapieren,[910] so dass es schon an einer planwidrigen Lücke fehlt. Eine analoge Anwendung wäre auch völlig unangemessen, denn ein komplexes wirtschaftliches Gebilde lässt sich nicht unverzüglich untersuchen wie die typischen Güter des Handelsverkehrs, die § 377 Abs. 2 HGB erfasst.[911]

Statt einer Anwendung des § 377 Abs. 2 HGB ist eher an eine Verwirkung (§ 242 BGB) nach allgemeinen Grundsätzen zu denken.[912] Eine solche wird ange-

---

[906] Zur Mängeleinrede speziell Hofmann/Pammler, ZGS 2004, 293.

[907] Baumbach/Hopt, § 343 HGB, Rn. 3; es genügt bereits ein entfernter, lockerer Zusammenhang, BGH, NJW 1960, 1853.

[908] Unter der alten Rechtslage allgemeine Meinung, vgl. nur Hüffer, in: Staub, GrossKomm-HGB, vor § 22, Rn. 11; Hommelhoff, S. 119 ff.

[909] Schröcker, ZGR 2005, 62, 96; ähnlich Wunderlich, WM 2002, 981, 989, der sich jedoch für eine analoge Anwendung ausspricht, wenn der Unternehmensmangel in einer zum Unternehmenssubstrat gehörenden Sache seinen Ursprung findet. Hiergegen ist aber einzuwenden, dass Kaufgegenstand eben nur das Unternehmen ist und nicht die einzelne Sache. Diese beiden Ebenen sollten nicht vermengt werden.

[910] Wie soll man sich bei einem Rechtskauf eine unverzügliche Untersuchung vorstellen?

[911] Lieb, in: MünchKomm-HGB, Anh. § 25, Rn. 8.

[912] Wunderlich, WM 2002, 981, 990.

nommen, wenn der Berechtigte sein Recht längere Zeit nicht geltend macht und der Vertragspartner aus diesem Verhalten darauf vertrauen durfte, dass dies auch in Zukunft nicht geschehen wird.[913] So kann mit der notwendigen Flexibilität auf besonders krasse Ausnahmefälle reagiert werden, in denen der Käufer einen Mangel seit längerer Zeit erkannt hat und dennoch eine Rüge beim Verkäufer unterlässt,[914] ohne an das Unverzüglichkeitskriterium des § 377 Abs. 2 HGB gebunden zu sein. Beim Unternehmenskauf gebührt der Bestimmung der Verwirkungsfrist eine Einzelfallbeurteilung, da niedrigere Umsätze und Gewinne in der Anfangsphase auch auf den Inhaberwechsel zurückzuführen sein können, ohne das der Käufer einen Mangel des Unternehmens annehmen muss.[915] Somit lassen sich über die allgemeinen Verwirkungsgrundsätze sachgerechtere Ergebnisse erzielen als über eine (dogmatisch fragwürdige) analoge Anwendung des § 377 Abs. 2 HGB.

VII. Ergebnis

Den vorangegangenen Ausführungen war zu entnehmen, dass sich bei Mängeln des Unternehmens auf Grundlage des Kaufrechts im Regelfall sowohl dogmatisch überzeugende als auch interessengerechte Ergebnisse erzielen lassen. Zu einer restriktiven Anwendung des Gewährleistungstatbestandes, um auf die nun in §§ 311 Abs. 2 BGB kodifizierte *c.i.c.* verstärkt auszuweichen, besteht fortan kein Grund mehr. Die hierzu vorgebrachten rechtspolitischen Motive sind mit der Neuregelung hinfällig: Die Verjährungsfrist wurde verlängert, die restriktive Schadensersatzhaftung wurde ausgeweitet und die unerwünschte Rückabwicklung lässt sich mit beachtlichen Argumenten verhindern. Namentlich die Angaben in früheren Jahresabschlüssen können als Beschaffenheit des Unternehmens vereinbart werden. Daher ist das Kaufrecht immer dann vorzuziehen, wenn der vorgehende Nacherfüllungsanspruch den Interessen beider Parteien besser entspricht, die Minderung der primäre und sinnvolle Ausgleich ist, auch umweltbezogene Mängel nicht leichter oder schwerer zu erkennen sind als physische Mängel und der Verkäufer ein gleich großes und berechtigtes Interesse an der Klärung innerhalb fester Zeit hat.

Die damit verbundene größere Akzeptanz des Kaufrechts unter der neuen Rechtslage resultiert aber nicht nur daraus, dass sich nun Käufer und Verkäufer auf eine Ausbalancierung ihrer Interessen durch das Recht verlassen können, sondern dass die neue Rechtslage auch den Besonderheiten des Kaufgegenstandes Unternehmen gerecht wird.[916] Ein Unternehmen ist ein komplexer aus mate-

---

[913] BGH, NJW 1982, 1999; Heinrichs, in: Palandt, § 242 BGB, Rn. 87, m.w.N.

[914] Baumbach/Hopt, § 377 HGB, Rn. 1; Hopt/Mössle, JuS 1985, 211, 216.

[915] Wunderlich, WM 2002, 981, 990.

[916] Im Ergebnis ebenso Büdenbender, in: Dauner-Lieb/Büdenbender, S. 5, 46.

riellen und immateriellen Werten bestehender Kaufgegenstand, dem zudem im gesamtwirtschaftlichen Kontext eine besondere Bedeutung beizumessen ist, was insbesondere im Hinblick auf eine mögliche Rückabwicklung des Kaufvertrages zu beachten ist. Mit der Eingliederung des Unternehmens in die marktwirtschaftliche Ordnung sind erheblich höhere Risiken verbunden als beim Verkauf anderer Gegenstände. Der Unternehmenskauf ist ein Risikogeschäft besonderer Prägung,[917] da es für Marktkrisen erheblich anfälliger ist als z.B. ein gekauftes Auto. Während der Autokäufer dieses über den Markt erwirbt, danach aber, sieht man vom Weiterverkauf ab, das Auto unabhängig vom Markt nutzen kann, kauft der Unternehmenskäufer sein Unternehmen auf dem Markt und ist bei der Erlöserzielung weiter vom Marktgeschehen abhängig.

Daher kommt es umso mehr darauf an, in den Beschaffenheitsbegriff und damit in das kaufrechtliche Gewährleistungsrecht nur solche Merkmale einzubeziehen, die einen Bezug zum Unternehmen aufweisen und die aus der Sphäre des Verkäufers stammen, so dass dieser für Falschangaben genauso einzustehen hat, wie der Sach-Verkäufer für die Sachsubstanz. Die allgemeinen marktwirtschaftlichen Risiken können nicht auf ihn übergewälzt werden. Gleichzeitig werden dem Kaufrecht insofern Grenzen gesetzt, als ein Beschaffenheitsmerkmal auch konkret in den Vertrag Eingang gefunden haben muss. Eine übliche oder Standard-Beschaffenheit kann es bei einem Unternehmen nur in engen Grenzen geben. Werden die Parteien ihrer privatautonomen Verantwortung nicht gerecht, kann auch kein kaufrechtlicher Mangel hergeleitet werden. Die Verlagerung auf die Parteiverantwortung kommt dem Unternehmenskauf sogar besonders entgegen, da von den Agitatoren selbständiges Handeln in einem höheren Maße erwartet werden kann als bei einem Verbrauchsgüterkauf. Ohne Vorliegen eines Mangels ist dann der Weg frei zu den allgemeinen vorvertraglichen Haftungsgrundlagen.

Folglich ist die Neu-Konzeption des Kaufrechts für den Unternehmenskauf zu begrüßen, ohne gleichzeitig ein Präjudiz als alleinige Haftungsgrundlage zu begründen.

D. §§ 311 Abs. 2, 241 Abs. 2, 280 Abs. 1 BGB

Ein zentrales bisher ungeschriebenes Rechtsinstitut hat nun Eingang in den kodifizierten Gesetzestext gefunden. Damit wollten die Gesetzesverfasser ihrer eigenen Zielsetzung, bisherige richterrechtlich geprägte Bereiche in das BGB zu übernehmen, gerecht werden. Über den Sinn und Unsinn eines solchen Anliegens und dem Gelingen kann man streiten.[918] Mit §§ 311 Abs. 2, 241 Abs. 2 BGB

---

[917] Quack, ZGR, 1982, 350, 353; Mössle, BB 1983, 2146, 2151.
[918] Dauner-Lieb/Thiessen, DStR 2002, 809, 812, die kritisiert, dass sich der Gesetzgeber auf Andeutungen beschränkt hat, die letztlich zwar nicht schaden, aber wohl auch nicht nützen.

wurde die unter der alten Rechtslage als *c.i.c.* bekannte vorvertragliche Pflichtverletzung in das BGB aufgenommen. Dabei wurde jedoch das unter der alten Rechtslage schwerwiegendste Problem, nämlich die Konkretisierung der möglichen Rücksichtnahmepflichten, nicht angegangen und sich stattdessen auf eine bloße „Merkzettelgesetzgebung" beschränkt.[919] Eine genaue Erfassung des sehr weitläufigen vorvertraglichen Pflichtenrahmens ist allerdings nur schwerlich in einen Gesetzestext zu gießen.[920] Damit wird der Rechtsanwender weiterhin mit der zumeist entscheidenden Frage allein gelassen, ob denn nun im konkreten Einzelfall tatsächlich eine Schutzpflicht besteht.

I. Haftungsgrundlage für den Unternehmenskauf?

Noch unter der bis zum 31.12.2001 geltenden Rechtslage wurde die *c.i.c.* durch die Rechtsprechung für den Unternehmenskauf zu einem Gewährleistungsrechtsbehelf umgestaltet, weil mit dem Kaufrecht unbillige Ergebnisse erzielt wurden.[921] Dem ist, wie gerade dargestellt, mit der Neuausrichtung des Kaufrechts weitgehend entgegengewirkt worden. Die neuen Regeln werden den schutzwürdigen Interessen von Käufer und Verkäufer ebenso gerecht wie den Besonderheiten des Unternehmenskaufes insgesamt. Dieser Erkenntnis steht jedoch diametral entgegen, dass gleichzeitig die *c.i.c.* eine Aufwertung erfahren hat, indem sie in §§ 311 Abs. 2, 241 Abs. 2 BGB kodifiziert wurde, so dass auch sie ihre Berechtigung erfahren muss. Sonst käme einem *praeter legem* entwickelten Rechtsinstitut unter der alten Rechtslage größere Relevanz zu als dem unter der neuen Rechtslage explizit geregelten Anspruch.

Ebenfalls in Erinnerung zu rufen ist die Tatsache, dass die anzuerkennende Berechtigung der *c.i.c.* nur außerhalb des Kaufrechts gefunden werden kann.[922] Letzteres kann angesichts der Komplexität und Vielschichtigkeit der möglichen Störungen bei einem Unternehmenskauf nicht die einzige tragfähige Haftungsgrundlage sein.

Daher wird die *c.i.c.* bei der rechtlichen Bewältigung von Störungen im Rahmen eines Unternehmenskaufvertrages weiterhin ihre Berechtigung einfordern und auch erhalten. Es verbleibt die Frage, wo der Anwendungsbereich des Kauf

---

Für Ehmann/Sutschet, § 6, S. 151 ist die neue Vorschrift eher eine Behinderung denn eine Hilfe. Noch zum Diskussionsentwurf ebenfalls Dauner-Lieb, in: Ernst/Zimmermann, S. 305, 317 ff,, die mangels Konkretisierung des genauen Anwendungsbereiches von einer Blankettermächtigung zu weiterer Rechtsfortbildung spricht.

[919] Dauner- Lieb/Thiessen, DStR 2002, 809, 812.

[920] Ehmann/Sutschet, § 6, I, S. 152.

[921] Vgl. im 2. Kapitel unter D IV 2.), Seite 39.

[922] Vgl. oben unter A, Seite 71.

rechts endet und der der vorvertraglichen Informationshaftung als taugliche Haftungsgrundlage für Störungen beim Unternehmenskauf anfängt.

II. verbleibender Anwendungsbereich der *c.i.c.*

Auf Grundlage der Spezialität des Kaufrechts stellt sich der Anwendungsbereich der vorvertraglichen Haftung komplementär zu dem des Kaufrechts dar. Ein Anspruch aus §§ 311 Abs. 2, 241 Abs. 2, 280 Abs. 1 BGB wird sich immer nur dann ergeben, wenn das Kaufrecht nicht einschlägig ist, sei es aufgrund fehlender Eignung des Merkmals zu einer gegenwärtigen Beschaffenheit, sei es aufgrund mangelnder Vereinbarung.

Unstreitig ist §§ 311 Abs. 2, 241 Abs. 2 BGB anwendbar, wenn die Störung gar nicht mit dem Unternehmen zusammenhängt.[923] Denn neben der Fallgruppe der Aufklärungspflichtverletzungen, die zur Herbeiführung eines nicht erwartungsgerechten Vertrages führen, wurden unter dem Oberbegriff der *c.i.c.* noch weitere Fallgruppen erfasst, bei denen Konkurrenzprobleme zum Kaufrecht erst gar nicht aufkommen, weil sich die Pflichtverletzung nicht auf die vertragliche Leistung bezieht. Es handelt sich um die Verletzung von Nebenpflichten ohne Bezug zum Erfüllungsinteresse des Käufers. Dabei ist in erster Linie an Körper- und Eigentumsschäden infolge Schutzpflichtverletzungen zu denken, denen mit der Verknüpfung zu § 241 Abs. 2 BGB der dogmatische Nährboden in besonderer Weise bereitet wurde. Rutscht der Käufer auf dem Weg zu den Verkaufsverhandlungen vor den Räumen des Verkäufers aus, weil dieser nicht ordnungsgemäß gegen Glatteis gestreut hatte, liegt ein klassischer Anwendungsfall einer vorvertraglichen Pflichtverletzung vor.[924]

Das grundlose Abbrechen von Vertragsverhandlungen[925] wird beim Unternehmenskauf eher eine geringere Rolle spielen, da die vorvertragliche Bindung in der Regel durch einen *letter of intent* erfolgt.[926] Ähnliches gilt für die Verletzung von Verschwiegenheitspflichten. Beides kann sowohl eine Verkäufer- als auch eine Käuferhaftung begründen.

In der Fallgruppe der Aufklärungspflichtverletzungen bleibt Raum für die vorvertragliche Haftungsanknüpfung, soweit der spezifische Bezug zwischen Störung und Kaufgegenstand fehlt; wenn mit anderen Worten der für das kaufrecht-

---

[923] Gaul, ZHR 166 (2002), 35, 53; Seibt/Reiche, DStR 2002, 1181, 1185; Triebel/Hölzle, BB 2002, 521, 533; Wunderlich, WM 2002, 981, 985.

[924] Ein ähnlicher Sachverhalt lag der „Disco-Schnee"- Entscheidung zugrunde, vgl. BGH, NJW 1987, 2671.

[925] Hierzu Wertebruch, ZIP 2004, 1525; Grüneberg, in: Palandt, § 311 BGB, Rn 34; jeweils m.w.N.

[926] Zum Letter of Intent vgl. insbesondere Lutter, Der Letter of Intent; zuletzt Bergjan, ZIP 2004, 395 ff., m.w.N.

liche Gewährleistungsrecht schon beschriebene charakteristische Risiko- und Verantwortungszusammenhang nicht besteht.[927] So fehlt die erforderliche Anknüpfung an das Unternehmen, wenn der Verkäufer die Zusage staatlicher Fördermaßnahmen oder steuerlicher Vergünstigungen, die in seiner Person begründet sind, angibt. Auch einer falschen Angabe des Verkäufers über seine persönlichen Verhältnisse ist kein Bezug zum Kaufgegenstand immanent.[928] Gleiches gilt für Aussagen über seine nahen Angehörigen, etwa wenn der Verkäufer verschweigt, dass sein Ehegatte ein Konkurrenzunternehmen eröffnen will.[929]

Ein breiter Raum für eine Anwendung der vorvertraglichen Aufklärungspflichtverletzung wird gerade dann bestehen, wenn es an der erforderlichen Vereinbarung der Beschaffenheit fehlt. Auf Basis eines extensiven Beschaffenheitsbegriffs wird der c.i.c. dem Grunde nach zwar nur ein geringer Anwendungsspielraum eingeräumt, jedoch muss die Beschaffenheit gerade auch vereinbart worden sein. Hierin liegt der erforderliche Hebel zur Anwendung der vorvertraglichen Informationspflichtverletzung beim Unternehmenskauf. Denn außerhalb der ausdrücklichen oder konkludenten Vereinbarung einer bestimmten Beschaffenheit kann das Kaufgewährleistungsrecht nur eingreifen, wenn der Kaufgegenstand von der üblichen Beschaffenheit im Sinne des § 434 Abs. 1 Satz 2 Nr. 2 BGB abweicht. Die Frage nach der üblichen Beschaffenheit stellt sich beim Unternehmenskauf jedoch - anders als bei anderen Kaufgegenständen - nur in sehr engen Grenzen, so dass die Anwendung des Kaufrechts meist ausscheidet und mangels Sperrwirkung der Weg zur c.i.c. eröffnet ist.[930] Daher hat die c.i.c. beim Unternehmenskauf eine stärkere Berechtigung als beim Sachkauf, wie es auch unter der bisherigen Rechtslage der Fall war.

Unzweifelhaft ist der Weg zu §§ 311 Abs. 2, 241 Abs. 2 BGB eröffnet, wenn sich der Verkäufer auf bloße Nichtangaben beschränkt hat, denn dann kann - außerhalb des Spektrums der Standardbeschaffenheit (§ 434 Abs. 1 Satz 2 Nr. 2 BGB) - gar keine Soll-Beschaffenheit Eingang in den Vertrag gefunden haben. Allerdings kann auch § 311 Abs. 2 BGB in diesem Fall, wo also überhaupt keine falsche Information gegeben wurde, nur eingreifen, wenn eine Pflicht zur Aufklärung bestand. Mit der Anerkennung einer Aufklärungspflicht wird das Informationsinteresse des Käufers unabhängig davon befriedigt, ob eine entsprechende Frage gestellt wurde. Aus der fehlenden Vereinbarung im Vertrag darf nicht gefolgert werden, dass bewusst auf die Regelung verzichtet wurde, weil an dem fraglichen Umstand kein Interesse bestand. Eine konkrete Vereinbarung kann vielmehr vergessen oder auch als unbedeutend angesehen worden sein, weil der Käufer vom Vorhandensein ausging und eine entsprechende Aufklärung erwar-

---

[927] Canaris, in: Karlsruher Forum, S. 63, unter Verweis auf BGHZ 79, 183, 186.
[928] Wunderlich, WM 2002, 981, 985.
[929] BGH, NJW 1987, 909, ein Anspruch wurde allerdings letztlich verneint!
[930] Vgl. oben unter C III 6.).

tete, falls dies nicht der Fall war. Auch kann der Käufer durch Täuschung von einer solchen abgehalten worden sein. Auch hierin liegt dann eine vorvertragliche Pflichtverletzung des Verkäufers. Eine Aufklärungspflicht wird angenommen, wenn die mitzuteilenden Tatsachen und Umstände den Vertragszweck des Vertragspartners vereiteln können und daher für den Vertragsabschluss von so wesentlicher Bedeutung sind, dass nach der Verkehrsauffassung eine Offenlegung erwartet werden konnte.[931] So wurde eine Pflicht zur Mitteilung bestimmter Umsätze angenommen, wenn der Käufer seine Kaufentscheidung erkennbar von dieser Größe abhängig gemacht hat.[932] Für den Verkäufer war demnach der Verwendungszweck des Käufers, nämlich die Erzielung bestimmter Umsätze, erkennbar. Dieser Zweck konnte mit den tatsächlichen Umsätzen nicht erreicht werden.

Wenn der Käufer aber konkrete oder konkludente Angaben zu Beschaffenheiten macht, die der Käufer zustimmend entgegennimmt, wird eine Beschaffenheitsvereinbarung begründet. Erweisen sich die Angaben als unzutreffend, liegt ein Unternehmensmangel vor und der Weg zu einer vorvertraglichen Pflichtverletzung ist versperrt.

III. Relevanz der gesteigerten Aufklärungspflichten beim Unternehmenskauf

Viel Aufmerksamkeit wurde in der jüngsten Vergangenheit noch vor Inkrafttreten der Schuldrechtsreform mehreren Urteilen des BGH zur Haftung des Unternehmensverkäufers zuteil.[933]

Der BGH konkretisierte seine bisherige Rechtsprechung zu den Aufklärungspflichten, nach der ein Unternehmensverkäufer dem Käufer auch ungefragt über solche Umstände aufzuklären habe, die den Vertragszweck vereiteln können und daher für seinen Entschluss von wesentlicher Bedeutung seien, sofern er die Mitteilung nach der Verkehrsauffassung erwarten könne.[934] Dabei war auf die Umstände des Einzelfalls abzustellen. Nun statuiert der BGH neben einer Wahrheitspflicht, wonach der Verkäufer Angaben zum Unternehmens wahrheitsgemäß tätigen muss, unabhängig davon, ob der Käufer hiernach gefragt hat, eine gesteigerte Aufklärungspflicht des Verkäufers.[935] Der Verkäufer habe insbesondere ungefragt über aller Umstände aufzuklären, die die Überlebensfähigkeit des

---

[931] Ständige Rechtsprechung, vgl. BGHZ 87, 27, 34; BGHZ 96, 302, 311; BGH, NJW 1984, 2289, 2290; BGH, NJW 1985, 1769, 1771; BGH, NJW-RR 1988, 348, 350; BGH, NJW 1989, 763.

[932] BGH, NJW 1970, 653.

[933] BGH, NHW 2001, 2163; BGH, NJW 2002, 1042; BGH, NZG 2002, 644.

[934] BGH, NJW- RR, 1988, 394; BGH, NJW-RR 1996, 429; jeweils m.w.N.

[935] BGH, NJW 2001, 2163.

Unternehmens ernsthaft gefährden, weil die Zahlungsunfähigkeit oder Überschuldung drohe.[936] Die gesteigerte Aufklärungspflicht rechtfertige sich aus den regelmäßig weitreichenden wirtschaftlichen Folgen der Kaufentscheidung, so dass der potentielle Käufer auf die Vollständigkeit und Richtigkeit der ihm erteilten Informationen in besonderem Maße angewiesen sei.[937] Denn der potentielle Käufer könne sich ein zutreffendes Bild von den wertbildenden Faktoren des Unternehmens primär nur an Hand der Jahresabschlüsse, der betriebwirtschaftlichen Auswertungen und ergänzenden Auskünfte des Inhabers oder Geschäftsführers machen.[938] Die gesteigerte Aufklärungs- und Sorgfaltspflicht reduziere sich allenfalls dann, wenn es dem Käufer lediglich um die Übernahme des Kundenstamms und der Erzielung von Synergieeffekten gehe.[939] Mit diesem Urteil akzentuiert der BGH eine typisierende statt einzelfallabhängige Betrachtung zur Begründung von Aufklärungspflichten.[940] Auch die besondere Sachkenntnis des Käufers kann im Einzelfall eine Aufklärungspflicht des Verkäufers nicht ausschließen,[941] sondern der Unternehmenskäufer ist typischerweise stärker auf eine vollständige und richtige Information angewiesen.[942]
Aus den gerade genannten noch vor der Schuldrechtsreform verkündeten Urteilen ergeben sich für die Haftungskonzeption beim Unternehmenskauf nach der Schuldrechtsreform keine neuen Erkenntnisse. Denn der BGH hat nicht zum Ausdruck gebracht, dass er sich zukünftig einen breiteren Anwendungsraum für die *c.i.c.* vorstellt, der mit einer Zurückdrängung des Kaufrechts einherginge, und hat erst recht keinen Bezug zu den Änderungen im Zuge der Schuldrechtsreform erkennen lassen, obwohl ihm die Bestrebungen im Bundesjustizministerium schon bekannt waren. Die Urteile beziehen sich lediglich auf die Begründung von Aufklärungspflichten beim Unternehmenskauf. Damit korrespondiert die BGH-Rechtsprechung sogar geradezu mit der hier vertretenen Ansicht. Denn über die Existenz einer Aufklärungspflicht kann man erst nachdenken, wenn die *c.i.c.* überhaupt anwendbar ist, was wiederum erst nach Negierung des kaufrechtlichen Gewährleistungsrechts der Fall ist. Aus den vorangegangenen Ausführungen wurde deutlich, dass bei einem Unternehmenskauf aufgrund der nur in sehr engen Grenzen denkbaren üblichen Beschaffenheit eine kaufrechtliche Lösung weit häufiger versagt als bei anderen Kaufgegenständen. Gleichzeitig ist der Käufer auf vollständige und zutreffende Informationen über die wertbilden-

[936] BGH, NZG 2002, 644.
[937] BGH, NJW 2001, 2163, 2164.
[938] BGH, NJW 2001, 2163, 2164.
[939] BGH, NJW 2002, 1042.
[940] Louven, BB 2003, 2390; zur Einzelfallabhängigkeit der Aufklärungspflicht etwa BGHZ 71, 386, 396; BGH, NJW 1985, 1769; BGH, NJW-RR 1989, 211; BGH, NJW 1995, 45, 47.
[941] BGH, NJW 2001, 2163.
[942] Louven, BB 2003, 2390, 2391.

den Umstände in besonderem Maße angewiesen.[943] Die Frage nach einer Aufklärungspflichtverletzung wird daher schon immer dann relevant, wenn keine Beschaffenheit vereinbart wurde, weil der Verkäufer keine Angaben gemacht hat. Denn eine unterlassene Aufklärung kann schon denknotwendig nicht zu einem Mangel im Sinne des Kaufrechts führen. Der Käufer ist daher zur Wahrung seiner Rechte insbesondere beim Unternehmenskauf auf die Bejahung einer Aufklärungspflicht angewiesen, um zumindest aus §§ 311 Abs. 2, 241 Abs. 2, 280 Abs. 1 BGB gegen den Verkäufer vorgehen zu können. In diesem Zusammenhang haben Aufklärungspflichten und insbesondere die gesteigerte Aufklärungspflicht des Unternehmensverkäufers weiterhin eine herausragende Bedeutung. Dadurch wird ein Auffangtatbestand konstruiert ähnlich der üblichen Beschaffenheit beim Sachkauf. Wie bei anderen Kaufgegenständen die übliche Beschaffenheit nach § 434 Abs. 1 Nr. 2 BGB als Auffangtatbestand fungiert, muss beim Unternehmenskauf der Umweg über die Aufklärungspflicht beschritten werden.[944] In diesem Zusammenhang ist zudem die Verlagerung von der einzelfallabhängigen zu einer typisierenden Betrachtung überaus hilfreich, da auch im Rahmen der kaufrechtlichen Gewährleistungshaftung eine mögliche besondere Sachkunde des Käufers keine besondere Rolle spielt. Ein mangelhafter Kaufgegenstand wird nicht mangelfrei, nur weil der Käufer mit seiner besonderen Sachkunde den Mangel hätte erkennen können. Die Grenze wird durch § 442 BGB erst bei der grob fahrlässigen Unkenntnis gezogen. Daher wird die Rechtsprechung des BGH weiter zu beachten sein, unter der neuen Rechtslage lässt sie sich sogar systematisch in das Haftungssystem einbeziehen, auch wenn sie ohne Einfluss auf die Grenzziehung zwischen Kaufrecht und vorvertraglicher Informationshaftung aus §§ 311 Abs. 2, 241 Abs. 2, 280 Abs. 1 BGB ist.

IV. Rechtsfolgen

Eine Verletzung der Pflichten aus § 241 Abs. 2 BGB im vorvertraglichen Schuldverhältnis zieht einen Schadensersatzanspruch gemäß §§ 311 Abs. 2, 241 Abs. 2, 280 Abs. 1 BGB nach sich. Auf Basis der Naturalrestitution (§ 249 Abs. 1 BGB) ist der Schaden zu ersetzen, der ohne die Pflichtverletzung nicht eingetreten wäre.[945] Um sich von dem in diesem Zusammenhang häufig verwendeten Begriff „negatives Interesse" zu lösen, ist festzuhalten, dass der Käufer bei ordnungsgemäßer Aufklärung durch den Verkäufer den Vertrag entweder gar nicht

---

[943] Wie weit die den Vertragszweck vereitelnden Umstände zu ziehen sind, wird sich erst noch zeigen, Louven, BB 2002, 2390, 2391.
[944] A.A. Fritzen, S.62f., der Umstände, die eine Aufklärungspflicht auslösen, als übliche Beschaffenheit i.S.d. § 434 Abs. 1 Satz 2 Nr. 2 BGB ansieht.
[945] Heinrichs, in: Palandt, § 280 BGB, Rn. 32.

oder jedenfalls nicht zu den Bedingungen geschlossen hätte, mit denen er tatsächlich zustande gekommen ist.[946]

Die damit verbundene rücktrittsähnliche Wirkung des Schadensersatzanspruchs aus §§ 311 Abs. 2, 241 Abs. 2, 280 Abs. 1 BGB ist mit den §§ 323 ff. BGB in Einklang zu bringen.[947] In den Gesetzestext wurde zwar ein Schadensersatzanspruch wegen vorvertraglicher Pflichtverletzung neu aufgenommen, der im Ergebnis auf die Vertragsrückabwicklung hinausläuft; daneben wurde aber gleichzeitig ein umfassend gedachtes neues Rücktrittsrecht geschaffen. Daher begegnet es auf den ersten Blick Bedenken, neben dem Rücktritt zusätzlich eine Vertragsauflösung kraft Naturalrestitution zu ermöglichen.[948] Denn während der Rücktritt aus §§ 323 ff. BGB unter dem Vorbehalt der Fristsetzung steht, ist die Vertragsauflösung kraft Naturalrestitution sofort möglich. Im Gegenzug setzt letztere ein Verschulden voraus, während die §§ 323 ff. BGB den Rücktritt verschuldensunabhängig ermöglichen. Die unterschiedlichen Voraussetzungen rechtfertigen sich jedoch aus der differenzierten Schutzrichtung der Regelungen. Während die *c.i.c.* die Entscheidungsfreiheit schützt, sanktionieren die §§ 323 ff. eine vertragliche Pflichtverletzung des Verkäufers mit dem Rücktrittsrecht des Käufers. Es handelt sich um unterschiedliche Regelungskomplexe, die nicht miteinander vermischt werden dürfen. Auf der einen Seite geht es um Schadensersatz wegen vorvertraglicher Informationspflichtverletzung, auf der anderen Seite um die Erklärung eines Gestaltungsrechts.

In diesem Zusammenhang bleibt ein unter der alten Rechtslage bekanntes Problem virulent: Hätte der Käufer den Vertrag gar nicht geschlossen, tritt die für den Unternehmenskauf ungewünschte Folge der Rückabwicklung ein. Alternativ ist denkbar, dass der Käufer den Vertrag bei ordnungsgemäßer Aufklärung zu einem günstigeren Preis geschlossen hätte und er nun den Ersatz des Schadens verlangen kann, um das Unternehmen zu teuer gekauft wurde. Der BGH gestand dem getäuschten Käufer das Wahlrecht zu, statt der Vertragsaufhebung eine Reduktion des Kaufpreises herbeizuführen, unabhängig davon, ob der Verkäufer sich hierauf eingelassen hätte.[949] So sinnvoll aus rechtspraktischer Sicht ein derartiges Konstrukt für den Unternehmenskauf zur Vermeidung der unerwünschten Rückabwicklung auch war, so dogmatisch fragwürdig war die Begründung.

---

[946] Mertens, ZGS 2004, 67, 68.

[947] Gleiches gilt auch für das Problem, warum über die *c.i.c.* eine Vertragsaufhebung bei Fahrlässigkeit erreicht wird, während § 123 BGB die Rückabwicklung erst ab der Schwelle der Arglist zulässt. Dieser Widerspruch wurde nun sogar explizit in den Gesetzestext hineingetragen und wurde unter der alten Rechtslage unter dem Stichwort „Vorsatzdogma" diskutiert.

[948] So schon zum Diskussionsentwurf: Dauner-Lieb, in: Ernst/Zimmermann, S. 305, 320.

[949] So die bisherige Rechtsprechung: BGHZ 69, 53; BGH, NJW 1980, 2408, 2410; BGH, NJW 1989, 1793, 1794; BGH, NJW 1994, 663; jeweils m.w.N; zustimmend Ehmann/Sutschet, S. 157.

Auf Grundlage der Naturalrestitution ist eine solche Art Schadensersatz vom Nachweis abhängig, dass der Verkäufer sich tatsächlich mit einem Vertragsschluss zu diesen Bedingungen einverstanden erklärt hätte. Auf einen solchen Nachweis, der kaum zu erbringen ist, verzichtet der BGH jedoch. Dabei wurde für die Kausalität unwiderlegbar unterstellt, dass bei ordnungsgemäßer Aufklärung der Vertrag tatsächlich zu käufergünstigeren Bedingungen zustande gekommen wäre.[950] Im Ergebnis unterlag der Verkäufer so einem Kontrahierungszwang.[951] Ein derartiges Vorgehen ist mit den Grundzügen des Schadensersatzrechts kaum vereinbar, kommt doch die Geltendmachung einer Reduzierung des Kaufpreises eher dem kaufrechtlichen kleinen Schadensersatzanspruch auf das positive Interesse nahe. Auch lässt sich ein Wahlrecht des Käufers zwischen Rückgängigmachung des Kaufvertrages und Herabsetzung des Kaufpreises der Norm des § 249 Abs. 1 BGB nicht entnehmen, so dass diese Rechtsprechung in der Literatur zurecht Kritik erntete, ohne damit ihre sachliche Berechtigung automatisch in Frage zu stellen. Vielmehr wurde teilweise ein alternativer Begründungsansatz entwickelt, der nun mehr in den Vordergrund rücken sollte. Die Umgestaltungen im allgemeinen Leistungsstörungsrecht einschließlich der Kodifikation der *c.i.c.* in § 311 Abs. 2 BGB geben Anlass genug, die bisherige Rechtsprechung zu überdenken und sich stärker auf die schadensersatzrechtliche Bestimmung des § 251 Abs. 1 BGB zurückzubesinnen. Denn es ist dem Schadensersatzrecht durchaus immanent, statt der Naturalrestitution die Zahlung einer Geldentschädigung im Wege der Schadenskompensation zu begründen.[952] Nach § 251 Abs. 1 BGB hat der Verkäufer anstelle der Naturalrestitution (Vertragsauflösung) Geldersatz zu leisten, wenn Erstere gar nicht möglich (§ 251 Abs. 1 Alt. 1 BGB) oder zur Entschädigung des Käufers nicht genügend (§ 251 Abs. 1 Alt. 2 BGB) ist. Über den Wortlaut hinaus wird § 251 Abs. 1 BGB angewandt, wenn die Naturalrestitution dem Geschädigten nicht zumutbar ist.[953] Damit ist es mit den Grundzügen des Schadensersatzrechts durchaus vereinbar, dem vorvertraglich getäuschten Käufer eine Geldentschädigung bei gleichzeitigem Festhalten am Vertrag zuzusprechen, wenn die Rückabwicklung unmöglich oder ihm unzumutbar ist, was wiederum vom Einzelfall abhängt. In Anbetracht der Besonderheiten eines Unternehmenskaufes wird jedoch regelmäßig bei einer vorvertraglichen Informationspflichtverletzung der Zahlung einer Geldentschädigung Vorrang einzuräumen sein. Wie schon mehrfach angesprochen, ist das verkaufte Unternehmen schon innerhalb kürzester Zeit infolge Aufspaltung, Umgestaltung oder Eingliederung in den Konzern des Käufers nicht mehr dasselbe, so dass eine Rückabwicklung unmöglich ist bzw. zumindest dem Käufer

---

[950] BGHZ 69, 53, 57; BGH, NJW 1981, 2050, 2051; BGH, NJW 1989, 1793, 1794.

[951] Lorenz, NJW 1999, 1001, 1002; zur genauen Begründung dieser Rechtsprechung vgl die Nachweise Fn.167.

[952] U. Huber, AcP 202 (2002), 179, 216; Kindl, WM 2003, 409, 412.

[953] Schiemann, in: Staudinger, § 251 BGB, Rn. 12, m.w.N.

nicht zugemutet werden kann. Auf dieser Grundlage wird auch bei einer vorvertraglichen Pflichtverletzung dem Vorrang der Geldentschädigung vor Vertragsrückabwicklung der dogmatische Nährboden insoweit bereitet, als die Voraussetzungen des § 251 Abs. 1 BGB eingreifen.

Zur Berechnung dieser Geldentschädigung stehen drei Methoden zur Auswahl, ohne dass sich der Rechtsprechung eine konkrete Vorgabe entnehmen lässt.[954] Teilweise wird auf die Minderung (§ 441 Abs. 3 BGB) verwiesen.[955] Dies ist bedenklich, da beim Ausgleich eines Schadens aufgrund einer vorvertraglichen Pflichtverletzung nicht auf das zum Zeitpunkt der Pflichtverletzung noch gar nicht vereinbarte vertragliche Äquivalenzverhältnis zurückgegriffen werden kann, welches allein durch die kaufrechtlichen Regeln geschützt wird.

Andererseits kann der Schaden auch in der Differenz bestehen zwischen dem objektiven Wert der vom Verkäufer erbrachten Leistung und dem Wert, den diese gehabt hätte, wären die vom Verkäufer hervorgerufenen Erwartungen zutreffend gewesen. Dem ist entgegenzuhalten, dass demnach ein Schaden auch dann zu verzeichnen wäre, wenn der tatsächliche Wert des Unternehmens gar nicht hinter dem Kaufpreis zurückbliebe, von Anfang an also ein angemessener Kaufpreis vereinbart wurde.[956] Damit liefe der Schadensersatz auf vorvertraglicher Basis wiederum auf das Erfüllungsinteresse hinaus, was mit den Grundzügen des Schadensersatzes in Widerspruch steht.[957] Denn bei Verletzung der vorvertraglichen Pflicht bestanden noch keine primären Leistungspflichten.[958]

Vielmehr ist die Geldentschädigung als Differenz zwischen gezahltem Kaufpreis und objektiven Wert zu bestimmen, wobei sich letzterer anhand der Regeln zur Unternehmensbewertung ergibt.[959] Daneben kann auch auf die richterliche Schätzungsbefugnis (§ 287 Abs. 1 ZPO) zurückgegriffen werden. Dadurch werden zwar gute Verhandlungsergebnisse eines Vertragspartners nivelliert, da kein Geldersatz verlangt werden kann, wenn der objektive Wert mindestens den gezahlten Kaufpreis erreicht. Das ist jedoch richtig, denn es handelt sich schließlich um einen Schadensersatzanspruch, der nun mal einen Schaden beim Geschädigten voraussetzt. Hierin liegt der Unterschied zum kaufrechtlichen Gewährleistungsrecht, das mit seiner Pluralität an Rechtsbehelfen auf den Schutz

---

[954] Hier heißt es lediglich, der Schaden des Käufers bestehe in dem Betrag, um den er den Kaufgegenstand zu teuer erworben habe, vgl. BGHZ 69, 53, 58f.; BGH, NJW 2001, 2875, 2877; NJW 2006, 3139; m.w.N.

[955] Hiddemann, ZGR 1982, 435, 448f.; U. Huber, AcP 202 (2002), 179, 216f.; Krebs, in: AnwKomm-BGB, § 311 BGB, Rn. 43; Emmerich, in: MünchKomm-BGB, § 311 BGB, Rn. 242.

[956] Mertens, ZGS 2004, 67, 72.

[957] Grüneberg, in: Palandt, § 311 BGB, Rn. 56f.

[958] Mertens, ZGS 2004, 67, 72.

[959] BGH, WM 1980, 1006, 1007; BGH, WM 1988, 1700, 1702; Mertens, ZGS 2004, 67, 71.

des vertraglich ausgehandelten Äquivalenzverhältnisses abzielt.[960] Etwaiges Mitverschulden des Käufers ist über § 254 BGB zu berücksichtigen.

Daneben kann der Käufer auch seine weiteren im Zusammenhang mit dem Vertragsschluss entstandenen Aufwendungen ersetzt verlangen. Denn auch diese wären nicht angefallen, hätte der Verkäufer ihn von Anfang an richtig informiert. Der Ersatz ergibt sich ohne weiteres aus den §§ 311 Abs. 2, 241 Abs. 2, 280 Abs. 1, 249 Abs. 1 BGB; nicht jedoch aus § 284 BGB. Trotz dieser mit dem Terminus „Aufwendungsersatz" versehenen Neuschaffung des Schuldrechtsmodernisierungsgesetz, ist er nicht auf Ansprüche aus c.i.c. anwendbar.[961] Denn § 284 BGB setzt das Bestehen eines Schadensersatzanspruchs statt der Leistung voraus, um die unter der alten Rechtslage existierenden Haftungslücken bei frustrierten Aufwendungen des Käufers zu schließen. Damit impliziert § 284 BGB, dass bereits primäre Leistungspflichten entstanden sind, was bei einer vorvertraglichen Pflichtverletzung gerade nicht der Fall ist.[962]

Keinesfalls kann auf Basis des § 311 Abs. 2 BGB Ersatz des positiven Interesses in dem Sinn ersetzt verlangt werden, dass der Geschädigte so gestellt wird, wie er bei ordnungsgemäßer Erfüllung des (zum Zeitpunkt der Pflichtverletzung noch gar nicht geschlossenen) Vertrages stünde. Dies wird offenbar aufgrund der §§ 280 Abs. 1 und 3, 282 teilweise angenommen.[963] Hiernach sei nicht bloß der Schaden aus der Nebenpflichtverletzung (=Vertragsaufhebung), sondern nach § 282 BGB bei Unzumutbarkeit des Festhaltens am Vertrag auch Schadensersatz statt der ganzen Leistung zu ersetzen.[964] Allerdings sei beim Unternehmenskauf die Zumutbarkeitsschwelle hoch anzusiedeln, da eine Rückabwicklung im Wege des großen Schadensersatzes tunlichst zu vermeiden sei.[965]

Eine solche Ansicht begegnet erheblichen Bedenken und rührt offenbar allein daher, dass sowohl § 311 Abs. 2 BGB als auch § 282 BGB auf § 241 Abs. 2 BGB verweisen. Soweit sich der Käufer auf die Verletzung einer vorvertraglichen Aufklärungspflicht stützt, kann er das positive Interesse nicht ersetzt verlangen, denn die Verletzung der in Rede stehenden vorvertraglichen Pflicht kann für einen Nichterfüllungsschaden gar nicht kausal werden.[966] Bei ordnungsgemäßer Aufklärung hätte er den Vertrag gar nicht bzw. nicht zu diesem Preis ge-

---

[960] Mertens, ZGS 2004, 67, 71.

[961] Heinrichs, in: Palandt, § 284 BGB, Rn. 3.

[962] Mertens, ZGS 2004, 67, 68.

[963] Gaul, ZHR 166 (2002), 35, 65; Seibt/Reiche, DStR 2002, 1181, 1185; Triebel/Hölzle, BB 2002, 521, 533; Krebs, in: AnwKomm-BGB, § 311 BGB, Rn. 38.

[964] Gaul, ZHR 166 (2002), 35, 65; Seibt/Reiche, DStR 2002, 1181, 1185; Triebel/Hölzle, BB 2002, 521, 533; Krebs, in: AnwKomm-BGB, § 311 BGB, Rn. 38.

[965] Triebel/Hölzle, BB 2002, 521, 533.

[966] Ehmann/Sutschet, JZ 2004, 62, 65.

schlossen.[967] Keinesfalls aber ist er so zu stellen, als hätte das Unternehmen tatsächlich die angegebene Beschaffenheit. Vom Verkäufer wird vorvertraglich lediglich verlangt, den Käufer korrekt zu informieren, nicht aber, eine der fehlerhaften Information entsprechende Lage herbeizuführen.[968]

Nicht ohne Grund sieht § 284 BGB vor, dass der Ersatz von Aufwendungen, die im Vertrauen auf die mangelfreie Leistung getätigt wurden, und Nichterfüllungsschaden nicht nebeneinander geltend gemacht werden können. Der Käufer kann sich nicht einmal so stellen, als ob er den Vertrag gar nicht abgeschlossen hätte und das andere mal so, als ob der Vertrag ordnungsgemäß erfüllt worden wäre. Beide Möglichkeiten stehen ihm nur alternativ zur Verfügung.

Zudem setzt § 282 BGB das Bestehen einer Leistungsbeziehung implizit voraus.[969] Die Norm ist auf die vertragsbegleitenden Nebenpflichten, die nach altem Recht unter der Rechtsfigur der positiven Forderungsverletzung zusammengefasst wurden, zugeschnitten.[970] Verletzt der Verkäufer eine vorvertragliche Aufklärungspflicht, kann er damit nicht gleichzeitig eine Leistungspflicht verletzt haben. Denn zu diesem Zeitpunkt fehlt es noch an einer Leistungsbeziehung zwischen den späteren Vertragspartnern.[971] Auch der Rechtsausschuss des Deutschen Bundestages hat sich ausdrücklich gegen die Anwendung des § 282 BGB auf vorvertragliche Pflichtverletzungen ausgesprochen und damit gegen einen Anspruch auf Schadensersatz statt der Leistung in diesen Fällen.[972] Daher kann bei einer vorvertraglichen Pflichtverletzung nicht das Erfüllungsinteresse aus dem später zustande gekommenen Vertrag verlangt werden.

So wie § 282 BGB nicht auf vorvertragliche Pflichtverletzungen anwendbar ist, gilt das auch für § 324 BGB.[973] Daher kann nicht kumulativ zum Anspruch aus §§ 311 Abs. 2, 241 Abs. 2, 280 Abs. 1 BGB ein verschuldensunabhängiger Rücktritt über § 324 BGB begründet werden.[974]

Zwar nimmt § 311 Abs. 2 BGB wie auch § 324 BGB auf die allgemeinen Schutzpflichten des § 241 Abs. 2 BGB Bezug. Doch setzt das Rücktrittsrecht der § 323 ff. BGB einen gegenseitigen Vertrag voraus, der im Rahmen eines vorvertraglichen Schuldverhältnisses gar nicht bestehen kann.[975] Es existieren noch

---

[967] Mertens, ZGS 2004, 67, 72.

[968] Mertens, ZGS 2004, 67, 72.

[969] Vollkommer, in: Jauernig, § 282 BGB, Rn. 2; Lorenz/Riehm, Rn. 378.

[970] Mertens, ZGS 2004, 67, 72.

[971] Gieseler, ZGS 2003, 408.

[972] Bericht des Rechtsausschusses, BT- Drucks. 14/7052, S. 186.

[973] Ebenso Mertens, ZGS 2004, 67, 68f.

[974] Dies nehmen Oetker/Maultzsch, § 2, S. 135 u. S. 143 sowie Gaul, ZHR 166 (2002), 35, 53 offenbar an.

[975] Gieseler, ZGS 2003, 408.

keine Leistungsbeziehungen und damit keine Leistungspflichten.[976] Das vorvertragliche Schuldverhältnis ist nicht durch ein Geben und Nehmen bestimmt, sondern von gegenseitiger Rücksichtnahme. Eine Pflichtverletzung in der Vertragsanbahnung ist daher schon vom Wortlaut des § 324 BGB nicht erfasst. Auch eine analoge Anwendung lässt sich schwer begründen, schließlich war es den am Gesetzgebungsverfahren Beteiligten hinlänglich bekannt, dass auch über die vorvertragliche Informationshaftung eine rücktrittsähnliche Wirkung konstruiert wird. Zur Klarstellung hätte es nur eines Verweises auf die §§ 323 ff. BGB bedurft. Statt dessen wird in den Materialen unmissverständlich zum Ausdruck gebracht, dass eine Ausdehnung des § 324 BGB auf vorvertragliche Pflichten nicht gewollt ist.[977]

Die Verjährung von Ansprüchen aus §§ 311 Abs. 2, 241 Abs. 2, 280 Abs. 1 BGB richtet sich nach den allgemeinen Regeln der §§ 195, 199 BGB (subjektive relative Frist von drei Jahren bei einer absoluten Frist von 10 Jahren, bei Personenschäden 30 Jahren). Einer analoge Anwendung der verkürzten Frist des § 438 BGB steht entgegen, dass strikt zwischen den Störungen, die einen kaufrechtlichen Mangel begründen, und denen, die sich als vorvertragliche Aufklärungspflichtverletzung darstellen, differenziert werden muss. Das gilt für die Anspruchsvoraussetzungen wie auch für die Verjährung.

V. Ergebnis

Auch die vorvertragliche Informationshaftung aus §§ 311 Abs. 2, 241 Abs. 2, 280 Abs. 1 BGB wird beim Unternehmenskauf weiterhin ihre Berechtigung einfordern. Allerdings wird ihr der Status eines Sondergewährleistungsrechtes insoweit genommen, als vornehmlich das kaufrechtliche Mängelgewährleistungsrecht anwendbar ist und nur bei außerhalb der in den Vertrag einbezogenen Beschaffenheitsmerkmalen auf die c.i.c. zurückgegriffen werden kann. Über den vorvertraglichen Schadensersatzanspruch kann ausschließlich das negative Interesse in Gestalt der Vertragsaufhebung auf Basis der Naturalrestitution (§ 249 Abs. 1 BGB) oder die Zahlung der Differenz zwischen Kaufpreis und objektivem Wert im Wege der Schadenskompensation (§ 251 Abs. 1 BGB) ersetzt verlangt werden.

---

[976] Grüneberg, in: Palandt, § 311 BGB, Rn. 11.

[977] Beschlussempfehlung des Rechtsausschusses des Bundestages, BT-Drucks. 14/7052, S. 186, 192. Noch deutlicher war die im RegE getroffene Formulierung „sonstige Pflicht aus einem gegenseitigen Vertrag", die aber leider im weiteren Gesetzgebungsverfahren nicht beibehalten wurde.

E. Störung der Geschäftsgrundlage

Zu fragen bleibt, ob die in § 313 BGB kodifizierten Grundsätze über die Störung der Geschäftsgrundlage eine tragbare Haftungsgrundlage für den Unternehmenskauf darstellen können. Diesem Lösungsweg wurde schon unter der alten Rechtslage wenig Anerkennung zuteil[978] und ist nun wohl vollends die Grundlage entzogen.[979] Die Regierungsbegründung sieht die „wirtschaftliche Unmöglichkeit" als exemplarischen Anwendungsbereich des § 313 BGB,[980] welche jedoch beim Unternehmenskauf eher selten anzutreffen sein wird.

Des Weiteren ist zwischen Vertragsinhalt und Geschäftsgrundlage zu unterscheiden. Was zu ersterem gehört, kann nicht gleichzeitig Geschäftsgrundlage sein. Der Wegfall der Geschäftsgrundlage betrifft, und daran ändert sich durch die Kodifizierung des § 313 BGB nichts, lediglich außerhalb des Vertrages gebliebene Umstände.[981] Somit ist, bevor voreilig auf die Grundsätze des Wegfalls der Geschäftsgrundlage zurückgegriffen wird, zunächst eine sorgfältige Auslegung des Vertrages vorzunehmen.[982]

Canaris berief sich bei seinem Plädoyer für die Anwendung der Grundzüge über den Wegfall bzw. die Störung der Geschäftsgrundlage unter der alten Rechtslage auf die Gewährleistungstheorie,[983] wonach die Mangelfreiheit des Kaufgegenstandes nicht zur geschuldeten Erfüllungspflicht gehörte und damit zur Geschäftsgrundlage werden konnte. Im Reformgesetz wurde sich jedoch für das entgegengesetzte Modell entschieden, auch die Mangelfreiheit zur Hauptleistungspflicht zu erheben.[984] Auf der Grundlage des subjektiven Fehlerbegriffs wird somit eine bestimmte Soll-Beschaffenheit zum Inhalt des Vertrags, aber nicht zu seiner Grundlage, so dass allein das Gewährleistungsrecht Anwendung finden kann.[985] Daher ist ein Konkurrenzverhältnis zu den §§ 433 ff. BGB gar nicht denkbar.[986] § 313 BGB ist insbesondere dann nicht anzuwenden, wenn

---

[978] Dem Vorschlag von Canaris, ZGR 1982, 395 ff. hat sich mit Einschränkungen lediglich Müller, ZHR 147 (1983), 501, 537 angeschlossen.

[979] Dies erkennt auch Canaris, Handelsrecht, § 8, Rn. 23 an.

[980] Begr. RegE, BT-Drs. 14/6040, S. 130, zustimmend Feldhahn, NJW 2005, 3381, 3382.

[981] Vgl. nur BGH, ZIP 1991, 1599, 1600, m.w.N.

[982] Ehmann/Sutschet, S. 183.

[983] Canaris, ZGR 1982, 395, 396f.

[984] Vgl. etwa Boerner, ZIP 2001, 2264, 2265.

[985] Ehmann/Sutschet, S. 185; Krebs, in: AnwKomm-BGB, § 313 BGB, Rn. 17; P. Huber, in: Huber/Faust, 14. Kapitel, Rn. 11; Haas, in: Haas/Medicus/Rolland/Schäfer/Wendtland, Kapitel 5, Rn. 264; Grüneberg, in: Palandt, § 313 BGB, Rn. 10.

[986] Für Faust, in: Bamberger/Roth, § 434 BGB, Rn. 176 hat § 313 BGB dann Berechtigung, wenn bei einem formbedürftigen Vertrag eine bestimmte Beschaffenheit nicht formgerecht vereinbart wurde. Dabei wird aber zum einen verkannt, dass in diesem Fall im Zweifel der gesamte Vertrag nichtig ist (§§ 125, 139 BGB); zum anderen ist eine derartige Konstellation

kaufrechtliche Ansprüche im Einzelfall nicht eingreifen, weil sie verjährt oder vertraglich abbedungen wurden, da dadurch die vertragliche Beschaffenheit nicht zur Geschäftsgrundlage wird.

§ 313 BGB kann folglich allenfalls dann anwendbar sein, wenn die Störung nicht als Pflichtverletzung einer Vertragspartei anzusehen ist, weil die vertraglich geschuldete Soll-Beschaffenheit nicht tangiert wird.[987] Diese Fälle wurden aber schon als paradigmatischer Anwendungsbereich der neu in den Gesetzestext aufgenommenen vorvertraglichen Informationshaftung aus § 311 Abs. 2, 280 Abs. 1 BGB eingeordnet, da ein Vorrang des speziellen Gewährleistungsrechts dann nicht mehr in Betracht kommt. Ansprüche aus §§ 311 Abs. 2, 241 Abs. 2, 280 Abs. 1 BGB können schon von den Rechtsfolgen her nicht in Konkurrenz zu § 313 BGB treten, als auf der einen Seite Schadensersatz, auf der anderen Seite Vertragsanpassung gewährt wird.[988] Darüber hinaus ist § 313 BGB auch vom Tatbestand her subsidiär zur vorvertraglichen Informationshaftung, da erstere als *ultima ratio* hinter allen anderen gesetzlichen Regelungen zurücktritt.[989] Dies ergibt sich aus der früheren Rechtsprechung zum Wegfall der Geschäftsgrundlage, die durch § 313 BGB übernommen wurde:[990] „... zur Vermeidung untragbarer, mit Recht und Gerechtigkeit schlechthin unvereinbare Ergebnisse".[991] Die neue Regelung nimmt diese Formulierung mit dem Terminus „schwerwiegende Veränderungen" auf. Denn über den Wegfall der Geschäftsgrundlage wird in die Privatautonomie der Vertragspartner eingegriffen und damit der Grundsatz „pacta sunt servanda" ausgehebelt. Aus diesem Grund ist für § 313 BGB dann kein Raum, wenn das Risiko, das sich im Wegfall der Geschäftsgrundlage realisiert hat, durch Vertrag oder durch Gesetz einer Partei zugewiesen ist.

Für den Fall, dass fehlerhafte oder unterbliebene Angaben zum Unternehmen getätigt wurden, sind die Risiken, wenn nicht durch das Kaufrecht, dann durch die *c.i.c.* bereits gesetzlich verteilt, wie bereits an anderer Stelle gezeigt, so dass § 313 BGB keine Anwendung mehr beanspruchen kann. Wenn das Gewährleistungsrecht nicht eingreift und die vorvertragliche Haftung mangels Vertretenmüssen nicht zum Zuge kommt, kann dem Käufer nicht im Wege der Vertragsanpassung über § 313 BGB ein Recht gegeben werden, was ihm die Rechtsord-

---

bei der hier vertretenen Auffassung, die eine Beschaffenheitsvereinbarung nicht dem Formzwang unterstellt, undenkbar.

[987] Feldhahn, NJW 2005,3381, 3383.

[988] Triebel/Hölzle, BB 2002, 521, 535.

[989] Seibt/Reiche, DStR 2002, 1181, 1185.

[990] Begr. RegE, BT- Drucks. 14/6040, S. 175f.; Grüneberg, in: Palandt, § 313 BGB, Rn. 2; Dauner-Lieb/Thiessen, ZIP 2002, 108 sprechen von einem Merkposten im Gesetz.

[991] BGHZ 2, 176, 188f.; BGHZ 84, 1, 9; BGH, NJW 1985, 313, 314.

nung sonst nicht zugesteht.[992] Andernfalls würden die vertraglich dem Käufer zugewiesenen Risiken in ungebührendem Maße auf den Verkäufer verlagert. Auch wenn § 313 BGB letztlich der Einzelfallgerechtigkeit dient, entspricht es doch der Rechtssicherheit, die einmal vereinbarten Verträge grundsätzlich gelten zu lassen. An die Grundsätze über den Wegfall der Geschäftsgrundlage ist beim Unternehmenskauf am ehesten noch dann zu denken, wenn sich die Umstände zwischen *Signing* und *Closing* erheblich ändern.[993]

Daher wird dem neu kodifizierten § 313 BGB bei Störungen im Rahmen eines Unternehmenskaufes noch weniger Bedeutung zukommen als den *praeter legem* entwickelten Grundsätzen über den Wegfall der Geschäftsgrundlage.[994]

F. Folgerungen für die rechtliche Einordnung der Unternehmensmängel

Aus den vorangegangenen Ausführungen lässt sich festhalten: Die Haftung des Unternehmensverkäufers nach Übertragung eines nicht den Erwartungen des Käufers entsprechenden Unternehmens orientiert sich primär am kaufrechtlichen Gewährleistungsrecht und sekundär am Schadensersatzanspruch wegen vorvertraglicher Aufklärungspflichtverletzung. Ein solches Nebeneinander von Kaufrecht und vorvertraglicher Haftung ist nicht widersprüchlich, sondern wurde rechtstechnisch von den Gesetzesverfassern gewollt und zollt sowohl den Besonderheiten des Unternehmenskaufes als auch des kaufrechtlichen Haftungstatbestandes Tribut. Eine sachgerechte Lösung wird so gerade auch in den Fällen ermöglicht, in denen das Kaufrecht nicht eingreifen kann, weil es an einer vereinbarungsfähigen Beschaffenheit fehlt oder ein verkehrswesentlicher Umstand vom Verkäufer nicht offen gelegt wurde. Aufgrund der dogmatischen Analyse des neuen Schuldrechts lassen sich nachfolgend die in der Praxis relevanten Mängel mit dem kaufrechtlichen Gewährleistungsrecht in Einklang bringen.

Bei Mängeln an einzelnen zum Unternehmen gehörenden Sachen oder Rechten können die bisherigen Grundsätze affirmativ übernommen werden. Von einem Unternehmensmangel konnte unter der alten Rechtslage erst dann ausgegangen werden, wenn infolge des Mangels an der einzelnen Sache oder am einzelnen Recht die vertraglich vorausgesetzte oder gewöhnliche Tauglichkeit des Unternehmens für den Käufer insgesamt nicht mehr gegeben oder die wirtschaftliche Grundlage des Unternehmenskaufes durch den Mangel erschüttert war.[995]

---

[992] So aber wohl U. Huber, AcP 202 (2002), 179, 218 ff.; Faust, in: Bamberger/Roth, § 453 BGB, Rn. 31.
[993] Triebel/Hölzle, BB 2002, 521, 534.
[994] Im Ergebnis ähnlich Triebel/Hölzle, BB 2002, 521, 535.
[995] BGH, NJW 1969, 184; BGH, WM 1970, 132, 133; BGH, NJW 1970, 556; BGH, WM 1988, 124, 125; BGH, NJW 1995, 1547; Hiddemann, ZGR 1982, 444.

Hieran ändert sich im Zuge der Neufassung des Kaufrechts nichts.[996] Mit der Angleichung der Rechtsfolgen für Sach- und Rechtsmängel in § 437 BGB ist nun sogar die Unterscheidung zwischen Rechtsmängeln im Bereich des Unternehmenssubstrates, die sich allenfalls als (Sach-) Mangel des Unternehmens auswirken können, und Rechtsmängeln am Unternehmen selbst hinfällig. Die im alten Recht oftmals streitige Einordnung kann zwar terminologisch aufrecht erhalten bleiben, ist im praktischen Ergebnis jedoch obsolet, da die Rechte des § 437 BGB für §§ 434, 435 BGB gleichermaßen gelten.

Zu diskutieren ist jedoch, ob infolge des Wegfalls der Bagatellklausel des § 459 Abs. 1 Satz 2 BGB a.F. bereits jeder Mangel im sachlichen oder rechtlichen Substrat unabhängig von seiner Schwere zu einem Unternehmensmangel führen kann. Dies wird in der Tat zum Teil[997] vertreten, so dass jeder Substratmangel zur Nacherfüllung bzw. zur Minderung berechtige, jedoch aufgrund der Erheblichkeitsschwelle des § 323 Abs. 5 Satz 2 BGB ein Rücktritt bei geringfügigen Mängeln ausgeschlossen sei. Für diese Auffassung spricht, dass die Erheblichkeitsgrenze vom Tatbestand des § 459 BGB a.F. nun in die Rechtsfolgensystematik verschoben wurde und sich aus § 434 Abs. 3 BGB zudem ergibt, dass schon jede Zuwenig- Lieferung unabhängig von der Stärke der Abweichung als Sachmangel anzusehen ist.[998]

Doch bei genauerer Betrachtung ist ein differenzierter Ansatz erforderlich. Denn der Wegfall der Bagatellklausel im Tatbestand ändert nichts daran, dass jeder Mangel eine Abweichung von der vereinbarten Beschaffenheit des Kaufgegenstandes voraussetzt. Und der Kaufgegenstand beim Unternehmenskauf sind eben nicht die einzelnen Sachen oder das einzelne Rechte, sondern ist das Unternehmen in seiner Gesamtheit,[999] was nun zusätzlich durch § 453 Abs. 1 BGB un-

---

[996] Im Ergebnis ebenso Canaris, Handelsrecht, § 8, Rn. 22 und Rn. 37, der auf das Erfordernis des "Durchschlagens" jedoch verzichten möchte, da dieses lediglich eine Präzisierung des Tatbestands des § 434 BGB darstellt.

[997] Gronstedt/Jörgens, ZIP 2002, 52, 61; Seibt/Reiche, DStR 2002, 1135, 1140; Wolf/Kaiser, DB 2002, 411, 414; Lange, ZGS 2003, 300, 306; im Ergebnis wohl auch Gaul, ZHR 166 (2002), 35, 48, der das Kriterium der Erheblichkeit als mit der Neuregelung entfallen ansieht; widersprüchlich Wertenbruch, in: Dauner-Lieb/Konzen/Schmidt, S. 493, 499f.

[998] Auf dieses Argument verweisen Seibt/Reiche, DStR 2002, 1135, 1140.

[999] Bereits RGZ 120, 283, 287; BGH, ZIP 1991, 321; Grundewald, in: Erman, § 459 BGB a.F., Rn. 22. Triebel/Hölzle, BB 2002, 521, 523; Schröcker, ZGR 2005, 62, 79; Haas, in: Haas/Medicus/Rolland/Schäfer/Wendtland, Kapitel 5, Rn. 547; Büdenbender, in: Dauner-Lieb/Büdenbender, S. 5, 25 und Lieb, in: MünchKomm-HGB, Anh. § 25, Rn. 84, weisen zu recht darauf hin, dass die für einen Unternehmensmangel zu fordernde Gesamterheblichkeit des Einzelmangels für das Gesamtunternehmen nicht aus § 459 Abs. 1 Satz 2 BGB a.F. folgte, sondern logische Konsequenz der bereits unter dem alten Recht anerkannten analogen Anwendung der §§ 459 ff. BGB a.F. auf den Unternehmenskauf ist. Diese gebietet die funktionale Trennung zwischen Einzelgegenstand und Unternehmen. Nur auf der Unternehmensebene ist zu entscheiden, ob der Einzelmangel das Unternehmen mangelhaft macht.

termauert wird. Dieser erstreckt sich neben den Hauptleistungspflichten auch auf die gewährleistungsrechtliche Einheit des Unternehmens.[1000] Erneut hat der Rechtsanwender das Unternehmen als funktionierender Organismus zu erfassen, dessen Zustand im Ganzen für die rechtliche Bewertung maßgeblich ist Die einzelnen Betriebsmittel, das sachliche Substrat, haben lediglich Hilfscharakter und sind nicht Gegenstand des Kaufvertrags.[1001] Daher sind Mängel am Substrat eine notwendige, aber keinesfalls hinreichende Bedingung für einen Unternehmensmangel. Ein solcher liegt erst vor, wenn sich der Einzelmangel auf die Beschaffenheit des Unternehmens auswirkt, seine Funktionsfähigkeit und damit die Qualität des unternehmerischen Wirtschaftens in Frage steht.[1002]

Diese Auffassung wird durch folgende Kontrollüberlegung bestätigt: Würde nämlich jeder Einzelmangel zur Nacherfüllung bzw. Minderung berechtigen (ein Rücktritt scheidet mangels Erheblichkeit unstreitig aus!), schuldete der Verkäufer mehr als er verkauft hat und auch mehr als er zu leisten imstande ist, da jedem Unternehmen ein gewisser Unsicherheitsfaktor innewohnt und daher mangelhafte Einzelgegenstände hinzunehmen sind.[1003] Eine solche Restriktion gebietet damit schon die wirtschaftliche Vernunft. So kann beim Kauf eines Speditionsunternehmens nicht schon jeder Defekt an einem einzelnen LKW, oder sogar eine Schramme im Lack, zu einem Unternehmensmangel führen. Aus dem Kaufgegenstand Unternehmen folgt vielmehr, dass eine gewisse Toleranzgrenze geduldet wird. Daher hat nach der Feststellung eines Mangels an einem Einzelgegenstand die Bewertung zu erfolgen, ob dieser auf das Unternehmen durchschlägt, so dass von einer Abweichung der Ist- von der Soll-Beschaffenheit und damit von einem Unternehmensmangel gesprochen werden kann.

Andererseits entspricht es der konsequenten Fortführung des subjektiven Fehlerbegriffes, die Wesentlichkeit eines Einzelmangels für das Unternehmen den Parteien zu überantworten. Haben sich die Parteien über eine bestimmte geschuldete Beschaffenheit geeinigt, liegt selbst dann ein Unternehmensmangel vor, sollte die Abweichung in Bezug auf das Unternehmen nur unwesentlicher Natur sein, so dass der Käufer auch dann Nacherfüllung verlangen kann.[1004] Denn es ist gerade den Parteien überlassen, den Vertragsgegenstand nach ihrem

---

[1000] Lieb, in: MünchKomm-HGB, Anh. § 25, Rn. 82.

[1001] Canaris, Handelsrecht, § 8, Rn. 22.

[1002] Büdenbender, in: Dauner-Lieb/Büdenbender, S. 5, 25; ähnlich Haas, in: Haas/Medicus/Rolland/Schäfer/Wendtland, Kapitel 5, Rn. 547.

[1003] Dies verkennen offensichtlich Wolf/Kaiser, DB 2002, 411, 414 und Gronstedt/Jörgens, ZIP 2002, 52, 61, die dem Käufer hinsichtlich jedem Einzelmangel die Gewährleistungsrechte gewähren unabhängig von der Relevanz für das Unternehmen; lediglich der Rücktritt sei aufgrund fehlender Erheblichkeit des Einzelmangels ausgeschlossen.

[1004] Gaul, ZHR 166 (2002), 35,47; Triebel/Hölzle, BB 2002, 521, 525; Kindl, WM 2003, 409, 411; Lange, ZGS 2003, 300, 305; Holzapfel/Pöllath, Rn. 407; Wertenbruch, in: Dauner-Lieb/Konzen/Schmidt, S. 500; Fritzen, S. 99f.

Belieben zu beschreiben. Weicht dieser von den getroffenen Vereinbarungen ab, müssen dem Käufer auch die Gewährleistungsrechte des § 437 BGB zustehen. Der Verkäufer wird auch nicht dadurch übermäßig belastet, dass er auf diese Weise zur Übertragung eines „perfekten" Unternehmens verpflichtet wird. Er hätte sich auf eine derartige Vereinbarung nicht einlassen müssen. Andernfalls hat er auch die daraus resultierenden Konsequenzen zu tragen.

Aus der Tatsache, dass das Unternehmen Kaufgegenstand ist und sich der Mangel auf dieses bezieht, folgt ein weiteres: Die Gewährleistungsrechte sind nur hinsichtlich des Unternehmens denkbar, denn auf dieses wird das Kaufrecht ja entsprechend angewandt. Es verbietet sich, die Anwendung des Gewährleistungsrechts hinsichtlich einzelner Wirtschaftsgüter anzuerkennen.[1005] Die Gewährleistungsrechtsbehelfe können für die Einzelgegenstände keine isolierte Anwendung beanspruchen, da stets die Gesamtheit aller Unternehmensmittel entscheidend ist.[1006] Unter der neuen Rechtslage ist es auch nicht mehr nötig, da Einzelmängeln im Rahmen der Nacherfüllung abgeholfen werden können. Der schon unter der alten Rechtslage zweifelhafte Vorschlag, neben der Haftung für den Unternehmensmangel auch die Rechtsmängelhaftung nach §§ 434 ff. BGB a.F. hinsichtlich des einzelnen Rechtes anzuwenden,[1007] wurde zudem mit der Angleichung der Rechtsfolgen für Sach- und Rechtsmängel hinfällig. Denn der Verkäufer unterliegt bei einem reinen Rechtsmangel nun keiner strengeren Haftung mehr als bei einem (Sach-) Unternehmensmangel.

Weist das Unternehmenssubstrat Fehlbestände auf, ist zunächst zu untersuchen, ob die fehlenden Gegenstände überhaupt Inhalt der schuldrechtlichen Vereinbarung waren.[1008] Wird diese Eingangsfrage bejaht, ergibt sich die eindeutige Lösung aus dem Gesetz. Das Unternehmen kann einerseits infolge des Fehlbestandes, der auf das Unternehmen durchschlagen muss, einen Unternehmensmangel nach § 434 Abs. 1 BGB haben, da es an der geschuldeten Soll-Beschaffenheit fehlt. Andererseits handelt es sich um einen schlichten Fall der Nichterfüllung als Zuwenig-Lieferung, der in § 434 Abs. 3 BGB dem Sachmangel gleichgestellt wird. Auch auf dieser Grundlage kommt man zum Mangel des Unternehmens,

---

[1005] Bereits zur alten Rechtslage: Lieb, Festschrift Gernhuber, 259, 273; gleiches zur neuen Rechtslage: Gaul, ZHR 166 (2002), 35, 40; a.A. wohl Triebel/Hölzle, BB 2002, 521, 525, die eine isolierte Gewährleistungshaftung bezüglich der einzelnen Sache bejahen, wenn hinsichtlich der eine weitere zusätzliche Beschaffenheitsvereinbarung getroffen wurde.

[1006] Lieb, in: MünchKomm-HGB, Anh. § 25, Rn. 82; Oetker/Maultzsch, § 2, S. 64 f.; ähnlich auch Fischer, DStR 2004, 276; a.A. Gronstedt/ Jörgens, ZIP 2002, 52, 61, die Gewährleistungsrechte bezüglich Einzelgegenständen auch dann zulassen, wenn sie nicht zu einem Unternehmensmangel gereichen.

[1007] BGH, NJW 1970, 556; BGH, WM 1975, 1166; U. Huber, in: Soergel, § 459 BGB a.F., Rn. 276; Hüffer, in: Staub, GrossKomm-HGB, vor § 22, Rn. 42; Westermann, in: Münch-Komm-BGB, § 437 BGB, Rn. 18.

[1008] Zu diesem Erfordernis bereits im 2. Kapitel unter D III.), Seite 36.

soweit die Zuwenig-Lieferung auf die wirtschaftlichen Grundlagen des Unternehmens durchschlägt. Fehlbestände im Sachsubstrat stellen somit in jedem Fall einen Unternehmensmangel dar.[1009]

Daher ist es unerheblich, ob an Dritte sicherungsübereignete Gegenstände als Rechtsmangel oder schlichte Nichterfüllung angesehen werden, denn in beiden Fällen ist die Gewährleistungshaftung für Unternehmensmängel eröffnet.

Soweit fehlerhafte Angaben im Jahresabschluss in Rede stehen, die als Soll-Beschaffenheit des Unternehmens Eingang in den Vertrag gefunden haben, wurde hierauf schon ausführlich eingegangen.

Des Weiteren können unternehmensbezogene Mängel, die nicht in die gerade genannten Kategorien fallen, in verschiedenen Facetten auftreten. Neben den schon angesprochenen Rechtsmängeln des Unternehmens ist dabei insbesondere an Imagemängel zu denken. So begründet der schlechte Ruf eines Unternehmens einen Mangel desselben,[1010] soweit das Gegenteil Eingang in den Vertrag gefunden hat. Denn insoweit handelt es sich um eine Beschaffenheit des Unternehmens. Das Image eines Unternehmens weist einen klaren Bezug zu diesem auf und beeinflusst dessen Wert. Denn die negative Beurteilung durch die Außenwelt ist Folge der Ausrichtung und Betriebsweise des Unternehmens.[1011] Fehlt es an einer Vertragseinbeziehung, greift im Regelfall die vorvertragliche Informationshaftung ein, wobei eine Aufklärungspflicht über das Imagedefizit in der Regel anzuerkennen ist. Auf Basis der Rechtsprechung zu den gesteigerten Aufklärungspflichten des Unternehmensverkäufers sind Informationen über den Leumund eines Unternehmens bei seinen Kunden bzw. dem Marktumfeld von entscheidender Bedeutung für seinen Wert. Auch bei anderen unternehmensbezogenen Mängel ist stets zu prüfen, inwieweit diese Eingang in den Vertrag gefunden haben. Andernfalls ist unter Zugrundelegung der gesteigerten Aufklärungspflichten §§ 311 Abs. 2, 241 Abs. 2, 280 Abs. 1 BGB zu prüfen.

Bei fehlerhaften Angaben des Verkäufers, die sich wegen des fehlenden Bezugs zum Unternehmen nicht auf eine Beschaffenheit desselben sondern auf personengebundene Umstände beziehen, kann ausschließlich eine Haftung wegen vorvertraglicher Informationspflichtverletzung eingreifen. Gleiches gilt, falls über derartige Umstände überhaupt keine Aussagen getroffen werden, dies nach der Verkehrsauffassung aber zu erwarten war.

[1009] Triebel/Hölzle, BB 2002, 521, 525; Wolf/Kaiser, DB 2002, 411, 415, die dies allerdings unabhängig von der Bedeutung des Fehlbestandes für das gesamte Unternehmen befürworten.
[1010] Explizit: Wolf/Kaiser, DB 2002, 411, 414.
[1011] Büdenbender, in: Dauner-Lieb/Büdenbender, S. 5, 28.

5. Kapitel: Schluss und Ergebnisse dieser Arbeit

Mehr als 100 Jahre nach Inkrafttreten des BGB wurde das Schuldrecht zum 01.01.2002 einer umfassenden Reform unterzogen. Über die Qualität und die Auswirkungen dieser Reform wurde heftig gestritten. Mehr als fünf Jahre danach sind noch viele neue Problemfelder ungelöst. Die Rechtswissenschaft wird sich auch noch zukünftig intensiv mit den Ergebnissen der Reform auseinandersetzen. Mit dieser Abhandlung wurden die Konsequenzen untersucht, die sich aus der Schuldrechtsreform für das gesetzliche Haftungsgefüge beim Unternehmenskauf im Wege des *asset deal* ergeben. Die Untersuchung beschränkt sich dabei auf die Gewährleistungshaftung des Unternehmensverkäufers, wie sie sich allein auf der Grundlage des neuen Schuldrechts ohne individualvertragliche Modifizierungen darstellt.

A. Wesentliche Ergebnisse

Die Ergebnisse der Untersuchung lassen sich wie folgt zusammenfassen:

- Im Zuge der Schuldrechtsreform wurde der Kauf eines Unternehmens nicht explizit im BGB geregelt. Jedoch ergibt sich aus § 453 Abs. 1 BGB i.V.m. den Gesetzesmaterialien, dass dieser als sonstiger Gegenstand den kaufrechtlichen Regeln der §§ 433-452 BGB unterstellt wird. Hierin liegt die konsequente Fortführung der gefestigten Rechtsprechung zur früheren Rechtslage, da bei jedem entgeltlichen Erwerbsvorgang von Vermögensbestandteilen eine zum Sachkauf vergleichbare Interessenlage besteht. Dementsprechend ist der Verkäufer zur Übertragung eines Unternehmens verpflichtet, das frei von Rechts- und Unternehmensmängeln ist (vgl. im 4. Kapitel, B. I.)).

- Aus der Inkorporierung des Unternehmens in das Kaufrecht folgt weiter, dass Gewährleistungsfälle primär über die kaufrechtlichen Regeln zu lösen sind, um die Intention der Gesetzesverfasser wie sie in den Gesetzesmaterialien zum Ausdruck kommt nicht in ihr Gegenteil zu kehren. Hieraus kann jedoch kein Präjudiz für eine umfassende Anwendung des Kaufrechts bei allen im Zusammenhang mit einem Unternehmenskauf denkbaren Störungen entnommen werden. Vielmehr determiniert der kaufrechtliche Gewährleistungstatbestand durch die Merkmale „Beschaffenheit", „bei Gefahrübergang" und „Vereinbarung" bzw. Vereinbarungssurrogat den Anwendungsbereich der in § 437 BGB genannten Rechte. Insbesondere dem Beschaffenheitsbegriff kommt entscheidende Bedeutung für die Reichweite des Kaufgewährleistungsrechtes zu (vgl. im 4. Kapitel, B. IV.)).

- Die Auslegung des Tatbestandsmerkmals „Beschaffenheit" hat gezeigt, dass das bisherige restriktive Verständnis aufzugeben ist. Dies wird schon dadurch deutlich, dass sowohl die Beschaffenheit als auch die etwas weiter verstandene Eigenschaft des § 459 BGB a.f. nun im neuen Beschaffenheitsbegriff aufgehen. Das Plädoyer für eine extensive Auslegung führt dazu, dass eine Beschaffenheit des Unternehmens stets anzunehmen ist, wenn das einschlägige Merkmal einen hinreichenden Bezug zum Unternehmen aufweist und sich auf den gegenwärtigen Wert des Unternehmens in vergleichbarer Weise auswirkt wie die physischen Merkmale bei einer Sache. Es ist den Parteien damit möglich, die geschuldete Soll-Beschaffenheit des Unternehmens nach ihren Vorstellungen vertragsautonom zu bestimmen (vgl. im 4. Kapitel, C. I. 2.)).

- Insbesondere auch ein einmaliger Jahresabschluss eines Unternehmens kann als dessen Beschaffenheit vereinbart werden, weil dieser die entscheidenden Kennzahlen enthält, die sich auf den Wert des Unternehmens und der daraus resultierenden Äquivalenz von Leistung und Gegenleistung auswirken. Die recht vagen Kriterien der Dauer bzw. des Anhaftens sind zukünftig ohne Einfluss. Mit den Angaben im Jahresabschluss wird auch eine Beschaffenheit des Unternehmens bei Gefahrübergang versprochen, weil hierin die Grundlage für eine gegenwartsbezogene Aussage über den Unternehmenswert liegt (vgl. im 4. Kapitel, C. I. 3d)).

- Eine bestimmte Beschaffenheit des Unternehmens ist endlich erst dann vertraglich geschuldet, wenn sie Eingang in den Vertrag gefunden hat. Das geschieht in erster Linie kraft ausdrücklicher oder konkludenter Vereinbarung der Parteien, die selbst dann nicht zur Formwahrung nach § 311b Abs. 1 BGB der notariellen Beurkundung bedarf, wenn zum Unternehmensvermögen auch ein Grundstück gehört, soweit sich das Beschaffenheitsmerkmal nicht gerade auf das Grundstück bezieht (vgl. im 4. Kapitel, C. III. 1.)).

- Des Weiteren ist bei Fehlen expliziter Beschaffenheitsvereinbarungen ein Unternehmenszustand geschuldet, der sich zur gewöhnlichen Verwendung eignet und eine übliche Beschaffenheit aufweist, die der Erwerber erwarten kann, § 434 Abs. 1 Satz 2 Nr 2 BGB. Die Festlegung einer so verstandenen objektiven Standardbeschaffenheit ist bei einem Kaufgegenstand Unternehmen mit Problemen verbunden (vgl. im 4. Kapitel, C. III. 3.)).

- Während bei anderen Kaufgegenständen, insbesondere Sachen, bestimmte Merkmale oft schon aufgrund der üblicherweise zu erwartenden Standardbeschaffenheit vertraglich geschuldet sind, lässt sich ein Unternehmen nur in ganz engen Bahnen auf eine übliche Beschaffenheit reduzieren. Denn die Individualität des Kaufgegenstandes Unternehmen verträgt sich nicht mit der zur Bestimmung der Standardbeschaffenheit gebotenen typisierten Betrachtung. Ein gewisses Beschaffenheitsspektrum ergibt sich aus dem üblicherweise vom Erwerber verfolgten Zweck, das Unternehmen mit begrenztem Risiko fortführen zu können. Soweit es um Mängel im Unternehmenssubstrat geht, folgt hieraus, dass die zur Fortführung des Unternehmenszweckes notwendigen Betriebsmittel vorhanden sein müssen. Auch darf das Unternehmen nicht bereits kurz vor der Insolvenz stehen. Doch kann weder eine bestimmte Bilanzstruktur, noch ein bestimmter Umsatz bzw. ein bestimmter Gewinn als üblich angesehen werden (vgl. im 4. Kapitel, C. III. 3b)).

- Weicht die tatsächliche Unternehmensbeschaffenheit von der vertraglich geschuldeten Soll-Beschaffenheit ab, wird mit den in § 437 BGB genannten Rechten für den Unternehmenskauf eine sachgerechte Lösung ermöglicht. Der primäre Anspruch auf Nacherfüllung kann gerade bei Mängeln im sachlichen Unternehmenssubstrat zu einem schnellen und einfachen Ausgleich verhelfen. Ist eine Nacherfüllung nicht möglich wie bei den fehlerhaften Angaben im Jahresabschluss, oder ist sie für die Parteien unzumutbar, kann als sekundäres Recht auf die Minderung bzw. den Rücktritt zurückgegriffen werden. Dabei gebührt der Minderung insoweit der Vorrang, als eine Rückabwicklung zum einen nach § 323 Abs. 5 Satz 2 BGB unter dem Vorbehalt eines erheblichen Mangels steht und zum anderen über § 346 Abs. 2 Nr. 2 BGB durch eine Wertersatzpflicht ersetzt werden kann. Denn der Käufer eines Unternehmens hat auf dieses schon nach kurzer Zeit üblicherweise derart eingewirkt, dass er nicht mehr das zurückgeben kann, was ihm vom Verkäufer anlässlich des Vertragsschlusses übergeben wurde. Dadurch wird die unpassend erscheinende Rückabwicklung im Regelfall durch die Zahlung eines Geldbetrages ersetzt und das kaufrechtliche Rechtsfolgensystem den besonderen Bedürfnissen des Unternehmenskaufes gerecht (vgl. im 4. Kapitel, C. IV. 1. und 2.)).

- Aus der Anerkennung des Unternehmens als sonstiger Gegenstand eines Kaufvertrages folgt des Weiteren, dass allein das Unternehmen als Inbegriff von materiellen und immateriellen Vermögenswerten Anknüpfungspunkt für Gewährleistungsfragen sein kann. Mängel an einzelnen zum Unternehmen gehörenden Gegenständen können nur dann die Gewährleistungsrechte des § 437 BGB hinsichtlich des Unternehmens auslösen, wenn der Einzelmangel auf das Unternehmen insgesamt durchschlägt. Auch das Verschieben der „Erheblichkeitsgrenze" vom Tatbestand des § 459 Abs. 1 Satz 2 BGB a.F. in die Rechtsfolgensystematik des § 323 Abs. 5 Satz 2 BGB kann nicht darüber hinweg helfen, dass sich zunächst das Unternehmen als mangelhaft zu erweisen hat. Ein Einzelmangel erlangt insoweit mittelbar Bedeutung, als er Gegenstand der Nacherfüllung sein kann, sofern das Unternehmen im Ganzen infolge des Einzelmangels an einen Mangel leidet. Ein Unternehmen kann wie bisher auch im Ganzen an einem Rechtsmangel leiden. Doch wird die bisher oft schwierige Abgrenzung, wann ein solcher Rechtsmangel vorliegt, dadurch hinfällig, dass die Rechtsfolgen bei Sach- und Rechtsmängel egalisiert wurden (vgl. im 4. Kapitel, C. IV. 2.)).

- Neben den genannten vom Verschulden des Verkäufers unabhängigen Rechten kann der Käufer auf Basis der §§ 280 ff. BGB auch seinen aus der Mangelhaftigkeit des Unternehmens resultierenden Schaden liquidieren, soweit dem Verkäufer zumindest Fahrlässigkeit hinsichtlich des Mangels zur Last fällt. Der Käufer kann nach seiner Wahl das positive Interesse ersetzt verlangen oder stattdessen auch Ersatz seiner vergeblichen Aufwendungen, was sich insbesondere bei hohen Vertragskosten anbietet (vgl. im 4. Kapitel, C. IV. 3.)).

- Die Verjährung der kaufrechtlichen Ansprüche richtet sich nach § 438 Abs. 1 Nr. 3 BGB und beträgt grundsätzlich zwei Jahre beginnend mit der Übergabe, d.h. der Übernahme des wirtschaftlichen Risikos durch den Käufer (vgl. im 4. Kapitel, C. V.)).

- Damit überzeugt der Ansatz des neuen Kaufrechts sowohl auf der Tatbestands- als auch auf der Rechtsfolgenseite. Die unter der alten Rechtslage favorisierte Auffassung, wegen der Ungeeignetheit der Rechtsfolgen den Tatbestand derart zu verengen, dass das Kaufrecht nicht zur Anwendung gelangt, ist dadurch überholt (vgl. im 4. Kapitel, C. VII.)).

- Dennoch sind Ansprüche wegen vorvertraglicher Pflichtverletzung nach §§ 311 Abs. 2, 241 Abs. 2, 280 Abs. 1 BGB auch zukünftig beim Unternehmenskauf nicht ohne Bedeutung. Letztere sind als Ansprüche des allgemeinen Schuldrechts gegenüber den kaufrechtlichen Regeln subsidiär. Es besteht kein Anlass, das überkommene Konkurrenzverhältnis zu überdenken (vgl. im 4. Kapitel, A. IV.)).

- Mit der Erweiterung des Anwendungsbereiches für die kaufrechtlichen Regeln korreliert eine Abwertung der Haftung wegen einer vorvertraglichen Informationspflichtverletzung, die sich auf eine vertraglich geschuldete Beschaffenheit des Kaufgegenstandes bezieht. Nur soweit der Anwendungsbereich der §§ 433 ff. reicht, kann auf Ansprüche aus §§ 311 Abs. 1, 280 Abs. 1 BGB nicht zurückgegriffen werden. Damit sind es die Tatbestandsmerkmale der „gegenwärtigen Beschaffenheit" und der „Vereinbarung", die einen Rückgriff auf die allgemeinen Regeln sperren. Dadurch wird aber auch deutlich, dass der Käufer immer dann einen Anspruch wegen einer vorvertraglichen Pflichtverletzung haben kann, insbesondere wegen Verletzung der gesteigerten Aufklärungspflichten des Unternehmensverkäufers, wenn das Kaufrecht schon tatbestandlich nicht eingreift. Das ist zum einen immer dann der Fall, wenn es um Pflichtverletzungen geht, die mit der Beschaffenheit eines Kaufgegenstandes in keinem Zusammenhang stehen. Zum anderen ist der Weg zu §§ 311 Abs. 2, 241 Abs. 2, 280 Abs. 1 BGB auch dann eröffnet, wenn ein dem Grunde nach zur Beschaffenheit gehörendes Merkmal keinen Eingang in den Vertrag gefunden hat. Ohne eine Einbeziehung in den Vertrag kann die tatsächliche Beschaffenheit gar nicht von der vertraglich geforderten Beschaffenheit abweichen. Dabei ist von Relevanz, inwieweit sich ein Kaufgegenstand auf eine objektive Standardbeschaffenheit reduzieren lässt, die dann als Mindestanforderung an den Kaufgegenstand auch ohne gesonderte Beschaffenheitsvereinbarungen vertraglich geschuldet ist. Ist das wie beim Unternehmenskauf nur in engen Grenzen der Fall, kann der Käufer Schadensersatzansprüche aus §§ 311 Abs. 2, 241 Abs. 2, 280 Abs. 1 BGB wegen der Verletzung von Aufklärungspflichten des Verkäufers geltend machen. Dann ist es auch sachgerecht, dass ein solcher Anspruch vom Nachweis einer Aufklärungspflichtverletzung und vom Verschulden des Verkäufers abhängig gemacht wird (vgl. im 4. Kapitel, C. III. 6.)).

- Dadurch verbleibt der vorvertraglichen Haftung auf Basis des §§ 311 Abs. 2, 241 Abs. 2, 280 Abs. 1 BGB ein eigenständiger Anwendungsbereich. Bei der Beurteilung der erforderlichen vorvertraglichen Pflichtverletzung kann auf die Grundsätze zu den erhöhten Aufklärungspflichten eines Unternehmensverkäufers zurückgegriffen werden (vgl. im 4. Kapitel, D. III.)).

- In der Rechtsfolge wird man auch über die vorvertragliche Haftung der §§ 311 Abs. 2, 241 Abs. 2, 280 Abs. 1 BGB im Regelfall zu einer Kaufpreisherabsetzung gelangen, die sich aber in den Berechnungsmodalitäten von der kaufrechtlichen Minderung unterscheidet. Die beim Unternehmenskauf unangebrachte Vertragsrückabwicklung wird gemäß § 251 Abs. 1 BGB durch Zahlung einer Geldentschädigung im Wege der Schadenskompensation ersetzt (vgl. im 4. Kapitel, D. IV.)).

- Ein Anspruch wegen Störung der Geschäftsgrundlage kann im Hinblick auf Unternehmensmängel keine Relevanz beanspruchen, da die Mangelfreiheit des Unternehmens vertraglich geschuldet ist und nicht zur Geschäftsgrundlage des Vertrages wird (vgl. im 4. Kapitel, E.)).

B. Schlusswort

Im Ergebnis bleibt somit zu konstatieren, dass der Gesetzgeber mit dem seit 01.01.2002 geltendem neuem Schuldrecht den Boden für mehr Rechtssicherheit im Bereich des Unternehmenskaufes bereitet hat. Das neue Kaufrecht wird den heutigen Bedürfnissen der Parteien auch beim Unternehmenskauf besser gerecht und ist geeignet, die gewährleistungsrechtlichen Probleme beim Unternehmenskauf angemessen zu regeln. Gleichzeitig wird der Haftung wegen vorvertraglicher Aufklärungspflichtverletzung ein eigenständiger Anwendungsbereich belassen.

Haftungsfälle beim Unternehmenskauf im Wege eines *asset deal* werden zwar weiterhin sowohl durch das kaufrechtliche Gewährleistungsrecht als auch durch die vorvertragliche Informationshaftung gemäß §§ 311 Abs. 2, 241 Abs. 2, 280

Abs. 1 BGB erfasst, so dass es vom Grundsatz her bei dem überkommenen zweispurigen System verbleibt. Doch erfolgt die Abgrenzung anhand der Tatbestandsmerkmale des kaufrechtlichen Gewährleistungstatbestandes statt über interessengeleitete Rechtsfolgenerwägungen.

Aus dieser Haftungskonzeption ergeben sich zwei Vorteile, die gerade dem Unternehmenskauf besonders entgegenkommen: Zum einen sind die Parteien gehalten, alle Beschaffenheiten, die ihnen wichtig erscheinen, konkret als Vertragsbestandteil zu vereinbaren. Der Käufer sichert sich dadurch seine verschuldensunabhängigen kaufrechtlichen Rechte der Nacherfüllung, der Minderung und des Rücktritts, ohne auf die Darlegung einer Aufklärungspflichtverletzung angewiesen zu sein. Der Verkäufer kann einer Haftung dadurch entgehen, dass er mögliche negative Merkmale dem Käufer zur Kenntnis gibt, wodurch die Gewährleistungshaftung nach § 442 BGB ausgeschlossen wird. Die Ausnutzung der Vertragsautonomie auf Ebene der Beschaffenheitsvereinbarungen sichert den Vertragspartnern so fernab von komplizierten Vertragswerken ein ausgewogenes Verhältnis.

Auf Basis dieser Ergebnisse lässt sich die eingangs aufgeworfene Frage beantworten, ob die Praxis das Angebot des Gesetzes, für den Bereich des Unternehmenskaufes in das gesetzliche Haftungssystem zurückzukehren, annehmen wird.[1012]

Dieses Angebot ist zwar attraktiv, wie im Laufe dieser Untersuchung gezeigt wurde. Das Gesetz stellt ein alternatives Regelungssystem zur Verfügung,[1013] das in Voraussetzungen und Rechtsfolgen überzeugt und das ein Ausweichen auf ein autonomes Haftungsregime teilweise entbehrlich machen kann. Doch spricht viel dafür, dass die Praxis hierauf nicht eingehen wird. Gerade bei größeren Transaktionen kann man den Interessen beider Parteien nur durch individuelles Aushandeln aller Vertragsbestandteile gerecht werden. Es wird insbesondere ein Bedürfnis nach eigenständigen vertraglichen Gewährleistungsregelungen bestehen. Dies gehört gerade im internationalen Rechtsverkehr zu den üblichen Gestaltungen.

Der zwischen den Parteien individuell ausgehandelte Unternehmenskaufvertrag kann eine Vielzahl flexibler Regelungen enthalten, die für beide Vertragspartner zu einem vorteilhaften Ergebnis führen. Die Höhe des Kaufpreises korreliert mit dem Umfang der im Kaufvertrag durch den Verkäufer übernommenen Garantien. Die Haftung für diese Garantien kann an das Erreichen eines Mindestbetrages geknüpft werden („Bagatell-Klausel") und/oder auf einen Höchstbetrag („cap-Klausel") begrenzt werden.[1014] Die Vereinbarung selbständiger Garantien

---

[1012] Dauner-Lieb/Thiessen, ZIP 2002, 108, 110.

[1013] Triebel/Hölzle, BB 2002, 521, 537.

[1014] Hierzu Hilgard, BB 2004, 1233 ff.

hinsichtlich bestimmter Merkmale des Unternehmens ergibt aber nur dann einen Sinn, wenn die gesetzlichen Regeln vollständig abbedungen werden können, um nicht in Widerspruch zur gesetzlichen Regelung zu geraten. Nachdem alle Friktionen hinsichtlich der Regelung des § 444 BGB durch die gesetzgeberische Klarstellung beseitigt sind, kann wird Praxis nun ohne Bedenken wieder auf das gewohnte Terrain ausweichen und das gesetzliche Gewährleistungsrechts der §§ 434 ff. BGB durch ein individualvertraglich vereinbartes eigenständiges Haftungsregime ersetzen. Eine solche Prognose wird durch einen Blick auf die bisher zum neuen Schuldrecht ergangenen Gerichtsentscheidungen gestützt. Dabei fällt auf, dass die Gewährleistung beim Unternehmenskauf bisher noch keinen Anlass für ein Gerichtsverfahren gegeben hat. Dies deutet darauf hin, dass die Praxis die neuen Regeln nicht angenommen hat und sich weiter auf ihre kautelar-juristischen Vertragsmodelle verlässt sowie Streitigkeiten hieraus der Schiedsgerichtsbarkeit überträgt.[1015]

Von Vorteil ist jedoch, dass das neue Schuldrecht hinsichtlich der Belange des Unternehmenskaufes den Parteien einen wesentlich größeren Gestaltungsspielraum eröffnet. Sie sind nicht mehr auf die Vereinbarung selbständiger Garantien, die mit verschuldensunabhängigen Schadensersatzpflichten verbunden sind, angewiesen. Statt dessen kann gerade bei strittigen Punkten in den Vertragsverhandlungen im Rückgriff auf das – nun praxistaugliche - gesetzliche System ein sinnvoller Kompromiss liegen.

Auch ist zu berücksichtigen, dass ein umfassendes auf den Einzelfall zugeschnittenes und lückenloses Vertragswerk einen hohen finanziellen und zeitlichen Aufwand erfordert, der nicht bei jeder Transaktion wirtschaftlich sinnvoll ist. Daher ist es für die Parteien nunmehr eher eine Überlegung wert, auf das „kostenlose" gesetzliche Gewährleistungsrecht zurückzugreifen oder dieses nur in Nuancen einer individualvertraglichen Anpassung zu unterziehen. Die Parteien können sich auf die Vereinbarung bestimmter Beschaffenheiten des Unternehmens beschränken, so dass dem Käufer das Recht auf Nacherfüllung sowie Minderung und ggf. auch Rücktritt zustehen, jeweils unabhängig von einem Verschulden des Verkäufers. Dadurch werden die gegenläufigen Interessen von Verkäufer und Käufer mit einem wirtschaftlich vertretbaren Aufwand in ein ausgewogenes Verhältnis gesetzt. Damit werden auch die Risiken bei einem Unternehmenskauf „per Handschlag"[1016] auf ein erträgliches Maß reduziert.

[1015] Saenger/Klockenbrink, ZGS 2006, 61, 65.
[1016] U. Huber, AcP 202 (2002), 179, 198.

Literaturverzeichnis

Ackermann, Thomas	Die Nacherfüllungspflicht des Stückverkäufers in: JZ 2002, S. 378 ff.
Adler, Hans / Düring, Walter / Schmaltz, Kurt	Rechnungslegung und Prüfung von Unternehmen ADS, Teilband 6 (§§ 238 – 251) 6. Auflage Stuttgart (1998)
Altmeppen, Holger	Schadensersatz wegen Pflichtverletzung – Ein Beispiel für die Überhastung der Schuldrechtsreform in: DB 2001, S. 1131 ff.
Amann, Hermann / Brambring, Günter / Hertel, Christian	Vertragspraxis nach neuem Schuldrecht 2. Auflage München (2003)
Angersbach, Carsten	Due Diligence beim Unternehmenskauf Diss. München 2001 Baden-Baden (2002)
Assmann, Heinz- Dieter / Schneider, Uwe H.	Wertpapierhandelsgesetz 4. Auflage Köln (2006)
Baetge, Jörg	Die Früherkennung von Unternehmenskrisen anhand von Abschlusskennzahlen in: DB 2002, 2281 ff.
Ball, Wolfgang	Neues Gewährleistungsrecht beim Kauf in: ZGS 2002, S. 49 ff.
Ballerstedt, Kurt	Zur Haftung für culpa in contrahendo bei Geschäftsabschluss durch Stellvertreter in: AcP 151 (1951), S. 501 ff.
Bamberger, Heinz Georg / Roth, Herbert	Kommentar zum Bürgerlichen Gesetzbuch Band 1 (§§ 1 – 610) Aktualisierungsdienst München (2005)

Bärenz, Christian	Die Auslegung der überschießenden Umsetzung von Richtlinien am Beispiel des Gesetzes zur Modernisierung des Schuldrechts in: DB 2003, S. 375 ff.
Barnert, Thomas	Mängelhaftung beim Unternehmenskauf zwischen Sachgewährleistung und Verschulden bei Vertragsschluss im neuen Schuldrecht in: WM 2003, S. 416 ff.
Barthel, Carl	Handbuch der Unternehmensbewertung 29. Ergänzungslieferung Karlsfeld (Juli 2004)
Baumbach, Adolf / Hueck, Alfred	GmbH- Gesetz 18. Auflage München (2006)
Baur, Jürgen F.	Die Gewährleistungshaftung des Unternehmensverkäufers in: BB 1979, S. 381 ff.
Bayer, Walter	Aktuelle Entwicklungen im Europäischen Gesellschaftsrecht in: BB 2004, S. 1 ff.
Beck, Ralf / Klar, Michael	Asset Deal versus Share Deal - Eine Gesamtbetrachtung unter expliziter Berücksichtigung des Risikoaspekts in: DB 2007, S. 2819 ff.
Beck'scher Bilanz- Kommentar	Handels- und Steuerrecht 6. Auflage München (2006)
Beisel, Wilhelm / Klumpp, Hans-Hermann	Der Unternehmenskauf 5. Auflage München (2006)
Bellinger, Bernhard / Vahl, Günther	Unternehmensbewertung in Theorie und Praxis 2. Auflage Wiesbaden (1992)

Bender, Gunnar / Sommer, Christian	E- Commerce- Richtlinie: Auswirkungen auf den elektronischen Geschäftsverkehr in Deutschland in: RIW 2000, S. 264 ff
Benecke, Martina	Haftung für Inanspruchnahme von Vertrauen – Aktuelle Fragen zum neuen Verkaufsprospektgesetz in: BB 2006, S. 2597 ff.
Bergemann, Achim	Unternehmenssteuerreform 2001: Schwerpunkte des Steuersenkungsgesetzes in: DStR 2000, S. 1410 ff.
Berger, Christian	Der Beschaffenheitsbegriff des § 434 Abs. 1 BGB in: JZ 2004, S. 276 ff.
Bergjan, Ralf	Die Haftung aus culpa in contrahendo beim Letter of Intent nach neuem Schuldrecht in: ZIP 2004,S. 395 ff.
Bitter, Georg	Der Nachlieferungsanspruch beim Stück-, Vorrats- und Gattungskauf in Sachmängelfällen sowie beim Untergang der Sache in: ZIP 2007, S. 1881 ff.
ders./ Meidt, Eva	Nacherfüllungsrecht und Nacherfüllungspflicht des Verkäufers im neuen Schuldrecht in: ZIP 2001, S. 2114 ff.
Boerner, Dietmar	Kaufrechtliche Sachmängelhaftung und Schuldrechtsreform in: ZIP 2002, S. 2264 ff.
Böttcher, Lars	Due Diligence beim Unternehmenskauf als Verkehrssitte in: ZGS 2007, S. 20 ff.
Bogenschütz, Eugen / Hierl, Marcus	Steueroptimierter Unternehmensverkauf: Veräußerung von Einzelunternehmen und Personengesellschaften in: DStR 2003, S. 1097 ff. (Teil I) und S. 1147 ff. (Teil II)

Böttcher, Lars / Grewe, Daniel	Die Anwendbarkeit des § 311b III BGB beim Unternehmenskauf in: NZG 2005, S. 950 ff.
Brechmann, Winfried	Die richtlinienkonforme Auslegung Diss. München 1993 München (1994)
Breidenbach, Stephan	Die Voraussetzungen von Informationspflichten beim Vertragsschluss Diss. München 1988 München (1989)
Brors, Christiane	Zu den Konkurrenzen im neuen Kaufgewährleistungsrecht in: WM 2002, S. 1780 ff.
Brox, Hans / Walker, Wolf- Dietrich	Allgemeiner Teil des BGB 31. Auflage Köln, Berlin, Bonn, München (2007)
dies.	Allgemeines Schuldrecht 32. Auflage München (2007)
dies.	Besonderes Schuldrecht 32. Auflage München (2007)
Brüggemeier, Gert	Zur Reform des deutschen Kaufrechts – Herausforderungen durch die EG- Verbrauchsgüterkaufrichtlinie in: JZ 2000, S. 529 ff.
ders.	Das neue Kaufrecht des Bürgerlichen Gesetzbuches in: WM 2002, S. 1376 ff.
Büdenbender, Ulrich	Das Kaufrecht nach dem Schuldrechtsmodernisierungsgesetz in: DStR 2002, S. 312 ff. (Teil I) und S. 361 ff. (Teil II)

Bundesminister der Justiz	Abschlußbericht der Kommission zur Überarbeitung des Schuldrechts Köln (1992)
Canaris, Claus-Wilhelm	Handelsrecht 24. Auflage München (2006)
ders.	Leistungsstörungen beim Unternehmenskauf in: ZGR 1982, S. 395 ff.
ders.	Schadensersatz wegen Pflichtverletzung, anfängliche Unmöglichkeit und Aufwendungsersatz im Entwurf des Schuldrechtsmodernisierungsgesetzes in: DB 2003, S. 1815 ff.
ders.	Die Reform des Rechts der Leistungsstörungen in: JZ 2001, S. 499 ff.
ders.	Die richtlinienkonforme Auslegung und Rechtsfortbildung im System der juristischen Methodenlehre in: Im Dienste der Gerechtigkeit - Festschrift für Franz Bydlinski zum 70. Geburtstag am 20.11.2001, herausgegeben von Helmut Koziol und Peter Rummel, S. 47 ff. Wien New York (2002).
ders.	Die Nacherfüllung durch Lieferung einer mangelfreien Sache beim Stückkauf in: JZ 2003, 831 ff.
ders.	Begriff und Tatbestand des Verzögerungsschadens im neuen Leistungsstörungsrecht in: ZIP 2003, S. 321 ff.
Creifelds, Carl	Rechtswörterbuch 18. Auflage München (2004)

218

| Däubler-Gmelin, Herta | Die Entscheidung für die so genannte Große Lösung bei der Schuldrechtsreform
in: NJW 2001, 2281 ff. |

Dauner- Lieb, Barbara /
Büdenbender, Ulrich

Unternehmenskauf und Schuldrechtsmodernisierung: Fachtagung der Bayer- Stiftung für Deutsches und Internationales Arbeits- und Wirtschaftsrecht am 6. und 7. Juni 2002
München (2003)

Dauner-Lieb, Barbara

Die geplante Schuldrechtsmodernisierung – Durchbruch oder Schnellschuß
in: JZ 2001, S. 8 ff.

dies.

Die Schuldrechtsreform – Das große juristische Abenteuer
in: DStR 2001, S. 1572 ff.

dies.

Ein Jahr Schuldrechtsreform – Eine Zwischenbilanz
in: ZGS 2003, S. 10 ff.

dies.

Auf dem Weg zu einem europäischen Schuldrecht?
in: NJW 2004, S. 1431 ff.

Dauner-Lieb, Barbara /
Konzen, Horst / Schmidt,
Karsten

Das neue Schuldrecht in der Praxis
Köln Berlin Bonn München (2003)

Dauner-Lieb, Barbara /
Riedel, Thomas / Lepa,
Manfred / Ring, Gerhard

Das Neue Schuldrecht
Heidelberg (2002)

dies.

Anwaltkommentar BGB
Band 2: Schuldrecht, Teilband 1 (§§ 241 bis 610)
Bonn (2005)

Dauner-Lieb, Barbara /
Thiessen, Jan

Garantiebeschränkungen in Unternehmenskaufverträgen nach der Schuldrechtsreform
in: ZIP 2002, S. 108 ff.

dies.	Das neue Leistungsstörungsrecht – Leistungshemmend und störanfällig? in: DStR 2002, S. 809 ff.
Derleder, Peter	Der Wechsel zwischen den Gläubigerrechten bei Leistungsstörungen und Mängeln in: NJW 2003, S. 998 ff.
Derleder, Peter	Sachmängel- und Arglisthaftung nach neuem Schuldrecht in: NJW 2004, S. 969 ff.
Ebert, Ina	Das Recht des Verkäufers zur zweiten Andienung und seine Risiken für den Käufer in: NJW 2004, S. 1761 ff.
Ehmann, Horst / Rust, Ulrich	Die Verbrauchsgüterkaufrichtlinie in: JZ 1999, S. 853 ff.
Ehmann, Horst / Sutschet, Holger	Schadensersatz wegen kaufrechtlicher Schlechtleistungen – Verschuldens- und/ oder Garantiehaftung in: JZ 2004, S. 62 ff.
Ehmann, Horst / Sutschet, Holger / Finkenauer, Thomas	Modernisiertes Schuldrecht München (2002)
Eidenmüller, Horst	Rechtskauf und Unternehmenskauf in: ZGS 2002, S. 290 ff.
ders.	Die Verjährung beim Rechtskauf in: NJW 2002, S. 1625 ff.
Engisch, Karl	Die Einheit der Rechtsordnung Heidelberg (1935)
Ernst, Wolfgang / Gsell, Beate	Kaufrechtsrichtlinie und BGB in: ZIP 2000, S. 1410 ff.
dies.	Nochmals für die kleine Lösung in: ZIP 2000, S. 1812 ff.

dies.   Kritisches zum Stand der Schuldrechtsmodernisie-
                               rung
                               in: ZIP 2001, S.1389 ff.

Ernst, Wolfgang / Zim-   Zivilrechtswissenschaft und Schuldrechtsreform
mermann, Reinhard   Tübingen (2001)

Fabis, Heinrich   Das Gesetz zur Beschleunigung fälliger Zahlungen
                               – Inhalt und Auswirkungen
                               in: ZIP 2000, S. 865 ff.

Faust, Florian   Garantie und Haftungsbeschränkung in § 444 BGB
                               in: ZGS 2002, S. 271 ff.

Feldhahn, Peer   Die Störung der Geschäftsgrundlage im System des
                               reformierten Schuldrechts
                               in: NJW 2005, S. 3381 ff.

Fischer, Michael   Die Haftung des Unternehmensverkäufers nach
                               neuem Schuldrecht
                               in: DStR 2004, S. 276 ff.

Fleischer, Holger   Die Haftung des Verkäufers von Gesellschaftsantei-
                               len - Deutsche Probleme und französische Lösun-
                               gen -
                               in: WM 1998, S. 849 ff.

ders.   Informationsasymmetrie im Vertragsrecht: eine
                               rechtsvergleichende und interdisziplinäre Abhand-
                               lung zu Reichweite und Grenzen vertragsschlussbe-
                               zogener Aufklärungspflichten
                               Habil. Köln 1998/1999
                               München (2001)

Fritzen, Roland   Unternehmenskauf, Due Diligence und Garantien
                               nach der Schuldrechtsreform
                               Diss. Bonn 2004
                               Bonn (2004)

Gaier, Reinhard   Das Rücktritts(folgen)recht nach dem Schuld-
                               rechtsmodernisierungsgesetz
                               in: WM 2002, S. 1 ff.

Gasteyer, Thomas / Branscheid, Michaela	Garantie und Haftungsausschluss beim Unternehmenskauf in: AG 2003, S. 307 ff.
Gaul, Björn	Schuldrechtsmodernisierung und Unternehmenskauf in: ZHR 2002, S. 35 ff
Gierke, Klaus von / Paschen, Uwe	Mängelgewährleistung beim Unternehmenskauf in: GmbHR 2002, S. 457 ff.
Gieseler, Dieter	Die Struktur der Schlechterfüllung im Leistungsstörungsrecht in: ZGS 2003, S. 408 ff.
Goldschmidt, Christof-Ulrich	Wissenszurechnung beim Unternehmenskauf in: ZIP 2005, S. 1305 ff.
Grigoleit, Hans Christoph / Herresthal, Carsten	Grundlagen der Sachmängelhaftung im Kaufrecht in: JZ 2003, S. 118 ff.
dies.	Die Beschaffenheitsvereinbarung und ihre Typisierung in § 434 I BGB in: JZ 2003, S. 233 ff.
Grigoleit, Hans Christoph / Riehm, Thomas	Grenzen der Gleichstellung von Zuwenig- Lieferung und Sachmangel in: ZGS 2002, S. 115 ff.
Gronstedt, Sebastian / Jörgens, Stefan	Die Gewährleistungshaftung bei Unternehmensverkäufen nach dem neuen Schuldrecht in: ZIP 2002, S. 52 ff.
Gruber, Urs Peter	Die Nacherfüllung als zentraler Rechtsbehelf im neuen deutschen Kaufrecht – eine methodische und vergleichende Betrachtung zur Auslegung in: Jb.J.ZivRWiss. 2001, S. 187 ff.
ders.	Neues Kaufrecht – Umsatz- und Ertragsangaben beim Unternehmenskauf in: MDR 2002, S. 433 ff.

ders.	Der Anspruch auf Ersatz von Nutzungs- und Betriebsausfall bei Lieferung einer mangelhaften Sache in: ZGS 2003, S. 130 ff.
Grützner, Thomas / Schmidl, Michael	Verjährungsbeginn bei Garantieansprüchen in: NJW 2007, S. 3610 ff.
Grundmann, Stefan	Harmonisierung, Europäischer Kodex, Europäisches System der Vertragsrechte in: NJW 2002, S. 393 ff.
ders.	Die rechtliche Verfassung des Markts für Unternehmenskontrolle nach Verabschiedung der Übernahme-Richtlinie in: NZG 2005, S. 122 ff.
ders.	Europäisches Vertragsrecht – Quo vadis? in: JZ 2005, S. 860 ff.
Grunewald, Barbara	Kaufrechtliche Gewährleistung und Rechtsbehelfe nach allgemeinem Schuldrecht: Ab wann gilt das Eine, bis wann gilt das Andere? in: Festschrift für Ulrich Huber zum 70. Geburtstag am 23.03.2006, herausgegeben von Theodor Baums, Marcus Lutter, Karsten Schmidt und Johannes Wertenbruch, S. 291ff. Tübingen (2006)
Gsell, Beate	Kaufrechtsrichtlinie und Schuldrechtsmodernisierung in: JZ 2001, S. 65 ff.
dies.	Der Schadensersatz statt der Leistung nach dem neuen Schuldrecht in: Jb.J.ZivRWiss.2001, S. 105 ff.
Glöckner, Jochen	Die Umsetzung der Verbrauchsgüterkaufrichtlinie in Deutschland und ihre Konkretisierung durch die Rechtsprechung in: JZ 2007, S. 652 ff.

Haas, Lothar

Entwurf eines Schuldrechtsmodernisierungsgesetzes: Kauf- und Werkvertragsrecht
in: BB 2001, S. 1313 ff.

Haas, Lothar / Medicus,
Dieter / Rolland, Walter /
Schäfer, Carsten / Wendt-
land, Holger

Das neue Schuldrecht
München (2002)

Habersack, Mathias /
Mayer, Christian

Die überschießende Umsetzung von Richtlinien
in: JZ 1999, S. 913 ff.

Hadding, Walther

Sicherungsrechte beim Unternehmenskauf
in: ZGR 1982, S. 476 ff.

ders.

Zum gesetzlich notwendigen Umfang der notariellen Beurkundung der „Vereinbarung", einen
GmbH-Geschäftsanteil zu übertragen
in: ZIP 2003, S. 2133 ff.

Hänlein, Andreas

Die Schuldrechtsreform kommt!
in: BB 2001, S. 852 ff.

Häsemeyer, Ludwig

Die gesetzliche Form der Rechtsgeschäfte
Habil. Göttingen 1971
Frankfurt (1971)

Häublein, Martin

Der Beschaffenheitsbegriff und seine Bedeutung
für das Verhältnis der Haftung aus culpa in contrahendo zum Kaufrecht
in: NJW 2003, S. 388 ff.

Heinrichs, Helmut

Entwurf eines Schuldrechtsmodernisierungsgesetzes: Neuregelung des Verjährungsrechts
in: BB 2001, S. 1417 ff.

Heisterhagen, Christoph

Prospekthaftung für geschlossene Fonds nach dem
Börsengesetz - wirklich ein Beitrag zum Anleger-
schutz?
in: DStR 2006, S. 759 ff.

Heldrich, Andreas

Ein zeitgemäßes Gesicht für unser Schuldrecht
in: NJW 2001, S. 2521 ff.

Hermanns, Marc

Beurkundungspflichten im Zusammenhang mit Unternehmenskaufverträgen und –umstrukturierungen
in: ZIP 2006, S. 2296 ff.

Hiddemann, Hans-Joachim

Leistungsstörungen beim Unternehmenskauf aus der Sicht der Rechtsprechung
in: ZGR 1982, S. 435 ff.

Hilgard, Mark C.

Bagatell- und Cap-Klauseln beim Unternehmenskauf
in: BB 2004, S. 1233 ff.

ders.

Berechnung des Schadens bei Verletzung von Garantien eines Unternehmenskaufvertrages
in: ZIP 2005, S. 1813 ff.

Hilgard, Mark C. / Kraaywanger, Jan

Unternehmenskauf – Rechtsfolgen eines selbständigen Garantieversprechens nach der Reform
in: MDR 2002, S. 678 ff.

Hoeren, Thomas

Vorschlag einer EU- Richtlinie über E-Commerce
in: MMR 1999, S. 192 ff.

Hoeren, Thomas

Gestaltungsvorschläge für Musterverträge und Einkaufsbedingungen nach Inkrafttreten des Schuldrechtsmodernisierungsgesetzes – Teil 1 und 2
in: ZGS 2002, S. 10 ff. und S. 68 ff.

Hofmann, Christian / Pammler, Sebastian

Mängeleinrede beim Kauf – die Lage nach der Schuldrechtsreform
in: ZGS 2004, S. 293 ff.

Hölters, Wolfgang

Handbuch des Unternehmens- und Beteiligungskaufs
6. Auflage
Köln (2005)

Holzapfel, Hans-Joachim / Pöllath, Reinhard	Unternehmenskauf in Recht und Praxis 12. Auflage Köln (2005)
Hommelhoff, Peter	Die Sachmängelhaftung beim Unternehmenskauf Diss. Freiburg 1975 Köln Berlin Bonn München (1975)
Honsell, Heinrich (Hrsg.)	Kommentar zum UN- Kaufrecht Berlin u.a. (1997)
ders	Die EU- Richtlinie über den Verbrauchsgüterkauf und ihre Umsetzung in das BGB in: JZ 2001, S. 278 ff.
Huber, Peter	Der Nacherfüllungsanspruch im neuen Kaufrecht in: NJW 2002, S. 1004 ff.
Huber, Peter / Faust, Florian	Schuldrechtsmodernisierung München (2002)
Huber, Ulrich	Die Praxis des Unternehmenskaufs im System des Kaufrechts in: AcP 202 (2002), S. 179 ff.
Huber, Ulrich	Das neue Recht des Zahlungsverzugs und das Prinzip der Privatautonomie in: JZ 2000, S. 743 ff.
Hüffer, Uwe	Aktiengesetz 7. Auflage München (2006)
Immenga, Ulrich	Fehler oder zugesicherte Eigenschaft in: AcP 171 (1971), S. 1 ff.
Institut der Wirtschaftprüfer in Deutschland e.V.	Wirtschaftsprüferhandbuch Band II 12. Auflage Düsseldorf (2002)

Jagersberger, Barbara	Die Haftung des Verkäufers beim Unternehmens- und Anteilskauf Diss. Regensburg 2005 Baden-Baden (2006)
Jansen, Nils	Traditionsbegründung im europäischen Privatrecht in: JZ 2006, S. 536 ff.
Jansen, Stephan A.	Mergers & Acquisitions Unternehmensakquisitionen und –kooperationen 4. Auflage Wiesbaden (2001)
Jaques, Henning	Haftung des Verkäufers für arglistiges Verhalten beim Unternehmenskauf – zugleich eine Stellungnahme zu § 444 BGB in: BB 2002, S. 417 ff.
Jauernig, Othmar	Bürgerliches Gesetzbuch 12. Auflage München (2007)
Jayme, Erik	Ein Europäisches Zivilgesetzbuch: Die Initiative der Niederlande in: IpraX 1997, S. 375 ff.
Jorden, Simone / Lehmann, Michael	Verbrauchsgüterkauf und Schuldrechtsmodernisierung in: JZ 2001, S. 952 ff.
Kallmeyer, Harald	Umwandlungen nach UmwG und Unternehmensakquisition in: DB 2002, S. 568 ff.
Kamanabrou, Sudabeh	Der Nachlieferungsanspruch beim Stückkauf in: ZGS 2004, S. 57 ff.
Kandelhard, Ronald	Ist es wirklich schon zu spät? – Zum Ablauf der allgemeinen Verjährungsfrist nach intertemporalem Verjährungsrecht in: NJW 2005, S. 630 ff.

Kann, Jürgen van / Just, Clemens	Der Regierungsentwurf zur Umsetzung der europäischen Übernahmerichtlinie in: DStR 2006, S. 328 ff.
Keil, Barbara	Fehlerhafte Unternehmenskäufe Diss. Berlin 1997 Berlin (1998)
Kindl, Johann	Unternehmenskauf und Schuldrechtsmodernisierung in: WM 2003, S. 409 ff.
Kistner, Klaus-Peter / Steven, Marion	Betriebswirtschaftslehre im Grundstudium 3. Auflage Heidelberg (1999)
Klein, Christian	Rechtliche Aspekte des Unternehmenskaufes in Frankreich in: RIW 2002, S. 348 ff.
Klein-Benkers, Friedrich	Rechtssprechungsübersicht: Unternehmenskauf (Zivilrecht) in: NZG 1999, S. 185 ff.
ders.	Rechtssprechungsübersicht: Unternehmenskauf (Zivilrecht) in: NZG 2000, S. 964 ff.
Knöpfle, Robert	Zum Inhalt des Fehlers und der Zusicherung iS des § 459 I, II in: NJW 1987, S. 801 ff.
Knott, Hermann	Unternehmenskauf nach der Schuldrechtsreform in: NZG 2002, S. 249 ff.
Knott, Hermann	Freiheit, die ich meine: Abwehr von Übernahmeangeboten nach Umsetzung der EU-Richtlinie in: NZG 2006, S. 849 ff.
Knott, Hermann / Mielke, Werner / Weidlich, Thomas	Unternehmenskauf 2. Auflage Köln (2006)

Knütel, Rolf	Zur Schuldrechtsreform in: NJW 2001, S. 2519 ff.
Korbion, Claus-Jürgen	Gesetz zur Beschleunigung fälliger Zahlungen - Auswirkungen der schuldrechtlichen Neuregelun- gen auf Werkverträge in: MDR 2000, S. 802 ff.
Krause, Hartmut	Zwei Jahre Praxis mit dem Wertpapiererwerbs- und Übernahmegesetz (WpÜG) in: NJW 2004, S. 3681 ff.
ders.	Die EU-Übernahmerichtlinie – Anpassungsbedarf im Wertpapiererwerbs- und Übernahmegesetz in: BB 2004, S. 113 ff.
Krebs, Peter	Die große Schuldrechtsreform in: DB-Beilage Nr. 14/2000, S. 1 ff.
ders.	Die EU- Richtlinie zu Bekämpfung des Zahlungs- verzugs im Geschäftsverkehr – Eine Chance zur Korrektur des neuen § 284 III BGB in: DB 2000, S. 1697 ff.
Kropff, Bruno	Aktiengesetz Düsseldorf (1965)
Kulke, Ulrich	Rücktrittsrecht bei geringfügigem Mangel wegen Arglist des Verkäufers? in: ZGS 2006, S. 412 ff.
Lange, Oliver	Ungelöste Rechtsfragen der gesetzlichen Unter- nehmensmangelgewährleistung in: ZGS 2003, S. 300 ff.
Larenz, Karl,	Methodenlehre der Rechtswissenschaft 6. Auflage Berlin u.a. (1991)
Leenen, Detlef	Die Neuregelung der Verjährung in: JZ 2001, S. 552 ff.

Lehmann, Michael | Informationsverantwortung und Gewährleistung für Werbeangaben beim Verbrauchsgüterkauf in: JZ 2002, S. 280 ff.

Lehmann, Michael | Informationsverantwortung und Gewährleistung für Werbeangaben beim Verbrauchsgüterkauf in: 2000, S. 280 ff.

Lehr, Wolfgang / Wendel, Heiko | Die EU- Richtlinie über Verbrauchsgüterkauf und – garantien in: EWS 1999, S. 321 ff.

Lieb, Manfred | Gewährleistung beim Unternehmenskauf in: Festschrift für Joachim Gernhuber zum 70. Geburtstag am 18.07.1993, herausgegeben von Hermann Lange, S. 259 ff. Tübingen (1993)

Limbach, Francis | Frankreich auf dem Weg zu seiner Schuldrechtsreform in: ZGS 2006, S. 161

Lionnet, Klaus | Handbuch der internationalen und nationalen Schiedsgerichtsbarkeit 3. Auflage Stuttgart u.a. (2005)

Loges, Rainer | Der Einfluss der „Due Diligence" auf die Rechtsstellung des Käufers einer Unternehmens in: DB 1997, S. 965 ff.

Lorenz, Egon | Karlsruher Forum 2002: Schuldrechtsmodernisierung Karlsruhe (2003)

Lorenz, Stephan | Haftungsausfüllung bei der culpa in contrahendo: Ende der „Minderung durch c.i.c."? in: NJW 1999, S. 1001 f.

ders. | Schadensersatz wegen Pflichtverletzung - ein Beispiel für die Überhastung der Kritik an der Schuld-

	rechtsreform in: JZ 2001, S. 742 ff.
ders.	Rücktritt, Minderung und Schadensersatz wegen Sachmängeln im neuen Kaufrecht: Was hat der Verkäufer zu vertreten? in: NJW 2002, S. 2497 ff.
ders.	Schuldrechtsreform 2002: Problemschwerpunkte drei Jahre danach in: NJW 2005, S. 1889 ff.
ders.	Fünf Jahre "neues" Schuldrecht im Spiegel der Rechtsprechung in: NJW 2007, 1 ff.
Lorenz, Stephan / Riehm, Thomas	Lehrbuch zum neuen Schuldrecht München (2002)
Louven, Christoph	Kommentar zu BGH, BB 2001, 1167 ff. in: BB 2001, S. 2390 ff.
Louven, Christoph / Böckmann, Tobias	Ausgewählte Rechtsprobleme bei M&A- Auktionen in: ZIP 2004,S. 445 ff.
Lutter, Marcus	Umwandlungsgesetz Band I (§§ 1 – 151) Band II (§§ 152 – 325) 3. Auflage Köln (2004)
ders.	Europäisches Unternehmensrecht 4. Auflage Berlin, New York (1996)
Lutter, Marcus	Der Letter of Intent 3. Auflage Köln u.a. (1998)
Maier, Martina / Luke, Antje	Beihilferechtliche Probleme beim Unternehmenskauf in: DB 2003, S. 1207 ff.

Maiterth, Ralf / Müller, Heiko / Semmler, Birk	Das Lied vom „Tod" der Unternehmenskaufmodelle: Alter Wein in neuen Schläuchen in: DStR 2003, S. 1313 ff.
Mangoldt, Hermann von / Klein, Friedrich / Starck, Christian	Das Bonner Grundgesetz Band 1 (Präambel, Artikel 1-19) 5. Auflage München (2005)
Mankowski, Peter	Arglistige Täuschung durch vorsätzlich falsche oder unvollständige Antworten auf konkrete Fragen in: JZ 2004, S. 121 ff.
Mansel, Heinz- Peter	Die Neuregelung des Verjährungsrechts in: NJW 2002, S. 89 ff.
Mansel, Heinz- Peter / Budzikiewicz, Christine	Das neue Verjährungsrecht Bonn (2002)
Mattheus, Daniela	Schuldrechtsmodernisierung 2001/2002 – Die Neuordnung des allgemeinen Leistungsstörungsrechts in: JuS 2002, S. 209 ff.
Matthiesen, Holger / Lindner, Beatrix	EG- Richtlinie über den Verbrauchsgüterkauf – Anlaß für eine Reform des deutschen Schuldrechts in: NJ 1999, S. 617 ff
Maul, Karl-Heinz	Offene Probleme der Bewertung von Unternehmen durch Wirtschaftsprüfer in: DB 1992, S. 1253 ff.
Maul, Silja	Die EU-Übernahmerichtlinie – ausgewählte Fragen in: NZG 2005, S. 151 ff.
Mayer, Christian / Schürnbrand, Jan	Einheitlich oder gespalten? – Zur Auslegung nationalen Rechts bei überschießender Umsetzung von Richtlinien in: JZ 2004, S. 545 ff.
Medicus, Dieter	Allgemeiner Teil des BGB 9. Auflage Heidelberg (2006)

ders.	Schuldrecht I, Allgemeiner Teil 16. Auflage München (2005)
ders.	Schuldrecht II, Besonderer Teil 13. Auflage München (2006)
Medicus, Dieter / Grundmann, Stefan / Rolland, Walter	Europäisches Kaufgewährleistungsrecht – Reform und Internationalisierung des deutschen Schuldrechts Köln, Berlin, Bonn, München (2000)
Merkt, Hanno	Due Diligence und Bewertung beim Unternehmenskauf in: BB 1995, S. 1041 ff.
ders.	Rechtliche Bedeutung der „due diligence" beim Unternehmenskauf in: WiB 1996, S. 145 ff.
Merkt, Hanno / Binder, Jens-Hinrich	Änderungen im Übernahmerecht nach Umsetzung der EG-Übernahmerichtlinie: Das deutsche Umsetzungsgesetz und verbleibende Problemfelder in: BB 2006, S. 1285 ff.
Mertens, Bernd	Die Rechtsfolgen einer Haftung aus culpa in contrahendo beim zustande gekommenen Vertrag nach neuem Recht in: ZGS 2004, S. 67 ff.
ders.	Die Reichweite gesetzlicher Formvorschriften im BGB in: JZ 2004, S. 431 ff.
Meyer- Sparenberg, Wolfgang	Anmerkung zu BGH VIII ZR 32/00 (NJW 2001, 2163 ff.) in: NZG 2001, S. 753 f.
Meyer, Justus	BB-Europareport: Auf dem Weg zu einem Europäischen Zivilgesetzbuch in: BB 2004, S. 1285 ff.

Micklitz, Hans-W.	Die Verbrauchsgüterkauf-Richtlinie in: EuZW 1999, S. 485 ff.
Modlich, Joachim	Die außerbörsliche Übertragung von Aktien in: DB 2002, S. 671 ff.
Möllers, Thomas M. J.	Das Gesetz zur Beschleunigung fälliger Zahlungen und die Richtlinie zur Bekämpfung des Zahlungs- verzugs im Geschäftsverkehr in: WM 2000, S. 2284 ff.
Mugdan, Benno	Die gesammelten Materialien zum Bürgerlichen Gesetzbuch für das Deutsche Reich Band II (Schuldrecht) Band III (Sachenrecht) Berlin (1899)
Müller, Gerd	Umsätze und Erträge – Eigenschaften der Kaufsa- che? in: ZHR 147 (1983), S. 501 ff.
Müller, Klaus J.	Unternehmenskauf, Garantie und Schuldrechtsre- form – ein Sturm im Wasserglas in: NJW 2002, S. 1026 f.
ders.	Einfluss der due diligence auf die Gewährleistungs- rechte des Käufers beim Unternehmenskauf in: NJW 2004, S. 2196 ff.
Müller-Erzbach, Rudolf	Die Erhaltung des Unternehmens in: ZHR 61 (1908), S. 357 ff.
Münchener Kommentar zum Aktiengesetz	Band 1 (§§ 1 – 53); 2. Auflage München (2000)
Münchener Kommentar zum Bürgerlichen Gesetz- buch	Band 1: Allgemeiner Teil - Halbband 1 (§§ 1 – 240) 5. Auflage (2006) Band 2: Schuldrecht, Allgemeiner Teil (§§ 241- 432) 4. Auflage (2001) 5. Auflage (2007)

	Band 3: Schuldrecht Besonderer Teil I (§§ 433-610) 5. Auflage (2007) München
Münchener Kommentar zum Handelsgesetzbuch	Band 1 (§§ 1 – 104 HGB) 2. Auflage (2005)
	Band 4 (§§ 238 – 342a HGB) München (2001)
Oechsler, Jürgen	Praktische Anwendungsprobleme des Nacherfüllungsanspruchs in: NJW 2004, S. 1825 ff.
Oetker, Hartmut / Maultzsch, Felix	Vertragliche Schuldverhältnisse 3. Auflage Berlin u.a. (2007)
Otto, Hansjörg	Die Grundstrukturen des neuen Leistungsstörungsrechts in: JURA 2002, S. 1 ff.
Palandt, Otto	Bürgerliches Gesetzbuch 61. Auflage (2002) 66. Auflage (2007) München
Pammler, Sebastian	Zum Ersatzlieferungsanspruch beim Stückkauf in: NJW 2003, 1992 ff.
Partsch, Christoph / Reich, Anka	Änderungen im Unternehmenskaufvertragsrecht durch die Urhebervertragsrechtsreform in: NJW 2002, S. 3286 ff.
Pawlowski, Hans-Martin	Methodenlehre für Juristen 3. Auflage Heidelberg (1999)
Peemöller, Volker H.	Praxishandbuch der Unternehmensbewertung 3. Aufl. Herne u.a. (2005)

Pfeiffer, Thomas	Systemdenken im neuen Leistungsstörungs- und Gewährleistungsrecht in: ZGS 2002, S. 23 ff.
Pick, Eckart	Zum Stand der Schuldrechtsmodernisierung in: ZIP 2001, S. 1173 ff.
Picot, Gerhard	Handbuch Mergers & Acquisitions 3. Auflage Stuttgart (2005)
ders.	Unternehmenskauf und Restrukturierung 3. Auflage München (2004)
Piltz, Burghard	Neue Entwicklungen im UN- Kaufrecht in: NW 2003, S. 2056 ff.
ders.	Neue Entwicklungen im UN-Kaufrecht in: NJW 2007, S. 2159 ff.
Piltz, Detlev J.	Die Unternehmensbewertung in der Rechtsprechung 3. Auflage Düsseldorf (1994)
Priester, Hans-Joachim	Die Aughebung des Unternehmenskaufvertrages in: ZGR 1996, S. 189 ff.
Quack, Karlheinz	Der Unternehmenskauf und seine Probleme in: ZGR 1982, S. 350 ff.
Raape, Leo	Sachmängelhaftung und Irrtum beim Kauf in: AcP 150 (1949), S. 481 ff.
Rasner, Andreas	Die Bedeutung von Parteiwissen für die Gestaltung von Unternehmenskaufverträgen in: WM 2006, S. 1425 ff.
Reich, Norbert	Die Umsetzung der Richtlinie 1999/ 44/ EG in das deutsche Recht in: NJW 1999, S. 2397 ff.

Reinicke, Dietrich / Tiedt-   Kaufrecht
ke, Klaus   7. Auflage
                               Neuwied, Kriftel, Berlin (2004)

Reinking, Kurt   Die Geltendmachung von Sachmängelrechten und
                               ihre Auswirkung auf die Verjährung
                               in: ZGS 2002, S. 140 ff.

Rieger, Gregor   Die Richtlinie zu bestimmten Aspekten des
                               Verbrauchsgüterkaufs und der Garantien für
                               Verbrauchsgüter vor dem Hintergrund des gelten-
                               den Rechts
                               in: VuR 1999, S. 287 ff.

Riehm, Thomas   Die überschießende Umsetzung vollharmonisieren-
                               der EG-Richtlinien im Privatrecht
                               in: JZ 2006, S. 1035 ff.

Ritzmann, Matthias   Schuldrechtsreform – Gewährleistungsrechtliche
                               Nachfristsetzung kurz vor Ablauf der Verjährungs-
                               frist
                               in: MDR 2003, S. 430 ff.

Roschmann, Christian   Haftungsklauseln in Unternehmenskaufverträgen
                               in: ZIP 1998, S. 1941 ff.

Saenger, Ingo / Klo-   Das „neue" Kaufrecht in der Rechtsprechung 2002-
ckenbrink, Ulrich   2005
                               in: ZGS 2006, S. 61 ff.

Schäfer, Frank A.   Stand und Entwicklungstendenzen der spezialge-
                               setzlichen Prospekthaftung
                               in: ZGR 2006, S. 40 ff.

Schäfer, Peter / Pfeiffer,   Die EG-Richtlinie über den Verbrauchsgüterkauf
Karen   in: ZIP 1999, S. 1829 ff.

Schapp, Jan   Empfiehlt sich die "Pflichtverletzung" als General-
                               tatbestand des Leistungsstörungsrechts?
                               in: JZ 2001, S. 583 ff.

Schellhammer, Kurt

Die Haftung des Verkäufers für Sach- und Rechtsmängel – Neue Struktur und neuer Mangelbegriff
in: MDR 2002, S. 241 ff.

ders.

Das neue Kaufrecht – Rechtsmängelhaftung,
Rechtskauf und Verbrauchsgüterkauf
in: MDR 2002, S. 485 ff.

Schimmel, Roland / Buhl-
mann, Dirk

Fehlerquellen im Umgang mit dem neuen Schuldrecht
Neuwied, Kriftel, Berlin (2002)

Schlechtriem, Peter

Kommentar zum Einheitlichen UN- Kaufrecht
4. Auflage
München (2004)

Schlüter, Wilfried

Veräußerung und Abtretung von GmbH- Geschäftsanteilen als Formproblem
in: Entwicklungstendenzen im Wirtschafts- und
Unternehmensrecht – Festschrift für Horst Bartholomeyczik zum 70. Geburtstag, herausgegeben von
Wolfgang Harms, S. 359 ff.
Berlin (1973)

Schmidt, Detlef

Die Beschaffenheit der Kaufsache
in: BB 2005, S. 2763 ff.

Schmidt, Karsten

Handelsrecht
6. Auflage
Köln, Berlin, Bonn, München (2006)

Schmidt-Räntsch, Jürgen

Der Entwurf eines Schuldrechtsmodernisierungsgesetzes
in: ZIP 2000, S. 1639 ff.

Schnalenbach, Eugen

Die Beteiligungsfinanzierung
9. Auflage
Köln (1966)

Schröcker, Stefan

Unternehmenskauf und Anteilskauf nach der
Schuldrechtsreform
in: ZGR 2005, S. 63 ff.

Schubel, Christian	Schuldrechtsmodernisierung 2001/ 2002 – Das neue Kaufrecht in: JuS 2002, S. 313 ff.
Schulte-Nölke, Hans	Vertragsfreiheit und Informationszwang nach der Schuldrechtsreform in: ZGS 2002, S. 72 ff.
Schulze, Götz	Grundfragen zum Umgang mit modernisiertem Schuldrecht – Wandel oder Umbruch im Methodenverständnis in: Jb. J. ZivilRWiss. 2001, S. 167 ff
Schulze, Hans / Schulte-Nölke, Reiner	Die Schuldrechtsreform vor dem Hintergrund des Gemeinschaftsrechts (2001)
Schulze, Reiner / Ebers, Martin	Streitfragen im neuen Schuldrecht in: JuS 2004, S. 265 ff., S. 366 ff. und S. 462 ff.
Schüppen, Matthias	WpÜG-Reform: Alles Europa, oder was? in: BB 2006, S. 165 ff.
Schürholz, Martina	Die Nacherfüllung im neuen Kaufrecht Diss. Köln 2004 Baden-Baden (2005)
Schurr, Francesco A.	Die neue Richtlinie 99/ 44/ EG über den Verbrauchsgüterkauf und ihre Umsetzung – Chancen und Gefahren für das deutsche Kaufrecht in: ZfRV 1999, S. 222 ff.
Schütze, Rolf A.	Schiedsgericht und Schiedsverfahren 4. Auflage München (2007)
Schütze, Rolf A. / Weipert, Lutz	Münchener Vertragshandbuch Band 2. Wirtschaftsrecht I 5. Auflage München (2004)

Schwab, Karl Heinz / Walter, Gerhard / Baumbach, Adolf	Schiedsgerichtsbarkeit 7. Auflage München (2005)
Schwab, Martin	Das neue Schuldrecht im Überblick in: Jus 2002, S. 1 ff.
Schwarze, Roland	Unvermögen und ähnliche Leistungshindernisse im neuen Leistungsstörungsrecht in: JURA 2002, S. 73 ff.
Schweitzer, Michael	Staatsrecht III 8. Auflage Heidelberg (2004)
Schwintowski, Hans-Peter	Auf dem Wege zu einem Europäischen Zivilgesetzbuch in: JZ 2002, S. 205 ff.
Seetzen, Uwe	Die Bestimmungen des Verschmelzungsverhältnisses im Spruchstellenverfahren in: WM 1994, S. 45 ff.
Seibt, Christoph H. / Heiser, Kristian J.	Analyse der EU-Übernahmerichtlinie und Hinweise für eine Reform des deutschen Übernahmerechts in: ZGR 2005, S. 200 ff.
Seibt, Christoph H./ Raschke, Thorsten / Reiche, Felix	Rechtsfragen der Haftungsbegrenzung bei Garantien (§ 444 BGB) und M&A- Transaktionen in: NZG 2002, S. 256 ff.
Seibt, Christoph H./ Reiche, Felix	Beschränkung der Garantiehaftung beim Unternehmenskauf und § 444 BGB: Klarstellung durch Gesetzentwurf in: DB 2003, S. 1560 ff.
dies.	Unternehmens- und Beteiligungskauf nach der Schuldrechtsreform in: DStR 2002, S. 1135 ff. und S. 1181 ff.

Senne, Petra	Das Recht der Leistungsstörungen nach dem Schuldrechtsmodernisierungsgesetz in: JA 2002, S. 424 ff.
Sigle, Walter / Maurer, Anton	Umfang des Formzwangs beim Unternehmenskauf in: NJW 1984, S. 2657 ff.
Soergel, Hans-Theodor	Bürgerliches Gesetzbuch

Band 2: Allgemeiner Teil II (§§ 104-240)
13. Auflage (1999)

Band 3: Schuldrecht II
12. Auflage (1991)
Stuttgart

Stapenhorst, Hermann	Das Gesetz zur Beschleunigung fälliger Zahlungen in: DB 2000, S. 909 ff.
Staub, Hermann	Grosskommentar zum Handelsgesetzbuch Erster Band. Einleitung (§§ 1-104) 4. Auflage (1995)
ders.	Die positiven Vertragsverletzungen 2. Auflage Berlin 1913
Staudenmayer, Dirk	Die EG- Richtlinie zum Verbrauchsgüterkauf in: NJW 1999, S. 2393 ff.
Staudinger, Julius von	Kommentar zum Bürgerlichen Gesetzbuch mit Einführungsgesetz und Nebengesetzen

2. Buch (§§ 293 – 327)
13. Bearbeitung (1995)

2. Buch (§§ 433-534)
13. Bearbeitung (1995)
Wiener UN- Kaufrecht (CISG)
Neubearbeitung (2005)
Berlin

Stengel, Arndt / Scholderer, Frank	Aufklärungspflichten beim Beteiligungs- und Unternehmenskauf in: NJW 1994, S. 158 ff.
Stiller, Dirk	Unternehmenskauf im Wege des Asset- Deal in: BB 2002, S. 2619 ff.
Stoll, Hans	Notizen zur Neuordnung des Rechts der Leistungsstörungen in: JZ 2001, S. 589 ff.
Strelow, Markus / Hein, Oliver	Garantiehaftung: Beschränkung trotz § 444 – Ein Vorschlag für die Praxis des Unternehmenskaufs in: DB 2003, S. 1155 ff.
Teichmann, Arndt	Strukturveränderungen im Recht der Leistungsstörungen nach dem Regierungsentwurf eines Schuldrechtmodernisierungsgesetzes in: BB 2001, S. 1485 ff.
ders.	Kauf- und Werkvertrag in der Schuldrechtsreform in: ZfBR 2002, S. 13 ff.
Thiessen, Jan	Anmerkung zu BGH, NJW 2001, 2163 ff. in: DStR 2002, 1578 ff.
ders.	Unternehmenskauf und Bürgerliches Gesetzbuch Diss. Berlin 2004 Berlin (2005)
Thoma, Georg F.	Das Wertpapiererwerbs- und Übernahmegesetz im Überblick in: NZG 2002, S. 105 ff.
Tiedtke, Klaus / Schmitt, Marco	Probleme im Rahmen des kaufrechtlichen Nacherfüllungsanspruchs in: DStR 2004, S. 2016 ff. und S. 2060 ff.
dies.	Der Anwendungsbereich des kaufrechtlichen Schadensersatzes statt der Leistung nach §§ 437 Nr. 3, 280 Abs. 1 und 3, 281 Abs. 1 BGB in: BB 2005, S. 615 ff.

Timme, Michael

Aufwendungen des Käufers und Rücktritt vom
Kaufvertrag wegen Mangelhaftigkeit der Kaufsache
in: MDR 2005, S. 1329 ff.

Tonner. Klaus

Verbrauchsgüterkauf- Richtlinie und Europäisierung des Zivilrechts
in: BB 1999, 2553 ff.

Triebel, Volker / Hölzle,
Gerrit

Schuldrechtsreform und Unternehmenskaufverträge
in: BB 2002, S. 521 ff.

Verse, Dirk A./ Wurmnest,
Wolfgang

Rückforderung EG- rechtswidriger Beihilfen und
Unternehmenskauf
in: ZHR 167 (2003), S. 403 ff.

Vogt, Gabriele

Die Due Diligence – ein zentrales Element bei der
Durchführung von Mergers & Acquisitions
in: DStR 2001, S. 2027 ff.

Volk, Gerrit

Qualitative Aspekte der Unternehmensbewertung
in: DStR 2005, S. 752 ff.

Wagner, Eberhard

100 Jahre Bürgerliches Gesetzbuch – Ein Überblick
zur Entstehung, Grundlagen und Entwicklung des
BGB
in: JURA 1999, S. 505 ff.

Wagner, Franz

Informationspflichten des Verkäufers bei M&A-
Transaktionen und Vertragsgestaltung unter Berücksichtigung von altem und neuem Schuldrecht
in: DStR 2002, S. 1400 ff.

Walz, Robert / Fembacher,
Tobias

Zweck und Umfang der Beurkundung nach § 15
GmbHG
in: NZG 2003, S. 1135 ff.

Weitnauer, Wolfgang

Der Unternehmenskauf nach neuem Kaufrecht
in: NJW 2002, 2511 ff.

Westermann, Harm Peter

Das neue Kaufrecht einschließlich des Verbrauchsgüterkaufs
in: JZ 2001, S. 530 ff.

ders.	Das Schuldrecht 2002 Stuttgart, München (2002)
ders.	Due Diligence beim Unternehmenskauf in: ZHR 169 (2005), S. 248 ff.
Westphalen, Friedrich Graf von	Die Umsetzung der Verbrauchsgüterkaufrichtlinie im Blick auf den Regreß zwischen Händler und Hersteller in: DB 1999, S. 2553 ff.
ders.	Ein Stein des Anstoßes: § 444 BGB n.F. in: ZIP 2001, S. 2107
ders.	Nach der Schuldrechtsreform: Neue Grenzen für Haftungsfreizeichnungs- und Haftungsbegrenzungsklauseln in: BB 2002, S. 209 ff.
ders.	AGB- Recht im BGB – Eine erste „Bestandsaufnahme" in: NJW 2002, S. 12 ff.
ders.	§ 444 BGB: zwei Briefe des Gesetzgebers – es lebe der Widerspruch! in: ZIP 2003, S. 1179
ders.	Das „neue" Kaufrecht - Bilanz gelöster und teilweise ungelöster Fragen in: BB 2008, S. 2 ff.
Wiesbrock, Michael	Formerfordernisse beim Unternehmenskauf in: DB 2003, S. 2311 ff.
Wiesner, Peter M.	Ist das Europäische Zivilgesetzbuch noch zu stoppen? in: DB 2005, S. 871 ff.
Wilhelm, Jan	Schuldrechtsreform 2001 in: JZ 2001, S. 861 ff.

Wilhelm, Jan / Deeg, Peter	Nachträgliche Unmöglichkeit und nachträgliches Unvermögen in: JZ 2001, S. 223 ff.
Willemsen, Heinz Josef	Zum Verhältnis von Sachmängelhaftung und culpa in contrahendo beim Unternehmenskauf in: AcP 182 (1982), S. 515 ff.
Wilmowsky, Peter von	Pflichtverletzungen im Schuldverhältnis in: JuS- Beilage zu Heft 1/2002, S. 1 ff.
Windel, Peter A.	„Unsinnige", rechtlich unmögliche und verbotswidrige Leistungsversprechen in: ZGS 2003, S. 466 ff.
Witt, Karl-Heinz	Schuldrechtsmodernisierung 2001/2002 – das neue Verjährungsrecht in: JuS 2002, S. 105 ff.
Wittmann, Waldemar	Handwörterbuch der Betriebswirtschaft Teilband 3 (R – Z) 5. Auflage Stuttgart (1993)
Witz, Wolfgang / Salger, Hanns-Christian / Lorenz, Manuel	International Einheitliches Kaufrecht: Praktiker-Kommentar und Vertragsgestaltung zum CISG Heidelberg (2000)
Woitkewitsch, Christopher	Das Rücktrittsrecht des Käufers gemäß §§ 437 Nr. 2, 440, 323 BGB in: MDR 2005, S. 1268 ff.
Wunderlich, Nils-Christian	Die kaufrechtliche Haftung beim asset deal nach dem SchuldRModG in: WM 2002, S. 981 ff.
Zimmer, Daniel	Der Anwendungsbereich des Sachmängel-Gewährleistungsrechts beim Unternehmenskauf - Plädoyer für eine Neubestimmung in: NJW 1997, S. 2345 ff.

ders.
Das neue Recht der Leistungsstörungen
in: NJW 2002, S. 1 ff.

Zimmer, Daniel / Eckhold, Tomas
Das neue Mängelgewährleistungsrecht beim Kauf
in: JURA 2002, S. 145 ff.

Zöller, Richard
Zivilprozessordnung
26. Auflage
Köln (2007)

Zöllner, Wolfgang
Kölner Kommentar zum Aktiengesetz
Band 1 (§§ 1 – 75 AktG)
2. Auflage
Köln, Berlin, Bonn, München (1986)

Hinsichtlich der verwendeten Abkürzungen verweise ich auf:

KIRCHNER, Hildebert: Abkürzungsverzeichnis der Rechtssprache
5. Auflage
Berlin, New York (2003)